Ullstein Materialien

Ullstein Materialien
Ullstein Buch Nr. 35241
im Verlag Ullstein GmbH,
Frankfurt/M – Berlin

Vom Autor überarbeitete
und ergänzte Neuausgabe

Umschlagentwurf:
Kurt Weidemann

Printed in Germany 1986
Druck und Verarbeitung:
Ebner Ulm
ISBN 3 548 35241 3

Mai 1986

CIP-Kurztitelaufnahme
der Deutschen Bibliothek

Claus, Jürgen:
Kunst heute: Personen – Analysen –
Dokumente / Jürgen Claus. –
Vom Autor überarb. u. erg. Neuausg. –
Frankfurt/M; Berlin: Ullstein, 1986.
(Ullstein-Buch; Nr. 35241: Ullstein-
Materialien)
ISBN 3-548-35241-3
NE:GT

Jürgen Claus

Kunst heute

Personen – Analysen – Dokumente

Mit 38 Abbildungen

Ullstein Materialien

Ernesto und Elena Grassi gewidmet

INHALTSVERZEICHNIS

VORWORT ZUR NEUAUSGABE 1986: KONTINUITÄT DER KUNST HEUTE

«Kunst ist ein Langstreckenlauf», sagte einmal der deutsche Maler Bernard Schultze. Diese oft leidvolle Erfahrung teilt er mit zahlreichen Künstlern. Nicht nur persönliche und arbeitsbedingte Krisen oder Umbrüche machen diesen Langstreckenlauf aus. Irgendwann in der Karriere eines Künstlers kommt auch der Punkt, an dem die «Fachwelt» der Galerien, Museen, Zeitschriften einem neuen «Buschfeuer» hinterherrennen.

Die Maler des Informel, der Aktionsmalerei erlebten das, als die Pop Art ab Anfang der sechziger Jahre auf den Markt gebracht wurde. Die Pop Artisten ihrerseits waren mit ähnlichen Problemen konfrontiert, und so fort. Einiges zur «Kunst als Gebrauchsgegenstand» innerhalb des Marktes steht in der Einleitung zum vorliegenden Buch, 1965 erstmals veröffentlicht.

‹Kunst heute› erschien in mehreren Neuauflagen in der Reihe ‹rowohlts deutsche enzyklopädie›. 1971 erreichte das Taschenbuch das 30. Tausend, heute eine Traumziffer für ein Kunsttaschenbuch. Es wurde, mit aller Bescheidenheit, aber belegbar gesagt, ein Standardbuch. Tausende von Studenten und Hunderte von Kunstprofessoren und -lehrern haben es als Pflichtlektüre zum Verständnis der Gegenwartskunst benutzt.

Nachdem es 15 Jahre vergriffen war, kommt das Buch im Prinzip unverändert bei Ullstein neu heraus. Nur die absolut unumgänglichen Korrekturen, vor allem in den Biographien, wurden gemacht. Auch in den Abbildungen haben wir uns, soweit möglich, an die Erstausgabe gehalten. Und der Titel? Ist es zu vertreten, die ‹Kunst heute› von 1965 im Jahre 1986 mit solch globalem Anspruch wieder herauszubringen?

Autor und Verlag meinen: Ja. Und zwar weil das Buch ein Standard- und Referenzbuch geworden ist, wollten wir es bei dem Titel belassen. Da Kunst, siehe oben, ein Langstreckenlauf ist, wird der Leser auch sogleich wahrnehmen, daß die im Buch vorgestellten Künstler aktuell sind.

Etwas anderes kommt hinzu: Die Entscheidung, den Titel beizubehalten, wird auch durch die Tatsache erleichtert, daß dies Buch in einem Verlagskontext mit drei anderen steht, die alle bei Ullstein erschienen sind.

Dem Buch ‹Kunst heute› ging seinerzeit ebenfalls in der ‹rde› das Buch ‹Theorien zeitgenössischer Malerei› voraus; es wird im November 1986 unter dem Titel ‹Malerei als Aktion› neu herausgebracht. Die ‹Expansion der Kunst›, 1970 erstmals erschienen, wurde bereits 1982 neu als Ullstein-KunstBuch verlegt. Ein vierter Band erschien im Dezember 1985 unter dem Titel ‹ChippppKunst›, der in seinen historischen Aspekten aufbaut auf das vierte Kapitel ‹Mechanik, Licht, Bewegung› des vorliegenden Bandes.

Sieht man diese vier Bücher als eine Einheit, so spannt sich der Bogen der Kunstinterpretation von den frühen sechziger Jahren bis in die zweite Hälfte der achtziger Jahre. Es ist ein Zeitraum, in dem in der Kunst alle Fragen aufgeworfen werden, die die Grundlagen bildnerischer Arbeit betreffen, aber auch das Verhältnis von Kunst und Architektur, in einem weiteren Sinn auch von Kunst und Öffentlichkeit sowie Kunst und Technologie.

VORWORT: KUNST HEUTE

Der Künstler in der Gesellschaft

Ist *Kunst heute* reif, Stilmuster abzugeben? Gewiß, wenn man an solchen interessiert ist. *Kunst heute* hat daneben ihre Gruppierungen, mit denen sie an die Öffentlichkeit tritt. Sammelbegriffe, Konzeptionen, Arbeitshypothesen, durch die man das Disparate versammelt und überschaubar macht. Das ist legitim, zielt etwa auf die thematische Ausstellung. *Kunst heute* hat ihre Interpreten. Dabei sind die Methoden von Kunsttheorie, Kunstkritik und Kunstgeschichte vielfältig aufeinander bezogen und bedingen einander so stark, daß, um eine Feststellung von Wellek-Warren für den Kunstsektor abzuwandeln, «Kunsttheorie ohne Kritik oder Geschichte oder die Kritik ohne Theorie und Geschichte oder die Geschichte ohne Theorie und Kritik sich nicht verstehen lassen. Kunsttheorie ist ganz offensichtlich unmöglich ohne die Grundlage eines Studiums der konkreten künstlerischen Werke. Kriterien, Kategorien und Schemata können nicht im luftleeren Raum erarbeitet werden. Umgekehrt aber ist auch Kritik oder Geschichte unmöglich, ohne daß man immer wieder auf ein bestimmtes Fragensystem, Begriffssystem, auf einige Beziehungspunkte und Verallgemeinerungen zurückgreift» (Theorie der Literatur. Frankfurt a. M., Berlin 1963, S. 33).

Kunst heute hat vorab ihre Künstler, die etwas schaffen, was als Sozialwert kaum, als Wirtschaftsfaktor nur gering ins Gewicht fällt. Aber von Prätentionen, die nicht immer, aber zumeist von außen herangetragen werden, begleitet und umrankt ist, die im Künstler, mit verschiedenem Interesse, Freiheit oder Ohnmacht kultivieren. Wird er gesellschaftlich für ohnmächtig erklärt, so biedert man doch seinen genialen Wurf an. Und wird er als wichtiger Teilhaber eines industriellen, sozialen, ästhetischen Lebens ausgerufen, so nimmt man gleichzeitig sein Werk zum Ornament der Konsumgesellschaft, unterwirft es dem Verschleiß und zehrt seine ästhetische Potenz auf, indem man sie endlos plagiiert.

Seine Stellung in der Gesellschaft ist in der Tat komplex: gliedert er sich mit seinem Produkt (Kunstwerk) in das Spiel von Angebot und Nachfrage ein, dann ist seine soziale Sicherheit gegeben; der Rang seiner Unabhängigkeit muß davon nicht berührt werden. Er wird – Beispiele lassen sich beliebig anführen – von der Gesellschaft assimiliert, die er verachtet und mit der er seinen Spott treibt. Er wird ebenso von der Gesellschaft assimiliert, die er anerkennt und bestätigt. Er wird zum Teil, auch heute noch, übergangen, sieht sein Produkt in einem Leerraum wachsen und resigniert, wenn sich das Vakuum füllt. All das berührt nicht nur ihn selbst, sondern eminent auch seine Produktion, deren

Aufnahme und Verbreitung. Was sich den Kommunikationsmitteln (Kunstzeitschrift, Galerie- und Ausstellungswesen, Mäzenatentum, Förderung) entzieht, bleibt aus der Diskussion, außerhalb des Wirkens. Die Tatsache einer verspäteten Rezeption widerspricht dem nicht, sondern bestätigt es. Jeder hat eine Chance. Der Grundsatz der Demokratie gilt auch ihm. Ob er diese Chance jedoch nutzt, hängt allzuoft nicht von seiner künstlerischen Leistung ab, sondern gewinnt *moralische* Bedeutung. Zwar unterscheiden sich seine Handlungen darin kaum von vielen anderen, die er täglich vollzieht. Nur, daß eine solche Spannung über eine fruchtbare Dialektik hinausgehen kann und dann zu einem Faktor außerkünstlerischer Wertung wird. Nun ist solchem moralischem Entscheid gewöhnlich der Riegel oder der Filter einer Instanz vorgegeben, für die solche Spannung zur Selbstverständlichkeit wird: die Galerie, der Kunstmarkt. Die Leibrente oder das Arbeitshonorar der Galerie ersetzen, scheint es, unliebsame Erwägungen über den Mißbrauch von Kunst. Ersetzen sie sie wirklich? Davon wird in dem einleitenden Kapitel ‹Im Vorfeld der Kunst› zu reden sein.

Kunst heute beschränkt sich auf das, was als Kunst auftritt. Was nicht ausgestellt, gezeigt, gesehen wird, entgeht ihr. Wie und wodurch sie aber als Kunst auftritt, steht oft nicht in Verhältnis zum künstlerischen Ergebnis. Hier ist es Aufgabe der Kunstkritik und Kunsttheorie, den Markt in seine Grenzen zu verweisen, seine Ansprüche zurechtzurükken nach dem Maß der künstlerischen Realisation. Die Kunstkritik braucht Norm und Empfindung. Stellt letztere die eigentliche Voraussetzung der Kunstkritik dar – zusammen mit der Fähigkeit, die Empfindung auszudrücken, den optischen Tatbestand ins Wort zu übersetzen –, so wird erstere: die Norm, mit der Ausstellung gern mitgeliefert. Was das Bild selbst an Plakatierung, an Ideologie verdeckt, liefert der zugehörige Kommentar. Dieser ist jedoch, hört man es gern oder nicht, käuflich. Es ergibt sich der seltsame Vorfall, daß, was als Kunst realisiert ist, nicht die Kriterien eines Kunstapparates umgeht, will es gesichtet, ausgestellt, verkauft werden. Kurz, die Schöne Kunst wird nur dort wahrgenommen, wo sie als Kunst bestätigt wird. Das läßt sich an jedem von Saul Steinberg so genannten ‹Kunst-Syndikat› überprüfen.

Offene Kunst

Wie kann die Wissenschaft der Kunst, ihre Kritik und Theorie, diesem entgehen? Durch Flucht ins *bel passé*? Ich denke, eher, indem sie ihre Instrumente schärft, ihre «Kriterien, Kategorien und Schemata» am Objekt selbst ansetzt. Das heißt Verzicht auf das Stilmuster, wenn es die künstlerische Individualität verbirgt. Das heißt, die Begriffe ständig am Werk, am Bild und an der Plastik, zu überprüfen. Das heißt, das Auge loszureißen, wenn es träge, den Begriff zu revidieren, wenn er stumpf geworden ist. Eine solche Kunstwissenschaft wird sich vorerst eines bestimmten punktuellen Systems bedienen. Ihre Glieder sind die Personen selbst und ihr Werk. ‹Kunstgeschichte als Ensemble von Monographien›, um einen Ausdruck von Benedetto Croce aufzunehmen und ihn mit aller Vorsicht wiederzugeben. Denn neben der Persönlichkeit, die monographisch faßbar bist, steht als Bezugspunkt die Zeit, in der sie lebt, deren Problematik sie nicht aus-, sondern einschließt. Nur daß in einer Schwemme von Losungen, Pseudobegriffen, Stilpostulaten das Werk selbst Indizien eines Vorgehens liefert und, mehr noch, das Material, mit dem die Erkenntnis arbeitet und die Richtung setzt, in der das Bewußtsein sich entwickelt.

Kunst ist heute so wenig tot wie je zuvor. Aber eine gewisse Hermeneutik der Kunst, das Kunstmonopol einer verbindlichen Kunst sind tot. *Kunst heute* ist offen: ihrem Selbstverständnis, ihrer Entfaltung, ihrer Begrifflichkeit gegenüber offen. *Kunst heute* ist eine Komplexität, wobei eine Kunst nichts von ihrer Selbständigkeit und Überzeugungskraft verliert, wenn sie sich neben eine andere Kunst stellt, die anders fundiert ist und andere Ergebnisse zeigt. Kunst als der Überbegriff, den wir aus den Werken ableiten, gründet auf Werken, die nicht über einen Begriff zu scheren sind, es sei denn auf Kosten ihrer Bedeutung. Diese Kunst bietet Verständigungsmöglichkeiten, wenn man sie als gut oder schlecht erkennt, wenn man ihre Strukturen herauslöst und dem Wort zugänglich macht, wenn man ihre Wirklichkeit erfährt: als Verwirklichung. Was sich im Werk verwirklicht hat, braucht den Partner, der die bildnerische Wirklichkeit durch ein dialektisches Vorgehen entwickelt. Der schauende *und* reflektierende Betrachter ist der Partner dieser Bilder und Plastiken. Ihm ersetzt das vorliegende Buch nicht die Konfrontation mit dem Kunstwerk selbst, sondern verlängert, klärt, weitet seine Erfahrung mit ihm ins Sprachliche. Dieses Buch ist für den Betrachter geschrieben, der der *Kunst heute* gegenübersteht und die Erfahrung mit ihr sucht. Ihm gibt es nicht die Geschichte der ganzen heutigen Kunst, nicht deren Philosophie oder deren ganze Theorie. (Zur Ergänzung siehe meine Bände ‹Theorien zeitgenössischer Malerei›, 1963/1986, und ‹Expansion der Kunst›, 1970/1982.) Sondern: Personen, Analysen, Dokumente aus der *Kunst heute*. Es will informieren, dokumentieren, analysieren, wie es der Untertitel besagt. Es unterbreitet dem Leser nicht Meinungen, sondern Daten, nicht Stile, sondern Werke, nicht Richtungen, sondern Individualitäten. Die Abbildungen, die das Buch begleiten – sie beziehen sich nur auf die hier besprochenen Künstler –, sind ein Hinweis, der sich durch jede Kunstpublikation zur Gegenwartskunst ergänzen und durch jede Ausstellung erweitern und überprüfen läßt.

München, Mai 1965

EINLEITUNG: IM VORFELD DER KUNST

Die Dogmatik der Abstraktion

Eine Zeitlang erschien nach 1945 jede Ausstellung abstrakter Kunst *a priori* als eine Demonstration der Freiheit. In ihr hatte sich die Freiheit scheinbar verdinglicht, sie war eine Art weiße Weste, die man beharrlich hervorkehrte, für die Veranstalter, und zwar um so mehr, als die diktierte Kunst östlicher Provenienz weiterhin thematisch gebunden blieb. Es ist müßig, nachzuweisen, von wann an und aus welchem Anlaß man von einer Krise der ‹westlichen› Kunst sprach, die man mit der abstrakten weitgehend gleichsetzte. Tatsache ist, daß auf seiten derer, die nunmehr die Krise zum ersten Thema des Kunstgespräches erhoben, vielschichtige und oft einander ausschließende Interessen standen. In der Provinz witterten die einstigen Mitläufer der rassereinen Blut- und Bodenkunst eine Möglichkeit, Einfluß zu nehmen. Sie begannen, eine ständige Opposition gegen die Entwicklung der neuen Kunst anzumelden.

Es war etwas anderes, daß innerhalb einer jüngeren Generation von Künstlern und Kunstliebhabern sich Zweifel gegen das Ausschließlichkeitsdogma des Abstrakten häuften. Die Zweifel waren berechtigt, da sie eine grundsätzliche Entscheidung in den Vordergrund brachten: die Frage nach dem Wirklichkeitsbezug, wie man etwas kühl sagte, nach dem *Rang von Realität* im Bild (in der Plastik etc.). Sie führte einerseits zur Systemologie der ‹Neuen Figurationen›, einem ‹Übergriff der Malerei auf Gemeinplätze›, wobei der Gemeinplatz allerdings in einen optischen und einen semantischen Teil gespalten wurde. Zum anderen wurde die Brauchbarkeit von Gegenständen als Objekte (nicht Themen nur) der Kunst untersucht. War Kunst, so wurde in beiden Fällen gefragt, eine Exegese allgemeiner (psychischer, emotioneller, gedanklicher) Erfahrungen, übertragen ins Medium bildnerischer Mittel? Oder war sie unmittelbarer an die Realität gebunden, Paraphrasierung gegenständlicher Vorlagen, deren Umgestaltung im Bild? Hatte sie bei ihnen anzusetzen, humanisierte Kunst nur, mit ihren spezifischen Möglichkeiten, was ohnehin Ereignis war, oder war sie die neue Schöpfung, die der Natur und der Zivilisation zugefügt wurde? Diese Frage war bereits in den zwanziger Jahren gestellt und wurde nun wieder aktuell.

Ausstellungsstücke sind Zwitter. Da jedes Werk der bildenden Kunst heute auf Ausstellbarkeit zielt oder sich zumindest der Ausstellung nicht versagt, ist dieser Zwittercharakter auch jedem Kunstwerk eigen: es ist Ort der Spontaneität, geistiger Zäsuren und zugleich als Objekt Interessen ausgeliefert, die seine Mitteilbarkeit, seinen Rang, seinen Preis festlegen. Inmitten einer «Bewußtseins-Industrie», die H. M. Enzensberger als «die eigentliche Schlüsselindustrie des zwanzigsten Jahrhunderts» bezeichnet hat, hält man die Schöne Kunst weiterhin für das Reservat einer unvoreingenommenen, naiven Welt. Die Analyse des Apparates der Kunst erscheint solchen Gläubigen purer böser Wille und berufsmäßige Skepsis.

Doch handelt es sich, alarmierend genug für den Künstler wie für sein Publikum, um nichts anderes als um den Ausverkauf dessen, was man als Reservat der Schönen Kunst dargestellt hat. In einem Brief, den Daniel Cordier im Juni 1964 verschickte, bevor er seine Galerie in Paris schloß, hieß es unter anderem: «Die Anlage ausländischen Kapitals im Kunstmarkt, das plötzlich in diesen kleinen Kreislauf geworfen wurde, hat innerhalb weniger Jahre das Fieber auf seinen Höhepunkt gebracht. Es war eine Euphorie für die Maler, die Händler und Sammler; wie man die Herstellung der Werke forcierte und die Preise überspitzte, ließ an die Allüren und an den Grimm von Sportveranstaltungen denken.» Man kann diesen Zustand kaum verharmlosen: formiert, ja, präformiert wird nicht die Thematik des Bildes, sondern es selbst als Ort einer geistigen Entscheidung. Solange man im Thema die personifizierte böse Absicht und in der Abstraktion die personifizierte gute Absicht finden wollte, kämpfte man um und gegen die Versatzstücke, die Aushängeschilder der Kunst, übersah jedoch, daß die Manipulierbarkeit oder Präformierung der Kunst bereits im schöpferischen Vorgang ansetzen konnte und daß eben auch abstrakte Raster verfügbar waren. Am Gegenpol der Freiheit in der Kunst steht heute nicht die Parteidoktrin, sondern der Ausverkauf der Kunst selber, ihre Inflation. Die Inflation der Kunst hat das inflationäre Kunstwerk zur Voraussetzung. Wer marktgerecht produziert, gibt sich der Sequenz dieses Marktes anheim. Mehr und mehr entwickelt sich das Phänomen einer doppelten Kunst, indem Kunstrichtungen wie Musical und Kriminalromane eine Unterhaltungsindustrie aufziehen, zwischen Malerei und Gebrauchsgrafik, die aber mit Malerei nichts zu schaffen hat, eher Konsumgüter herstellt. Solche Fragen, die Analyse solcher Gefährdung sind aus der Untersuchung über Kunst heute nicht auszuklammern.

Der Soziologe sieht die Künstler als eine «infinitesimal kleine Mikrogruppe». Zwar ist dabei zu bestimmen, wen man als Künstler bezeichnet, denn jedenfalls entspricht der Zusammenschluß in Berufsgruppen nicht ohne weiteres unserer Vorstellung vom Künstler.[1] Sprechen wir von Kunst als ästhetischer Organisierung von Wirklichkeit, worauf ich später zurückkomme, so macht die Individualität Künstler in dieser Sicht innerhalb der Mikrogruppe, die den *Berufs*stand ‹Künstler› darstellt, eine wiederum kleine Minderheit aus. Ich gehe hiervon aus, da ein Interesse der Gesellschaft an einer Minderheit innerhalb solcher Mikrogruppe nicht unbedingt vorauszusetzen ist. Folgerichtig ist in unserer Produktions- und Konsumgesellschaft, in der sich die Gruppenmacht, vertreten durch Funktionäre, aus der Mitgliederstärke und der wirtschaftlichen Macht rekrutiert, der «infinitesimal kleinen Mikrogruppe» ein entsprechender Mikroplatz eingeräumt. Künstlerische Entscheidungen werden häufig von Verwaltungsfachleuten getroffen, die den Künstler, der zu ihnen einen Zugang hat, zwar als Berater anhören, seine Sachkenntnis allerdings nicht einbeziehen. Dazu kommt, wie ich angedeutet habe, daß die Bilder und Plastiken für die Gesellschaft erst dann relevant werden, wenn sie von Apparaten aufgegriffen und verbreitet werden, die grundsätzlich anderer Struktur sind.

Dieser Übergriff des Apparates in eine gesellschaftlich zunächst irrelevante Sphäre ist zu einem der bestimmenden Faktoren künstlerischer Produktion und ihrer Aufnahme geworden. Solange man ihn nicht in den Griff bekommt, d. h. zunächst einmal seine Wirksamkeit untersucht, bleibt die Kunst das, was sie im Interesse des Apparates sein sollte: Reservat von Gläubigkeiten (eine Kunst auf Kredit), von Naivität, solange bleibt der Künstler für den Apparat die Wachspuppe, die dieser sich erwünscht. Bertolt Brecht hat zwei Jahre nach seiner Oper ‹Mahagonny› (1928/29) in den Anmerkungen dazu auf die «ungeheuren Folgen» hingewiesen, die für die Künstler aus der «herrschenden Unklarheit über ihre Situation» entstehen. Ich gebe sie hier wieder, da sie nichts von ihrer Aktualität verloren haben. «Denn in der Meinung, sie seien

---

1 René König und Alphons Silbermann, deren Buch ‹Der unversorgte selbständige Künstler›, Köln–Berlin 1964, ich auch das oben angeführte Zitat entnahm, schreiben hierzu: «trotz aller Bemühungen um die Erhaltung und Festigung einer kleinen Gruppe ... wissen wir über die soziale Stellung des einzelnen Künstlers selbst oder über die sozio-kulturelle Gruppe, der er angehört, so gut wie gar nichts» (S. 21). (Anm. 1986: Das hat sich in den zwei Jahrzehnten seither entschieden verbessert. Vgl. dazu u. a. den «Künstlerreport» von 1975 und weitere Publikationen des Bonner Zentrums für Kulturforschung, geleitet von Karla Fohrbeck und Andreas Johannes Wiesand.)

im Besitz eines Apparates, der in Wirklichkeit sie besitzt, verteidigen sie einen Apparat, über den sie keine Kontrolle mehr haben, der nicht mehr, wie sie noch glauben, Mittel für die Produzenten ist, sondern Mittel gegen die Produzenten wurde, also gegen ihre eigene Produktion (wo nämlich dieselbe eigene, neue, dem Apparat nicht gemäße oder ihm entgegengesetzte Tendenzen verfolgt). Ihre Produktion gewinnt Lieferantencharakter. Es entsteht ein Wertbegriff, der die Verwertung zur Grundlage hat. Und dies ergibt allgemein den Usus, jedes Kunstwerk auf seine Eignung für den Apparat, niemals aber den Apparat auf seine Eignung für das Kunstwerk hin zu überprüfen. Es wird gesagt: dies oder das Werk sei gut; und es wird gemeint, aber nicht gesagt: gut für den Apparat. Dieser Apparat aber ist durch die bestehende Gesellschaft bestimmt und nimmt nur auf, was ihn in dieser Gesellschaft hält. Jede Neuerung, welche die gesellschaftliche Funktion dieses Apparates, nämlich Abendunterhaltung, nicht bedrohte, könnte diskutiert werden. Nicht diskutiert werden können solche Neuerungen, die auf seinen Funktionswechsel drängten, die den Apparat also anders in die Gesellschaft stellen ... Die Fortgeschrittensten denken nicht daran, den Apparat zu ändern, weil sie glauben, einen Apparat in der Hand zu haben, der serviert, was sie frei erfinden, der sich also mit jedem ihrer Gedanken von selbst verändert. Aber sie erfinden nicht frei: der Apparat erfüllt mit ihnen oder ohne sie seine Funktion ...» (Schriften zum Theater. Bibliothek Suhrkamp Bd. 41, S. 14/15).

Die ästhetische Elite – die kritische Elite – das Publikum

Es ist, wie ich denke, dem demokratischen Prinzip von Nutzen, wenn im Staat, besonders im Zweiparteienstaat, sich die Parteien in der Regierung ablösen. Seit einiger Zeit erlebt man auch im Kunstsektor einen solchen Personen- und Stilwechsel. Er unterscheidet sich vom Auslaufen einer Kunstrichtung und der Entwicklung einer anderen dadurch, daß die Übergänge abrupt erfolgen, begleitet von einem opportunistisch-ideologischen Aufwand, der den marktgemäßen Zwang zum Neuen an die Stelle der kunstimmanenten Entwicklung setzt. Es wird also – eine Frage, die bislang nur am Rand erörtert wurde – zu prüfen sein, ob und inwieweit hier Übergriffe, Eingriffe in die Kunst erfolgen, die ihrem Charakter fremd sind, oder ob sich möglicherweise die Strukturen der Kunstaufnahme verschoben haben. Was geschieht, wenn sich Galerien zu einer Art Syndikat zusammenschließen, wenn Galerien auf die Verleihung der großen internationalen Kunstpreise entscheidend einwirken, Gesamtausstellungen in die Hand nehmen: Stoff genug für eine Untersuchung der «Kunst unter Konsumzwang» (H. H. Holz), die ich hier nicht geben kann. Auf einiges will ich verweisen, soweit es mit dem Thema des Buches zusammenhängt.

Der *ästhetischen Elite*, der wir die Kunstproduzierenden zurechnen, steht auf der einen Seite das *Kunstpublikum* gegenüber. Sein Charakter ist, nach dem Begriff des Soziologen Karl Mannheim, der eines ‹diffusen Publikums›: «sein diffuser Charakter resultiert aus der spezifischen Gattung der sozialen Interaktion innerhalb des Publikums und dem Wesen der sozialen Aktionen, die durch sie hervorgerufen werden.» (B. Watson, Kunst, Künstler und soziale Kontrolle. Köln und Opladen 1961, S. 64 ff. Ich verwende die Ausdrücke ‹ästhetische› und, später, ‹kritische Elite› als Arbeitsbegriffe nach Watson. Das Wort Elite steht ohne jeden ‹elitären› Beigeschmack als Hinweis auf die soziale Rolle des Künstlers: «Die Rolle des Malers ist die Schlüsselrolle in einem Komplex von Rollen, Werten, Attitüden und Glaubenssätzen, die eine Subkultur bilden, welche wir als ästhetische Elite bezeichneten.») Es gehört zum Kennzeichen dieses Publikums, daß es zwar zu individuellen Meinungen über ein Bild, eine Plastik kommt, «aber die diffuse Natur der Interaktion innerhalb des Kunstpublikums und die Stereotypie der Reaktionen lassen keinen flüssigen Meinungsaustausch zu. Meinungen können sich also nicht herauskristallisieren. Und noch ein zweiter Faktor verhindert das Zustandekommen von Übereinstimmung. Ein Bild ist immer einzigartig, es gibt immer nur ein einziges. Während beim Buchpublikum der Verkaufserfolg und die Ausleihfrequenz ein Maßstab für öffentlichen Konsens wären, indiziert der Verkauf eines Bildes nur, daß ein bestimmtes Individuum bereit war, einen gewissen Preis zu zahlen» (l. c.).

Zwischen die Produzierenden und das Publikum der Kunst schiebt sich, sehr verschieden dimensioniert und als unterschiedlicher Machtfaktor in den Beziehungen zwischen beiden, die *kritische Elite*. Ich folge auch hier Watson, der die kritischen Eliten «durch die Dauer des Interesses, welches sie bezeugen», durch die «Artikulation von Ansichten» und schließlich durch den «formellen sozialen Kontext, der der [kritischen] Elite zur Verfügung steht, um Ansichten und Gegenansichten zum Ausdruck zu bringen und diese der Öffentlichkeit zu übermitteln», von dem Kunstpublikum unterscheidet. Die kritische Elite als wirklicher Machtfaktor stimmt überein mit dem Begriff des Apparates, wie ihn Brecht, angelehnt an die marxistische Tradition, verwendet. Aus ihr rekrutiert sich, was die angelsächsische Sprache die *‹tastemakers›*, die Geschmacksfabrikanten, nennt.

In solchem Dreierverhältnis können Mitglieder der ästhetischen Elite als einzige autonom sein. *Denkbar* ist der Künstler ohne Bezug auf Publikum wie kritische Elite. Da diese Autonomie, als *mögliche* Autonomie eines einzelnen, im Gegensatz zur sozialen Rolle steht, wie sie der Elitebegriff in der angeführten Bestimmung einschließt, ja, voraussetzt, im Gegensatz also zur Bestimmung des Künstlers als Professionalisten, so kann ich sie hier ausklammern. Innerhalb der ästhetischen Elite ist der Künstler auf Publikum wie kritische Elite angewiesen; diese sorgt für seinen Lebensunterhalt, klärt, sichtet, verbreitet seine Arbeiten.[2]

Der progressive Wirklichkeitsbegriff

Es gehört zu den Axiomen eines freien bildnerischen Schaffens, daß der Künstler frei über die Stellung der Wirklichkeit in seinem Werk verfügen kann. Daß er darüber hinaus dieser Wirklichkeitsinterpretation eine *progressive* Bedeutung gibt, zeichnet ihn aus als den «*homo progressivus*», von dem Teilhard de Chardin sprach. Kunst, hat der spanische Maler Tàpies geschrieben, behandelt nicht eine «besondere, isolierte Vision», denn «ein ganzer Sektor unserer Generation mit seinem wechselseitigen Dialog hat an ihr teil. Wir reichen daher dem fortschrittlichen Philosophen, Wissenschaftler und Politiker die Hand, denn gleich ihnen erforscht, entdeckt und verbreitet er eine Idee» (TzM,[3] S. 138). Damit hat er teil an einer Wirklichkeit, die man als Umsetzung des Tatsächlichen, des Stoffes, des Realen ins Mögliche bezeichnen könnte. Der Prozeßcharakter, der ihr zukommt, ist die Progression des Realen ins Mögliche. Ich bekenne mich zu einem progressiven Begriff der Wirklichkeit, weil in dem «Intervall der Kommunikation» (Jorn), wie man den Abstand zwischen Frage und Antwort nennen kann, sich für den Betrachter die Wirklichkeit des Kunstwerkes ereignet. Bei der autoritären wie bei einer antiquierten Bestimmung der Kunst schmilzt das Intervall der Kommunikation auf Null zusammen. Über das Kunstwerk lagert sich dann eine Schicht von Bedeutungsträgern, die keinen Bezug zu seiner ästhetischen Wirklichkeit besitzen: Das Kunstwerk fordert die Erfah-

---

2 «Hier herrschen bei führenden Denkern und Publizisten der Bundesrepublik angesichts des künstlerischen Schaffens stets noch Gedankengänge vor, die der sozialen Wirklichkeit nicht länger entsprechen ... In ihrer Wirklichkeitsfremdheit wollen sie nicht sehen, daß in der modernen Industriegesellschaft die künstlerische Kreation im wesentlichen nicht länger vom privaten oder staatlichen Mäzenat abhängt, sondern von den Mechanismen eines Marktes. Das heißt, sie verhindern durch ihre die bundesrepublikanische Gesellschaft beeinflussenden Schriften und Thesen die ... notwendige reale Kenntnis, daß sich nämlich die Künste und damit auch die Künstler weltweit ökonomisiert haben, womit gesagt wird, daß sie sich mit ihrer Kunst institutionalisiert haben» (R. König, A. Silbermann, o. c., S. 12). Nur zu willfährig übernehmen heute noch die bildenden Künstler den Schein der Isolation, in dem sie sich in einem weitgehenden Zynismus und einer Resignation bestätigt fühlen.

3 Die hier und im folgenden gebrauchte Abkürzung TzM verweist auf das Buch von Jürgen Claus ‹Theorien zeitgenössischer Malerei›, rde Bd. 182. (Neuausgabe ›Malerei als Aktion‹ 1986, Ullstein Materialien.)

rung des Betrachters zur Bestätigung statt zur Überprüfung, Erweiterung, Neusetzung auf. Andererseits ergibt sich aus dem Intervall der Kommunikation die grundlegende Schwierigkeit für den Betrachter, Zugang zum Kunstwerk zu finden, wenn er ihm gegenüber keine Fragestellung findet. Dieser eigentlich ‹ratlose› Betrachter sollte sich bewußt machen, wie sehr Kunst heute aus der isolierten Vision in den Dialog tritt: Kunst im Dialog wird. Das heißt Absage an das Narkotikum einer ewigen, zeitlosen, immerwährenden Kunst.

Kunst als Gebrauchsgegenstand

Ist Kunst in der Tat konditioniert, da sie in einem Spannungsraum ästhetischer, sozialer, wirtschaftlicher Komplexe stattfindet, so bedingt die Wirklichkeit, die sie realisiert, durch ihren Prozeßcharakter, daß sich das Unbekannte im Bekannten, besser: aus dem Bekannten realisiert, gleichzeitig aber, daß sich das Bekannte als Unbekanntes realisiert. Dabei, schreibt der Maler Asger Jorn, «bekommt die Kunst zwei gegensätzliche Funktionen: das Bekannte durch Variabilität mit unbekannten Elementen zu bereichern oder das Unbekannte bekannt zu machen, ihm eine erkennbare Form zu geben: also das Formelle ‹informel› zu behandeln oder das Informelle zu formieren und zu formulieren. Eine ästhetisierende oder deformierende Kunst und eine ethisierende oder reformierende Kunst. In der ersten ist das Thema bekannt und die Kunst liegt in seiner Variation. In der zweiten ist die Variabilität bekannt. Man sucht ihr Thema, ihren Typus festzustellen» (Gedanken eines Künstlers. München 1966). Die Bestimmung der Kunst besteht von hierher gesehen aus einer Synthese von drei Konstituenten: der ästhetischen (als Verwirklichung des Unbekannten), der ethischen (als Vermögen eines Seins oder einer Gemeinschaft) und der logischen oder wissenschaftlichen Bestimmung (Kunst als Bild des Objektes). Kunst als ästhetische Organisierung schließt diese drei Bestimmungen, auf die ich später (S. 37) nochmals zu sprechen kommen werde, ein. An dem durch sie festgelegten Platz arbeitet die ästhetische Elite. Er kommt ihr in dem triadischen Verhältnis zwischen Kunstpublikum, kritischer Elite und ihr selbst zu.

Tatsache ist, daß in dem Verhältnis der drei Faktoren der eine oder andere einmal stärker, einmal schwächer hervortritt. Wir erleben heute, wie die kritische Elite, wie der Apparat die beiden anderen Faktoren überwuchert. Einem solchen Machtträger kann das oben gekennzeichnete Publikum kein Gegenspieler sein. Die ästhetische Elite ihrerseits gefällt sich weiterhin in dem Glauben, ‹einen Apparat in der Hand zu haben, der serviert, was sie frei erfindet›, übernimmt teilweise bereitwillig die Rolle des Rohstoff-Lieferanten für eine Konjunkturpolitik der Kunst.[4]

War die Börse einmal der «Prototyp der neuen Wirtschafts-Inszenierung» (Karel Pawek), so gibt es mittlerweile andere Formen dessen, was mit dem klassischen Begriff vom ‹Überbau› nicht mehr zu fassen ist, z. B. den Kunstmarkt. Da sich Angebot und Nachfrage auch hier regulieren, treten Konsumfragen mehr und mehr hervor. Zwar dynamisiert das Vorgehen der Konsumwelt den Kunstsektor durch lebhaften Austausch usw., doch gelangt damit die Problematik des Gebrauchsgutes auch in den Kunstsektor. Hat es der Kunstmarkt mit dem ‹Gebrauchsgut Kunstwerk› zu tun, so heißt es ihn überfordern, wenn man von ihm erwartet, daß er sich der ästhetischen Position annimmt. Es geht mir hier um die Erkenntnis, daß auf der einen Seite der Künstler als Professionalist innerhalb einer ‹weltweiten Ökonomisierung› steht, daß er von den ‹Mechanismen eines Marktes› abhängt, es diesem andererseits jedoch nicht überlassen kann, seine ästhetische Position zu klären und zu formulieren. Gewiß kann der Künstler bei den Teilen einer kritischen Elite Unterstützung finden, die zu Sichtung und Vermittlung, ihrer ursprünglichen Aufgabe, bereit sind; das enthebt ihn, denke ich, nicht seiner Aufgabe, die ästhetische Position klarzustellen. Dies mag bestreiten, wer daran Interesse hat, im Künstler weiterhin die Mikrobe zu sehen, die ohne Wissen und Bewußtsein etwas herstellt, von dem sie nicht weiß warum und wozu.

Asger Jorn hat dem oben erwähnten Buch u. a. folgende Worte vorangestellt: «Wenn ich überhaupt das philosophische Problem aufgegriffen habe, so nicht etwa, um Recht zu bekommen, sondern weil ich überzeugt bin, daß die künftigen Entwicklungsmöglichkeiten der Kunst samt und sonders abgewürgt werden sollen, da in der modernen Gesellschaft künstlerischem Denken kein Platz mehr vergönnt werden soll. Es ist demnach eine Verteidigung meiner Denkart. Da ich persönlich über den toten Punkt hinweggelangt bin . . ., wäre es dem Künstler angemessener gewesen – das weiß ich sehr wohl –, wenn er sich zurückgezogen hätte in dem Gedanken: Nach mir die Sündflut. Ich hätte das auch getan, wenn ich das Empfinden hätte abschütteln können, mitten in der Sündflut zu stecken.»

---

4 Im Katalogvorwort der Londoner Ausstellung ‹Malerei und Plastik einer Dekade 54–64› (Tate Gallery, 1964) wurde auf die «Institution einer Avantgarde als unabkömmlicher offizieller Tageskunst» hingewiesen. «Die Künstler sind Gefangene, wie sie niemals waren, als sie noch etwas anderes zu verkaufen hatten als Kunst, und zweifellos werden Tausende zu Opfern. Aber diese Orthodoxie der Häresien, die internationale Tyrannei, die Archäologen einmal die Kultur der Biennalen nennen werden, verdient den Tribut, den man ihr bringt.»

Ich habe die Rolle angedeutet, die ein konjunktureller Kunstmarkt, der kaum der ästhetischen Kontrolle zugänglich gemacht wird, spielen kann. Er braucht den Wechsel. Kunst allerdings braucht die Entwicklung. Die Deklarationen vom Tod dieser oder jener Kunstrichtung sind interessegebunden, wenn der Markt sie so beharrlich verbreitet. Es ist falsch, dem Markt allein den Schwarzen Peter zuzuspielen, solange es ihm an einem bewußten, kritischen Partner innerhalb der ästhetischen Elite fehlt. Die, soziologisch gesehen, ‹infinitesimal kleine Mikrogruppe› kann diesen Partner stellen, wenn sie sich auf ihre eigene Position besinnt.

I. ZU EINER SYSTEMATIK DES INFORMEL

1. Revision der Begriffe – Tachismus bis Formel

«Was soll ein Titel sein? Ein organisches, individuelles Wort, oder eine genetische Definition, oder der Plan, mit einem Worte, eine allgemeine Formel?» (Novalis)

Man hat versucht, mit einer ganzen Skala von Begriffen die Kunst zu benennen, die sich am Ende der vierziger Jahre ausprägte und zu Beginn der fünfziger Jahre im Mittelpunkt des Interesses stand: Tachismus, Automatismus, lyrische Abstraktion, Action Painting, abstrakter Expressionismus, Informel. Ich habe in meinem Buch ‹Theorien zeitgenössischer Malerei› (1963) ihren Umfang anhand von Selbstzeugnissen einiger der bedeutendsten Maler dargestellt. Die Absicht, die mich dabei leitete, hat Zdeněk Felix in einer Besprechung des Buches in der tschechischen Kunstzeitschrift ‹Výtvarná práce› (Bildende Kunst, Prag, 31. 12. 1964) gut formuliert: «Voraussetzung für eine neue objektive Würdigung und Interpretation der [abstrakten] Kunst ist unter anderem die Lösung einiger formaler Fragen, wie z. B. das Ausschalten von Unklarheiten bei der Namensgebung bestimmter Richtungen und einzelner Werke, oder die Überbrückung von Begriffsirrtümern – ebenso wie ganzer Konzeptionen – theoretischer Zeugenaussagen vergangener Jahre, die häufig dogmatisch aus einem gewissen engumgrenzten Gesichtsfeld geschrieben worden waren (Seuphor, Ragon, Restany u. a.). In dieser Hinsicht bietet eine Verarbeitung von persönlichen theoretischen Aussagen der Maler selbst eine ganz neue Möglichkeit.» [1] Im Vorwort zu diesem Buch ging ich davon aus, daß sich «aus den grundsätzlich bestimmbaren Tatsachen der Malerei geistige Positionen, Verhaltensvorschläge extrapolieren lassen, und die Überlegungen, ganz gleich, wie technisch sie ansetzen, in fast allen Fällen zu einem Grundthema füh-

---

1 Im gleichen Sinn schrieb Rolf Wedewer: «Schiebt man die dem Vorurteil benachbarten Einwände [gegen Texte von Künstlern selbst] beiseite, überprüft man die in Frage stehenden Texte auf ihre intellektuelle Substanz, so wird man sie bald als Markierungen begreifen, die in ihrer Folge genau jenen Weg säumen, den die Begriffsucher bislang vor lauter verstellenden Meinungen und Widerworten nicht zu finden vermochten ... Claus geht von der bislang nur unvollkommen berücksichtigten Prämisse aus, daß die Formulierung einer bildanalogen Terminologie nur möglich ist durch eine genaue Analyse der Objektseite eines Bildes, seiner farb-formalen Erscheinungsweise also. Und für deren Anlage und Entwicklung liegen in den Künstlertexten zahlreiche Hinweise bereit» (‹Goya›, Revista de Arte, Madrid, Nr. 56–57, Sept.–Dez. 1963).

ren: der Auseinandersetzung mit der Wirklichkeit. Denkt man dialektisch ..., zieht man sowohl das Rudimentär-Technische als auch den subjektiven Blickpunkt ab, so kommt man zu einer Reihe von Vorstellungsbildern, von *imagines,* die sich einmal zurückführen lassen auf eine Summe bildnerischer Mittel, aus denen sich eine Theorie erarbeiten läßt, zum anderen auf eine Erkenntnis der Wirklichkeit, die trotz der verschiedenen Argumente, mit denen der Maler sie aufnimmt, systematisiert werden kann» (S. 7).

Innerhalb einer solchen Systematik ist auch eine Klärung des begriffsterminologischen Apparates unumgänglich. Wenn es Aufgabe des vorliegenden Kapitels ist, den Weg zu einer Systematik des Informel darzustellen, so werden wir uns vorab darüber zu einigen haben, was der Begriff Informel meint. ‹Revision der Begriffe›: das heißt ihre nochmalige Überprüfung auf ihren Ursprung, ihren Bedeutungsspielraum, ihren Anwendungsbereich hin.

Tachismus

Tachismus war, wie ein halbes Jahrhundert zuvor Fauvismus, zunächst verächtlich gemeint; der Begriff schien eine Zeitlang eine bestimmte künstlerische Bewegung, bestimmte bildnerische Daten zu benennen, implizierte dann jedoch mehr und mehr eine kritische Abwertung. Der Künstler wehrte sich dagegen, mit dem Begriff abgestempelt zu werden. So schrieb, stellvertretend für andere, der Maler Hans Platschek 1959 in seinem Buch ‹Neue Figurationen›: «Künftig muß man unterscheiden zwischen der eigentlichen Malerei des Informel (von 1943 bis 1955) und dem Tachismus, eine Art gebrauchsfertiges Informel, das heute Mode ist. Das Wort Tachismus ist anrüchig und schließt ein abfälliges Urteil ein.» In der Tat verband mancher Kritiker Bildergebnisse mit einem Begriff, der die Vorgänge auf dem Bild nicht oder nur unzureichend traf, brachte die Bilder damit in einen gefährlichen Sog des Begriffsklischees. Manche Kritik am Tachismus verfehlte ihr Ziel, weil sich hinter dem Begriff Werke verbargen, die von ihm nicht erfaßt wurden. Zwar ist diese Tatsache nicht auf die Anwendung des Wortes Tachismus beschränkt, sie war hier jedoch besonders gravierend, da es, wie erwähnt, mehr und mehr eine Abwertung einschloß.

Immerhin hatte das Wort beziehungsweise das Adjektiv *‹tachiste›,* wie Georges Mathieu schrieb, «zumindest den Vorteil, unmittelbar auf die Malerei zu verweisen. Es ist interessant genug festzustellen, daß man nicht den *tache,* den Flecken macht, um einen Flecken zu machen, sondern weil man in einem bestimmten Bereich das Bedürfnis einer gewissen Farboberfläche hat und weil es das direkteste Mittel dazu ist, den Pinsel mehr oder weniger heftig auf die Leinwand aufzusetzen, ohne vorher den Raum zu umschreiben, den man mit Farbe bedecken will» (*Au-delà du Tachisme*. Paris 1963, S. 88 f). War der Begriff geeignet, einen bildnerischen Tatbestand, eben den Fleck, den Farbspritzer, den gerichteten oder zufälligen Farbtupfer zu bezeichnen, so schloß er doch die Möglichkeit einer Entwicklung aus, versagte in dem Augenblick, in dem die Ordnung und Systematisierung der ‹Flecken› angestrebt wurde. Tachismus bleibt eine Bezeichnung für die eigentliche Farbschwemme im Bild, der Begriff einer bestimmten historischen Entwicklungsphase, bestimmter Bilddaten, der jedoch jeder Transzendierung widerstrebt. Worauf im übrigen Pierre Guéguen sofort hingewiesen hat in dem Artikel *‹Matière et Maîtrise›* (in: ‹Art d'Aujourd'hui›, März-April 1954; Guéguen hatte das Wort erstmalig 1951 bei einer Konferenz über die abstrakte Malerei in Menton gebraucht): «Vom Fleck zum Geschmiere, zum Gesudel ist lediglich ein Schritt, ein schlechter Schritt, den nur das Talent umgeht, denn man tritt mit den Flecken genau in das finstere Spiel der Materie... Der schlechte Tachismus, der zu wuchern beginnt [1954!] wie der schlechte Geometrismus, ist nichts als eine zerstörerische Spaltung der Formen.»

Automatismus

Nicht besser steht es um den Begriff Automatismus, der kurze Zeit über im Gespräch war. Seine Herkunft aus dem Vokabular des Surrealismus ist bekannt. Unter dem Titel *‹Automatisme›* stellten 1947 sechs kanadische Maler in der Pariser Galerie du Luxembourg aus. Vier Jahre später nahm einer der Beteiligten, Jean-Paul Riopelle, kritisch zu dem Begriff Stellung. Im Katalog der Ausstellung *‹Véhémences confrontées›* (Galerie Nina Dausset, Paris) schrieb er: «Der Automatismus, der die totale Öffnung wollte, erwies sich als eine Behinderung des Zufalls. Die Ablehnung des Bewußtseins (die Hand des Malers, die unabsichtlich zeichnet, kann nur ins Unendliche dieselbe Kurve wiederholen...) hat aus ihm einen systematischen Ismus gemacht. Als ergiebig kann sich ein totaler Zufall erweisen, der nicht mehr ausschließliche Funktion der Mittel ist, sondern im Gegenteil eine wirkliche Kontrolle gestattet, der physiologisch, physisch, psychisch dazu bestimmt ist, von der Organizität des Malers durchbrochen zu werden.»[2] Die Sätze sind wichtig, da hier

---

2 Françoise Gilot berichtet von einem Gespräch zwischen Picasso und Matisse, bei dem Matisse verwandte Gedanken formulierte: «Da es in Wirklichkeit keinen völligen Automatismus gibt, warum kann man nicht offen zugeben, daß man diese Grundlage des Unbewußten benützt, aber nicht, ohne selber einzugreifen. Damit will ich nicht für die Idee eines rationellen Denkens eintreten, das von einer Ableitung zur andern geht und von einem Grund-

von einem (informellen) Maler das Bild bereits in die Spannung zwischen ‹totalem Zufall› und ‹wirklicher Kontrolle› gesetzt wird. Der Zufall wird an die ‹Organizität› des Malers gebunden, die ihn in seiner reinen Willkürlichkeit, als unendliche, stereotype Wiederholung durchbricht und *verfügbar* macht.

Lyrische Abstraktion

‹Zur lyrischen Abstraktion› (*Vers l'Abstraction Lyrique*) war der Begriff, den Georges Mathieu für eine Ausstellung im Dezember 1947 in Paris vorschlug (er wurde schließlich ersetzt durch ‹*L'Imaginaire*›) und den er im Katalog derselben Ausstellung bestimmte. Ich habe einige entscheidende Sätze daraus in den ‹Theorien zeitgenössischer Malerei› zitiert (S. 66). Dabei ist anzumerken, daß die Bezeichnung ‹psychische Abstraktion› einigen Malern damals präziser ihre Ziele wiederzugeben schien. Sie schloß jede Zweideutigkeit aus, «den Vorrang der ‹bildnerischen Mittel›, wie ihn unsere Kämpen der geometrischen Kunst verstanden, zu bestreiten. Auf der anderen Seite riskierte man, indem man auf dem psychischen Gehalt bestand, das Mißverständnis, daß es sich um die ‹Eroberung einer unbewußten Zone› handelte und daß man unzutreffenden surrealistischen oder parasurrealistischen Ansprüchen die Tür öffnete» (Mathieu, o. c., S. 66). Lyrische Abstraktion: der Begriff hob sich polemisch gegen den einer geometrischen Abstraktion ab, einer Kunst also, die vornehmlich in Europa in den Jahren zwischen den Kriegen und kurz nach dem Zweiten Weltkrieg dominierte. Dieser polemische oder militante Charakter wurde z. B. von Mathieu unterstrichen, als er ein Kapitel seines erwähnten Buches ‹Die anti-geometrische Offensive (1947–1951)› nannte. Mathieu selbst war zwar der beflissenste Protagonist des Begriffes, jedoch, wie bekannt, nicht der einzige. (Noch 1960 erschien ein Buch des Kritikers Pierre Restany unter dem Titel ‹Lyrismus und Abstraktion›.)

Das Beiwort ‹lyrisch›, der Literatur entnommen, insistiert auf einer Unschärfe gegenständlicher Konturen und Inhalte, auf Selbstdarstellung von Klang und Rhythmus. Allerdings setzte Gottfried Benn in seinem Marburger Vortrag über die ‹Probleme der Lyrik› (1951) eine scharfe Zäsur zwischen dem Dichterischen als dem Emotionellen, Stimmungs-

---

satz zu seinen unvermeidlichen Folgerungen. Mein eigenes Denken beim Malen eines Bildes ist oft ganz inkonsequent. Eine Reihe von Sprüngen, von einem Berggipfel zum anderen. Man könnte sagen, das Denken eines Schlafwandlers. Aber das heißt nicht, daß es nicht eine Art gelenkter Traum sein kann, und das ist genauso weit vom reinen Automatismus wie vom rationalen Denken» (‹Leben mit Picasso›, in: ‹Die Welt der Literatur›, Jg. 2, Nr. 6, 18. 3. 1965).

mäßigen, Thematisch-Melodiösen und dem Lyrischen als «Kunstprodukt», verbunden mit der «Vorstellung von Bewußtheit, kritischer Kontrolle» und «Artistik», die er definierte als den «Versuch der Kunst, innerhalb des allgemeinen Verfalls der Inhalte sich selber als Inhalt zu erleben und aus diesem Erlebnis einen neuen Stil zu bilden», den Versuch, «gegen den allgemeinen Nihilismus der Werte eine neue Transzendenz zu setzen: die Transzendenz der schöpferischen Lust».

Lyrik als Instrumentation des schöpferischen Momentes, in dem sich der Mensch als Inhalt erlebt und dieses Erlebnis formt – diese Bestimmung ist tatsächlich einer Malerei angemessen, die sich als Ablauf und im Ablauf realisiert, ohne Bezug auf einen gegenständlichen Kontext, auf Vorlage und Vorbild.

Action Painting

Von hier aus ist die Nähe zum Begriff der Action Painting offensichtlich, die sich dadurch auszeichnet, daß sie auf Präkonzeption verzichtet und eine malerische Handlung dynamisch und unmittelbar verwirklicht. Lyrische Abstraktion wie Action Painting (ein Begriff, den der amerikanische Kunstkritiker Harold Rosenberg 1952 in der Zeitschrift ‹Art News› erstmals verwendete) zielen auf den spontanen, unreflektierten Malablauf, der an die Psyche des Künstlers gebunden ist. Der Maler erlebt sich als Inhalt (Thematik, Sujet) seiner Kunst. «Transzendenz der schöpferischen Lust» tritt für ihn an die Stelle der überlieferten Vorlagen, Kompositionsschemata etc. Das Bild ist Relikt dieses malerischen Ablaufs: weist auf ihn zurück. Die «Vorstellung von Bewußtheit, kritischer Kontrolle», die Benn anführt, setzt dabei für den Maler als Antinomie zu dem ‹unbewußten›, eher ekstatischen Malablauf erst nach dessen Abschluß ein. «Wenn ich *in* meinem Bild bin», hat Pollock gesagt, «bin ich mir nicht bewußt, was ich tue. Erst nach einer Periode des Vertrautwerdens sehe ich, was ich gemacht habe. Ich fürchte nicht, Änderungen vorzunehmen oder die Vorstellung des Bildes zu zerstören usw., da das Bild [dann] sein eigenes Leben hat» (*My Painting*, in: ‹Possibilities›, 1, 1947/48).

Abstrakter Expressionismus

Besonders in Nordamerika bot sich ein weiterer Begriff an, um die Werke zahlreicher Maler zu bezeichnen: abstrakter Expressionismus. Der Kritiker Clement Greenberg, der diese Malerei von ihren Anfängen an kommentierend und analysierend begleitet hat, schrieb später: «‹Malerisch› (*painterly*) war nicht das benutzte Wort, doch das, was gemeint war, als Robert Coates die neue offene abstrakte Kunst in New York ‹abstrakter Expressionismus› nannte. Es handelte sich in der Tat um eine malerische Reaktion gegen die Enge des synthetischen Kubismus, die zunächst selbst das Vokabular des synthetischen Kubismus gebrauchte. Das Malerische, verbunden mit einem wesentlich kubistischen Empfinden für die Zeichnung, war es, was so unterschiedliche Künstler wie Gorky und Pollock in der Mitte der vierziger Jahre gemein hatten. Wenn die Bezeichnung ‹abstrakter Expressionismus› etwas bedeutet, dann das Malerische: lockere, schnelle Darstellung oder der Eindruck davon; hingestrichene und zerfließende Massen statt klar abgehobener Formen; große deutliche Rhythmen; gebrochene Farbe; ungleiche Farbsättigung und -dichte, betonte Markierungen durch Pinsel, Spachtel oder Finger – kurz, eine Konstellation von Eigenschaften, jener ähnlich, die Wölfflin bestimmte, als er seinen Begriff des Malerischen der Barockkunst entnahm» (*After Abstract Expressionism*, ‹Art International›, VI/8, Okt. 1962). Max Kozloff entgegnete Greenberg wenig später zu Recht, daß Wölfflin gerade zeigen wollte, «wie die Natur auf neue Weise durch Aspekte der malerischen Form sichtbar gemacht wird... Ich vermag mir», fuhr er fort, «keinen ernsthaften Menschen vorzustellen, dem ein Begriff des Malerischen im abstrakten Expressionismus genügt, wenn er nicht ausdrücklich auf die Ziele Bezug nimmt, die das Malerische jeweils verfolgt» (o. c., VII/6, Juni 1963).

Die Mißverhältnisse im Begriff eines abstrakten Expressionismus liegen tatsächlich auf der Hand und zeigen sich nicht nur, wenn man ihn an die Vorstellung des Malerischen bindet. Man wird, wie ich denke, darauf bestehen müssen, den Bezug auf eine, möglicherweise «bis zu ihrem Energiepunkt durchschaute Wirklichkeit» (E. L. Kirchner) als eine Bestimmung des expressionistischen Bildes zu sehen. «Sie vergewaltigen die Wirklichkeit, sie vergewaltigen den Augenschein, sie vergewaltigen die Sinnenwelt», schrieb Hermann Bahr 1919 über die expressionistischen Werke. Immer aber war es eine bestimmbare Wirklichkeit, die auch der Betrachter, wenn er sich in die Bilder eingelesen hatte, erkennen konnte. Was das Beiwort ‹abstrakt› benennt: das abstrakte, d. h. ungegenständliche, unlesbare Bildresultat, widerspricht einer so gefaßten Bestimmung des Expressionismus, als ‹abstrahierender› Bildvorgang ist die Begriffskoppelung ein Pleonasmus. Meint hingegen abstrakter Expressionismus nur eine markierende Handschrift und die Gesten, Farbspuren usw., die im Bild belassen werden, dann gilt eine solche Bezeichnung offenbar auch für die Bilder Kirchners aus den Jahren 1910 bis 1913, für die Bilder Noldes u. a. Und tatsächlich wurde die Bezeichnung bereits in den zwanziger Jahren benutzt (bei Eckart von Sydow. Die deutsche expressionistische Kultur und Malerei. 1920). Damit wird der Begriff aber eine blasse, überdies falsche Angabe, will man mit ihm die bildnerischen Realisationen einer anderen Generation kennzeichnen.

Der Begriff Informel endlich, den Michel Tapié mit einer Ausstellung *‹Signifiants de l'Informel›* im Studio Faccetti, Paris, lancierte (1951; beteiligt waren Fautrier, Dubuffet, Michaux, Mathieu, Riopelle, Serpan), stieß zwar auf Widerstand, erwies sich aber zumindest im europäischen Bereich als der beharrlichste und umfassendste, um vor allem die Malerei in dem Jahrzehnt zwischen 1945 und 1955 zu charakterisieren. Gewiß war der Begriff nicht eindeutig, denn was als Nicht-Form bezeichnet wurde, umging doch nicht generell die Form-Frage, denn «die Isolierung dieser [optischen] Phänomene auf dem Bildhintergrund bedeutet schon ihre Anwartschaft auf die Form, und zwar eine Anwartschaft, die auf den reinen Formwert gestellt ist», wie Cesare Brandi in dem Buch *‹Segno e Immagine›* ausgeführt hat. Man tut gut daran, den Begriff Informel in seinen Spannungen, seinen Antinomien zu sehen: als Nicht-Form und als Möglichkeit oder Offenheit zur Strukturierung, wobei die Nicht-Form genauer die Noch-Nicht-Form zu nennen wäre. Auch liegt Klees Diktum nahe, in der Form und als Form die *form*enden Kräfte, d. h. Form als Bewegungsprinzip zu sehen. Das Informel, schrieb der Maler Antonio Saura, bietet «eine Vielfalt von Möglichkeiten, den *Keim eines Strukturwillens* innerhalb einer größeren, bildnerischen Beständigkeit, sobald einmal der Zustand der Katharsis, der Anarchie und des Experiments überwunden ist» (TzM, S. 121). In ähnlichem Sinn schrieb Mathieu: «Handelte es sich um die Nicht-Form und selbst um das, was ich die Nicht-Nicht-Form genannt habe, so nicht einzig aus dem Vergnügen heraus, sich gegen den ‹Formalismus› aller Zeiten (von der Renaissance bis zu Mondrian) zu stellen, sondern darum, die Tür offenzulassen für Möglichkeiten, neue und unbekannte Strukturen zu schaffen..., und nicht servil allem zu applaudieren, was jeden Begriff von Form und Stil ableugnete» (*Au-delà du Tachisme*, S. 68).

Darum geht es: die Strukturmittel, die sich in einer bestimmten historischen Situation selbst zu genügen schienen, in den Rang einer Sprache zu erheben, die – ich zitiere als einen dritten Zeugen den Maler Serpan – «sich nach bestimmten Gestalten und in Leitthemen ausarbeiten muß, die zu Modellen gerinnen, welche man, mangels eines besseren Wortes, als Formen bezeichnet. Aber wenn Form, dann *offene*, in dem Sinn, daß sie den ganzen Spielraum ihrer vollkommen unbegrenzten, unvorhersehbaren und überquellenden Strukturentwicklung einbezieht» (TzM, S. 96). Die Strukturierung der Bildmittel erwies sich als bildnerisch notwendig, um die Willkürlichkeit und stereotype Wiederholbarkeit ‹zufälliger› Bildmittel verfügbar zu machen. Damit ist an die oben erwähnten Sätze Riopelles angeknüpft. So gesehen war der *Weg* des Informel offen.

Um bestimmte bildnerische Tatbestände zu bezeichnen, führe ich hier den Begriff des Formel ein. Wenn nämlich einerseits der Weg des Informel offen war, so war andererseits doch die Frage berechtigt, ob auch der Begriff weiterhin brauchbar sei. Formel meint, daß die bildnerischen Mittel wiederum der Kontrolle des Bewußtseins unterliegen.[3] Formel meint Bilder, in denen die bildnerische Geste verfügbar gemacht, überwacht und überprüft, revidiert und bewußt gelenkt ist. Formel meint die offene Form, in dem Sinn, in dem Serpan von ihr sprach. Formel ist ein Strukturbegriff, um bildnerische Vorgänge, die sich aus und neben der als informel bezeichneten Bildstruktur entwickelten, zu benennen. Das Formel resultiert aus dem Bemühen um eine Systematisierung oder eine Methodologie des Informel. Formel ist, um ein Beispiel zu geben, die Bildstruktur in den Arbeiten des Malers Werner Schreib, die ich besprechen werde (S. 50 ff): ein in freier Bildbewegung aufgetragenes Material, das in einem mehrschichtigen Prozeß durchformt wird, wobei Strukturen des Informel nun in Reihungen, Gegenüberstellungen, Überschneidungen usw. auftreten.

Das Bewußtsein öffnet sich «Vorstellungen, die den exakten Wissenschaften näher sind als der überlieferten Ästhetik»; dabei ist die Verbindung zwischen beiden «vor allem *begrifflich* bestimmt. Deshalb verbinden sich die vorherrschenden Gedanken von morgen nicht mehr mit den Problemen der Form, der Harmonie, des Rhythmus usw., sondern eher

---

3 Den Formbegriff, der hier gemeint ist, erläuterte Umbro Apollonio in einem Aufsatz ‹Zur Kritik des Informellen› sehr gut: «Nun ist es gerade die Form, die nichts vom Zufall weiß, die Form, insoweit sie Modalität ist, insoweit sie die Grundlegung einer Struktur ist, in der die lebendigen Kräfte des Denkens und der ästhetischen Tätigkeit zusammenströmen und übereinstimmen. Diese Form kann organisch sein oder nicht, gewollt oder nicht, aber auf alle Fälle bildet sie eine organisierte Ganzheit dauerhafter Werte. Die Form entspringt aus dem Vergleich des individuellen Seins mit den Dingen, die die Welt bewohnen und sich darin bewegen. Das Bewußtsein filtriert die Wahrnehmung, und diese gibt dann nicht das einfache Phänomen, sondern überträgt dessen Inhalt in einen entsprechenden Wissensgehalt. Denn wenn einmal das semantische Siegel gebrochen ist, kann das Kunstwerk nur es selbst sein, wie es nur selbst sein soll, freilich nicht durch ein hedonistisches Untertauchen in die unerschöpflich gärende Materie, von der das Bild aufgesogen wird, unklar, d. h. in einem der Begriffsfassung vorausgehenden Zustand bleibt, sondern indem es aus diesem vorsprachlichen Zustand, wenn auch durch Verwendung des materiellen Elements, zur Erkenntnis eines Eigenkörpers findet, der durch ein bewußtes Gleichgewicht gelenkt ist, bis er sich in einer raumzeitlichen Bewegung lokalisiert und dadurch eine eigene Organik annimmt. Aus dem emotiven Zustand wird es in die Phase übersetzt, in der die Macht des Bewußtseins herrscht» (‹Das Kunstwerk›, 9/XV, März 1962).

mit den Problemen der Gruppen, der Mengen, der Umschichtungen, kurz, mit den Problemen der Struktur» (Serpan, TzM, S. 97). Der formell arbeitende Künstler sieht in der Form nicht die Erstarrung, die Festlegung, die Eindeutigkeit. Er glaubt mit Asger Jorn, «daß die Materie nicht nur eine ungeformte Größe in Bewegung ist, sondern daß die Formen Teil der Materie selbst sind». Absichtlichkeit, Intention, kennzeichnet den formellen Arbeitsprozeß, doch ist sie nicht auf eine Formalisierung gerichtet, bei der das Bild jeden Hinweis auf den ihm zugrunde liegenden Bewegungsvorgang leugnet bzw. auslöscht.

Der formell arbeitende Künstler anerkennt die Bedeutung des bildnerischen Experimentes, aus dem er, wie der Naturwissenschaftler, die Theorie ableitet. Statt Dogmatik *einer* Bildform oder eines Bildmittels (Bewegung, Materie, Zeichen, Farbe) ein mehrdeutiges Bildschema. Erfindet er sich bildnerische Modelle (vgl. S. 45), so, um seinem Schaffen Richtung und Präzision zu geben; sie können jedoch ergänzt und ersetzt werden. Nicht das Modell erhärtet seine Theorie, sondern das Experiment bestätigt oder verwirft das Modell. Form als ästhetische Organisierung des Stoffes schließt den oben genannten Kleeschen Bewegungsbegriff ein. Form ist das Netzwerk, das der formelle Künstler auswirft, um eine Wirklichkeit zu erreichen. Aber es ist ein Netzwerk, das er sich immer wieder neu ersinnt. Form ist für ihn die Resultante aus Intention und Materie, die er in der Bildbewegung sich durchdringen läßt. «Wenn das, was er aus der Tiefe mitbringt, Form hat, so gibt er Form; ist es ungestaltet (*informe*), so gibt er Ungeformtes. Eine Sprache finden» (Rimbaud).

2. Spontaneität und Reflexion: K. O. Götz[4]

Will man zu einer Methodologie des Informel kommen, so setzt das auf seiten des Künstlers selbst die Möglichkeit zur Methodisierung des Bildvorgangs voraus, auch wenn sich der Arbeitsprozeß – der für Götz wie etwa für Mathieu und Sonderborg nur Sekunden dauern kann – in einem Zustand des Überbewußtseins abspielt. Methodologie bedeutet hier, die Möglichkeiten der informellen Malerei in bildnerischer Systematik zu erforschen und der Kontrolle zugänglich zu machen. Bekannt und verfügbar ist für Götz eine bestimmte, aus der Bildarbeit entwikkelte Methodik. Sie ist Leitfaden und Rahmen der Ausführung. Er beschreibt ihre verschiedenen Etappen im folgenden Bericht. Es bleibt damit, wie Franz Mon bemerkt hat, «ein klassisches Moment in der

4 Über die Untersuchungen elektronischer Bildphänomene durch K. O. Götz vgl. S. 169 f, 172 f.

spontanen Methode bewahrt, ein Moment freilich, das der Reflexion entspringt und durch sie experimentell und keineswegs traditionalistisch wirkt» (‹Das Kunstwerk›, Juni 1961).

Robert Motherwell hat 1962 eine Bildreihe ‹Am Meer› (*Beside the Sea)* gemalt: breite, das Bild horizontal durchziehende Farbbalken, aus denen sich eine Kalligraphie von aufgeschleuderter Farbe löst. Da er im Titel der Serie die Anspielung an einen naturhaften Vorgang aufnimmt, wird offenbar, daß er sie nicht als Fremdkörper empfindet. Vielmehr gesteht er dem Bildtyp, der sich frei aus dem Umgang mit dem Malmaterial entwickelt haben mag, die thematische Beziehung zu, die dieser später evozierte. Ähnliche Anspielungen liegen in einigen Bildern von Götz vor; auch er nimmt die Assoziation, die das Bild nahelegt, an, wenn er eine Reihe von Bildern mit vorherrschender Waagerechte und intervenierender Senkrechte, die in die waagrechten Bildzüge einschneidet, als ‹U-Boot-Serie› bezeichnet. (Hierher gehört beispielsweise die Gouache ‹Brest›, 1957.) Zu Recht verweist Grohmann darauf, daß gewisse Analogien mit Naturphänomenen bei ihm nicht realisiert werden könnten, wenn er sie mit Absicht unternehmen würde. Der Bildtyp ergibt sich aus der bildnerischen Arbeit innerhalb der vom Maler selbst abgesteckten Methodik. Was Götz zunächst, gegen Ende der vierziger Jahre, anhand von Monotypien (flüssige Farbe auf Glasscheiben, aus der er dann oft noch am Organischen, Insektenhaften ausgerichtete Formen herausschabt, dann der Abdruck des Ganzen auf Papier) anlegt, schließlich seit 1952/53 auf die Leinwand überträgt: das Abspulen einer Bildbewegung, in der Zeit begrenzt, mehrschichtig, figuriert zu Kurvaturen, Balken, Spitzen etc., die nicht eindeutig zu bezeichnen sind, gliedert er um 1958 zu Bewegungsabläufen, die richtungsbetont sind. So in ‹Tulin›, 1958: schwarze Pinselzüge über rotem Fond, der aber nicht Farbfolie ist, sondern das Bild in den vom Schwarz ausgesparten Lagen als zweite Bewegung, als Agens formiert, ein bilddiagonaler Bewegungsablauf, rechts-links, der die Niederschrift «imaginärer und zugleich differenziertester Apparaturen» (J. Gorzio) wiederzugeben scheint. Ab 1961 entströmen die bewegten Bildzüge oft einem ruhigeren, geschlossenen ‹Feld›, das die Bildbewegung vorbereitet, auf sie hinleitet, ihr eine Art Rampe gibt (Abb. 1).

Jean Gorzio hat als das eigentliche Problem der Malerei von Götz «die Wechselwirkung von Ding und Maler, von Gerät und Steuerung, kurz: von Technik und Individualität», bezeichnet. Auch für ihn ist das Bild eine Arena. Wie der, der in die Arena tritt, weiß der Maler Götz, daß das Ergebnis von der Schnelligkeit der Reaktion, der Präzision der Gesten, vom minuziösen Einsatz des Gerätes und von der genauen Kenntnis seines Partners abhängt, in diesem Fall einem Bildmaterial, in das er nicht hedonistisch untertaucht, das er lenkt, steuert und zugleich zu optimaler Wirkung bringt.

K.O. GÖTZ: MEIN MALVORGANG

Wie ein Maler malt, das weiß er selbst am besten. Was er malt, darüber reden und schreiben andere. Um etwas über meine Malerei zu schreiben bzw. über jenen komplexen Vorgang, der mit Malen bezeichnet wird, bin ich auf Selbstbeobachtung und Introspektion angewiesen. Fehleinschätzungen sind unvermeidlich, solange es noch keine Kybernetik des Mal- und Zeichenvorganges gibt. Deshalb sollten Verhaltensforscher, Psychologen, Physiologen, Nachrichtentechniker, Mathematiker und Maler gemeinsam Programme entwerfen zur Erforschung jener Regel- und Steuerungsmechanismen beim Malen, die in ihrer Gesamtheit als ein Ganzes, als ein Gestaltkreis angesprochen werden müssen. (Vgl. Viktor von Weizsäcker, Der Gestaltkreis. Stuttgart 1950.)

Mein Malvorgang ist dreiteilig. Ich schreibe die erste Bildfaktur schnell mit flüssiger Farbe dunkel auf hellen Grund. Würde ich es hierbei lassen, wäre ich bestenfalls ein Kalligraph. Die entstandene dunkle Faktur auf hellem Grund wirkt beim Betrachten gemäß dem Prinzip von ‹Muster und Grund›. Beide haben Dingcharakter und sind durch Projektion aufeinander bezogen. Diese Eindeutigkeit wird lediglich an jenen Stellen im Bild durchbrochen, wo Helles von Dunklem umschlossen wird und ein helles Stück Grund nach ‹oben› kommt. Es sieht nun wie eine ausgeschnittene helle Form aus, die auf einem dunklen Grund liegt. Hier werden die Identitäten von Muster und Grund aufgehoben und neugesetzt. An manchen Stellen ist das Verhältnis von hellen Partien zu angrenzenden dunklen ambivalent. Je nachdem in welcher Weise die Bildfaktur fixiert wird, kommt das Stückchen Grund plötzlich nach ‹oben›, die schwarze Zeichnung wird zum Grund, und anschließend kehrt sich dieser Vorgang wieder um. Diese Umkehrung von ‹Muster und Grund› kommt auch bei manchen Kalligraphen vor, ganz besonders aber in der Ornamentik vieler Kunstepochen.

An dieser Stelle setzt bei mir der zweite Malakt ein. Mit einem Gummirakel, dessen Breite der Pinselbreite entspricht, wird in das noch nasse Bild hineingeschrieben. Helles überlagert nun Dunkles. Dunkles wird fortgeschleudert auf Helles. So manche schwarze Partien, die eben noch als Pinselzüge ‹oben› lagen, sind nun zu dunklem Grund geworden durch neuhinzugekommene helle, gerakelte Stellen, die jetzt ‹oben› liegen. Liniengeflechte und Graupartien sind als Elemente an jenen Stellen entstanden, wo der Rakel die dunkle Farbe nicht nur fortgeschoben oder fortgeschleudert, sondern teilweise in den hellen Grund gedrückt hat. Solche Stellen wirken transparent und unterliegen genauso dem dialektischen Spiel von ‹oben-unten› wie gewisse andere Stellen der Bildfaktur.

Zum dritten und letzten Malakt nehme ich einen leeren Pinsel und schreibe in das noch nasse Bild so hinein, daß Passagen entstehen zwischen dunklen und hellen Partien. Dadurch wird ‹oben› mit ‹unten› ver-

bunden in einer Weise, daß illusionistische Effekte ad absurdum geführt werden. Das Ergebnis ist eine komplexe Bildfaktur, die, materiell gesehen, aus einem Mehr oder Weniger an aufgetragener, weggeschleuderter, gestauter oder in den Grund gekratzter Farbe besteht. Diese Hell-Dunkel-Modulation enthält nun keinerlei ‹Formen› mehr (im klassischen Sinn), sondern nur noch Hell-Dunkel-Sprünge und Passagen. Keine Partie kann mehr isoliert betrachtet werden, sondern sie erhält ihr Leben durch angrenzende Partien. Die Teile sind derart aufeinander bezogen, daß sie nicht einzeln, sondern nur durch ihre Relationen zur Umgebung beschrieben werden können.

Das klassische Prinzip von ‹Muster und Grund› ist auf diese Bildfaktur nicht mehr anwendbar. Es tritt nur noch hin und wieder partiell beim Sehvorgang auf und wird individuell gesteuert, je nachdem der Betrachter Illusionistisches in das Bild hineinphantasiert. Psychologen bezeichnen diese Art des Raumsehens mit ‹Sekundärfaktoren der Tiefenwahrnehmung›. Es sind Faktoren unserer Erfahrung und Sehgewohnheit. (J. Linschoten, Strukturanalyse der binokularen Tiefenwahrnehmung. Groningen 1956.) Kompositionsmethoden im klassischen Sinn sind für den Aufbau meiner Bilder nicht anwendbar. Ich brauche Monate oder gar Jahre, um durch Gedanken- und Malexperimente zu einem neuen Bildschema zu kommen. Meine sogenannten ‹Wirbelbilder› z. B. zeichnen sich dadurch aus, daß sie in 3 bis 4 Sekunden gemalt werden müssen, während zur Entwicklung dieses Typs 3 bis 4 Jahre gebraucht wurden.

*Zwischen den drei Malakten und danach wird das Entstandene meditiert, nicht etwa korrigiert. Anerkennung und Vorbereitung des nächsten Malaktes oder Auslöschung ist die Alternative. Auf diese Weise werden hintereinander manchmal 15 bis 20 Bilder gemalt und wieder zerstört, ehe die letzte, zufriedenstellende Version entsteht. Verbesserungen oder Retuschen sind nicht erlaubt. Sie würden die Einmaligkeit und Frische der Bildfaktur stören. An einem solchen Maltag entsteht in der Regel ‹nur› ein Bild. Durch Schnelligkeit opfere ich einen Teil meiner Schreibkontrolle. Dieses Opfer wird kompensiert durch Schwünge und Passagen, die anders nicht zu realisieren sind, die ich aber aufgrund meiner Konzeption erreichen muß. Je geschwinder die Handschrift, je geringer die Schreibkontrolle, um so mehr Anonymes kommt zum Vorschein und fixiert sich im Bild. Ausschlaggebend für das fertige Bild ist einzig und allein die abschließende Kontrolle. (1)**

---

* Die Zahlen in runden Klammern innerhalb bzw. am Schluß der einzelnen Dokumente verweisen auf die in den ‹Biographien . . .› (S. 223 ff) aufgeführten Quellen des jeweiligen Abschnitts.

3. Asger Jorn als Theoretiker

Die extreme Definition der Ästhetik

Dieser Beitrag beschäftigt sich mit dem Theoretiker Jorn, nicht, um damit seine Theorie gegen seine Malerei auszuspielen, nicht, weil ich diese Malerei unterbewerte, sondern weil das Denken Jorns gemeinhin übersehen oder mit jener nachlässigen Intoleranz behandelt wird, die man den Schriften der Künstler gegenüber zur Schau trägt. Allein der Umfang seiner Veröffentlichungen, von denen ich S. 236 die wichtigsten aufführe, sollte dieses Urteil korrigieren helfen. Jorns Lebensintensität war breit und stark genug, um neben einem umfangreichen bildnerischen Werk – 700 Bilder in den für ihn teilweise äußerst schwierigen Jahren 1936–53 – ständig nach dem Platz der Kunst in unserer Gesellschaft zu fragen und den Fragen eindringlich nachzugehen. Für den Skandinavier Jorn war es außerdem die Frage nach der Bedeutung der skandinavischen Kunst, die er durch eine immense Forschung, eine auf 24 Bände berechnete Untersuchung über alte und mittelalterliche nordische Kunst sowie deren Folklore, angeht. Der zweite Band dieser ‹*Bibliothèque d'Alexandrie*›, die das von ihm begründete und geleitete ‹Skandinavische Institut für vergleichenden Vandalismus› in Aarhus herausgab, erschien 1964 über die ‹Gravierten Zeichen auf den Kirchen von Eure und Calvados›. (Der erste, im gleichen Jahr erschienene Band vereinigt fünf Monographien und Untersuchungen über Constant, Pinot–Gallizio, Jorn und Wemaëre, Debord und die Ursprünge der situationistischen Internationale.)

Künstlerisches Tun betrachtet Jorn als «die Realisierung des Unbekannten. Kunst ist Verwirklichung des Unverwirklichbaren» (wie die folgenden Zitate aus seinem Buch ‹*Held og Hasard*›). Wir haben allerdings ein Interesse daran, das Unbekannte kennenzulernen, denn die «Neugierde ist das primäre ästhetische Moment der Natur». Gelingt es uns jedoch, das Unbekannte zu erkennen, «so ist unser Forschungsobjekt uns zwischen den Händen zerronnen. Eben dies macht die Etablierung der ästhetischen Wissenschaft so ungeheuer schwierig. Die Bekanntschaft oder Erfahrung tötet das Unbekannte, das ästhetische Objekt, und löst es auf.» Aufgabe ist folglich, eine Methodik zu entwickeln, die das Interesse für das Unbekannte wachhält, unser Erstaunen bewahrt in der Beschreibung und Umgrenzung des ästhetischen Objektes: des Unbekannten, jener «Achillesferse des Stoffes wie des Menschen». Dabei bleibt das Unbekannte erhalten, wirft aber «sein Licht auf eine jener rätselhaften Formen», in denen wir uns offenbaren. Seine «richtungweisende Bedeutung» für Kunst und Kritik bleibt bestehen.

Die *extreme Definition der Ästhetik* versteht Ästhetik nicht als ein

Phänomen – eine sinnlich wahrgenommene oder beobachtete Veränderung –, sondern als eine unserer existentiellen Erfahrungen und Erlebnisformen, deren Objekt exakter wissenschaftlicher Forschung unzugänglich ist. Jorn erfindet ihr in dem erwähnten Buch ‹Glück und Hasard› eine wuchernde Skala von Formulierungen: ‹Ästhetik als Sinnlosigkeit und Zynismus›, heißt es in den Überschriften, ‹Ästhetik als Unrecht, Unglück und Verbrechen›, ‹Ästhetik als abstoßende Abnormität›, ‹Ästhetik als Fanatismus und Intoleranz› und so fort. Entgegen einem schablonisierten Sprachgebrauch, der im Ästhetischen nur das Unverbindliche betont, wertet Jorn das Ästhetische als universelle Grunderfahrung auf. Das Ästhetische steht für ihn gerade im Mittelpunkt unseres Lebens als das «dramatische Prinzip». Mit apodiktischem Tonfall, der sich an Kierkegaard ausrichtet, heißt es: «Wir erklären hiermit, daß die Ästhetik eine Krankheit im Universum, in der Natur und unter den Menschen ist, aber nicht eine Krankheit zum Tode, keine Altersdekadenz, sondern eine Geburtskrankheit, ein Lebensrisiko, eine Krankheit zum Leben.»

Ist die ästhetische Situation «liquidiert», hat sich das Unmögliche für den Menschen als möglich erwiesen, ist das Unbekannte bekannt, das Machtlose zu einer Macht oder einem «magischen Faktor» geworden, so ist damit das Ästhetische in *Kunst* verwandelt worden, in deren primärer Bedeutung. Formen der Einlösung des Ästhetischen sind Spiel und *Experiment*, wobei Experiment für künstlerisches und wissenschaftliches ‹Spiel› steht. Das Experimentelle ist der Vorgang der Übersetzung des Unbekannten (dem Objekt der extremen Ästhetik) ins Bekannte. Es ist das Zwischenglied der triadischen Konzeption: Ästhetik – Experiment – Kunst. Wird durch das Experiment das Neue und Unbekannte im Bekannten realisiert, so vollzieht sich dessen Erklärung in der Theorie. Theorie als Mittlerfunktion basiert also auf dem Experiment. Sie wird von neuen Experimenten entweder bestätigt oder entkräftet. In Parenthese: die Nähe zu dem Begriff des Unbekannten, den Baumeister ins Zentrum seiner theoretischen Äußerungen gesetzt hat, ist offensichtlich. Die Übereinstimmung ließe sich an zahlreichen Stellen belegen.

Eine Methodologie des Informel

Für den Theoretiker Jorn handelt es sich darum zu beweisen, daß, wiederum in seinen Worten, «der Ursprung des Gedankens nicht die Konvention ist, sondern der schöpferische Vorgang, daß der Ursprung des Wortes nicht die anerkannte Definition ist, sondern das *schöpferische* Wort, und daß der Ursprung von Gedanken und Wort ein einzigartig schöpferischer Prozeß ist.» (Wie die nächsten Zitate aus: A. J., *Naturens*

Orden.) Aus dem gleichen schöpferischen, experimentellen oder spielerischen Grund resultieren für Jorn Bild *und* Wort. Die Leistung Jorns als Maler wird von den Anstrengungen des Theoretikers Jorn begleitet, den Kommentar so nahe wie möglich ans Bild und an den schöpferischen Vorgang zu bringen, das Denken an ihnen anzusetzen, das Unbekannte zu provozieren, mitteilbar zu werden und dieser Provokation eine Methode zu erfinden. Für ihn geht der künstlerische Kampf respektive der Kampf um die Kunst heute um alles oder nichts. Die Geschichte der Kunst zeigt sich ihm als die Geschichte ihrer Niederlagen, ihrer Rückzüge, ihrer Verzichte, sich, und zwar in dieser Folge, mit dem Universum und der Natur, mit der Gesellschaft und mit einer sozialen Klasse zu identifizieren. Das ist, was man gewöhnlich die ‹Befreiung des Individuums› nennt. Diese Entwicklung läßt sich nicht umkehren. «Es gibt nur eine Wahl: alles auf einer höheren Ebene zurückzugewinnen oder als Künstler wie als Mensch zugrunde zu gehen.»

Den Kampf um die Situierung der Kunst, ihren Vorrang unter den Kräften, die die *Ordnung der Natur* etablieren, hat Jorn immer wieder aufgenommen. Wie er im später abgedruckten Gespräch sagt, will er der Kunst einen Platz verschaffen, der dem ähnlich ist, den die Renaissance ihr zuwies. Der Einsatz, um den er spielt, ist der denkbar höchste. «Das Recht des Volkes auf Begeisterung und auf alles, was diese freie Begeisterung bereichern kann, ist das Recht des Volkes auf das Ästhetische um seiner selbst willen.» Diese Begeisterung vereinigt schöpferische Phantasie, den Fest-Charakter der Kunst mit schärfster analytischer Wissenschaftlichkeit. Enthusiasmus ist Transport geistiger Kräfte. Hier erweist sich Jorn als Traditionalist, denn es ist die nordische Philosophie, auf die er sich ausdrücklich beruft, die diesen ‹transportablen Charakter› hat.

Ist der Einsatz des Theoretikers Jorn zu hoch, kann er zu hoch sein? Nun, Jorn spielt tatsächlich nicht nur, wie er am Anfang seines Buches über die ‹Ordnung der Natur› meint, um seinen künstlerischen Erfolg, der gefährdet ist, wenn seine Grundsätze veröffentlicht sind und sein ‹System›, er nennt es lieber sein ‹Weltbild›, standhält. Die Frage ist auch nicht nur die der Situierung der Kunst in unserer Gesellschaft, sie läßt sich für den bildnerischen Bereich präzisieren. Im Fond der Frage steht das Problem einer Systematisierung, besser Organisierung von Spontaneität, freiem Einsatz des bildnerischen Materials, die Frage nach einem Ordnungsprinzip und einer *Methodologie des Informel.* Damit ist die Frage aus dem gesellschaftlichen oder ökonomischen Rahmen in das Gebiet gerückt, in dem Jorn als Künstler arbeitet. Jorn nahm sie in dem Vorwort ‹Das Erhabene oder Informelle› auf, das er 1964 seinem Buch ‹Glück und Hasard› voranstellte: als Frage nach der Ästhetik der Anti-Schönheit, die der künstlerischen Perspektive der wesentlichsten neueren amerikanischen Künstler entsprach, deren philosophischen Hintergrund diese jedoch übersahen. (Jorn übersah ihn zunächst ebenfalls, wie er heute zugibt.)

Warum? Die Antwort gab Harold Rosenberg in dem Buch ‹*The Tradition of the New*› (New York 1959, S. 32): «Die Sprache wurde nicht einer Situation angepaßt, in der der malerische Vorgang selbst das ‹Objekt› ist», heißt es hier. «Die amerikanischen Maler finden nicht viel Geschmack an der Philosophie. Denken heißt für die Mehrzahl von ihnen argumentieren und den Nachweis erbringen, daß sich Malen z. B. vom Schreiben unterscheidet oder vom Kritisieren: eine Mystik dieser besonderen Tätigkeit. Die Geschmeidigkeit der Sprache ist in ihren Augen ein Nachteil; die Maler sprechen von dem, was sie tun, in einem Jargon, der stets von der Metaphysik der *Dinge* durchtränkt ist: ‹Meine Malerei ist keine Kunst. Sie ist etwas, das ist.› ‹Sie ist nicht das Bild irgendeiner Sache, sie ist die Sache selbst.›» Das war, recht verstanden, die Situation am Ende der vierziger Jahre in den Staaten. Was aber als Malerei apostrophiert war, was sich dem Begriff Kunst sperren wollte, umging nicht, dennoch eines Tages als Kunst etabliert, gemarktet und gesichtet zu werden. Das Wort Malerei stand nicht länger allein, es brauchte den Kontext der Kunst. Was war geschehen? Die Enklave, in der sich der Maler als Maler fühlen mochte, in der und in der einzig seine Erklärungen, durchtränkt von der «Metaphysik der Dinge», zu Recht standen, diese Enklave war geöffnet, Malerei dem Zugriff einer alles integrierenden Gesellschaft ausgesetzt. Die Krise, von der man plötzlich sprach und mit der man die Maler aufschreckte, war Krise der Kommunikation, das heißt, erst durch diese Kommunikation ermöglicht.

Der Ablauf war unvermeidbar, in diesen Sog geriet die Malerei der amerikanischen Künstler der ersten Generation (Pollock etc.), an diesem Kern der Problematik nicht nur der neueren amerikanischen Kunst setzte aber auch Jorn seine Überlegungen an. Der soziale Protest der amerikanischen Malerei der dreißiger Jahre war gemalter Protest.[5] In den ab-

---

5 «Gegen die Idee einer ästhetischen Elite erhob sich das Konzept einer politischen Bewegung mit ihrer Moral von Partei und Klassenbewußtsein ... Die neue Linke erklärte alle experimentellen Schulen als Anzeichen für den Zusammenbruch des Mittelstandes, wie die Rechte fast ein Jahrhundert lang die fortschrittliche Kunst als kulturelle Verschwörung der Linken gebrandmarkt hatte. Der soziale Radikalismus verfocht den Tod der radikalen Kunst und hieß den Künstler, seine erforschende und experimentelle Funktion für eine feste Rolle in einer politischen Bewegung der Massenerziehung und Massenaktion auszutauschen.» – «Erst als der Zusammenbruch der Künste in der UdSSR und im faschistischen Deutschland und Italien über jeden Zweifel hinaus die Unversöhnlichkeit von Kunst und ideologischer Nützlichkeit aufzeigte, schüttelten Künstler in Amerika den Alptraum der ‹Verantwortlichkeit› ab.» (Harold Rosenberg, *Arshile Gorky*. New York 1962, S. 84 f, und *The Tradition of the New*. New York 1959, S. 47.)

strakten Bildern der vierziger Jahre drang der Protest in die Malerei selbst ein, sie wurde als Action Painting die «Verkörperung eines echten Kampfes». Was sich hier vollzog, war der Verzicht auf bloß künstlerischen Ausdruck «als einem zu schwachen Vehikel, die Größe des Protestes auszusprechen. Es war der Versuch, die Malerei in den Dienst einer umfassenden semantischen Revolution zu stellen, die nicht nur auf anerkannte künstlerische Begriffe, sondern auf die ganze Bedeutungsstruktur des Materialismus der Jahrhundertmitte zielte ... Doch liegt eine unerträgliche Dichotomie in der Tatsache, daß der Protest, um gehört zu werden, zuerst authentisch als *Kunstwerk* sein muß und, während er durch die Maschinerie der Anerkennung läuft, ein Objekt des Kunsthandels wird und sogleich die Imago einer *Bedeutung* annimmt, wo seine Hauptabsicht doch die war, zu zerstören» (R. J. Wolff, *The Dilemma of American Avant-garde Painting,* in: ‹The Art Journal›, XII, 8, 1963).

Riskieren wir die Verallgemeinerung, bleiben uns aber bewußt, daß ‹amerikanische Kunst der ersten Generation› ein äußerst grober Raster ist, wenn man dem komplexen, historischen Sachverhalt entsprechen will – Tatsache ist, daß der kunsttheoretische Positivismus («Meine Malerei ist keine Kunst. Sie ist etwas, das ist» etc.) in eine Sackgasse geführt hat. Der Einsatz des Theoretikers Jorn, der hier «in einer genauen und nachträglich genau zu verifizierenden Konstellation des zeitgenössischen Kunstwollens» stand, wie Werner Haftmann geschrieben hat (‹Quadrum›, 12, 1961, S. 79), ist, um die Frage aufzunehmen, nicht zu hoch, da auf der einen Seite die Künstler mit ihrem Beharren auf den rudimentären Voraussetzungen der Malerei in eine Stagnation gerieten, die Kunstkritik auf der anderen Seite diese Voraussetzungen nicht entwickelte, sondern weitgehend mit Analogiebegriffen operierte, die dem Vorgang auf dem Bild nicht gerecht wurden, – wenn sie sich nicht gar, so der Vorwurf Jorns, zum «Angestellten des Publikums» degradierte. Jorns Bestimmungen der Kunst jedenfalls setzen in dieser «Konstellation» an.

Kunst läßt sich für ihn nicht in *eine* Bestimmung fassen. Sie resultiert vielmehr aus einer Synthese von drei Bestimmungen: Der *ästhetischen* Bestimmung, die Kunst als die Realisierung des Unbekannten begreift, als Verwirklichung des Unverwirklichbaren, als Idealpunkt des Menschen und seines ganzen Könnens; der *ethischen* Bestimmung, die sie als subjektive Wirklichkeit auffaßt, als das Vermögen eines einzelnen oder einer Gemeinschaft, als Ausdruck einer vitalen Manifestation; schließlich der *logischen* oder *wissenschaftlichen* Bestimmung, die in der Kunst das getreue Bild des Objekts sieht, eine interesselose Beobachtung. Anders ausgedrückt: der idealistischen, realistischen und naturalistischen Kunstkonzeption, die jede für sich allein ungenügend ist, deren Zusammenspiel aber, wie Jorn meint, unumgänglich ist, um die künstlerische Wahrheit zu finden.

Damit ist eine Konzeption angelegt beziehungsweise ein Ensemble von Bestimmungen, von dem aus man den Versuch einer Methodologie des Informel, darüber hinaus den einer Situierung der Kunst in unserer Gegenwart unternehmen kann. Nur wo die Problemstellung sich an präzisen, genau umrissenen Fragen entzündet, gelingt es der Kunst andererseits, sich aus ihnen herauszuarbeiten. Tritt sie in Dialog, wird die elementare Rolle des Dialogs für jede geistige Entwicklung entdeckt, das Wissen, daß der Dialog Selbstbewußtwerdung ist, so beginnt die Krise der Kunst, die Krise ihrer Kommunikation. Sie erweist sich insofern als verhängnisvoll, als in jenem ‹Intervall der Kommunikation›, als welches man den Abstand zwischen Frage und Antwort bezeichnen kann, sich die *Realität* ereignet, um die gespielt wird, um die es geht. Sich der Gesetze des kommunikativen Zusammenhangs zwischen beiden bewußt zu werden, heißt, die «Anarchie der Veränderung» zu bannen, heißt Bewußtwerdung des *Stils*. Denn, so formulierte Georges Mathieu in dem Artikel ‹Von der Auflösung der Formen› (1960): «angesichts einer reinen und willkürlichen Handlung besteht kein Grund, sich die Frage nach ihrer Bedeutung zu stellen, und die Möglichkeit der Kommunikation scheidet aus». In der doppelten Projektion, in der sich die Entwicklung des kommunikativen Intervalls abspielt, von den Erfahrungen der Vergangenheit auf die Zukunft hin, vom Augenblick auf die Vergangenheit zurück, entfaltet sich die *Situation* als der lebendige Augenblick, «in unmittelbarem Kontakt mit Vergangenheit und Zukunft, mit dem, was ich *weiß*, und dem, was ich *will*, der einzigen annehmbaren Realität, der künstlerischen und der intelligenten Realität und der realistischen und intelligenten Kunst» (Jorn).

GESPRÄCH MIT ASGER JORN

Die Rolle des Künstlers

JORN. *Die Architektur ist heute in ihrer Struktur eher romanisch als Bauhauskunst. Was neu ist, wird durch Spannungspunkte konstruiert. (Gespannter Beton, dünne Brücken, gespannt auf Stahldraht.) Diese ganze neue Formwelt hat sich mehr oder weniger zufällig entwickelt. Stilistisch ist sie noch nicht entdeckt. – Das alte Bauhaus verabscheute das Gebäude als Skulptur. So wie die moderne Skulptur architektural geworden ist, so die moderne Architektur bildhaft. Und doch gibt es darin keine sammelnden Prinzipien.*

Vielleicht wird es wie im Mittelalter: die Prinzipien bleiben versteckt.

Die Bauhütte wird nach ganz anderen Regeln wieder erstehen. Man wird die Strukturprobleme zu lernen haben. Die Idee, daß das konstruktive Prinzip sichtbar sein soll, wird man aufgeben. Und damit die Lust, alles zu erklären. Das Gefährliche dabei ist, daß Traditionalismus und Eklektizismus in die Auffassung hineinkommen können, wenn man darauf verzichtet, das Neue zu erklären.

CLAUS. *Wahrscheinlich meinte Mathieu dasselbe, als er sagte, wir müssen erklären, visuelle Tatbestände mitteilbar machen, um den Weg freizumachen.*

JORN. *Man kann vielleicht nicht sagen, was wesentlich wird, aber das bezeichnen, was wir nicht mehr brauchen können. Also eine Art negativer Auslese. Im übrigen: die ganze Grundlage der kunsttheoretischen Erklärungen auf dem Gebiet der Architektur war vor dem Krieg absolut deterministisch. Sie vollzog sich in Aussagen über die Notwendigkeit. (Funktionalismus.) Das hat sich heute grundlegend geändert durch das spielerische Möglichkeitsprinzip. Das geht bis in die Wissenschaften hinein, die den Begriff ja eigentlich entwickelt haben. Dabei ist Möglichkeit identisch mit Aktualisierung. Um sie zu vollziehen, muß man einen Gegensatz, einen potentialisierten Gegenpol haben, was tabu bleibt. (Das ist das Antagonismusprinzip von Lupasco.*[6]*)*

Ich erinnere an den Gedanken, der in manchem Märchen anklingt: Man tritt vor ein Schloß und jemand sagt – Du kannst es bewohnen, alles ist darinnen, was Du Dir wünschst. Aber geht man in einen bestimmten Raum, zu dem man den Schlüssel hat, so fällt alles zusammen. Ähnlich verhält es sich mit der modernen Mathematik. Was man für absolut hielt, änderte sich, d. h. die sogenannten Apriori muß man als Taburegeln auffassen. Die Taburegeln, die nur für die Funktion begründet waren, fallen, nimmt man die Funktion weg, auseinander.

CLAUS. *Und dies neue Denken wird für den Künstler selbst Änderungen bringen?*

JORN. *Ich glaube, daß die Künstler mehr und mehr heimatlos werden, friedlose Vagabunden, Wanderer, die erneuern. Vor dem Krieg kämpften sie hart, aber man wußte, wo ihr Platz war. Nach dem Krieg ist alles anders. Wir gehören nirgendwo hin. Man braucht uns überall. Man braucht die Künstler als jemanden, von dem man freikommen muß.*

CLAUS. *Aber sind sie notwendig?*

JORN. *Die Frage ist, ob wir möglich sind, nicht, ob wir notwendig sind. Das ganze Geistesleben ist eine Frage der Möglichkeiten, nicht der Notwendigkeit. Ich bin* möglich, *hier in Europa.*

---

6 Der französische Philosoph STÉPHANE LUPASCO entwickelte dieses Antagonismusprinzip in seinen Büchern ‹*Le principe d'antagonisme et la logique de l'énergie*› und ‹*Le dualisme antagoniste et les exigences historiques de l'esprit*›. Vgl. auch sein Buch ‹*Science et art abstrait*›. Paris 1963.

Ich meine, man braucht nur die verschiedensten Bücher über moderne Wissenschaften zu lesen: es herrscht hoffnungslose Verwirrung und Depression. Man hat dort nicht begriffen, daß die Kunst, wie in der Renaissance, heute vorangehen kann, daß die bildenden Künste Ordnung schaffen können – die Ordnung der Natur. *Sie ist Angelegenheit der Künstler, nicht der Wissenschaftler. Die Wissenschaft kann heute nicht mehr herausfinden, was ihre Spielregeln sind und was das Spiel selbst. Die Verwirrung, die hier herrscht, resultiert aus der Entdeckung, daß man die natürlichen Phänomene nicht als absolut auffassen kann, und daß, wie ich einmal geschrieben habe, auch die Natur ein Spieler ist. – Alle Anhänger der alten Weltbilder werden wütend, wenn sie das Wort* Weltanschauung *hören. Ein Zeichen für mich, sie zu machen.*

CLAUS. *Das heißt also Rehabilitierung dieses Wortes?*

JORN. *Ja, durch neue Weltbilder. Wir können nicht durch Wörter rehabilitieren. Das neue Universum muß sich in Bildern realisieren. Aber wie, das weiß ich nicht. Glücklicherweise. Ich sehe allerdings, daß die Künstler seit Turner und Constable und Runge systematische Teile beigetragen haben.*

CLAUS. *In Bild* und *Wort?*

JORN. *Beides. Die Frage von Licht, von Materie und so weiter, das sind künstlerische* und *wissenschaftliche Fragen.*

CLAUS. *Auch wenn der Künstler nicht immer die theoretischen Folgerungen gezogen hat?*

JORN. *Das ist für mich kein Ziel. Es geschieht,* weil *man Kunst macht. Nicht, weil man Weltbilder machen will. Jedes gute Bild ist ein Weltbild. Sonst ist es ein schlechtes Bild.*

Experiment und Mode

Jorn erzählt von seiner gegenwärtigen Arbeit: Ich beschäftige mich zur Zeit mit Untersuchungen über den Unterschied von experimenteller und moderner Kunst. Ich definiere die moderne Entwicklung als eine Entwicklung, die eine chronologische Veränderung repräsentiert, aber gleichzeitig räumlich identisch ist. Das Moderne ist dadurch bedingt, daß man dieselbe Neuerung überall gleichzeitig akzeptiert. Das heißt, die Mode entsteht in Zentren. Je größer die Entfernungen zu ihnen, je schwächer die Reaktionen: Provinzialismus. Das Experimentelle ist eine Differenzierung im Raum und hat im Gegensatz zum eben Erwähnten seine Grundlage in einer lokalen Kontinuität oder Tradition. Deren Schwäche ist, daß diese Verschiedenheit im Raum eine Entwicklung in der Zeit hemmt. Dort kommt die Mode als Einschlag zur Erneuerung. Das Experimentelle ist Erneuerungsprozeß, Antimodisches, Differenzierung. Das traditionell Experimentelle und die Mode sind notwendige

Gegensätze. Eine experimentelle Wissenschaft ohne empirische Grundlage führt zu nichts. Man muß irgendwo seine Konstanz haben. Sie liegt für mich in der Zeit. Man kann von einer Zeitfolge beim Experiment, von einer Raumfolge bei der Mode sprechen. Ohne räumliche Ausstrahlung keine Mode.

Das ist die Stärke der Franzosen. Die Amerikaner schaffen nicht Mode, sondern Stil. Experimentelle Kunst ist stiltragend, aber ohne Mode. Mode ist ohne Stil. Französische Mode und amerikanischer Stil, das läßt sich nicht umkehren.

CLAUS. *Worin liegt die Bedeutung der Pop Art?*

JORN. *Wenn man Pop Art sagt, meint man einerseits Kunst des Volkes, andererseits Kunst für das Volk. Schaut man sich die Comic strips an, so sieht man zwei gegensätzliche Serien: eine heroisch-idealisierende und eine andere, phantastisch-groteske, in der Walt Disney das Größte geschaffen hat. Die Pop Art hat die idealistisch-autoritäre Entwicklung genommen. Die Frage für sie ist heute: soll sie Stars and Stripes oder Lebenskunst werden. Die Amerikaner haben die eigenartige Fähigkeit umzuschlagen. Dann werden sie modisch, ohne es sein zu können – und verlieren. Coca-Cola ist keine Volkskunst, wenn sie als Bild ins Haus zurückkommt.*

Allerdings hat diese Kunst das Problem der Reklame vorwärtsgetrieben. Die Bedeutung liegt also für mich auf sozialer Ebene. Was geht vor, wenn wir von einer Reklame wie der der Coca-Cola bombardiert werden? Diese Frage wird mit ihren Bildern aufgeworfen. Der Mensch soll frei bleiben, sich gegen das zu wehren, was er nicht will. Wird man der Reklame müde, so auch der Ware. Diese Kunst kann also das ganze ökonomische Gleichgewicht ändern. Es könnte sein, daß man das nicht Notwendige nicht mehr ertragen kann. Man könnte wieder wählen. Einkäufe, Konsum – alles das ist hierarchisiert. Beginnt man eines Tages zu sagen: ich will das nicht haben, so kritisiert man damit die soziale Ordnung. In der Opposition gegen die Modehierarchie liegt der Wert der heutigen Bohème.

4. DAS MODELLBILD: ROBERT MOTHERWELL

Grundtypen seines Werkes

Es ist kein Zufall, daß die *Collagen* des Robert Motherwell in Europa zunächst bekannter wurden als die Ölbilder. Und nicht nur, weil sie leichter zu transportieren sind, das Hauptwerk Motherwells sich aber auf großformatigen Leinwänden ausdehnt und zudem vorwiegend in nordamerikanischem Besitz ist. Mit Recht weist Motherwell im später abgedruckten Gespräch auf den Stillebencharakter der Collage, in der die

Readymades der täglichen Umgebung beziehungsweise deren Fragmente Verwendung finden. (Dagegen spricht nicht, daß sich der ‹*Nouveau Réalisme*› ebenfalls ihrer bediente; sein Hang zum Stilleben, das er reproduziert, ist evident.) Die Collage bleibt dabei als solche, mit ihren Rissen, ihren abrupten Übergängen sichtbar; häufig werden die Kanten der abgerissenen Papierteile nicht überarbeitet, das an der europäischen Tradition – jeglicher Art von schöner Malerei – geschulte Auge stößt auf eine Roheit der Ausführung, die schockiert. «Motherwells Gestalten und Formen», schrieb Sam Hunter, «werden beherrscht vom Mangel und der Dünne der amerikanischen Kultur, einem Mangel, der sich manchmal als vorteilhaft erweist – als erwachte man unerschrocken im nackten Dschungel von Sensationen –, manchmal moros, denn ein wiederholter neuer Start kann eine drückende Last sein. Die heutige amerikanische Malerei ist eine Kunst von Anfängen, neuem Beginnen, und, wie jede junge und ursprüngliche Ausdrucksweise, pendelt sie unsicher zwischen Freude und Melancholie hin und her. In diesem Zusammenhang beweisen Motherwells natürliche Sinnlichkeit und seine sichere Beherrschung der modernen Kunst, ihrer Kultur, die tiefste Anziehungskraft. Denn, wenn seine Collagen unzweideutig von der ‹Roheit› der amerikanischen Erfahrung sprechen, so erinnern sie doch auch an Europa, Matisse und eine kultivierte Ordnung... Der Elan einer unmittelbaren Bewußtheit legt sich stürmisch in den sehnsüchtigen Traum der ‹*luxe, calme et volupté*›: die heitere Sinnlichkeit und der Atem eines Ausdrucks, der heute der Kunst zu beiden Seiten des Atlantiks verlorengegangen ist» (Katalog ‹R. M. Collages›, Berggruen, Paris 1961).

Der Versuch, das Werk Motherwells zu Bildgruppen zusammenzufassen, ist schwierig, solange grundsätzliche Arbeiten, Monographien etc. über ihn ausstehen. Überdies ist die Rezeption seiner Kunst, der (recht summarisch) eine fundamentale Bedeutung innerhalb der amerikanischen Malerei bezeugt wurde, in Europa äußerst mangelhaft[7] – Motherwells Werk läßt sich, abgesehen von den Anfängen, in vier Bildgruppen unterteilen. Die *erste*, mit ihren zum Teil Gegenstände frei assoziierenden Bildern, reicht von 1941 bis 1948. Am Beginn stehen Arbeiten, die unter dem Einfluß der nach New York emigrierten Surrealisten und ihrer Theorie des Automatismus angefertigt wurden. Der nachhaltige Eindruck, den er bei seinem einjährigen Aufenthalt in Paris (1938/39) von Matisse erfährt, wird ab 1941 durch den Mattas ergänzt, mit dem er im gleichen Jahr (es war die Zeit von Mattas ‹Psychologischen Morphologien›) eine Mexikoreise unternimmt. Die Phase reicht, biographisch gesehen, bis zur Gründung der Schule ‹Subjects of the Artist›, die er 1947/48 mit Baziotes, David Hare, Newman und Rothko ins Leben ruft, und der Zeitschrift ‹Possibilities›.

---

7 Glücklicherweise hat sich dies seit 1965 entscheidend geändert.

Ein Beispiel der Figurenbilder jener ersten Bildgruppe ist ‹Pancho Villa, tot und lebendig› von 1943, heute im Museum of Modern Art, New York, mit seinen streng ins Bild gesetzten Collagen, einer etwas aus der Mittelachse nach links gerückten Figur, die kaum mehr als durch breit hingestrichene Konturen angegeben ist und der eine fast kongruente Figur im rechten Bildteil korrespondiert. Das Bild ist, vom figürlichen Kontext einmal abgesehen, durch ein Gerüst vertikaler, kreisrunder, diagonaler, horizontaler Balken verstrebt, die über den meist flächigen Grundmustern liegen. Kennzeichen aller Bilder dieser Zeit ist das Bildgerüst, die strenge Zusammenfügung, gegen die andere, freie Einsätze stehen. Das gilt für die Bilder ‹Mallarmés Schwan› (1947), das mit seiner spröden Materialität, dem Ensemble gliedernder, planer Flächen und frei verlaufender Farbe den Bildbau Tàpies' vorwegnimmt (der Titel ist eine Hommage an die symbolistische Ästhetik Frankreichs, der er sich verpflichtet weiß); für den *‹Homely Protestant›* von 1948, in dem die Figur zu einem linearen Schemen zusammenschmilzt und die ‹Elegie› aus dem gleichen Jahr (Fogg Art Museum, Cambridge, Mass.), die mit dem durchlaufenden vertikalen Balken, den ovalen und taschenförmigen Formen zu den ‹Elegien für die spanische Republik› überleitet, die eine *zweite* Bildgruppe und die im Gesamtwerk, wie ich meine, bedeutsamste ausmachen (Abb. 4).

«Die ‹Spanischen Elegien› sind nicht ‹politisch›, sondern mein eigener beharrlicher Hinweis auf einen schrecklichen Tod, den man nicht vergessen sollte. Sie sind so beredt, wie ich sie nur machen konnte. Doch sind die Bilder auch allgemeine Metaphern des Gegensatzes zwischen Leben und Tod und deren Wechselbeziehung.» Das ist der kurze Kommentar, den Motherwell zu einer ‹Elegie› gab. Alle der über 100 ‹Elegien› teilen ein formales Grundmodell, dessen bestimmende Teile Oval und Balken sind, in verschiedenen Ausformungen und in einem flächig aufgetragenen, das Bild beherrschenden Schwarz. Als Beispiel für andere: die ‹Elegie für die spanische Republik XXXIV›, 1954 (aus der Albright Art Gallery, Buffalo, N. Y.; Ponente bildete sie farbig in seinem Buch ‹Zeitgenössische Strömungen› ab), untergliedert das Bild in sechs längliche, bildparallele, vertikale Zonen, davon drei in einem irisierenden Weiß, durch das die unterliegenden Farbschichten hindurchschimmern, und drei Zonen, die hauptsächlich aus einem gelben Ocker, Blau und Rot (mit schwarzen Einsätzen) aufgebaut sind. In sie bricht von oben das Gefüge der schwarzen Sparren: zwei Ovalformen (eine angedeutete dazu im linken Bildteil), zwei Vertikalbalken. Obgleich das Schwarz frontal im Bild liegt, bleibt es doch für den Betrachter in der Distanz.[8] Aus

---

8 Aus Anlaß der Ausstellung ‹Schwarz und Weiß› in der New Yorker Kootz Gallery 1950 schrieb MOTHERWELL über diese beiden Farben, die die meisten seiner ‹Elegien› bestimmen: «Die Chemie der Pigmente ist interessant – Elfen-

der phänomenologischen Farbenbeurteilung lassen sich seine große Spannung, aber auch diese Distanz und der Respekt belegen, den es verlangt. «Als Farbe des absoluten Herrschaftsanspruchs war es die Wahlfarbe der spanischen Könige und der Inquisitoren. Im ‹Schwarzen Korps› der nationalsozialistischen SS zeigt Schwarz seine düstere Despotie... Als einzige Gegenfarbe des Lichts äußert das Schwarz die Stärke rebellischer Lebenskraft gegen alles Bunte. So ist Schwarz die Gegen-Farbe im eigentlichen Sinn autonomer Gegenkraft, die es wagt, volle Konkurrenz zu bieten. In seiner Beharrung, als das ganz Unbewegte, hat Schwarz eine stabile Position als Negation alles Fließenden und Veränderlichen.» (Eckart Heimendahl, Licht und Farbe. Berlin 1961, S. 198.) – Motherwell schuf sich mit seinen ‹Elegien für die spanische Republik› eine Wirklichkeit eigener Erfindung, das Modell einer Wirklichkeit, die sich mit keiner uns bekannten eindeutig identifizieren läßt. (Zwar ist der phallische Charakter der schwarzen Sparren in manchen Bildern offensichtlich; er tritt aber in anderen völlig zurück.)

Zu einer *dritten* Bildgruppe gehören Motherwells Schriftbilder. *‹Viva›* (1947) bereitet diesen Weg vor, *‹Je t'aime›*, eine Bilderreihe aus der zweiten Hälfte der fünfziger Jahre, belegt ihn exemplarisch. Die Schrift, genauer: das Wort mit seinen Buchstaben, wird nicht zum Kürzel, in dem Motherwell die graphischen Elemente der Schrift sammelte: die Schrift steht vielmehr als Zitat, als gewöhnliche Umgangsschrift im Bild. Es ist wahrscheinlich, daß diese Schriftbilder auf den Erfahrungen mit der Collage beruhen. Mit den Schriftzitaten gelingt es Motherwell, den Illusionsraum des Bildes zu stören und das Bild auf seine Flächigkeit zurückzuweisen.[8a] Schließlich wäre eine *vierte* Bildgruppe mit jenen Bildern der letzten Jahre zu nennen, die wieder Hinweise auf die bekannte Wirklichkeit ins Bild bringen oder dort belassen, eine Wirklichkeit, die nunmehr einen sehr naturhaften Klang besitzt: *‹Beside the Sea›* (eine

---

beinschwarz wird, wie Beinschwarz, aus verkohlten Knochen oder Hörnern gewonnen, Kohleschwarz ist das Ergebnis verbrannten Gases, und die gewöhnlichsten Weiß, abgesehen vom kalten, schleimigen Zinkoxyd und dem kurz glänzenden Titaniumoxyd, werden aus Blei gemacht und sind äußerst giftig. Als Ruß ist das Schwarz leicht und locker und wiegt ein Zwölftel des durchschnittlichen Pigments; es braucht viel Öl und trocknet langsam. Manchmal frage ich mich, was die Tierknochen (oder Hörner), die in einem großen schwarzen Streifen auf einer Leinwand liegen, in den Furchen meines Bildes machen. Ein Kapitän auf dem Yukon malte den Schnee am Weg seiner Schiffe über 29 Meilen schwarz; der schwarze Streifen schmolz drei Wochen vor Frühlingsbeginn und er erreichte klare See. Schwarz reflektiert nicht, sondern absorbiert alles Licht; das ist seine wesentliche Eigenschaft; während es die des Weiß ist, alles Licht zu reflektieren.»

8a Mit dieser Unterteilung von mir setzt sich U. M. Schneede in einem Aufsatz ‹Die Kunst der Abwandlung› (Das Kunstwerk, März 1966) kritisch auseinander.

Bilderfolge um 1962), ‹Das goldene Vlies› (1961) und andere. Offenbar wird in Bildern wie dem letztgenannten die Neigung zum Fries, zum langgezogenen Bild, das man als ‹Landschaftsbild› bezeichnen könnte. Präzise, geometrische Details und flutende, weite Zonen kommen hier zusammen.

Das Modellbild

«Man macht kein intensives Bild, indem man eine dramatische Geste zeigt. Es sind eher die Mittel selbst, die die Intensität begründen.» Motherwell distanziert sich damit von einer Malerei, die auf der Leinwand das unretuschierte, unkontrollierte und unkontrollierbare Zeugnis einer bewegten bildnerischen Handlung konserviert. Intensität der Mittel: Damit ist keinem Tachismus das Wort geredet, denn der Maler, der sie – und zwar bis zu den Grenzen ihrer Ausdruckskraft – gebraucht, überwacht ihre Formung, spannt sie ein in den Schichtbau des Bildes. Wenn es Aufgabe des Künstlers ist, «seine Empfindungen methodisch zu ordnen» (die Worte sind von Matisse), so ging Motherwell früh daran, eine Methodologie des Informel zu entwickeln, früher nämlich als manche modisch exzessive Malerei, die eine Wendung zum Formel erst dann vollzog, als sie die Auflösung der Mittel und Formen in eine Sackgasse getrieben hatte. Motherwell zitiert zur Bestätigung dieser Sätze das Werk Mondrians. «Mondrian ist absolut, ist klar (*pure*), und das sind echte Anliegen unserer Kunst... Mondrians Malerei ist stark rhythmisch, warm, leidenschaftlich, so reduziert die Mittel offensichtlich zu sein scheinen.» Der scheinbare Widerspruch, im Werk eines Malers die Impulse Mondrians wie der Action Painting vereint zu finden, erweist sich als Widerspruch von Klischeevorstellungen, die Mondrian auf den kühlen Statiker, die Action Painting auf die zügellose Ekstase festlegen wollen. Tatsache ist aber, daß für den amerikanischen Maler vor allem das Spätwerk Mondrians wirksam wurde, das die Zerstörung des «statischen Gleichgewichts» zugunsten des dynamischen realisierte.

Wie eh und je ist die Wirklichkeit, in der wir leben, anschaulich. Aber ist diese anschauliche die ganze Wirklichkeit? Für den Naturwissenschaftler ist sie die Oberfläche von Ereignissen, die er durch Theorie und Modellvorstellungen aufweist. Wo das diskursive Denken nicht ausreicht, die Phänomene darzustellen, bedient er sich des Modells, dessen Vergröberungen, Verzerrungen und Ungenauigkeiten er zugunsten der größeren Anschaulichkeit in Kauf nimmt. Bildnerisches Modell oder *Modellbild* meint seinerseits die Ausarbeitung von bestimmten, erkennbaren und wiedererkennbaren Grundmustern, formalen Anordnungen, in denen sich Persönliches und Allgemeines (Mondrian sagte Individuelles und Universelles) treffen. Der Modellcharakter der Kunst, auf den Mondrian verwies, war überzeichnet und ‹utopisch›, wenn er schrieb:

«In Zukunft wird die Verwirklichung des rein Bildnerischen in der greifbaren Wirklichkeit das Kunstwerk ersetzen. Dann werden wir Gemälde nicht mehr nötig haben, denn wir werden inmitten realisierter Kunst leben... Heute ist die Kunst noch von höchster Wichtigkeit, weil durch sie die Gesetze des Gleichgewichts in einer direkten Weise veranschaulicht werden können.»

Das Modellbild verweist primär, im Unterschied zum naturwissenschaftlichen Modell, nicht aus sich heraus oder von sich fort auf eine andere Wirklichkeit, ist nicht Hilfsmittel und nicht Anschauungsmodell. Es intendiert nicht einen diskursiv nur schwer zugänglichen Vorgang – Kunst intendiert vielmehr das Bild als Bild, beharrt auf seiner Realität eigener Art, die Mittel und Stoffe verwendet, die bekannt oder zumindest benennbar sind, diese aber zu einer Gegebenheit führt, die mit nichts zu benennen ist als mit sich selbst. Das ist die erste und grundlegende Wirklichkeit der Kunst. Unableitbar, das heißt aber nicht, unauflösbar, denn es ist das Ziel der ästhetischen Wissenschaft, das Unbekannte, das Ungewußte, das Ungesehene ins Bekannte zurückzuholen. Mit Modell meine ich, um es zu wiederholen, nicht die Eselsbrücke des naturwissenschaftlichen Modells, sondern deute damit auf die freie Entscheidung des Künstlers, sich ein solches Modell zu erfinden. Denn auf Erfindung zielt der künstlerische Modellbegriff, er beinhaltet folglich einen größeren Spielraum in der freien Erfindung, die ihn vom naturwissenschaftlichen klar abhebt. Anschaulichkeit ist für ihn kein Requisit, sondern Ziel. Insofern ist es kein Paradox, daß ihm eine Endgültigkeit eignet, die dem naturwissenschaftlichen Modell fehlt. Das bildnerische Modell, wie es sich Motherwell in seinen ‹Elegien für die spanische Republik› geschaffen hat, erleichtert und ermöglicht es, zu der methodischen Ordnung der Empfindungen zu kommen, von der Matisse sprach.

GESPRÄCHE MIT ROBERT MOTHERWELL

Der Bildprozeß

MARGARET PAUL. *Sie haben bereits sehr früh Collagen gemacht. Welche Rolle spielen sie in Ihrem Werk?*

ROBERT MOTHERWELL. *Collagen sind ein moderner Ersatz für das Stillleben. Das traditionelle Stilleben scheint dem Amerikaner komisch zu sein, ist aber dem Europäer völlig natürlich, denn man sieht eines am Ende jeder Mahlzeit. In der Collage gibt es eine Menge Readymade-Details, insofern man Details wünscht. Meine Malerei bedient sich meistens großer Vereinfachungen. Im Gegensatz dazu ist die Collage ein Weg, mit autobiographischem Material, das man manchmal gern gebraucht, zu arbei-*

ten. Ich habe mehr Freude an der Collage, fühle mich weniger gebunden. Eine Art des Spiels – was Malerei, zumindest allgemein und für mich, nicht ist.

M. P. *Wie beginnen Sie ein Bild?*

R. M. *Ich beginne mit der Leinwand, bestimmte Bedingungen vorausgesetzt. (Gewisse Dinge habe ich nicht mit dem Bild vor.) Ich fange irgendwie zufällig an, aber arbeite dann nach einer ‹logischen› Folge – nach inneren Beziehungen, im Sinn von Hegel – gemäß streng eingehaltenen Werten. Zum Beispiel liebe ich eine warme Malerei; einige Maler wählen Grau, ich benutze gelben Ocker als mittleren Ton. Ich bestehe auch darauf, daß das Bild verhältnismäßig flach ist. Ein Bild ist eine Zusammenarbeit zwischen dem Künstler und der Leinwand. ‹Schlechte› Malerei liegt dann vor, wenn der Maler seinen Willen durchsetzt ohne Gefühl für die Leinwand. Ich überarbeite die Leinwand jeweils ganz, aber in Abschnitten, in einem ersten Schritt, in einem zweiten usw.; am Ende steht oft eine Reihe dünner Schichten. Man sagt, Goya habe seine Bilder stets bei Kerzenlicht, d. h. in einem matten Licht, beendet. Das verstehe ich gut, denn zarte, kleinere Anordnungen unterscheiden sich vom Gefühl für das Bild als Ganzes. – Ein Künstler ist jemand, der eine ungemeine Sensibilität einem Stoff, einem Medium gegenüber hat. Das Wichtigste ist, nicht ‹tot› zu sein, und fast jeder, ob Maler oder nicht, ist ‹tot›. Nur ein lebendiger Mensch kann sich lebendig ausdrücken. Das Problem der Inspiration ist einfach, in einem gegebenen Augenblick der Arbeit ganz lebendig zu sein.*

M. P. *Wie arbeitet Ihre bildnerische Imagination?*

R. M. *Das grundlegende schöpferische Prinzip der zeitgenössischen Malerei, das ich verwende, ist das, was die Psychiater «freie Assoziation» nennen und was die Surrealisten, die einen bedeutenden systematischen Gebrauch des Prinzips entwickelten, «psychischen Automatismus» nannten. Von diesem Standpunkt aus ist heute die abbildende Malerei unmöglich, wie jede Malerei, die sich einer* a priori *gegenüberstehenden Vorlage bedient. Einige abstrakte Expressionisten haben diese Unterscheidung zwischen den naturalistischen Traditionen der Renaissance und abstrakten, symbolischen freien Assoziationen niemals ganz verstanden, im Unterschied etwa zu Rothko. Meine eigenen gegenständlichen Bilder von 1946–48 enthalten frei assoziierte Gegenstände, ein wenig so, wie ein Kind einen Gegenstand konstruiert, d. h. durch seine Vorstellung. Auch meine Spanischen Elegien sind freie Assoziationen. Schwarz ist Tod, Angst; Weiß ist Leben, Eklat. Gegeben in der flachen, klaren mediterranen Art der Sinnlichkeit, ‹spanisch› weil sie streng sind. (1)*

DAVID SYLVESTER. *Fügen Sie dem Bild, nachdem Sie es beendet haben, irgendeine in Worten faßbare Empfindung hinzu? Etwa, daß ein bestimmtes Bild grell ist, daß ein Bild sexuell ist, daß ein Bild heiter ist usw.?*

R. M. *Manchmal. Und manchmal kann ich etwas sagen, wenn man mich über ein Bild fragt; manchmal sagen andere etwas (obgleich selten), das mir einleuchtet, ‹ja, das ist absolut richtig›.* Der Malvorgang ist eine Reihe moralischer Entscheidungen über die Ästhetik. *Ich meine, beim Malen selbst läuft der Pinsel schneller oder langsamer und eine so und so geartete Zone endet so und so, man denkt, ‹nein, ich mag dieses Schwarz mit diesem Blau nicht, oder, dieser Zwischenraum zwischen diesen zwei Formen paßt nicht›. Aber am Ende, wenn dies alles nicht nur auf Geschmacksbasis geschieht, d. h. auf der Basis des bloß Ästhetischen, muß etwas anderes stehen, nach dem man sucht und das sich auf die Beurteilung bezieht. Ich denke, letzten Endes ist das eine Moral. Daß eine Malerei ohne scharfe Kanten, daß eine zu robuste Darstellung der Wirklichkeit oder eine träge, klumpige Malerei zu unsensibel sind: das sind moralisch begründete Urteile. Oder, da ist keine Luft in einem Bild, aber menschliches Leben braucht Luft, die aufgenommen und ausgestoßen wird. Ich weiß, da ich Maler bin und, in gewisser Weise, ein westlicher Ästhetiker, klingt es etwas absurd, auf der Moral zu bestehen, die ich bestimmt nicht in einem puritanischen Sinn meine; doch glaube ich wirklich, daß Kunst ein zutiefst moralisches Unternehmen ist. Und daß das Künstlerische, wenn man so will, die Schönheit und Vollkommenheit ist, mit der eine moralische Position auftritt. (Als Beispiel: Der Verzicht auf Schatten in der abstrakten Kunst seit dem Kubismus ist eine moralische Verweigerung von Illusionen; d. h., auf vielen herrlichen Bildern der Vergangenheit traten Schatten auf, aber als solche noch nicht Teil des Verfalls und der Popularisierung innerhalb der Malerei waren.) Ich glaube, ein Großteil von dem, was augenblicklich zwischen Amerika und Europa geschieht – ich spreche jetzt von jüngeren Künstlern –, ist unser unerbittliches Beharren hier auf moralischen Werten, was, nach meiner Meinung, unter jüngeren europäischen Künstlern langsam verschwindet, die hauptsächlich nach ihrem Geschmack malen. Ich meine das nicht in einer überlegenen, rechthaberischen Art, sondern fast primitiv, als eine Art animalischer Durst nach etwas ganz Realem. Das bezieht sich auf das, was man wirklich empfindet und nicht, was man zu empfinden wünscht oder zu denken glaubt.*

D. S. *So daß Malerei zu einer Klärung der tatsächlichen Stellung wird?*

R. M. *Ja, man lernt viel durch sie.*

D. S. *Ein Weg, sich selbst zu entdecken?*

R. M. *Im Kern der augenblicklichen historischen Lage steht das Pro-*

blem der Identität; die amerikanische Literatur ist voll davon. Es ist ein amerikanisches Problem. Oder vielleicht ist es eine Frage für jeden, aber sie ist äußerst scharf hierzulande gestellt... In diesem Zusammenhang überraschte es mich [während eines Aufenthaltes in Westdeutschland 1954], daß das Ergebnis der ‹modernen› Kunst oder ‹modernen› Architektur in Europa konkret war, real, mit allen Arten politischer, sozialer, wirtschaftlicher Verflechtungen. Für uns hier in Amerika ist es nebuloser, unbestimmter, in gleicher Weise jedoch im Grunde viel extremer. Wir sind hier dazu bestimmt, das Neue zu empfangen. Das ist keine Wahl, was in der Wirtschaft geschieht oder welche religiösen Verwicklungen vorliegen, ob man grundsätzlich einen reaktionären oder radikalen Standort einnimmt, denn solche Positionen sind hier fließend, tendieren dazu, sich zu vermengen und zu ändern...

Stammessitten sind hier weniger stark. Dadurch liegt mehr Druck auf dem Individuum in bezug auf die Frage, was mit seiner Identität geschieht. Es muß allein wählen. Ich kann nicht sagen, wie sehr man, zumindest in solch einem Unterfangen, auf sich allein gestellt ist, wie viel mehr als in Europa, soweit ich es kenne, obgleich man uns für die großen Konformisten hält. Dafür ist, ohne es zu romantisieren, ein furchtbarer menschlicher Preis zu zahlen. Man muß unter solchen Bedingungen entweder in einer Art ein ‹Held› sein, oder man existiert überhaupt nicht. Es gibt keine Gesellschaft, die uns aufnimmt und mit sich vereinigt, obgleich wir im Hinblick auf bestimmte soziale und wirtschaftliche Vorgänge sehr glücklich waren, aus Gründen, die wirklich nichts mit Malerei zu tun haben, vielmehr mit den Ambitionen des Publikums.

D. S. *So ist die Malerei, die Malerei, die Sie machen, obgleich abstrakt, in gewisser Weise eine Metapher einer Haltung zur Wirklichkeit, einer Empfindung der Wirklichkeit?*

R. M. *Hm, ja, Malerei ist genau eine Metapher für Wirklichkeit. Für mich gibt es Bezüge. Die sogenannte Abstraktheit der modernen Kunst besteht nicht darin, daß sie von abstrakten Dingen handelt, sondern daß es eine Kunst in der Tradition der französischen symbolistischen Dichtung ist, d.h. eine Kunst, die sich weigert, alles zu enträtseln. Sie ist eine Art Stenogramm, wo ein großer Teil einfach vorausgesetzt wird... Ich möchte sagen, unsere Malerei zielt darauf, eher ‹metaphysisch› als naturalistisch zu sein. Die meisten europäischen und asiatischen Maler der letzten Zeit haben sich sehr stark auf die Natur bezogen, auf den menschlichen Körper oder auf die Landschaft, ganz gleich, wie sehr diese schließlich übersetzt wurden. Für die meisten von uns sind sie tatsächlich keine Ausgangspunkte, sondern weit mehr ‹ideale Bilder›; wie die Perspektive, obgleich sie empirisch aus der Natur abgeleitet wurde, im wesentlichen eine ideale Art ist, sie zu rekonstruieren. Ein Gebilde (construct) im Sinn von Bertrand Russell. Es hat eine Art eigener Logik, und wenn es gut benutzt wird, kümmert man sich nicht darum, ob sich die Natur so verhält oder nicht. Es ist etwas um dessen absolute innere Ordnung, das tief bewegt und sicherlich allein dem Menschen eignet. Jedenfalls empfinde ich das so. Ich kann menschliche ‹Figuren› oder Fische, Vögel oder eine Mauer benutzen und tue es gelegentlich. Doch werden sie aufgrund von etwas benutzt, das nicht aus ihnen resultiert. Darum kann ich sie benutzen oder nicht, wie ich will. Sie sind nie beherrschend. (2)*

5. Halbmechanische Bildverfahren: Werner Schreib

Analysen im Feld des bildnerischen Denkens

In einem Vortrag über ‹Halbmechanische Bildverfahren› hat Werner Schreib einen ganzen Katalog dieser Techniken zusammengestellt: *Collage, Décollage, Frottage, Fumage, Grattage, Frappage, Décalcomanie, Cachetage, Dripping, Coudrage, Fascinage, Emballage* usw.[9] Die Untersuchung der halbmechanischen Herstellungsverfahren könnte, wie Schreib meint, dazu beitragen, die tradierte Vorstellung vom ‹Kunstschönen› grundlegend zu überprüfen. «Das halbmechanisch hergestellte Bild ist vorerst allein an seiner Machart erkennbar. Jede Interpretation wird erst danach ansetzen können. Es ist also keineswegs überraschend, wenn Peter Gorsen darauf hinweist, daß ‹jene, auch zum Teil psychologischen Sinnzusammenhänge, die wir in der optischen Sperrzone des abstrakten Bildes vergeblich suchen, sich in den Akt seiner Herstellung zurückgezogen haben›. Dieser Hinweis verdient unsere ganze Aufmerksamkeit, denn den Schlüssel für das, was Gorsen meint, sehe ich zunächst in der exakten Darstellung der halbmechanischen Herstellungsverfahren. Sie haben über diesen Zusammenhang hinaus eine *koordinierende* Funktion, sie sind der ‹gleiche Nenner›, auf den die verschiedenen Symptome erst einmal gebracht werden können. Der Katalog dieser Techniken ist ebenso vielfältig wie die unermeßliche Freiheit, über die wir verfügen, wenn wir ihn anwenden. Er hat seine Geschichte, sie selber haben ihre Vorformen, die auf den Surrealismus weisen und weiter zurück. Dabei handelt es sich um einen quasi entrümpelten Surrealismus, der, seiner Ideologie entkleidet, eine Fundgrube für die experimentelle Werkstatt werden kann. Alle halbmechanischen Verfahren haben gemeinsam, daß eine bestechende, oft grausame Realität in das bildnerische Medium eindringt. An die Stelle der geläufigen und von der Kunstgeschichte her

---

9 In bezug auf Bilder hieße das zu deutsch etwa: Klebe-, Ablöse-, Reibe-, Brenn-, Kratz-, Präge-, Farbabzieh-, Siegel-, Tropf-, Nähbild, Bündelung, Verpackung.

vertrauten malerischen Abstrahierungen treten der reale Akt und seine Ergebnisse. Das ist neu. Es veranschaulicht die veränderte Position, in der diese Bilder gesehen werden müssen.»

Der naheliegende Einwand, daß es die Intendierung durch den Künstler ist, die diese Vorgänge bestimmt, lenkt und in den Rang eines bildnerischen Mittels stellt, trifft zumindest so lange nicht, als die neuen Bildverfahren («da wird gebrannt, geklebt, genagelt, gesiegelt, aufgeschlitzt, zerrissen, zerschnitten, zerkratzt, verwischt, genäht») nicht als Bedeutungsträger untersucht sind. Solche Bildverfahren zu analysieren und zu bestimmen heißt nicht, allen vorhandenen Bildkategorien zu widersprechen, sondern sie zu differenzieren. Gewiß ist die Struktur oder Mikrostruktur, die von solchen Bildverfahren angeregt und durch sie realisiert wird, in ein bildnerisches Ensemble eingebunden, in dem neben der Auswahl und Verwendung des Bildmaterials (und sei es noch so ungewohnt) ein rationaler, bewußter Form- und Farbkanon sich behauptet: schreitet die Bildinterpretation jedoch von der Mikrostruktur zur Bildtotale, dann kann sie auf Feststellung, Analyse, Ortsangabe der konstituierenden Bildelemente und -vorgänge nicht verzichten. Die Kenntnis der von Schreib so genannten halbmechanischen Bildverfahren ist unerläßlich, wenn man das Bild *aus sich heraus* interpretieren will.

In einer Schwemme von Losungen, die auch für Bilder ausgegeben werden, zeigt sich ein solcher Ausgangspunkt als geeignet, die kunstkritische Beschreibung auf die bildnerischen Primärdaten zurückzuführen. Das heißt nicht, einen irgendwie gearteten Materialismus begründen, vielmehr die Realität und die Wirksamkeit der bildnerischen Mittel, die vorab das bildnerische Medium, auch Kunst genannt, determinieren. Etwas anderes kommt hinzu. Es ist die oft bezeugte Schwierigkeit, optische Vorgänge und optische Daten in die Sprache zu übersetzen; sie ist tatsächlich symptomatisch, denn durch die Bildinterpretation wird ein Realitätsmodus in einen anderen, grundsätzlich anderen übertragen und abgeleitet. Das geschieht aber durch ein analogisches Vorgehen nur sehr unzureichend. Ebenfalls sind begriffliche *Metaphern* ungenügend, selbst wenn sie ihre Metaphorik klar gestehen. Ist man sich dieser grundsätzlichen Unmöglichkeit, in der ‹Sprache› der Bilder über Bilder zu reden, bewußt, so bleibt es trotzdem die Aufgabe der Bildinterpretation, den Kommentar so nahe wie möglich ans Bild zu bringen, d. h. ihn dort anzusetzen. Die Untersuchung und Systematisierung der Bildverfahren und der aus ihnen resultierenden bildnerischen Primärdaten hat einen Annäherungswert, der den jeder Analogiebildung oder Metaphorik übersteigt. Hier bewegt man sich in der Tat im Feld eines *bildnerischen Denkens.* Dieses ist kein Reservat der Künstler selber, sondern ein Bestandteil und eine Voraussetzung der adäquat arbeitenden Kunstwissenschaft und Kunsttheorie. Es gehört zum dialektischen Charakter jeder Begriffsbildung, daß sie sich vollkommen erst da realisiert, wo sie diese

Voraussetzungen überschreitet. Solange uns eine Kybernetik des Malvorgangs (Götz) fehlt, sollten wir auf Analysen des bildnerischen Prozesses, zu denen die halbmechanischen Bildverfahren zählen, nicht verzichten.

Material und Form: die Siegelung

In diesem Sinn meint Schreib in dem erwähnten Vortrag: «Alle halbmechanischen Verfahren sind nicht als ein Selbstzweck zu verstehen, sondern sie sind Hilfsmittel. Sie sind dem Grad der geistigen Objektivierung untergeordnet, der am Resultat ablesbar sein soll. Dagegen spricht auch nicht die Austauschbarkeit des einen oder andern. Wie sehr diese Arbeiten jenem Prinzip unterworfen sind, das wir konventionell ‹Komposition› nennen, wird hier offenbar. Es ist sogar möglich, daß zweite oder dritte Personen in den Fertigungsprozeß einbezogen werden, um die vom Bildner intendierte Organisation der bildnerischen Mittel, innerhalb von festgelegten Spielregeln, fortzuführen.

Eine geradezu prädestinierte halbmechanische Technik, die diesen Sachverhalt belegen kann, ist die *Cachetage* (Siegelung, von *le cachet* = das Siegel).» Vorformen dieser uralten Technik liefern zahlreiche Zeugnisse, Siegelzylinder und Prägeformen, aus den alten Kulturkreisen Ägypten, Babylon, China. Residuen halbmechanischer Herstellungsverfahren wie der Siegelung finden sich in den Backmodeln, die auf dem Land erhalten blieben, in den Punziertechniken, mit denen die alten Meister die Goldhintergründe ornamentierten. Dubuffet, Paolozzi, Arnaldo Pomodoro u. a. haben die Siegelung in unserer Zeit für bildnerische Zwecke angewendet.

Schreibs Bilder entstehen in drei getrennten Arbeitsvorgängen. Zunächst wird eine Kunstharzmasse auf den präparierten Untergrund (Leinwand oder Hartfaserplatte) aufgetragen, wobei mit Spachteln und Kellen das Material auf einer ersten Stufe geprägt wird. Die Felder, Treppen, Ondulationen, die dadurch entstehen, werden in einem zweiten Arbeitsvorgang durch Siegel oder Stempel artikuliert. Als solche dienen gefundene Maschinenteile wie Muttern, Rasterplatten, Zahnräder u. v. a. Auf dieser Stufe können, wie erwähnt, auch andere Personen zur Mitarbeit aufgefordert werden.[10] Schließlich wird das Bild, nachdem die

---

10 Über solche Mitarbeit berichtete Peter Gorsen: «Die mir zur Verfügung stehenden Siegel durften *nach Belieben* in das vorstrukturierte Fleisch des Bildes eingepreßt werden, ohne daß sie imstande gewesen wären, ihm sein Konzept streitig zu machen. Die Würfel waren schon vorher gefallen, und die fremde Hand konnte nur mit Staunen den Determinismus zu Ende führen, der das System des Bildes von seiner ersten bis zur letzten Setzung bestimmt. Ihre Möglichkeiten, und damit die Mitarbeit von Zufall und Willkür, waren am

Masse gehärtet ist, mit Farbschichten überzogen und der reliefartige Komplex durch Farbzonen zum Bildrand hin abgegrenzt.

Schreibs Bilder verzichten nicht auf die einmal gewonnene Spontaneität, auf die Spuren, die eine bewegte Hand ins Material zeichnet. In diese Spuren und neben sie stellt er jedoch einen Kanon von Repetitionen, seriellen Mustern usw., die ihm die Möglichkeit einer rationalen Durchdringung des Bildes bieten. Hier sind Bilder, die den Weg vom Informel zum Formel belegen und die Spannung aufheben, die der Begriff einer informellen Malerei enthielt (vgl. S. 27). Das Auge des Betrachters wird zu einem aktiven Sehen aufgefordert: Es gleitet über die hülsenartigen oder kreisrunden Muster, wird etwa von einem senkrecht laufenden Strang aus runden Eindrucken aufgefangen, beginnt, die im Bildkern lagernden Farblasuren mit den farbigen Randzonen des Bildes in Bezug zu setzen, sucht nach Konstanten der linearen Formgebung und findet sie (horizontale, vertikale, kreisrunde, gekreuzte, ondulierte, zickzackförmige Gräben oder Erhöhungen). Der Bildkern ist frontal, undurchdringlich. Tiefe ist nicht mehr als meßbare Relieftiefe, dafür wird die Bewegung des Auges auf dem Bild intensiviert, was Gorsen ein «Abgrasen» des Bildes durch das Auge nannte (vgl. Abb. 2). Malerei verbindet sich dem Wissen: «Wenn dieses voranschreitet, erfindet es Begriffe, die sich mehr und mehr von der anfänglichen intuitiven Erfahrung befreien und in steigendem Maße Möglichkeiten zur Synthese enthalten, deren Reichhaltigkeit unvergleichbar ist» (Serpan, TzM, S. 96).

WERNER SCHREIB: ZUR REHABILITIERUNG DES ORNAMENTALEN

Ornament als Stilproblem

Wer den Versuch unternimmt, Bilder und Werke, die um die Mitte des 20. Jahrhunderts entstanden sind, unter dem Aspekt der Reihe und Zahl kunstgeschichtlich zu untersuchen, wird, ebenso wie einst Worringer [in: Abstraktion und Einfühlung, München 1908 u. ö.], zu dem Ergebnis kommen, daß auffallend viele Beziehungen zu früheren geometrischen Stilepochen bestehen. Zwischen der streng linearen Ornamentik

---

Ende wie auf die festgelegten Seiten des Würfels beschränkt, und nur seine Variationen standen auch dem Eingriff von außen zur Verfügung. Er war von vornherein von der Logik des Konzepts zur Assistenz eingespannt. Es war auch möglich, ein Siegel falsch zu setzen, gegen den Determinismus des konzipierten Ganzen zu verstoßen; aber nur ein schlechtes Bild, kein absolut anderes konnte daraus werden» (in: Schreib-Lattanzi. Flensburg 1964).

etwa griechischer Tongefäße der spätgeometrischen Epoche (um 1100 v. Chr.), die als Grundelemente durchlaufende und gebrochene Geraden, dazu Kreisbogen hatte, und den gegenwärtigen Bildern von Albers, Vasarely, von Graevenitz, Mack, Mavignier, Noël u. a., zeigen sich nicht nur viele Gemeinsamkeiten in den Gestaltelementen, sondern auch eine überraschende Verwandtschaft der Herstellungsweisen: Ritzen, Gravieren, Kerben, Bohren, Punktieren, Stricheln usw. – was ich hier nur am Rand vermerke, da es auf die ‹halbmechanische Herstellung› *[vgl. S. 50 ff] hindeutet.*

Begegnet man diesen Tatsachen unvoreingenommen, dann sollte die zur Zeit gültige Vorstellung vom Ornament revidiert werden. Das Ornament (lat. ornare = schmücken) wird von der Kunstwissenschaft als eine Bildart bezeichnet, die sich durch die Eigentümlichkeiten von Reihung und Versetzbarkeit gegen andere Bildformen abhebt. Doch übersieht man heute vielfach, daß es sich dabei nicht mehr um Bildformen handelt, die der überkommenen Malerei verpflichtet sind, sondern häufig um solche, deren Merkmale ebenfalls auf eine ornamentale (oder sollte man vorsichtiger sagen: ornamenthafte) Gestalt hindeuten. Und auch diese nennen wir Bilder. Die Schlußfolgerung, daß es sich beim Ornament um eine bildnerische Gattung handelt, die dem Einzelbild gegenüber eine untergeordnete Stellung einnimmt, da man das Ornament eng verbunden mit dem Begriff des Dekorativen, der Dekoration sieht, kann nicht unbesehen übernommen werden. Die Veränderungen im bildnerischen Medium sind ein hinreichendes Indiz dafür, daß die ursprünglich richtige kunstgeschichtliche Argumentierung heute zu einem Widerspruch geworden ist. «Als hätte sich die offizielle Kunstkritik von dem Schock noch nicht erholt», schreibt Peter Gorsen, «den Adolf Loos mit seiner Kritik am Ornament als einer bloßen Verzierung und Füllung des Leeren auslöste, sind auch jene Interpretationen selten geworden, die mit der im weitesten Sinn abstrakten Kunst als einer wieder erstandenen Ornamentik zu tun haben wollen.» Ein Blick auf Bilder unserer Zeit belehrt, daß Reihung sowie Addition, Multiplikation, Juxtaposition als zulässige Mittel rationaler Gestaltung avancierten. Die arithmetische Manipulierbarkeit der Formkonstanten rückt diese Bilder in die Nähe dessen, was zuvor als Ornament gekennzeichnet wurde.

Die bildnerischen Argumente, deren ich mich als Maler bediene, reflektieren meine Umwelt, meine Zeit. Der ästhetische Eindruck, der unsere hochzivilisierte Industriegesellschaft vorwiegend prägt, basiert auf Erzeugnissen der technischen Serienfabrikation, aus minuziös ablaufenden Zeitplänen und anderen periodisch bestimmten Intervallen. Ich entdecke als Maler, daß das ‹Ornament› meiner Zeit prädisponiert ist. Das wird zu einem Stilproblem. Dabei bleibt offen, ob das Ornament die Wiederholung einer «einfachen oder zusammengesetzten Idee» *ist (im Sinn von Leibniz), «von der der Geist eine vollständige und evidente*

Perzeption besitzt», oder nur das Modell eines ‹Archetypus›, das stellvertretend für die Sache selbst steht. Es versteht sich, daß es nicht meine Aufgabe ist, diese Frage zu beantworten. Sie soll nur ein Hinweis sein.

Ornament und Reflexion

Überprüft man die Reihungen und Formkomplexe meiner Bilder, so wird man eine bildnerische Analogie zur ästhetischen Wahrnehmung der Umwelt feststellen. Unabhängig von meinen Intentionen ist das auch in anderen Bildern ablesbar. Ich möchte die Feststellung Kracauers: «das von seinen Trägern abgelöste Ornament ist rational *zu erfassen», bestätigen. «Es besteht aus Geraden und Kreisen, wie sie in den Lehrbüchern der euklidischen Geometrie sich finden, auch die Elementargebilde der Physik, Wellen und Spiralen bezieht es mit ein.»*

Vergleicht man diese Aufstellung mit dem Kodex von Grundgesten *der semantischen Malerei*[11]*: die Linien horizontal, vertikal, kreisrund, gekreuzt, onduliert, Zickzack und Spirale, dann wird der Grad der Reflexion deutlich, der diesen Bildern zugrunde liegt. Doch die Bilder sind das Modell einer Idee, die hinter ihnen steht und die wir als ‹Zeitgeist› benennen können. «Das Formprinzip, nach dem sie gemodelt wird, bestimmt sie auch in der Realität» (Leibniz), jener Wirklichkeit nämlich, in die wir eingebettet sind, die aus Intervallen, Impulsen, Zahlen besteht. Auch die Relikte der technischen Welt sind hiervon geprägt, auch ihre Gestaltzeichen weisen die obengenannten Linien auf. Warum sollte sich die künstlerische Phantasie diesen komplexen Sachverhalt nicht aneignen? Wäre richtig, was die Skeptiker sagen, daß nämlich die Mechanik den Menschen zum Verstummen bringt: wir würden keine Bilder mehr haben, keine Literatur und keine Musik.*

Diejenigen Bilder, die aus meiner Sicht heraus unsere Gegenwart begründen, haben sich weit entfernt von einer expressionistischen Willkür, die den ‹Geist als Widersacher der Seele› empfindet. Vieles deutet darauf hin, daß sich die Entwicklungen im bildnerischen Medium eher in Richtung auf eine neue Klassizität *als zu einer romantisierenden ‹Wesensschau› entfalten. Allerdings gibt es keine geistige Äußerung, die völlig abgelöst von vorausgegangenen oder gleichzeitigen Phänomenen bestehen kann; auch die Bilder können nur in differenzierten Verflechtungen von ‹Sinnzusammenhängen›, Bedeutungen verstanden werden, wie das zu allen Zeiten der Fall war. Darin unterscheidet sich die Gegenwart in nichts von der Vergangenheit.*

---

11 Der italienische Maler LATTANZI (geb. 1925) hat in einem lesenswerten Buch ‹*La Peinture Sémantique*›, Paris 1962, die Theorie der semantischen Malerei ausgeführt.

Der horror vacui, *der Schrecken vor der Leere, ist eine psychologische Argumentation. Ihr negativer Aspekt ist nicht zu überhören, wenn man sie in Verbindung zum bildnerischen Medium bringt. Auf der anderen Seite stünde, ebenfalls auf psychologischer Ebene, eine ‹Wollust der Fülle›. Der Gedanke ist nicht neu. Worringer war mit Theodor Lipps der Ansicht, «daß die geometrisch regelmäßigen Gebilde ein Gegenstand der Lust sind». Stellt man eine beziehungsreiche Verbindung zum* ‹seriellen Bild› *und seinen vielfältigen Modifikationen her, so erscheint diese Bestimmung angemessen. In ihr ist eine neue semantische Dimension enthalten, über die bisher wenig nachgedacht worden ist, ohne daß sie, nochmals mit Gorsen, «von vornherein etwas grob Dilettantisches, etwas von der altmodischen und langweiligen Indiskretion der Psychoanalyse» bekommt, die «das Kunstwerk im Überschwang ihrer Entdeckungen zum Psychogramm der besonderen Triebökonomie seines Schöpfers verflachte». Die konstituierenden Elemente der neuen Bilder, die sich in der Hinwendung zur ‹seriellen Malerei› ergeben, sollten mehr als bislang unsere Aufmerksamkeit beanspruchen. Denn wird die Natur ihren «höheren Zwecken gemäß traktiert», so ist dieser Vorgang als eine ‹Brechung› und zugleich als eine Transformierung der Natur zu verstehen. Die ‹zweite Natur› einer lumpigen Schraube wird in dem Augenblick offenbar, wo ich ihr ‹Gesicht›, auf dem Umweg des Siegelns* (cachetage), *als einen Kreis mit vertikalem Strich in einen bildnerischen Kontext präzise einbauen kann.*

Die Diskussion um einen an der aktuellen Kunst überprüften Ornament-Begriff wurde vor allem in Deutschland ab Anfang der sechziger Jahre weitergeführt. Vgl. hierzu: Klaus Hoffmann, Neue Ornamentik, Köln 1970.

6. Farbe und Geste zu Raum: Lucio Fontana

Jackson Pollock malte Bilder, in die er wie in eine Arena einstieg: aus einer durchlöcherten Büchse mit Farbe zog, streute, warf, spritzte er die Farbe über die am Boden liegende Leinwand. Diesen Bildern gab er die Titel: ‹Fünf Faden tief›, ‹Kathedrale›, ‹Nummer Eins›. Das Verfahren sprach sich herum (Max Ernst, wie man weiß, beanspruchte die Vaterschaft für sich), wurde zum einen ein legitimes Verfahren, die Ausdrucksskala der Bildmittel zu erweitern, erschöpfte zum anderen schnell seinen ästhetischen und bildnerischen Wert. Ein Embourgeoisement dieser ‹dramatischen› Geste war unmöglich, ohne daß sie dem Kunstgewerblichen verfiel. Mathieu («endlich ein westlicher Kalligraph», sagte Malraux) nahm Farbtube und Pinsel als Utensilien eines bewegten malerischen Ablaufs, mit denen er die Zeichen auf der Leinwand verkörperte. Hartung ritzte mit einem metallischen Gegenstand präzise Lineaturen in die noch feuchten Farblasuren. Fontana durchlöcherte und durchschnitt eine Fläche, der er monochrom einfärbte (Abb. 3). Er vertiefte die Leinwand durch Perforationen und erhöhte sie durch farbige Glassplitter. Nachdem er in der Mitte der dreißiger Jahre bestimmte Farbformen skriptural aufgeritzt und überzeichnet, einer malerischen Textur nachgespürt hatte, erwies er um 1950 dem Begriff des Malerischen, wie er sich bislang in seinen Bildern erhalten hatte, eine letzte Reverenz, indem er auf die Leinwand, ihre Durchbrüche und Erhöhungen, eine frei aufgetragene, unbestimmte Farbe legte, die die untergründige Fläche nicht modulierte und sich auch nicht zur klar formierten Geste zusammenschloß. Von da her, ihr Ungenügen verspürend, kam Fontana bald zu den einfarbigen, unmodulierten Flächen.

War es der *Zeichen*wert solcher Schnitte und Löcher, die er in die Leinwand trieb, den er beabsichtigte? Gewiß, wenn man mit Jorn den besonderen Charakter des künstlerischen Zeichens darin sieht, daß «einem Objekt oder einem Sujet sinnliche Geltung» gegeben wird: «Bezeichnen heißt in der ursprünglichen Bedeutung des Wortes nicht nur ‹Zeichen geben›, sondern auch ‹sich selbst ankündigen›, sich Bedeutung beimessen, sich bemerkbar machen, sich aktualisieren» (*Pour la Forme.* Paris 1958, S. 113). Wenn Malerei als Repräsentanz vorgegebener Funktionen und Formen nicht mehr möglich ist – wie Fontana immer wieder betont –, dann mußte man, wollte man fortfahren, künstlerische Gebilde zu schaffen, die Präsenz des Künstlers selbst steigern. Fontana realisiert seine ‹Aktualität›, indem er seinem Handeln ein Feld, ein Gegenüber erfindet: die Fläche und den Raum der Farbe: ein Gold, Silber, Rot usw., dazu in seinen ovalen Bildern ab 1963 die provokanten Farben der *commercial arts.* Seine Aktualisierung, sein bildnerisches Handeln, mit dem er sich anzeigt, ist die direkte Aktion in diesem Farbfeld, mit Messer, Stilett und ähnlichem Gerät. Der Einschnitt in die Leinwand, noch mehr der Durchbruch durch die Bildovale, macht das Dahinter sichtbar, die Wand, an der das Bild hängt, die Mauer, vor der es steht. Was geschieht? «Ist hier nur der illusionistische Raum durch den Realraum erweitert oder ersetzt?», fragt der Maler Otto Piene vor diesen Bildern. «Der Realraum bedingt als Steigerung des gemalten Raumes, als Erweiterung des Bildraumes, der hier zugleich real und irreal ist, das Erscheinen des imaginären Raumes. Dieser erhält durch die zweifache Fundierung ebenfalls doppelte Suggestivkraft: die Imagination ergreift den Körper (Körpergefühl, Balance) des Betrachters mit der Einbildungskraft zugleich und läßt so den Wandel der Welt plötzlich und schmerzhaft und als Kontinuum zugleich spürbar werden. Die Bilder Fontanas ... künden eine neue Realität, indem sie die alte durchschneiden. Als Aktion verstanden, ist Fontanas Malerei Tyrannenmord, als zuständliche Gebilde (Resultate) pulsieren seine Bilder den neuen Raum, Fontana ist der ‹*ambasciatore dello spazio*›» (Eröffnungsrede zur Fontana-Ausstellung, Schloß Morsbroich, 1962).

Farbe und Aktion sind im Werk Fontanas verschmolzen, Farbe allein wäre bloße Dekoration, die Aktion wäre allein ohne Resonanz, ohne bildnerische Relevanz und ohne Spiegel: denn Spiegel einer reinen, puren Aktion (dem Schnitt) ist die reine, pure Farbe. Fontana verletzt mit seinem Eingriff in die Farbe deren Kalkül und deren Raumwert. Fontana hat die Reduzierung, die Brancusi als Plastiker verwirklichte, für die Malerei vollzogen. Brancusis ‹Skulptur für Blinde› stellt Fontana das Bild für Blinde zur Seite, was nichts heißt, als daß das Haptische im Menschen, das er vom Säuglingsalter mehr und mehr verliert und sich nur in der erotischen Berührung erhält, angesprochen wird. Spürt der Betrachter den Konvulsionen nach, die sich beispielsweise durch die Einstöße in seine großformatigen Ovale ergeben, in denen sich die noch frische Farbe staut, so spürt er die Rauhung einer Materie, die dem nicht entspricht, was die Farbe versprach. Der Betrachter wird so auf sein Augenerlebnis zurückverwiesen, überlagert das Sehen mit dem Bewußtsein der taktilen Reize. Das Bild begründet den «Augenblick der Synthese», von dem Lucio Fontana in dem folgenden Dokument spricht. Fontanas Position als Maler, Plastiker, Keramiker ist weder dem Informel noch der Malerei eindeutig zuzuordnen, die den Primat der Farbe bestätigt und die im nächsten Kapitel zu Wort kommt. Sein Werk, das dem immer wieder unternommenen radikalen Experiment entstammt, «sich selbst zu provozieren» (H. Mack), hat einer um zwei Generationen jüngeren Gruppe von Künstlern den Weg geöffnet. Es war die Freiheit von einer handwerklichen Bestimmung der Kunst, die ihn nicht daran hinderte, das uralte Artisanat des Künstlers aufzuwerten. Es war die Möglichkeit für den Maler, sich vor dem Bild anders als durch die Schilderung, anders als durch die malerische Geste, die Materie, die Farbe zu bezeichnen, in der alltäglichen Handlung (dem Schnitt) das Absolute aufzutreiben, sich durch das absolut gesetzte Banale zu verwirklichen.

LUCIO FONTANA: EINE KUNST DER SYNTHESE

Das ruhige Leben ist verschwunden. Der Begriff der Geschwindigkeit ist konstant im Leben des Menschen. Die künstlerische Ära paralytischer Farben und Formen geht zu Ende. Der Mensch wird immer gefühlloser erstarrten Bildern gegenüber, die keinen Sinn für Vitalität verraten. Die unbeweglichen Bilder von früher befriedigen nicht mehr die Wünsche des neuen Menschen, der geformt wird vom Aktionsdrang und vom Zusammenleben mit der Mechanik, was eine beständige Dynamik erfordert. Die Ästhetik organischer Bewegung ersetzt die ästhetische Kraftlosig-

keit erstarrter Form. Indem wir uns berufen auf diesen Wandel, der sich in der Natur des Menschen vollzogen hat, und auf die geistigen und moralischen Veränderungen in allen menschlichen Beziehungen und Tätigkeiten, verzichten wir auf den Gebrauch bekannter Kunstformen und beginnen die Entwicklung einer Kunst, die auf der Einheit von Zeit und Raum beruht. Die neue Kunst schöpft ihre Elemente aus der Natur. Existenz, Natur und Materie bilden eine vollkommene Einheit, die sich in Zeit und Raum entfaltet. Der Wechsel ist die wesentliche Bedingung der Existenz. Bewegung, Evolution und Entwicklung sind die Grundbedingungen der Materie. Diese besteht in der Bewegung und nicht auf andere Art. Sie entfaltet sich ewig. Farbe und Ton finden sich in der Natur und sind an die Materie gebunden. Materie, Farbe und Ton in Bewegung sind die Phänomene, deren gleichzeitige Entwicklung einen integrierenden Teil der neuen Kunst ausmacht. –

Wir verwerfen die besonderen Regungen, die in uns durch im voraus festgelegte Formen geweckt werden. Unsere Absicht ist es, das ganze Leben des Menschen, das, an die Funktion seiner natürlichen Bedingungen geknüpft, eine echte Offenbarung des Seins darstellt, in einer Synthese zu vereinigen. – Das Unterbewußtsein, jenes großartige Sammelbecken, das alle vom Intellekt empfangenen Bilder aufspeichert, nimmt Wesen und Gestalt dieser Bilder an und bewahrt die Vorstellungen auf, welche die Natur des Menschen orientieren. Wie sich die objektive Welt wandelt, wandelt sich auch das, was vom Unterbewußtsein assimiliert wird. So werden Modifikationen im Selbstverständnis des Menschen hervorgerufen. Die Anpassung des aus vorgeschichtlichen Epochen empfangenen Erbes an die neuen Lebensbedingungen erfolgt dank dieser Funktion des Unterbewußtseins. Das Unterbewußtsein prägt das Individuum, integriert es und bildet es um. Es gibt ihm die Ordnungen, die es von der Welt empfängt, und das Individuum nimmt sie an. Alle künstlerischen Konzeptionen sind auf die Funktion des Unterbewußtseins zurückzuführen. Die bildende Kunst entwickelte sich auf der Basis von Naturformen. Die Äußerungen des Unterbewußtseins paßten sich im Sinn des idealistischen Existenzbegriffs diesen Formen völlig an. Das materialistische Bewußtsein, d. h. das Bedürfnis nach deutlich greifbaren Dingen, fordert, daß die Kunstformen direkt vom Individuum aus entstehen, nachdem sie alle Anpassung an natürliche Formen aufgegeben haben. Eine Kunst, die auf den Formen beruht, die vom Unterbewußtsein geschaffen und von der Vernunft im Gleichgewicht erhalten werden, bildet einen wahrhaften Ausdruck des Seins und eine Synthese des geschichtlichen Augenblicks.

Die Position der rationalistischen Künstler ist falsch ... Die Vernunft schafft nicht. Bei der Erschaffung der Formen ist ihre Funktion der Funktion des Unterbewußtseins untergeordnet. Bei allem Tun handelt der Mensch als Funktion der Gesamtheit seiner Fähigkeiten. Die freie

Entfaltung dieser Fähigkeiten ist eine Grundbedingung für die Entstehung und Deutung der neuen Kunst. Analyse und Synthese, Meditation und Spontaneität, Konstruieren und Empfinden sind Werte, die bei der Integration der neuen Kunst in funktionaler Einheit zusammenwirken. Und ihre Entwicklung im Experiment ist der einzige Weg, der zu einer vollkommenen Offenbarung menschlichen Seins führt.

Die Gemeinschaft sucht die Zersplitterung ihrer Kräfte zu verhindern und sammelt sie in einer einzigen Kraft. Die moderne Wissenschaft basiert auf der progressiven Vereinigung ihrer Elemente. Die Menschheit integriert ihre Werte und ihre Kenntnisse. Dies ist eine Bewegung, die seit mehreren Jahrhunderten der Entwicklung in der Geschichte verwurzelt ist. Aus diesem neuen Bewußtseinszustand taucht eine ganzheitliche Kunst auf, nach der das menschliche Sein wirkt und sich in seiner Wesenheit bekundet. Nach mehreren Jahrtausenden einer künstlerisch-analytischen Entwicklung kommt der Augenblick der Synthese. Im Anfang war die Scheidung notwendig, heute stellt sie eine Desintegration der gedachten Einheit dar. Wir verstehen die Synthese als eine Aneinanderreihung physischer Elemente: Farbe, Ton, Bewegung, Zeit, Raum, die sich zu einer physisch-psychischen Einheit ergänzen. Farbe, das Element des Raumes, Ton, das Element der Zeit, und Bewegung, die sich in der Zeit und im Raume entfaltet, sind die Grundformen der neuen Kunst, welche die vier Dimensionen des Daseins umfaßt, Zeit und Raum. Die neue Kunst verlangt zu ihrer Hervorbringung und Deutung das Zusammenwirken aller Energien des Menschen; das Sein offenbart sich als Ganzheit in der Fülle seiner Lebenskraft. (1)

II. PRIMAT DER FARBE

1. Einführung

Wegbereiter zum Primat der Farbe

Willi Baumeister liebte es, die gesamte Geschichte der neuzeitlichen Malerei unter zwei Beugungswinkeln zu betrachten. Der erste lag für ihn zwischen Cimabue und Giotto – «Es beginnt der Weg zum Nachbild» –, der zweite bei Cézanne: «Es beginnt der Weg zur Form.» Diese lapidare Äußerung schlüsselt er folgendermaßen auf: «Eine Zusammenfassung, die die Form bei Cézanne behandelt, könnte man nennen: die *absolute Struktur* und die *Vielfalt der metamorphosen Formen* ... Es bildet sich um die Hauptgerüstlinien ein Mauerwerk von Bildzellen, bei dem die einzelnen Formen zueinander in Beziehung gesetzt sind und nach allen Seiten ineinandergreifen wie Zahnräder. Cézanne vermißt bei den impressionistischen Bildern die klassische Haltung, das Endgültige. Die Durchdringung des impressionistischen *Zufallsbildes* mit *absoluten Aufbaustrukturen* ergab eine totale Veränderung des Bildes von Grund auf: den Bild-Organismus» (W. B., Paul Cézanne, in: Das Unbekannte in der Kunst. Köln 1960, S. 193; Hervorhebungen von mir. J. CL.). Ich habe in dem Abschnitt ‹Revision der Begriffe› (S. 21 ff) aufgezeigt, wie sehr die Spannung zwischen dem Zufallsbild und Aufbaustrukturen auch innerhalb der Kunst des Informel und ihres Begriffes konstituierend war. Besaß das Informel in sich eine solche Spannung, so trat neben diese Malerei, mehr und mehr sichtbar, eine Kunst, der es um Koordinierung, Systematisierung der Bildbewegung, des freien Materialeinsatzes usw. ging. Zwei historische Entwicklungsschemata haben bewiesen, daß bei dieser Bemühung um die ‹absolute Aufbaustruktur› der *Farbe* eine hervorragende Rolle zukommt: ich meine die Entwicklung des Impressionismus zum Neo-Impressionismus und des Kubismus zur ‹reinen Malerei›, zum Orphismus, Simultaneismus. Glaubte man um 1900 und kurz vorher «an die Ankunft einer neuen Kunst: der Kunst der Farbe» (Gleizes), wurde für Delaunay wie für andere Maler in den zwanziger Jahren die Farbe zur «Universalsprache», so bestätigt heute wiederum das Werk zahlreicher Maler den Primat der Farbe. Dabei sind die wegbereitenden Faktoren, wie sie Barbara Rose in einem Aufsatz ‹*The primacy of color*› (‹Art International›, VIII/4, Mai 1964), anläßlich einer Besprechung von Arbeiten der sogenannten ‹Washington School›, aufgeführt hat: 1. die Bilder von Barnett Newman, Ad Reinhardt und Mark Rothko, «in denen die optische Schwingung sich als eine Quelle der Bewegung und des Interesses erweist, als ein Weg, das Auge mehr anzusprechen als den Verstand oder die Gefühlsbewegung, und Einfachheit der Komposition dem optischen Engagement notwendig zugeordnet ist». 2. die Schriften und Bilder von Josef Albers, «mit der Betonung der Wechselwirkung (*interaction*) komplementärer Farben und der Veränderungen, die durch nebeneinandergestellte Farben erreicht werden»[1]. 3. Veröffentlichung und Ausstellung der Collagen von Matisse, «in denen feurige, gleichwertige Farben als große, flache, lesbare Formen erschienen». 4. Die technische Entwicklung von wasserlöslichen Farben auf neuer Grundlage (*Acrylic*). Schließlich haben die Arbeiten von Morris Louis und Kenneth Noland viele jüngere Maler geprägt. Diese Einflüsse lassen sich, über einen Kreis nordamerikanischer Maler hinaus, auch für manche englische und deutsche Maler feststellen. Zwar kamen hier in entscheidendem Maß die Werke und Publikationen von Max Bill und Vasarely hinzu, doch war und ist der Maler heute in ein Netz von Informationen, Kommunikation, Austausch gespannt, in dem er auf jede Persönlichkeit, jede Tendenz, jede Diskussion selbst in sehr entfernten Ländern reagiert.

Die Farb- und Formterminologie des Kubismus

Was unterscheidet nun die Bilder unserer Gegenwart, die dem Primat der Farbe huldigen, von denen, die aus dem kubistischen Form- und Farbvokabular entwickelt wurden? Vermutlich meint es etwas Verschiedenes – es liegen 40 Jahre dazwischen –, wenn Delaunay «Farbe um der Farbe willen», eine «Architektur aus Farben» realisieren will und heute Gene Davis eine «reine Äußerung mit Betonung auf der Farbe» wünscht, Reimer Jochims von der «Identität: Farbe – Fläche» spricht, um nur drei Beispiele zu nennen. Die Form- und Farbterminologie des Kubismus, einer bildnerischen Bewegung also, die die Kunst des 20. Jahrhunderts entschieden geprägt hat, zeigt sich in knapper Rückblende folgendermaßen: Der Weg zur Form führte, in den Worten des Malers Albert Gleizes, im Kubismus zum «Mysterium der Form». Die Formen sollten ihrer «vergänglichen Realität» entkleidet und in ihrer «geometrischen Reinheit» eingesetzt werden. Der Schönheit des fauvistischen Bildes – «anarchisch, subjektiv, ohne wirkliche Organisation» – wurde im kubistischen Bild eine Schönheit entgegengestellt, die «nicht mehr willkürlich oder unkontrollierbar» war. «Wir zergliederten die Form», schrieb Gleizes, «ihre Ansichten, die Perspektive; der Gegenstand wurde von unseren Händen hin und her gedreht, wir drehten uns um ihn herum... Wir suchten die enge Bindung, die die Formen zusammen-

---

1 Albers hat diese Untersuchungen in seinem Buch ‹*The Interaction of Color*›. New York 1963, niedergelegt (auszugsweise auch in ‹Art News›, Bd. 62, Nr. 1, März 1963). Vgl. S. 71.

schließt, wir reduzierten sie auf einfache mathematische Strukturen, wir brachen die Volumina. – Von den anfänglichen Ausgangspunkten blieb nur die Absicht übrig, die Affinität der Formen untereinander zu entdecken. – Zwischen 1911 und 1914 entwickelte sich der Kubismus vom Formbegriff ‹Körper› zum Formbegriff ‹Bewegung›.» (Wie die folgenden Zitate nach: W. Hess, Dokumente zum Verständnis der modernen Malerei. rde Bd. 19.) *Form*, entsprechend der Definition Gleizes', ist sowohl Detailform, die sich an gegebenen Gegenständen und Themen ausrichtet, als auch Formverband, gesetzt durch die «Affinität der Formen untereinander». Indem der Maler dem Zusammenschluß der Formen nachspürte, verfolgte er einmal ihre Reduzierung auf «mathematische» bzw. geometrische Grundformen, zum anderen die Bewegungsgesetze, nach denen sie sich organisierten. Zur Formterminologie des Kubismus gehören ein stereometrischer und ein rhythmischer Formbegriff: «Es gibt keinen Raum mehr, *in* dem Gestalt sich befindet, keinen Flächengrund, *auf* dem Figur erscheint, es gibt überhaupt nichts Bleibendes, worauf das Veränderliche bezogen werden könnte, jeder Bestandteil der Fläche steht zugleich (simultan) in verschiedenen sich durchdringenden Dimensionszusammenhängen: das Bild ist ein unaufhörlicher Prozeß.»

Die stereometrische Form ergab sich im frühen Kubismus auf induktivem Weg, war Formdestillat, aus der Erscheinungswelt herausgelöst. Den umgekehrten Weg ging später Juan Gris. Er verspürte ein Ungenügen an der Darstellung reiner, unlesbarer Formbezüge. Deshalb interpretierte er bereits im Malakt die Formen auf eine bestimmte und bestimmbare Wirklichkeit hin, um, wie er anführte, zu vermeiden, «daß der Betrachter es selbst tut und ihm [dem Bild] so eine von mir nicht vorgesehene Realität durch die Gesamtheit der Farbformen suggeriert wird». «Er weiß noch nicht, daß die Farbe eine Form des Wirklichen ist», schrieb Apollinaire einschränkend über Juan Gris. Farbe, so muß man hinzufügen, als ‹ideale Dimension› der Kunst, «formelle Farbe», um Apollinaires Wort aufzunehmen. Sie ist freigesetzt von ihren Funktionen als Kolorierung, als Übersetzung des Lichtes und als Symbol. Auf diesem Weg, schien es Apollinaire, war Delaunay am weitesten gegangen. Wo Picabia (in seinen Bildern um 1911/12) die Formen noch symbolisierte, statt die Farben zu formalisieren, formal zu gestalten, hatte Delaunay, in dessen eigenen Worten, nach einem «ununterbrochenen Studium der Form, die ausgedrückt wird durch Licht oder besser durch die Lichter, nämlich des Prismas, durch das Mittel der Simultankontraste», in der Zeit seiner Simultanscheiben (1913) das «Kernproblem der Farbe» angegangen: «Farbe um der Farbe willen». Zur Grundlage der Malerei werden die der Farbe und ihren Beziehungen untereinander immanenten Gesetzlichkeiten erklärt. Die rhythmischen Regeln, die sich daraus ableiten, ersetzen das «alte Bildgerüst». Dabei sind das

Vorgehen und die Begründung Delaunays nicht rein bildnerisch, sondern, im Wortsinn, weltanschaulich: «Wir empfangen das Licht durch unseren Gesichtssinn ... Unsere Seele besitzt ihr Leben in der Harmonie, und die Harmonie wird erzeugt von der Simultaneität, mit der die Maße und Proportionen des Lichtes in die Seele kommen.»

Vielfältig verflochten mit der Tradition zeigt sich die Kunst unserer Gegenwart. Ihre Wurzeln, ihre Anleihen bei und ihre Auseinandersetzungen mit der Kunst der ersten vier Jahrzehnte dieses Jahrhunderts aufzuweisen wird Aufgabe einer großangelegten Kunstgeschichte sein, die für unsere Gegenwart einmal geschrieben werden muß. Ich kann in dem vorliegenden Buch nichts anderes tun, als aus der Gegenwart heraus diese Gegenwart etwas überschaubarer zu machen, ihre Leistungen in einigen Aspekten zu analysieren, zu dokumentieren. Die Tradition, in der unsere Kunst, Kunst heute, steht, ist, zumindest, zweigesichtig: es ist die Tradition, wie die zu behandelnden Künstler sie sahen und sehen, und es ist die Tradition, die aus unserer Gegenwart heraus ständig revidiert und überprüft wird. Tatsache ist, daß für viele der bedeutsamsten Künstler unserer Zeit der Kubismus und seine Derivate zu einer wesentlichen Quelle ihrer bildnerischen Auseinandersetzung wurden. Ich habe in meinem Buch ‹Theorien zeitgenössischer Malerei› in den Kapiteln über Gorky, Hofmann, Pollock, Hartung, de Kooning darauf verwiesen. Allgemein gesagt, war der Kubismus vor allem in Nordamerika eine lebendige Tradition, seine Problematik offen. Andererseits kam man, wo man mit ihm ‹gebrochen› hatte, dort auch zu entschiedeneren Bildergebnissen; d. h. eine Frage, eine bildnerische Problemstellung wurde, isoliert aus dem Kontext der ganzen Malerei, bis zum Äußersten verfolgt. Die Frage eines individuellen Bild*schemas*, in der europäischen Nachkriegsmalerei von Mathieu und wenigen anderen gestellt (Fontana etwa), bekam in den Vereinigten Staaten einen ganz anderen Umfang. Erst die stärkere Orientierung auf eine konzeptuelle Malerei brachte die Frage nach dem Bildschema auch in der europäischen Malerei wieder in den Vordergrund.

2. Das Energiefeld der Farbe: Max Bill

Konkrete Kunst und Funktionsbegriff

Neben der kubistischen Tradition, die, wie erwähnt, vor allem in Nordamerika aufgenommen und entwickelt wurde, ist es in Europa und einigen südamerikanischen Ländern – vorab Brasilien – die Tradition einer *konkreten Kunst*, die sich innerhalb der jüngeren Generation als anregend erwies. Sie zeigte den Weg, außerhalb expressiver Ekstase zu einer bildnerischen Ordnung zu gelangen. Max Bill hat seit den dreißiger Jahren mit Nachdruck für eine konkrete Kunst plädiert, sie sowohl theoretisch begründet wie auch durch Ausstellungen (1944 in der Kunsthalle Basel, 1960 im Züricher Helmhaus, um nur zwei bedeutende zu nennen) aufgewiesen. Er nahm damit einen Ausdruck auf, den Theo van Doesburg (1883–1931) in dem 1930 publizierten ‹Manifest der konkreten Kunst› als Hinweis auf die konkrete Gestalt der bildnerischen Primärdaten Farbe, Linie, Oberfläche formulierte: «klare, intellektuelle Mittel», die es dem menschlichen Geist ermöglichen, sich konkret darzustellen. Farbe wird dabei als «Grundsubstanz der Malerei» bestimmt, «konstante Energie», die nur sich selbst bedeutet. «Die Malerei», schreibt van Doesburg, «ist ein Mittel, um auf optische Weise den Gedanken zu verwirklichen: jedes Bild ist ein Farbgedanke.»

Farbe, Raum, Licht und Bewegung sind für Max Bill die Gestaltungsmittel, um eine rein geistige, schöpferische Konzeption zu verwirklichen, zu konkretisieren, sichtbar zu machen. Konkrete Malerei und Plastik (s. Abb. 18) tragen dazu bei, die optische Kultur auszubauen, von der van Doesburg sprach. Es gehört zu ihren Kennzeichen, daß sie um ihren Platz in der gesamten Kultur weiß. Bill überträgt den *Funktionsbegriff*, der im Mittelpunkt seines Denkens steht und mit dem er sich als Fortführer der Funktionsidee des Bauhauses erweist, auch auf die sogenannte ‹freie Kunst›: Plastik und Malerei. Ziel der konkreten Kunst ist für ihn, «Gegenstände für den geistigen Gebrauch zu entwickeln, ähnlich wie der Mensch sich Gegenstände schafft für den materiellen Gebrauch». Zwischen ihren Verwirklichungen und denen der Architektur, technischer Apparate und anderer Formen der ‹Umwelt-Gestaltung› bestehen folglich für Bill nur graduelle Unterschiede. Alle sind für den Gebrauch des Menschen entworfen, sind Bausteine einer ‹Kultur des technischen Zeitalters›. Kunst ist die «Summe aller Funktionen in harmonischer Einheit», was schließlich auch die Definition der Schönheit ist. Harmonie, Gesetzmäßigkeit und Ordnung begründen sein bildnerisches Denken und bestimmen seine Entwürfe für jenes Zwischengebiet zwischen Kunst und Technik, das unsere «tägliche Kultur» (Bill) ausmacht.

Bill hat es sich und uns erspart, in eine unfruchtbare Polemik mit dem Kunst-Begriff einzutreten, über die später S. 157 noch zu reden sein wird. Er hat im Rahmen seiner Theorie für sein eigenes Werk wie für ein größeres Gebiet heutigen bildnerischen Schaffens klare Definitionen vorgelegt, womit er sich den Ärger von Leuten zuzog, die zwar die (merkantil interessante) Expertise, nicht aber den Experten eines bildnerischen Denkens wollen, dessen erste Instanz der Künstler ist. Wenn es das Ziel des Bauhauses war, statt der Poetisierung der Wahrnehmung eine Kunst zu schaffen, die «gesetzmäßig eine neue Wirklichkeit aufbaut» (Argan), so war Max Bill, nach der gründlichen Zerstörung dieser Ideen in Deutschland, einer der wenigen Künstler und Instanzen, für die eine neue Wirklichkeit nicht Traum oder Trauma war, sondern angegangen werden konnte. Das beweist nicht nur die von ihm 1953 bis 1955 gebaute Hochschule für Gestaltung in Ulm, die von Walter Gropius offiziell eröffnet wurde und die Bill bis 1956 leitete, sondern auch sein umfangreiches Werk als Umwelt-Gestalter, das ich im Rahmen dieses Kapitels über den ‹Primat der Farbe› nicht erörtern kann.

Farbe als ‹konstante Energie›

Entgegen den vielen Bildern von Josef Albers, die aus der Farbe gestaltete Varianten von rechteckigen Formen sind, entgegen den Variationen Fritz Glarners u. a. hat Max Bill seinen Bildern kein formales Schema zugrunde gelegt. In der Farbe wie in der Form liebt er die Verschiedenheit, den Reichtum der Erfindung. Das geht von Leinwänden mit einer großen Zahl von farbigen, repetierten Bildelementen – wie dem Quadrat – bis zu Bildern, die um eine weiß ausgesparte Mitte Farbe nur sparsam in die Bildecken lagern. Seine Bilder sind Experimente, die sich auf «objektive Gestalt-Möglichkeiten» (Bill) insofern stützen, als sie exakte Vorgänge und Formen einbeziehen, Problemstellungen und Modelle der Mathematik, worüber er im abgedruckten Dokument spricht. «Durch ihren Ordnungscharakter rückt die Kunst nahe an die Strukturgesetze als Ordnungsträger», formuliert Bill 1962 in einem Aufsatz ‹Struktur als Kunst? Kunst als Struktur?› «Das bedeutet, daß Kunst nur dort und nur dann und nur deshalb entstehen kann, wenn und weil individueller Ausdruck und persönliche Erfindung sich dem Ordnungsprinzip der Struktur unterstellen und diesem Ordnungsprinzip neue Gesetzmäßigkeiten und Gestalt-Möglichkeiten abgewinnen können. Solche ... manifestieren sich als Rhythmus. Rhythmus verändert die Struktur zur Gestalt; d. h. aus der allgemeinen Struktur entsteht die spezielle Gestalt eines Kunstwerkes durch eine rhythmische Ordnung.»

Der Rhythmus in der Anordnung der farb-formalen Elemente geht in manchen Bildern in vibrierende Farbfelder über, wie in dem Bild ‹Integration von vier Systemen› (1958–60), das aus einer Summe horizontal und vertikal geordneter, gleichförmiger Quadrate besteht, deren Farbe an einigen Stellen so anschwillt, daß kreisartige Konfigurationen gebildet werden, die in ein vibrierendes Spiel mit dem Bildquadrat treten. Farbe schafft hier wie in anderen Bildern Energiefelder, «konstante Energie», um den Ausdrück van Doesburgs aufzunehmen. Nicht nur der formalen Gliederung der Farbe auf der Leinwand, sondern auch ihrer Konsistenz kommt dabei im Schaffen Bills eine große Spannweite zu: von einer großflächigen, plakativen Farbigkeit, die mit starken Kontrasten arbeitet, bis zu einer äußerst entmaterialisierten Farbe wie in dem Bild ‹Sechs Energiezentren› (1949/50), wo Farbe als eine Art Reflexion, Spiegel eines farbigen Ereignisses auftritt, transparent, in dünnen, teilweise überlagerten Schichten.

MAX BILL: DIE MATHEMATISCHE DENKWEISE IN DER KUNST UNSERER ZEIT

Kunst als Form gewordener Gedanke

Die mathematische Denkweise in der heutigen Kunst ist nicht die Mathematik selbst, ja sie bedient sich vielleicht kaum dessen, was man unter exakter Mathematik versteht. Sie ist vielmehr eine Anwendung logischer Denkvorgänge zur Gestaltung von Rhythmen und Beziehungen, von Gesetzen, die individuellen Ursprung haben, genau so, wie andererseits auch die Mathematik ihren Ursprung hat im individuellen Denken der bahnbrechenden Mathematiker. Wie die euklidische Geometrie für den heutigen Wissenschaftler nur noch bedingt Gültigkeit besitzt, so gilt sie auch für die Kunst nur noch beschränkt. Genau so, wie der Begriff der endlichen Unendlichkeit für mathematisches und physikalisches Denken notwendiges Hilfsmittel ist, so ist er notwendiges Mittel künstlerischen Gestaltens geworden. Und in diesem Sinne werden vermittels der Kunst heute neue Symbole geschaffen, die wohl ihren empfindungsmäßigen Grund schon in der Antike haben, aber die, wie kaum eine andere Ausdrucksmöglichkeit des Menschen, die Gefühlswelt unserer Zeit erfüllen können.

Das Geheimnisvolle der mathematischen Problematik, das Unerklärbare des Raumes, die Ferne oder Nähe der Unendlichkeit; ein Raum, der auf der einen Seite beginnt und auf der andern Seite, die gleichzeitig dieselbe ist, in veränderter Form endet; die Begrenzung ohne feste Grenze, die Vielfalt, die dennoch eine Einheit bildet; die Gleichförmigkeit, die durch die Anwesenheit eines einzigen Kräfteakzentes verändert wird; die Vibrationen und Überstrahlungen nebeneinanderliegender Farbpartikel; das Kraftfeld, das aus lauter Variablen besteht; die Parallelen, die sich schneiden, und die Unendlichkeit, die in sich selbst zurückkehrt als Gegenwart; und daneben wieder das Quadrat in seiner ganzen Festigkeit; die Gerade, die von keiner Relativität getrübt wird, und die Kurve, die in jedem ihrer Punkte eine Gerade bildet – alle diese Dinge, die scheinbar mit den täglichen Bedürfnissen der Menschen nichts zu tun haben, sind dennoch von größter Tragweite, im Moment, wo sie zu Kunst werden. Diese Kräfte, mit denen wir umgehen, sind die Grundkräfte, die jeder menschlichen Ordnung zugrunde liegen, die in jeder von uns erkennbaren Ordnung enthalten sind.

Die Folge davon ist, daß alle diese Dinge der heutigen Kunst einen neuen Inhalt geben; denn sie sind nicht Formalismus, für den man sie oft fälschlicherweise anspricht; sie sind nicht nur Form als Schönheit, sondern Form gewordener Gedanke, Idee, Erkenntnis: also nicht auf der Oberfläche vorhandene Substanz, sondern Strukturen des Weltgefüges, des Verhaltens, entsprechend dem Bild, das wir uns heute von der Welt vorstellen können. Aber nicht Abbild, sondern neues System; Vermittlung elementarer Kräfte auf sinnlich wahrnehmbare Weise.

Eine universelle Kunst

Man könnte vielleicht sagen, damit sei die Kunst zu einem Zweig der Philosophie geworden, zu einem Teil der Darstellung der Existenz. Doch glaube ich eher, daß die Philosophie, als eine spezielle Form des Denkens, des Textes bedarf, um sich verständlich zu machen. Das Denken selbst schien bisher noch nicht direkt in Empfindung übersetzbar ohne das Wort, es wäre denn eben vermittels eines visuellen Kunstwerkes. Die Kunst kann das Denken vermitteln in einer Weise, daß der Gedanke direkt wahrnehmbare Information ist. Es kann ein Gedanke bildnerisch präzisiert werden, um direkt übertragen zu werden mit allen Möglichkeiten des Mißverständnisses – das auch sonst nicht ausgeschlossen ist –, aber mit dem Vorteil der Unveränderbarkeit des Gedankens.

Je exakter der Gedankengang sich fügt, je einheitlicher die Grundidee ist, desto näher findet sich der Gedanke im Einklang mit der Methode des mathematischen Denkens; desto näher kommen wir einer gültigen Struktur und desto universeller wird die Kunst sein. Universeller darin, daß sie ohne Umschweife direkt sich selbst ausdrückt; daß sie direkt, ohne Umschweife empfunden werden kann ... Solche neue Kunst verdankt ihr Entstehen einer Vision, die sich in einem Gebiet bewegt, das dem Denken zugänglich ist – das sowohl ein gewisses Maß von Sicherheit bietet, wie gleichermaßen ein Maß von Unbekanntem, Unbestimmbarem; die sich also auf einem Grenzgebiet bewegt, das es ermöglicht, neue Blickfelder zu öffnen und sinnlich wahrnehmbar zu machen. Der Unterschied zwischen der herkömmlichen Kunstauffassung und der hier vertretenen mag etwa derselbe sein wie jener zwischen den Gesetzen von Archimedes und der heutigen Astrophysik. Archimedes ist noch immer in vielen Fällen maßgebend, aber nicht mehr in allen. Phidias, Raffael, Seurat haben Kunstwerke ihrer Zeit gestaltet, mit den Mitteln ihrer Zeit. Aber die Blickfelder haben sich seither erweitert; die Kunst hat Gebiete erfaßt, die ihr früher verschlossen waren. Eines dieser Gebiete bedient sich einer mathematischen Denkweise, die trotz ihrer rationalen Elemente viele weltanschauliche Komponenten enthält, die bis über die Grenzen des Abklärbaren hinausführen. (1)

3. Der Erfahrungswert der Farbe: Mark Rothko

Die Eliminierung der Hindernisse

In einem Aufsatz ‹Das Farbproblem in der reinen Malerei› unterschied der Maler Hans Hofmann zwischen «Form in einem physikalischen Sinn (Natur) und Form in einem ästhetischen Sinn (die Form des Werkes selbst – als geistige Schöpfung)». Apollinaires bedeutsame Bestimmung einer *formellen Farbe,* die, wie er präzisiert, Stoff und Dimension: das Maß umfaßt, zielt auf diese zweite Formbestimmung.[2] Kann, so lautet die Frage, die innerhalb der zeitgenössischen Malerei Mark Rothko entschieden und folgerichtig gestellt hat, für das Bild auf eine formale Veranstaltung (per*formance*) verzichtet werden, und wenn, was ersetzt sie? Nun, es zeigte sich bereits in der informellen Malerei, daß der Begriff des Bildes nicht mit der abgeschlossenen Bildfläche, dem Bildfeld identisch ist. Der autonome Wert des Bildes war auch dann gegeben, wenn die Fläche in ihrer Dimensionierung aufgehoben war. Das demonstrierten die *Overall*-Bilder Pollocks ab 1947, in denen die bildnerische Veranstaltung, die hier in einer bewegten Aktion mit dem Malmaterial stattfand, sich nicht mehr mit der Fläche abschließen ließ. Aufgehoben waren nicht die Dimensionen der Fläche: oben-unten, rechts-links (bereits Klee hatte solche Bilder *à quatre dimensions* gemalt), sondern das Bild in seiner Dimensionierbarkeit überhaupt. Ich erinnere daran, daß Pollocks *Overall*-Bilder mit dem Fries für Peggy Guggenheim von 1943 vorbereitet wurden, mit seinem System wiederholter Formen, das dem Auge keinen Schwerpunkt, kein Zentrum, keine Akzentuierung mehr bietet: es gleitet von den Formen ab, versucht, in die Bildtiefe einzudringen, aber der Raum ist frontal, verweigert das Eindringen. Er wird mit den Bildern ab 1947 flüssig, «man kann vielleicht noch dieses oder jenes Lineament verfolgen, die Einschnitte anderer Linien jedoch, die Unterbrechungen und die rhythmischen Abschweifun-

---

2 Apollinaire gebrauchte diesen Begriff, als er in seinem Buch ‹Die Maler des Kubismus› (1913) über Francis Picabia schrieb: «Er näherte sich ... einer Kunst, deren ideale Dimension, wie bei Robert Delaunay, in der Farbe besteht. Dieser eignen infolgedessen alle anderen Dimensionen. Doch ist bei Picabia die Form noch symbolisch, wo die Farbe formell sein sollte ... die Musik wirkt durch Suggestion, während man uns hier Farben vorführt, die uns nicht als Symbole, sondern als konkrete Formen beeindrucken sollten. Ohne neue Möglichkeiten zu erlangen, beraubt sich ein Künstler wie Picabia hier eines der wesentlichen Elemente der allgemeinen Malerei: der Vorstellung. Damit ein Künstler scheinbar ohne sie auskommen könnte, *müßte die Farbe formell sein (Stoff und Dimension: das Maß umfassen)*» (Zürich 1956, S. 99/100. Hervorhebung von mir. J. Cl.).

gen, die jenseits jeder bildnerischen Logik auftauchen, halten die einzelnen Bewegungen immer wieder auf, so daß man unversehens dazu kommt, das Gespinst als Ganzes zu sehen, als einen beweglichen Raum, der von den Rändern der Leinwand nur zufällig aufgehalten wird. Die Bewegung ist Zeit, aber da sie sich nicht nur über die Leinwand, sondern auch in die Raummaße hinein vollzieht, entsteht ein Stück Körper, das ebenfalls ständig im Fließen scheint» (H. Platschek, Neue Figurationen. München 1959, S. 44). Der Hinweis auf Pollock ist wichtig, da eine jüngere Generation von vor allem nordamerikanischen Malern wie Larry Poons, Edward Avedisian, Tom Downing oder Gene Davis in diesen Bildern den Verzicht auf hierarchische Ordnung der Formen und die Erweiterung der Bilddaten in den Außenraum vorfand, worauf sie weiterbaute.

Im gleichen Jahr 1947, als Pollock mit Bildern wie der ‹Kathedrale› und ‹Fünf Faden tief› die Dimensionierung der Bildfläche als Träger einer begrenzten formalen Aktion aufhebt, entwickelt Mark Rothko seine lasierten, rektangulären Farbzonen im Bild. Die Linie, mit der er in seinen Bildern bis 1947 organische, ornamentale, figurenhafte Assoziationen in die bereits ganz entstofflichten Farbformen einlegt, wird nun nur noch spärlich, etwa als Trennungslinie zwischen zwei Farbzonen gesetzt. Um 1950 verschwinden auch diese letzten linearen Reste aus dem Bild (Abb. 10). «Die Entwicklung im Werk eines Malers», schrieb Rothko dazu 1952, «in der Zeit, von Punkt zu Punkt schreitend, wird in der Richtung zur Klarheit liegen, zur Eliminierung aller Hindernisse führen, die zwischen dem Maler und der Idee und zwischen der Idee und dem Betrachter liegen. Als Beispiele solcher Hindernisse führe ich u. a. Gedächtnis, Geschichte oder Geometrie an, die Sümpfe von Verallgemeinerungen sind, aus denen man vielleicht Parodien von Ideen, Phantomen gleich, herausziehen kann, aber niemals Ideen selber. Diese Klarheit erreicht zu haben, heißt, unvermeidbar verstanden zu werden.» Zehn Jahre zuvor hatte er in dem bekannten Brief an die ‹New York Times›, den er mit Gottlieb und Newman unterzeichnete, bestätigt, daß er den «einfachen Ausdruck eines komplexen Gedankens» liebt. Was aber tritt an die Stelle von Gedächtnis, Geschichte und Geometrie, wenn diese ihre Verbindlichkeit für den Maler verloren haben? Ist es die reine Darstellung, ja, Zelebrierung der Farbe? Ein Argument, das sich vor den Leinwänden Rothkos immerhin sofort aufdrängt. Nur, daß Rothko hartnäckig darauf besteht, kein Kolorist zu sein. Kenzo Okada berichtet, wie er im Studio Rothkos neue Bilder sah und zu ihm sagte ‹Keine Farben›, worauf Rothko ihm zustimmte.

Um der Funktion der Farbe bei Rothko nachzuspüren, ist es gut, sich einige von Josef Albers aufgestellte Unterscheidungen anzueignen. Albers schreibt in seinem Buch ‹*The Interaction of Color*› (1963): «Die Absicht unserer meisten Farbstudien ist es zu zeigen, daß Farbe das relativste Medium in der Kunst ist, daß wir nahezu niemals erfahren, was Farbe physikalisch ist. Die gegenseitige Beeinflussung der Farben nennen wir Wechselwirkung (*interaction*). Vom entgegengesetzten Standpunkt aus gesehen ist es gegenseitige Abhängigkeit (*interdependence*). *Factual – actual* (tatsächlich – gegenwärtig, wirkend): Handelt es sich um die Farbrelativität, um Farbillusionismus, so ist es nützlich, einen tatsächlichen Sachverhalt von einem wirkenden zu unterscheiden. Die Daten der Wellenlänge – das Ergebnis optischer Untersuchungen des Lichtspektrums – erkennen wir als Tatsache. Das ist ein tatsächlicher Sachverhalt. Er bedeutet etwas Bleibendes, etwas, das wahrscheinlich keiner Änderung unterliegt. – Wenn wir aber eine opake Farbe als durchsichtig, Undurchsichtigkeit als Durchsichtigkeit erleben, so hat sich die optische Aufnahme durch unser Auge in unserem Geist zu etwas anderem verändert. Das gleiche gilt, wenn wir drei Farben als vier oder als zwei, oder vier Farben als drei sehen. Wenn wir flache, glatte Farben als überschnittene Farben sehen, mit kannelierter Wirkung, oder bestimmte einseitig konturierte Grenzen entweder doppelt oder vibrierend oder auch verschwinden sehen. Diese Wirkungen nennen wir einen wirkenden Sachverhalt. Dies scheint dem allgemeinen Gebrauch der Wendung ‹*what actually happened*›, d. h. was in der Zeit geschah, was fortlief, sich fortbewegte, sich entwickelte, zu entsprechen ... *actual* bezieht sich auf *action*, Handlung. Es ist etwas, das nicht fixiert ist, aber sich mit der Zeit wandelt. *Action* ist das Substantiv des Verbs *to act*, handeln, wirken. Handeln bedeutet in der visuellen Darstellung ändern, indem man sich aufgibt, Identität verliert ... In einer ähnlichen Weise handelt auch die Farbe. Entsprechend einem Nach-Bild (dem Simultankontrast) ändern und beeinflussen sich die Farben gegenseitig. In unserer Wahrnehmung wirken sie ständig wechselseitig aufeinander.»

Man kommt der Farbe bei Rothko mit den von Albers so bezeichneten ‹faktischen› Untersuchungen nicht nahe. Hingegen trifft die ausgeführte Bestimmung einer ‹wirkenden› Farbe zu: was wir hier optisch rezipieren, verwandeln wir. Der Betrachter, der diesen Bildern gegenübersteht, beginnt sich ihnen gegenüber zu bestimmen, zu bezeichnen. Er erlebt den Raumwert nicht als ein vom Maler auf dem Bild festgelegtes Raumschema, sondern definiert seinen eigenen Raumvollzug, indem er ihn als Kontinuum zwischen sich und dem Bild erfährt. (Ein Großteil seiner letzten Bilder hat ein riesiges Format, hier wird der Betrachter nicht mehr dem Wand- qua Tafelbild konfrontiert: ohne als Fresko mit der

Wand zu verschmelzen, überspannen seine Leinwände die Wände des Ausstellungs- oder Galerieraumes zur Gänze.) Der Standort des Betrachters im Raum und nicht der Raumwert dieser oder jener Farbe wird aufgezeigt. Was in der Zeit geschieht, sich fortbewegt, sich entwickelt: der Raum des Menschen, der seine Dimensionen neu festsetzt, seine Identität überprüft. Von hier aus erklärt sich Rothkos Behauptung, er sei kein Kolorist. Malerei schafft für ihn keinen vom Menschen ablösbaren Ausdruckskanon, sondern hat ständig Bezug zu ihm, provoziert die ganze Erlebniskraft des Menschen. Nach dem Ausdruckswert der Farbe, der im Fauvismus, im Expressionismus zur Geltung kam, nach dem konstruktiven Wert, den sie etwa bei Fritz Glarner hat, ist es hier der *Erfahrungswert* der Farbe, bezogen auf die Erfahrung des Menschen als Betrachter dieser Bilder. Daher die Ausschaltung der Hindernisse: Gedächtnis, Geschichte, Geometrie.

MARK ROTHKO: DAS BILD ALS DRAMA

Die Romantiker sahen sich veranlaßt, exotische Themen zu suchen und zu fernen Orten zu reisen. Sie scheiterten daran, denn, obgleich das Transzendentale das Fremde und Unvertraute einschließt, ist nicht alles Fremde und Unvertraute auch transzendental. Es ist schwer für den Künstler, die Unfreundlichkeit der Gesellschaft seinem Schaffen gegenüber hinzunehmen. Doch kann gerade diese Feindseligkeit als Hebel einer echten Befreiung wirken. Einer falschen Vorstellung von Sicherheit und Gemeinschaft ledig, kann der Künstler sein Scheckheft ebenso preisgeben wie andere Formen der Sicherheit. Sowohl der Sinn für Gemeinschaft wie der für Sicherheit hängen von der Gewohnheit ab. Frei von ihnen, wird es möglich, die Transzendenz zu erfahren.

Ich stelle mir meine Bilder als Dramen vor; die Umrisse in den Bildern sind die Aufführenden. Sie wurden aus dem Bedürfnis für eine Gruppe von Akteuren geschaffen, die sich dramatisch ohne Verwirrung bewegen und ohne Scham Gesten ausführen können. Weder Handlung noch Akteure können vorweggenommen oder vorherbeschrieben werden. Sie beginnen als ein unbekanntes Abenteuer in einem unbekannten Raum. Im Augenblick der Vollendung erkennt man plötzlich, daß sie den Umfang und die Funktion besitzen, die man intendiert hatte. Ideen und Pläne, die zu Beginn in der Vorstellung bestanden, waren nur die Pforte, durch die man die Welt verließ, in die sie einfielen. So transzendieren die großen kubistischen Bilder die Forderungen des kubistischen Programmes und strafen es Lügen. Das wichtigste Instrument, das der Künstler durch ständigen Gebrauch schärft, ist der Glaube an seine Fähigkeit, Wunder zu schaffen, wenn sie gebraucht werden.

Bilder müssen wie Wunder sein: in dem Augenblick, in dem eines vollendet ist, endet die Vertrautheit zwischen dem Geschaffenen und dem Schöpfer. Er ist ein Fremdkörper, ein Outsider. Das Bild muß für ihn wie für jeden anderen, der ihm später gegenübertritt, eine Offenbarung sein, die unerwartet und erstmalig eine ihm ständig vertraute Notwendigkeit auflöst.

Die Darstellung dieses Dramas in der vertrauten Welt war niemals möglich, wenn die täglichen Handlungen nicht einem Ritual angehörten, das einem transzendentalen Reich zugeordnet war. Sogar der archaische Künstler, der ein unheimliches Können besaß, hielt es für notwendig, eine Gruppe von Mittlern zu schaffen, Ungeheuer, Zwitter, Götter und Halbgötter. Der Unterschied ist folgender: da der archaische Künstler in einer mehr praktischen Gesellschaft als der unseren lebte, verstand man die Notwendigkeit transzendentaler Erfahrung und gab ihr einen offiziellen Status. Folglich konnten die menschliche Figur und andere Elemente der vertrauten Welt mit der Aufführung von Exzessen, die diese unglaubliche Hierarchie kennzeichneten, verbunden werden oder als Ganzes an ihnen teilnehmen. Mit uns muß die Verhüllung vollständig werden. Die vertraute Identität der Dinge muß aufgelöst werden, um die begrenzten Assoziationen zu zerstören, mit denen unsere Gesellschaft zunehmend jeden Aspekt unserer Umgebung verhüllt.

Ohne Ungeheuer und Götter kann die Kunst unser Drama nicht aufführen: die tiefsten Augenblicke der Kunst drücken diese vergebliche Bemühung aus. Als man sie als unhaltbaren Aberglauben verließ, sank Kunst in Melancholie. Sie verliebte sich in das Dunkle und verwickelte ihre Gegenstände in sehnsüchtige Andeutungen einer halbdunklen Welt. Die großen Leistungen der Jahrhunderte, in denen der Künstler das Wahrscheinliche und das Vertraute als seine Themen anerkannte, sind für mich die Bilder mit einer einzelnen menschlichen Figur – allein in einem Moment äußerster Unbeweglichkeit. Aber die vereinzelte Figur konnte allein nicht ihre Glieder in einer Geste erheben, die Kunde gab von ihrem Wissen, daß wir sterblich sind, und von einem unersättlichen Hunger nach allgegenwärtiger Erfahrung dieser Tatsache gegenüber. Auch konnte die Einsamkeit nicht überwunden werden. Sie konnte nur durch Zufall am Strand, auf der Straße, im Park mit anderen zusammenkommen und mit ihnen ein tableau vivant der Nicht-Mitteilbarkeit des Menschen formen.

Ich glaube nicht, daß die Frage jemals war, abstrakt oder gegenständlich zu sein. Es kommt darauf an, dieses Schweigen und diese Einsamkeit zu beenden, zu atmen und seine Arme wieder auszustrecken. (1)

4. Allan Kaprow: Barnett Newman – ein Klassiker?

Vorbemerkung: In dem folgenden Beitrag gibt Allan Kaprow, selbst Maler und ein Initiator des ‹Happenings› (ich bespreche sein Werk S. 208 ff), eine eingehende Analyse der Kunst Barnett Newmans anhand des großformatigen Bildes ‹*Vir Heroicus Sublimis*› (Abb. 6). Primärer Ausdrucksträger ist für Newman die Farbe, die im Vergleich mit den rektangulären Farbzonen Rothkos eine stärkere Materialität und stärkere Kontrastierung aufweist. Das Bildschema, das Newman sich seit der Mitte der vierziger Jahre durch eine Präzisierung der Bildmittel erarbeitet hat, beruht auf einer meist vertikalen Lagerung der Farbzonen, die oft von Streifen – Kaprow nennt sie ‹Sperren› – unterteilt werden. Seine Bilder, die zunächst etwas im Schatten des Interesses für die bewegtere Action Painting geblieben waren, standen schließlich an einem der zentralen Punkte einer Auseinandersetzung um die Neubestimmung des Bildes aus der Farbe heraus.

Reinheit und Unreinheit in der Kunst

Gebrauchen wir das Wort ‹rein›, so denken wir an physikalische und strukturelle Eigenschaften wie klar, unberührt von einem Zusatz fremder Substanzen, ungeschwächt von verderbtem Material, formal (rational, nicht-empirisch). *Wir verbinden ‹rein› auch mit moralischen Eigenschaften wie* keusch, sauber, geläutert, tugendhaft, heilig, geistig. *Schließlich ist eine metaphysische Bedeutung miteingeschlossen, denn Reinheit, die das Genannte umschließt, suggeriert etwas jenseits von Unschuld und Geistigkeit, nämlich das, was* abstrakt *ist,* wesentlich, authentisch, wahr, absolut, vollkommen, endgültig, direkt. *Bedeutungen, die man in jedem Wörterbuch finden kann. Und sie sind die Eigenschaften, die, in unterschiedlichem Grad, zu unserer Idee des Klassischen beitragen.*

Offensichtlich ist also Unreinheit *nun ein zweitrangiger Zustand, bestenfalls ein Bastard, daher moralisch belastet. Wir leiten hieraus vieles von unserem Bild des Romantischen ab. Aber ebenso offensichtlich ist ‹Unreinheit›, wenn romantische Gedanken vorwiegen, über die Erde verbreitet als eine Wahrheit der Natur, echter als jede klassische Schöpfung. So schließen die beiden Ideen einander ein, die eine erhält ihre Bedeutung zumindest, indem sie die Verneinung der anderen impliziert, und keine kann tatsächlich bestehen, ohne die Schatten ihres Gegenübers zu beschwören. Sie sind ausgesprochene Feinde, und solange unsere Sprache sie benutzt, werden uns unsere Handlungen das Triumphierende oder das Tragische unseres Lebens offenbaren. –*

Wir erleben seit einiger Zeit eine Rückkehr ernsthaften Verständnisses für das, was früher als puristische Malerei bekannt war, ein Stil, der während der fünfzehn Jahre Vorherrschaft des abstrakten Expres-

sionismus verfallen war. Die Werke, die heute entstehen, offenbar im Geist und Buchstaben dieser Tradition, werden mit dem sehr amerikaschen Namen Hard Edge *bezeichnet. Dies legt etwas von der groben Genauigkeit nahe, die diese Bilder übermitteln wollen, so verschieden von den feineren Empfindungen der Europäer. Was auch immer ihre Unterschiede sein mögen: die augenscheinliche Strenge einiger dieser Künstler scheint sich von vielen Mitteln abzuleiten, die wir in den früheren Modellen finden. Ihre Bilder haben nicht nur klare Kanten. Sie sind alle abstrakt und bevorzugen große, einfach geformte Themen. Das Vokabular ist entweder ‹geometrisch› oder ‹biomorph› oder ein Amalgam aus beiden. Farbe und Ton sind gleichfalls von Teil zu Teil verschieden; man sieht die Pinselspuren nicht, da der unpersönliche, immaterielle Charakter der Ausführung vermittelt wird. Die Kompositionen erscheinen stabil und unzweideutig. Nichts tritt hinzu, was ihre Objektivität stören könnte; innerhalb der genauen Grenzen der sorgfältigen Ausführung ist kein unbedeutendes Element, keine unbegründete Bewegung erlaubt. Ihre besondere Kraft beruht in einer grundlegenden (oder künstlichen) Quelle, denn ihre Loslösung vom Unmittelbaren und Spontanen ist endgültig und unwiderruflich. Solche Bilder sind – oder erscheinen zumindest als – die Perfektion selbst. –*

Gibt es ein authentisches reines Bild, so muß es seine Reinheit in der äußersten und gespannten Bewußtheit menschlicher Zerbrechlichkeit vorschlagen. Dies, seine wirkende Bedingung, ist besonders bedeutsam in so unstabilen Zeiten. Ein Bild, das diese Bedingung nicht zu einem aktiven Teil seiner Anlage und selbst seiner Technik macht, beschränkt sich entweder auf Nettigkeit oder zwingt eine willkürliche Terminologie in den Dienst einer Idee: das heißt, es wird nur seine guten Absichten enthüllen. Die meisten in dieser Mode gemachten Bilder mißlingen, nicht, weil sie nicht rein sind, sondern weil sie nicht klarmachen, was Reinheit bedeutet. –

Eine Analyse des Bildes ‹Vir Heroicus Sublimis› von Barnett Newman

*Die Malerei Barnett Newmans ist mehr als eine Dekade lang umstritten geblieben. Unter den neun oder zehn hervorragenden Künstlern einer anerkannten schöpferischen Periode ist er wohl der am schwersten zu kategorisierende und daher zu beschreibende. In seinem Werk ist gleichzeitig etwas Vertrautes und Großes und doch Abgeschlossenes. Beim Nennwert genommen, hat ein so wohlbekanntes Werk wie ‹*Vir Heroicus Sublimis*› [Sammlung Ben Heller, New York, Abb. 6] die eigentümliche Präzision der Puristen: es ist architektonisch, einfach, klar, gelöst. Wegen des Vorhandenseins vertikaler Streifen dachte man an Mon-*

drian, und da diese Streifen nicht dieselbe Funktion wie bei Mondrian haben, mißverstand man Newman gewöhnlich. Da jedoch nun seine Bilder viele Kinder gezeugt haben (sein Einfluß ist beträchtlich), ist der Vergleich undeutlich geworden, und wir müssen uns gegen ihr undurchsichtiges Geheimnis behaupten, ein Geheimnis, das fortfährt, Leute mit historischer und analytischer Neigung zu verwirren, während es andere anzieht, deren Beurteilung mehr intuitiv ist. Ich denke, wir können uns zum Verständnis an diese halten.

Es nutzt nichts, wie einige Kritiker empfehlen, unsere Aufmerksamkeit vom klassischen Charakter der Elemente in Newmans Werk abzuwenden. Klar ersichtlich ist das große, rechteckige Format; die fast unmodulierte Ausdehnung eines vollen Rot; die ungleichmäßig verteilten Vertikalen in matt fleischfarbener Farbe beziehungsweise weiß, bräunlich-purpur, fleischfarben von links nach rechts, all das ist da. Die stetige Phrasierung und die Stabilität der Teilungen, ihre Meßbarkeit, die Perfektion der Ausführung sind da, ganz offensichtlich. Sie begründen einen unpersönlichen Modus, indem sie sich auf den Geschmack unserer Zeit für das Strenge und Ausgewogene beziehen. Die Frage ist, ob in Newmans Werk Klassik und puristische Erscheinung so wirken, wie wir es erwarten. Wenn wir sagen, daß Form der Absicht folgt, so sprechen wir weitgehend wie die Griechen, deren ‹Formen›-Tradition wir immer noch vage anerkennen, jedoch nicht so frei ausüben, wie sie es taten. In der Vergangenheit waren Techniken in verschiedene Arten unterteilt, die besondere gefühlsmäßige oder auch philosophische Ergebnisse vermittelten, d. h. eine heroische Form war für ein episches Thema angezeigt. Es ist eine einfache, wenn auch spezifische Feststellung, daß gewisse Formen für gewisse Ausdruckstypen geeignet sind; so glauben wir, daß van Goghs strömende, gespachtelte Striche für die fieberhafte Heftigkeit seines Werkes notwendig *sind. Aber solche Striche können auf einem Bild so endlos angewandt werden, daß sie unter Umständen fast zu einer blanken Oberfläche mit kaum wahrnehmbarer Bewegung werden [wie Kaprow es für bestimmte Werke Pollocks aufgewiesen hat].*

Etwas in dieser Art geschieht, wie ich meine, in Newmans Werk; seine augenfällige Ausgewogenheit und Reinheit sind die notwendige Folie für eine im Wesen andere Vorstellung. Eine wirklich klassische Kunst, wie immer ihr letzter Bedeutungskreis sein mag, geht von der Begründung eines Gleichgewichts von klar entgegengesetzten *Elementen (in einem menschlichen Maß) innerhalb eines bestimmten Feldes aus. Mondrians Ausgangspunkt und die Mittel, die er für sein Ziel einspannt, stimmen zweifellos damit überein. Man kann daran zweifeln, ob das Newmans Basis ist. Wenn wir uns dem Bild* Vir Heroicus *sehr einfach nähern und danach fragen, was und wo seine ‹Objekte› sind, welche Beziehung sie zueinander haben und welches ihr ‹Grund› ist, müssen wir* einigen Unterscheidungen Raum geben. Nennt man einen dieser Streifen ein Objekt, so stellt das ein größeres Problem dar als im Fall Mondrians, denn in dessen Malerei war der vertikale Streifen zumindest klar seiner Lotlinie entgegengesetzt, genug, um auf solche Elemente aufmerksam zu machen, bevor man sie in ihren Interaktionen gegeneinander und mit der Fläche aus den Augen verlor. Newmans Bild hat keine Horizontalen.

Ein Streifen ist deshalb viel weniger ein ‹Ding›, da er nicht in einem greifbaren Wechselspiel steht. Ein Blick auf Newmans Bilder um 1947 zeigt, daß das Streifen-Thema zu jener Zeit von ‹Störungen› umgeben war, von markierenden Gesten, die sich darum herumwanden, ohne es zu berühren, als sei es ein begünstigter und besonderer Augenblick des Schweigens. Selbst damals war es nie stofflich, sondern wie eine Leere, vielleicht dadurch entstanden, daß auf und um ein Stück Deckband gemalt wurde, das am Ende abgenommen wurde und diesen leeren Raum hinterließ. Die Vertikale war deshalb erreicht (wie Clement Greenberg bemerkt hat), aber im gegenwärtigen Werk dadurch erreicht, daß die Gesten schrittweise eliminiert werden, bis dieses Residuum in der ganzen Kraft ungebrochener Farbe klingt, die es umgibt. (Das unterscheidet diese großen Zonen von einem flachen Wandbewurf oder von geringeren Künstlern, deren Bilder schnell herausgeformt sind.) Doch sind Gesten in ‹Vir Heroicus Sublimis› nicht ganz verbannt. Wir sehen einen Rest des Handgemachten in den kleinen ‹Unvollkommenheiten› entlang dem zweiten und dem dritten Streifen von links, wo die Geste einmal überlief, wie vergessen in einer kurzen Ruhepause. Im Zusammenhang mit dem Purismus sind sie ‹fremd› und gehören nicht zu dem Rest des Ganzen. So betrachtet haben sie die explosive Kraft der Selbsterkenntnis, denn hier ist das menschliche Sein greifbar. Überdies entfernen diese sichtbaren Überbleibsel des Pinsels die Vertikalen von jeder Ding-Assoziation.

Man könnte meinen, daß sich die fünf Streifen in der Vorstellung zu einer Einheit von Vertikalen verbinden, in welcher jede der anderen quasi Substanz gibt durch gegenseitige Betonung. Aber dazu sind sie zu weit auseinander; wir verlieren jeden in der Isolierung, während wir den Blick zum nächsten bewegen. Der Zeitverlauf ist absichtlich verlängert, um solche Erscheinung zu verhindern; der Rhythmus ist vergessen. Wir spüren eher, wie in manchen Bildern Newmans, die nur ein Streifen durchzieht, solche Linien als momentane Anzeige eines Schrittwechsels, eine ‹Beugung› (wie Greenberg es nannte) in der langsamen Bewegung unserer Augen und unseres Körpers vor der Leinwand. Der Akzent liegt tatsächlich auf unseren Empfindungen. – Obgleich fast alle Bilder Newmans solche vertikalen ‹Sperren› haben, ist es das ganze Bildformat, das uns nahelegt, uns in der Richtung der Sperren (auf und nieder) zu bewegen oder gegen ihren Fluß. Da sie per se keine Substanz *besitzen, empfinden wir sie nicht in isolierter Funktion oder als ein Aggregat, in Gegenüberstellung zum Ganzen. Es gibt daher keinen echten Objekt-Grund-Austausch. So groß der Grund auch ist, es ist fast unmöglich, ihn einfach zu messen: er besteht erscheinungsmäßig als* Aura *und nicht als Format. Wir vermissen die Klarheit der ‹Struktur›, wie wir sie normalerweise in solchem Objekt-Grund-Austausch wahrnehmen und die wir zunächst bei Newman zu sehen glaubten: der letzte Rest von Tradition entschlüpft, da wir es sinnlos finden, die Leinwand dreidimensional zu lesen. (Dies läßt sich bis zu einem gewissen Grad bei einer Fotografie machen, doch sind es nur wenige Elemente, die zudem eine gewisse Fülle vermissen lassen, die wir bei solchem Spiel erwarten.) Die Sperren, untergetaucht und ertrunken in dem Meer intensiven Rots, leeren nicht und stärken nicht. Vermutlich sind* wir *es, die Betrachter, denen die Rolle der ‹Objekte› zukommt, und das Bild ist der unbewegliche ‹Grund›, in bezug auf den wir uns bewegen und fühlen. Sowohl im übertragenen wie im wörtlichen Sinn sind wir die Bildwelt einer Kunst, die den Menschen zutiefst einschließt. –*

Ein moderner Purismus ist wahrscheinlich am intensivsten, wenn alles Menschliche, was jenseits seiner ist, mit einem feinen Faden an das Menschliche gebunden ist. Die Grenzen bildnerischer Reinheit, wenn nicht ihre Vertrautheit, müssen stets meßbar bleiben. Eines der Mittel der zeitgenössischen unreinen Kunst besteht darin, uns zu überwältigen, uns psychisch wie körperlich allem von innen und von außen auszusetzen. Reinheit ist selektiv und ausschließlich, wie ich sagte, während uns ihr Gegenteil entsetzt und gefährdet. So ist das Größenverhältnis im Fall Barnett Newman überwältigend. Wir sind für das Bild, was die Sperren für ihre Umgebung sind, was die kleinen Markierungen der Hand (in den zwei Sperren) zu den Sperren selbst sind: äußerstes Minimum zu äußerstem Maximum, ohne Übergang. Die weite Spanne innerhalb schafft eine unerträgliche Spannung und muß schließlich zusammenbrechen. Der Fluß des extremen Chaos, der reinen Farbe, die uns überschwemmt, der Linien, die aufsplittern und in die vibrierende Flut verschwinden: das ist der ‹Schrecken›, auf den sich Barnett Newman bezieht, wenn er von seinem Werk spricht, das ‹horrend Abstrakte›, das Robert Rosenblum wahrnahm. Schrecken und Passion gehen uns so bis ins Innerste, verwirren unsere Empfindung wie nur etwas von Pollock: es ist die andere Seite derselben Münze, und sie treffen sich, beide, in der Mitte. Pollock bricht rasend aus und verbrennt. Newman beginnt damit, eine Voraussetzung einer vollkommenen Vision in einer ruhigen, gelassenen Welt zu prüfen und endet mit einem Umsturz. (1)

5. Die Formel des reinen Bildes: Ad Reinhardt

‹Icon as image as idea as symbol as ideal as form as icon.› A. R.

Ad Reinhardt, Mitte der vierziger Jahre durch seine Karikaturen[3] in der New Yorker Zeitung ‹PM› einem gewissen Publikum bekanntgeworden – «Ich machte mich über die Erklärungen der Kunst lustig, und trotzdem waren mir viele Leute dankbar, daß ich ihnen Kunst klargemacht habe» –, brillanter, wortgewandter Kämpfer für eine reine Kunst, die er in zahlreichen Aufsätzen gefordert und umschrieben hat, suchte bildnerisch durch eine Reduzierung der Bilddaten nach einer Malerei, die die «genaueste Formel für die größte künstlerische Freiheit» abgab, nach dem «äußerst unpersönlichen Weg für das wirklich Persönliche. Die umfassendste Kontrolle für die reinste Spontaneität». Geboren 1913 («dem Jahr der New Yorker Armory Show»), liebt er den Gedanken, daß er beinahe so alt ist wie die abstrakte Malerei. Von den Anfängen um 1937 an war seine Malerei ungegenständlich, zunächst in einer Abstraktion, die Stuart Davis nahe war. Über ein durch Collagen intensiviertes farbformales Ensemble, eine lockere Bildfügung, die kalligraphische Elemente einsetzte und der Bewegung der amerikanischen Action Painting in einigem verbunden war, kam Reinhardt um 1950 zu Bildern, die das Farbproblem einkreisten. Er begann seine Serien von Bildern in roter und in blauer Farbe. Diese Bilder, die er in parallel laufenden Ausstellungen 1965 in New York wieder präsentierte, sollten, in seinen eigenen Worten, die «ausdrucksmäßige und strukturelle Bedeutung des Farbraumes in der Malerei» erforschen. Er vergrößerte die Bildformen und betonte die Symmetrie innerhalb des Bildes.

Seine schwarzen Bilder ab 1954 waren eine weitere Etappe auf dem Weg der Bildreduzierung. Augenscheinlich schließen sie wie die ab 1960 folgenden ‹Schwarzen Quadrate› (127 × 127 cm, vgl. Abb. 8) alle überlieferten Bildbegriffe aus. Sie scheinen unzugänglich und formaler wie inhaltlicher Beschreibung unfaßbar, namentlich wenn Reinhardt eine ganze Ausstellung aus solchen gleichformatigen Leinwänden zusammenstellt, wie er es 1963 für fast identische Ausstellungen in Los Angeles, New York, London, Paris tat. Doch stellte Priscilla Colt, wie ich meine, zu Recht, fest, daß diese Bilder trotz des ersten Eindrucks, den sie auslösen, der Form des westlichen Ölbildes verbunden bleiben. So finden wir «1. die abgegrenzte, transportable Bildoberfläche, 2. Differenzierung von Farbe, Wert und Textur, 3. ein resultierendes Figur-Grund-Verhältnis und 4. räumliche Illusion ... Obgleich diese Bilder dem Auge die erwartete Befriedigung versagen, wird die Aufmerksamkeit fixiert und

3 ‹*How to Look ...*›, eine Reihe ironischer Artikel und Zeichnungen, 1946.

wachgehalten. Das Bewußtsein, befreit von der Anregung komplexer Stimulantien der Wahrnehmung, wird eigenartig in der Schwebe gehalten, abstrahiert. Das Selbstbewußtsein ebbt ab; der Betrachter wird, im wörtlichen Sinn, durchdrungen. Das bedeutet nicht *Verlust* des Bewußtseins und unterscheidet sich von ‹reiner Kontemplation›, da es auf eine erfahrbare Realität – das Bild – bezogen ist. Die Erfahrung wird verlängert, wachgehalten, erhöht durch unerwartete Nachbilder, Flimmern von Licht und räumlicher Bewegung. Der Effekt ist faszinierend, hypnotisch: man hat das Gefühl, in sie gezogen zu werden, in sie ‹verloren› zu sein, ein Gefühl der Entkörperlichung» (‹Art International›, VIII/8, Okt. 1964).

Schwarz ist für Reinhardt wie für andere Maler der Antipode alles Bunten, die Negation des Bunten und Farbigen. Während Motherwell beispielsweise das Schwarz als Farbe einsetzt, in großen Formen entfaltet, dominierend im Bild, aber von farbigen Akzenten umgeben (das gilt vor allem für seine ‹Spanischen Elegien›, vgl. S. 43 f), ist für Reinhardt Schwarz die Nichtfarbe *par excellence*. «Farben», schreibt er, «sind barbarisch, körperhaft, unstabil, suggerieren Leben.» Keine Farben: das ist folglich eine seiner Forderungen an das reine Bild, eine der ‹Regeln für eine Neue Akademie›, die er 1957 aufgestellt hat. Zu den anderen gehören: Keine Textur; keine Pinselspur oder Kalligraphie; keine Skizze oder Zeichnung; keine Formen; kein Design; kein Licht; keine Bewegung etc. Ein halbes Jahrhundert vor Reinhardt hatte Malewitsch in seiner gegenstandsfreien, ebenfalls äußerst reduzierten Kunst, die er Suprematismus nannte, «das farbige, das schwarze und das weiße System» ausgearbeitet als eine Kultur, «die die Welt der Erregungen durch die Formen seines Systems [Suprematismus] realisiert» (Kasimir Malewitsch, Suprematismus – Die gegenstandslose Welt. Köln 1962, S. 214). Er hatte das schwarze Quadrat auf weißem Grund und, um 1916, das weiße Kreuz auf weißem Grund gemalt, das in unmittelbarer Nähe zu den Kreuzbildern Reinhardts steht (besonders zu denen aus der Mitte der fünfziger Jahre). In diesen Bildern Reinhardts überzieht eine horizontale, breite Form eine vertikale. Zunächst mit betonter Vertikale, ist die Kreuzform seiner schwarzen Bilder heute kaum erkennbar, aber doch vorhanden, ihre Teile sind gleichförmig geworden. Erst die Konfrontation der Bilder Malewitschs und Reinhardts durch eine Ausstellung wird die bildnerischen Positionen beider Künstler, ihren Bezug zueinander und zu einer verwandten Thematik klar erkennen lassen. Zwar wird Reinhardt selbst im Unterschied zu Malewitsch («Wir alle werden gekreuzigt werden. Mein Kreuz habe ich schon vorbereitet», hatte er einmal zu Pevsner gesagt) auf der *bildnerischen* Priorität der Kreuzform beharren; eine ikonographische Interpretation kann man auf die Dauer aber wohl nicht ausschließen. Diese wird auf einer intensiven Werkanalyse Reinhardts beruhen müssen und kann hier nicht gegeben werden. Es mag genügen, darauf zu verweisen, daß sein Ausschluß aller Stimulantien für das Auge, für die Erinnerung, sein Beharren auf dem «reinen, abstrakten, nicht-gegenständlichen, zeitlosen, raumlosen, veränderungslosen, beziehungslosen, desinteressierten Bild» auch eine *moralische* Kategorie beinhaltet. Das bestätigt eine Analyse der Bilder, das bestätigt auch der Polemiker Ad Reinhardt, der gegen das Käufliche, Manipulierbare, Brauchbare, gegen die «Kunst als Bequemlichkeit oder Beschäftigung» in dem folgenden Dokument auftritt.

AD REINHARDT: KUNST-ALS-KUNST

Das eine, was man über Kunst und das Leben sagen kann, ist, daß Kunst Kunst ist und Leben Leben. Eine ‹Teil-vom-Leben›-Kunst ist nicht besser oder schlechter als ein ‹Teil-von-Kunst›-Leben. Die schöne Kunst ist kein ‹Mittel, einen Lebensunterhalt zu bestreiten› oder eine ‹Art, ein Leben zu leben›, und ein Künstler, der sein Leben seiner Kunst oder seine Kunst seinem Leben widmet, belädt seine Kunst mit seinem Leben und sein Leben mit seiner Kunst. Kunst, die eine Angelegenheit von Leben und Tod ist, ist weder schön noch frei.

Die eine Bedrohung der schönen Kunst ist der ständige Versuch, sie als ein Mittel irgendeinem anderen Ziel oder einem anderen Wert dienstbar zu machen. Der eine Kampf in der Kunst ist nicht zwischen Kunst und Nicht-Kunst, sondern zwischen echter und falscher Kunst, zwischen reiner Kunst und Action-Assemblage-Kunst, zwischen abstrakter Kunst und surrealistisch-expressionistischer-Anti-Kunst, zwischen freier Kunst und dienender Kunst. Abstrakte Kunst hat ihre eigene Integrität, nicht irgend jemandes ‹Integration› mit etwas anderem. Jede kombinierende, mischende, hinzufügende, verdünnende, auswertende, vulgarisierende oder popularisierende abstrakte Kunst beraubt die Kunst ihrer Essenz und verdirbt des Künstlers künstlerisches Bewußtsein. Kunst ist frei, doch sie ist kein frei-für-alles.

Die eine Auseinandersetzung in der Kunst ist die Auseinandersetzung von Künstlern gegen Künstler, des Künstlers gegen den Künstler, des Künstlers-als-Künstler in und gegen den Künstler-als-Mensch, -Tier oder -Gemüse. Künstler, die beanspruchen, daß ihr Kunstwerk aus der Natur, dem Leben, der Realität, Erde oder Himmel kommt, als ‹Spiegel der Seele› oder ‹Reflexionen von Bedingungen› oder ‹Instrumente des Universums›, die ‹new images of man›-Figuren und ‹nature-in-abstraction›-Bilder[4] *aufkochen, sind, subjektiv und objektiv, Schurken oder Bauern. Die Kunst des ‹Abbildens› oder ‹Abmalens› ist keine schöne Kunst. Ein Künstler, der als ‹Geschöpf der Umstände› antichambriert*

---

4 Beides Themen von Ausstellungen in New York in den fünfziger Jahren.

oder als ein ‹Opfer des Schicksals› korrumpiert, ist kein Meister der schönen Künste. Niemand zwingt einen Künstler jemals, rein zu sein.

Die eine Kunst, die abstrakt und rein genug ist, das eine Problem und die Möglichkeit in unserer Zeit und Zeitlosigkeit zu haben, das ‹eine einzige große Original-Problem›, ist reine abstrakte Malerei. Abstrakte Malerei ist nicht eine andere Schule oder Bewegung oder Stil, sondern die erste wirklich ungekünstelte und ungezwungene und unkompromittierte, stilfreie universale Malerei. Keine andere Kunst oder Malerei ist objektiv oder befreit oder immateriell genug.

Die eine Geschichte der Malerei gelangt vom Bild einer Vielzahl von Ideen mit einer Vielzahl von Themen und Objekten zu einer Idee mit einer Vielzahl von Themen und Objekten, zu einem Thema mit einer Vielzahl von Objekten, zu einem Objekt mit einer Vielzahl von Themen, dann zu einem Objekt mit einem Thema, zu einem Objekt mit keinem Thema, und zu einem Thema mit keinem Objekt, dann zu der Idee von keinem Objekt und Thema und überhaupt keiner Vielzahl. Nichts in der Kunst ist weniger bedeutsam, nichts erschöpfender und schneller erschöpft als ‹endlose Vielfalt›.

Die eine Entwicklung von Kunstformen entfaltet sich in einer geradewegs logischen Linie negativer Aktionen und Reaktionen, in einem prädestinierten, ständig wiederkehrenden stilistischen Zyklus, in denselben Mustern, zu allen Zeiten und Orten, nimmt verschiedene Zeiten und Orte, beginnt stets mit einer ‹frühen› archaischen Schematisierung, erreicht einen Höhepunkt mit einer ‹klassischen› Ausprägung und verfällt in einer ‹späten› endlosen Vielfalt von Illusionismen und Expressionismen. Wenn späte Etappen alle Demarkationslinien, Rahmen und Gefüge hinwegwaschen mit ‹alles kann Kunst sein›, ‹jeder kann ein Künstler sein›, ‹so ist das Leben›, ‹warum dagegen an›, ‹alles geht› und ‹es ist kein Unterschied, ob Kunst abstrakt oder gegenständlich ist›, ist die Welt des Künstlers ein manieriertes und primitivistisches Kunstgewerbe und Selbstmord-Vaudeville, käuflich, genial, verächtlich, geringfügig.

Der eine Weg in der Kunst kommt von der Arbeit mit der Kunst, und je mehr ein Künstler arbeitet, je mehr ist zu tun. So wie Künstler von Künstler kommt und Kunstformen von Kunstformen, so kommt Malerei von Malerei. Die eine Richtung in der schönen oder abstrakten Kunst heute liegt in der Malerei derselben gleichen Form wieder und wieder. Die eine Intensität und die eine Vollkommenheit kommt nur aus einer langen und einsamen täglichen Vorbereitung und Aufmerksamkeit und Wiederholung. Die eine Originalität besteht nur, wo alle Künstler in derselben Tradition arbeiten und dieselbe Regel meistern. Die eine Freiheit wird nur durch die strikteste Kunst-Disziplin verwirklicht und das gleichartigste Studio-Ritual. Nur eine standardisierte, vorgeschriebene und banale Form kann bildlos sein, nur ein stereotypes Bild kann form-

los sein, nur eine formulierte Kunst kann formellos sein. Ein Maler, der nicht weiß, was oder wie oder wo er malen soll, ist kein Künstler.

Die eine Arbeit für den schönen Künstler heute, die eine Sache in der Malerei, die zu tun ist, ist, die gleichformatige Leinwand zu wiederholen – das einheitliche Schema, einfarbig-monochrom, eine Linearteilung in jeder Richtung, eine Symmetrie, eine Textur, eine formale Entscheidung, eine Pinseltechnik mit der Hand geführt, ein Rhythmus, eine Einarbeitung in eine Auflösung und eine Unteilbarkeit, alles in einer allesbedeckenden Gleichheit und Nicht-Irregularität zu malen. Keine Linien oder Einbildungen, keine Formen oder Setzungen oder Darstellungen, keine Visionen oder Sensationen oder Impulse, keine Symbole oder Zeichen oder Impastos, nichts Dekorierendes oder Farbiges oder Malerisches, keine Freuden oder Schmerzen, keine Zufälle oder Readymades, keine Dinge, keine Ideen, keine Beziehungen, keine Attribute, keine Eigenschaften – nichts, was nicht zum Wesen gehört. Alles unrückführbar, unreproduzierbar, unbemerkbar. Nichts ‹Brauchbares›, ‹Manipulierbares›, ‹Verkaufbares›, ‹Verhandelbares›, ‹Sammelbares›, ‹Greifbares›. Keine Kunst als Bequemlichkeit oder Beschäftigung. Kunst ist nicht die geistige Seite des Geschäfts.

Der eine Maßstab der Kunst ist Einmaligkeit und Schönheit, Gemäßheit und Reinheit, Abstraktheit und Auflösung. Das eine, was über die beste Kunst zu sagen ist, ist die Atemlosigkeit, Leblosigkeit, Todlosigkeit, Inhaltlosigkeit, Formlosigkeit, Raumlosigkeit und Zeitlosigkeit. Das ist stets das Ziel der Kunst. (1)

6. Der dynamische Farbraum: Rupprecht Geiger

Der Raum der Bilder ist Spielraum. Gegenüber, Partner des Spielers Künstler, sind sein Material und eine Wirklichkeit, an die er mittelbar oder unmittelbar, mittelbar und unmittelbar appelliert. Tritt der Künstler ins Spiel ein, so anerkennt er dessen Regeln. Er muß seine Stellung zur Wirklichkeit bestimmen.

Nun scheint es gerade ein Kennzeichen der Kunst von Klee und Kandinsky bis zu Wols gewesen zu sein, die Frage nach dem Wirklichkeitsbezug ihrer Bilder in der Schwebe zu halten. Zeitlich parallel zu ihrem Werk hatte sich seit den zwanziger Jahren eine Malerei etabliert, die auf jeden offensichtlichen Bezug zur Realität verzichtete. Man kann diese Bilder einer orthodoxen Abstraktion zurechnen, die folglich neben dem direkten Bezug auf die Realität im Bild (Grosz), neben dem ambivalenten Wirklichkeitsverweis (Klee) eine dritte – grobe – Unterteilung der europäischen Malerei der zwanziger und dreißiger Jahre unter solchem Gesichtspunkt abgibt. Eindeutig feststellbar war die orthodoxe

Abstraktion, als es sich um das sogenannte geometrische Bild handelte. Unschärfer wurde sie, als neben den konstruktiven ein dynamischer Faktor trat. «Man muß sich direkt an die Massen der Farbe als solcher wenden und in ihr die entscheidenden Formen suchen. Die Bewegung der roten, grünen und blauen Massen kann man nicht durch darstellende Zeichnung wiedergeben. Dieser Dynamismus ist nichts anderes als ein Aufstand der malerischen Massen, um sich aus dem Gegenstand zu selbständigen, nichts bezeichnenden Formen zu befreien.» Kasimir Malewitsch übersieht in den angeführten Sätzen allerdings, daß der Farbraum, den diese dynamischen Farbmassen schaffen, eine Kategorie der Wirklichkeit sein kann, in der auch assoziative Elemente auftreten können.

Rupprecht Geiger weiß um die Assoziationen, die sich vor seinen Bildern einstellen mögen. «Oft tritt in ihnen ein Illusions- oder surrealer Charakter zutage», sagt er. «Das würde mich jedoch nicht stören. Ich bin, im Unterschied zu dem, was man gemeinhin glaubt, kein Puritaner. Das Bild ist trotzdem irreal, weil es durch die Form irreal ist.» Insistiert ein Maler wie Geiger jedoch mit solcher Beharrlichkeit auf einem aus einigen wenigen Grundformen wie dem Kreis und dem Rechteck abgeleiteten Vokabular, so liegt die Frage nahe, wofür diese Formen stehen, die er trotz ihrer geometrischen Evidenz als ‹irreal› bezeichnet.

Geigers Formkanon steht für zweierlei: zum einen gestaltet er mit ihm den Raum, zum anderen liefert er eine Art formales Modell, an dem er die Farbe aufrollt. (Insofern stehen manche seiner Arbeiten, besonders aus den fünfziger Jahren, denen der Washington School nahe.) Die ausgesparte oder farbige Randzone neben, beispielsweise, einem vertikal langgestreckten Rechteck ist, nach seiner eigenen Definition «Raumzone» oder, wie er auch sagt, «Exponent» (Abb. 9). Der Exponent bestimmt die Raumlage des von ihm eingespannten Farbfeldes als Vorder- oder Hintergrund. Rupprecht Geiger selbst deutet außerdem auf das architektonische Element, das die Randzonen ins Bild bringen: «Architektonik nicht im statischen Sinn, sondern nur als Komposition. Sie hat bei mir Architekturwert. Die Proportionsverhältnisse müssen sich in guter Spannung befinden. Dieses Interesse rührt vielleicht von meiner Ausbildung als Architekt her.» (Aus einem Gespräch mit dem Verfasser.) Zum anderen, sagte ich, liefert sein Formkanon ein formales Modell, ist «Form ein Grundstoff, um frei zu sein, um frei in die *Farbe* einzusteigen.» Jetzt wird ersichtlich, warum Geiger eine solche Beschränkung auf einige Grundmodelle vollzieht, die als Monotonie bezeichnet werden müßte, wäre Form für ihn mehr als dieser ‹Grundstoff›. «Haben Sie nie daran gedacht, etwa einmal ein Dreieck an die Stelle des Bildkreises oder Bildrechtecks zu setzen?», frage ich. «Die Dreiecksform wäre mir zu skurril. Ich möchte fort von der Form.»

Nach dem Verzicht, diese Farbe, die nunmehr ausschließlich im Mittelpunkt seines Interesses steht, in die Spannung zwischen blauen und roten Farbfeldern zu bringen – was ihm heute als Effekt erscheint, und was er durch die Abtönung von Kalt- zu Warmwerten innerhalb *einer* Farbe ersetzt –, nach der Reduzierung der Form zu einem Einstiegmedium in die Farbe geht Geiger mit seinen letzten Bildern daran, den Begriff des Farbraumes oder Farbhorizontes, wie er vorschlägt, als der Konstante seiner Arbeit genauer zu bestimmen. Dabei ist die Farbe, die er gebraucht und wie er sie gebraucht, opak, von herber Materialität. Geigers Malerei gibt nicht die Ersatzform einer verlorenen Romantik, als die man sie fehldeuten könnte, sondern sie beschreitet folgerichtig den Weg einer von allen Assoziationen sich mehr und mehr lösenden Eigenwelt, in der Farbe autonom entfaltet wird. Autonom allerdings in dem Sinn, daß sie auf den naturalistischen Verweis verzichtet, in ihrer Autonomie aber den Betrachter als ebenso freien Partner fordert. Gegenüber diesen Bildern überprüft er den Raum seiner eigenen Erfahrung.

7. Heinz Mack: Die dynamische Struktur der Farbe

Vorbemerkung: Um die bei Geiger aufgeworfene Frage des dynamischen Faktors Farbe zu verfolgen, schließe ich hier einen Beitrag von Heinz Mack an, auf dessen Werk im Rahmen der Gruppe ‹Zero› ich später zu sprechen komme (S. 148 ff). Mack nannte seine Bilder, die sich auf die Skala von Schwarz- und Weißwerten beschränken und aus vertikal oder horizontal gefügten, bildparallelen Geraden bestehen: *Dynamische Strukturen.* Die virtuelle Bewegung dieser Parallelzonen findet ihr mechanisches Pendant in den Lichtreliefs aus gepreßten Metallfolien, die Mack seit 1956 entwickelte (vgl. auch Abb. 14).

Farbe in Vibration

Wenn wir von Malerei sprechen, so sprechen wir von der Farbe. Die erste, letzte und beste Bedeutung, die einer Farbe zukommen kann, ist die, daß sie ihre eminente bildnerische Funktion rein erfüllt; allein dadurch gewinnt sie ihre Freiheit, ihre größte Intensität: die Farbe ist bei sich! Setze ich eine Farbe in Kontrast zu einer zweiten Farbe, so intensiviere ich zwar möglicherweise die erstere, mindere aber stets deren Freiheit; denn in diesem Falle herrscht eine Beziehung zwischen dem Grad der Intensität und der Größe der Abhängigkeit. Eine Farbe kann verschiedene Bedeutung haben; ihre virtuelle Objektivation aber, das ist ihre eigentliche Energie, gewinnt sie, wenn sie in ihre eigene Vibration gerät: das ist ihr Atem, ihr Leben.

Der «Möglichkeit, eine Farbe mit allen Farben auszudrücken», ist die

Möglichkeit gegenüberzustellen, alle Farben mit einer Farbe auszudrükken. Dieser Satz ist nur sinnvoll, weil es möglich ist, eine Farbe so in Aktion zu bringen, daß sie sich selbst in vollständiger Weise genügt. Diese Intensität der Farbvibration erreichen wir durch das Kontinuum der Abweichung von einem idealen Monochrom bzw. durch das Kontinuum der Annäherung an ein solches. Das Dynamische ist jene bewegliche Differenz selbst; sie entspricht dem Rhythmus unseres Herzens, der Sensibilität des Sehens; ohne sie erfährt unser Auge nicht das Glück jener Ruhe der Unruhe, die ich die erste Bestimmung des Ästhetischen nenne. Die Unruhe der Ruhe aber ist gespenstisch, ohne Maß, eine Bewegung, die sich selbst zerstört; sie entspricht dem Unbewegten, dem Begrenzten und Endlichen, das unser Auge ermüdet, um es schließlich zu verneinen. Die erste Bedingung der Vibration der Farbe ist, daß im Wechsel der chromatischen Farbmodulation dieser sich selbst durchhält; das macht gerade die Freiheit der Farbe aus. Die Farbe in Vibration bringen heißt, ihr eine Struktur geben; in ihr findet sie ihre Form; so wird das Dynamische zur eigentlichen Form des Bildes selbst. Sie ist grundsätzlich unreproduzierbar, ohne Pluralität, und entzieht sich jeder phänomenologischen Umschreibung. In ihrer Einzigartigkeit ist sie das Prinzip einer neuen Harmonie, deren kontinuierliche Ausstrahlung die «Trauer des Endlichen» verneint.

Der Überwindung der Vielfarbigkeit durch die Farbe selbst entspricht, daß man die Komposition aufgibt zugunsten eines einfachen Strukturfeldes, d. i. das einfache Zusammen aller bildnerischen Elemente. Der Maler erreicht die Einheit seines Bildes (unter anderem) nur dadurch, daß er sehr wohl um die Funktion der einfachen Bildteile weiß; an die Stelle des reizvollen Details tritt das völlig reizlose Strukturelement, das nur dann sinnvoll ist, wenn es eine bildnerische Beziehung hat bzw. diese repräsentiert; hierdurch gewinnt ein Strukturelement seine Individualität, seine nicht austauschbare Bedeutung; für sich selbst ist ein solches Element ohne Sinn. Das besagt: zerstörbar ist nur die Struktur als Einheit, die große Form, nicht deren Elemente, das bloß Mannigfaltige.

Die bildnerische Dynamik

Ein solches Strukturelement ist für mich zunächst die optische Parallelität einer Vielzahl von Geraden in vertikaler oder horizontaler Anordnung; die gleichzeitige und periodische Abfolge der Geraden ist dann unendlich variabel. Jede von zwei Geraden eingeschlossene Zone zeigt eine Farb-Formstruktur, bei deren Entstehung der Zufall seine Chance hat; die Geraden selbst werden intentional gesetzt; die einzelnen Parallelzonen verändern sich von Zone zu Zone gradweise, halten aber zugleich ihren bestimmten und gemeinsamen Charakter durch; damit ver-

weisen sie ständig auf ihre Nachbarschaft und geraten in Vibration. Das malerische Mittel hierzu ist eine offene mechanische Reihung. Die Mechanik des malerischen Tuns wird irritiert und bestimmt durch die Sensibilität der Hände; dadurch entgeht sie der Gefahr der perfekten Wiederholung, die immer noch unkünstlerisch ist. Allen Parallelzonen kommt im Prinzip die gleiche Intensität an Präsenz zu; auch insofern kann nicht mehr von Komposition oder Variationen zu einem Formthema gesprochen werden. Das widerspräche der bildnerischen Struktur. Indem den Parallelzonen nicht nur ein statisches, sondern auch ein dynamisches Sein zukommt, ergibt sich aus der dialektischen Synopsis statischer und dynamischer Elemente die virtuelle Vibration, d.h. die reine und stetige bildnerische Bewegung, die in der Natur nicht vorgefunden werden kann; sie ist richtungslos, also nicht final; in ihr wird die Zeit nicht aktualisiert.

Der bildnerischen Dynamik entspricht ein neuer Bildraum. Unter Bildraum verstehe ich die kontinuierliche Integration einer Vielzahl von Einzelräumen. Die differenzierten Bildräume treten in Proportion zueinander und ergeben Ordnungsverhältnisse; das räumliche Strukturgefüge wird vornehmlich vom Raumwert der Farbe und deren Streuungsdichte bestimmt. Die Anschaulichkeit bildräumlicher Verhältnisse kontrolliert das Auge; seinem Vermögen zu messen kommt eine besondere Qualität zu; somit entfällt jeglicher mathematisch-statistische Aspekt. Die Strukturierung der Farbräume macht nun wiederum die Vibration der Farbe allererst möglich. Die Bewegung vollzieht sich nicht nur auf der Fläche, sondern gerät auch auf den Betrachter hin in Schwingung. Die Bildtiefe wird aufgehoben; der gegenständliche, physikalische Bildraum ist zu verwerfen, auch wenn er sich abstrakt gibt. Ebenso ist jeder atmosphärische Bildraum ein Naturalismus. Die Malerei als dynamische Struktur, die sich vollständig selbst genügt, zeigt eine neue Vitalität der malerischen Nuance. Diese wird nur dann verwirklicht werden, wenn sie ihre bildnerische Konsequenz findet. Nur in äußerster malerischer Disziplin kann die Farbe entmaterialisiert werden, ihre Reinheit zur Erscheinung kommen. Konsequenz aber ist zugleich Reichtum. (1)

8. Der Triumph der Farbe: Morris Louis

1954 erscheint in Clement Greenbergs ‹*New Talent*›-Ausstellung erstmalig in New York ein Bild von Morris Louis (der zu dieser Zeit bereits in Washington lebt): übereinanderliegende schleierartige, durchsichtige Farbströme. Die Transparenz der Farbschichten war mit einer spontanen Farbbewegung gekoppelt; in mehreren Arbeitsgängen war die Farbe schichtartig über die Leinwand ausgebreitet. Bereits hier bekundet sich das Interesse, die Farbe in ein Ordnungsschema zu legen, was Louis, abgesehen von der erwähnten Transparenz, vom Maler der Action Painting unterscheidet. Er gehört historisch zu dieser Generation; allerdings hat sein Werk (was schon für diese Zeit um 1954 gilt) erhebliche Selbständigkeit und weist weder eindeutig auf Pollock, mit dem ihn die Farbbewegung verbindet, noch auf Rothko hin, dem er durch seine lasierende Farbe benachbart ist. Sein formales Interesse realisiert er in dieser Zeit vielfach durch vertikale Reihungen, die an den Seiten ausscheren, überlaufen und hier noch in einem großen, das Bild fast ausfüllenden Farbzusammenhang stehen. Später teilt Louis dieses Farbganze auf, wie in dem Bild ‹Grau, Braun, Gelb, Grün›, 1958/59, das zwei säulenförmige Konfigurationen aufweist. Er zielt damit auf strengere kompositorische Gliederung der Bildfläche und betont zugleich stärker das leerbleibende Bildfeld. Oft arbeitet Louis auf ungrundierter Leinwand, ein Verfahren, das er an den Bildern Pollocks wie auch der Helen Frankenthaler studieren konnte (auf die ihn Greenberg aufmerksam gemacht hatte). Oft ist es, in den Bildern von 1960/61, die Bildmitte, die freibleibt: Farbstreifen überziehen in steiler Diagonale die rechte und linke Bildfläche. Von daher kommt er zu den Bildern mit vertikalen Farbstreifen, die nun meistens klar voneinander abgehoben sind und höchstens an den Rändern etwas ineinanderlaufen.

Das Bild ist für Morris Louis die Potenz der Farbe. Er glaubt an sie, wie nur der Träumer oder der Maler an sie glauben kann. Für ihn impliziert die Farbe, die von keinem Pinsel, keinem Spachtel berührt ist, die ihre Ausdehnung auf dem Bild nur ihrer eigenen Bewegung, ihrem Ablauf (was wörtlich zu nehmen ist: sie läuft herab) verdankt, alle anderen Kategorien – der Malerei und des Menschen. Louis totalisiert die Farbe, verabsolutiert sie, um ihren Triumph über alle Erscheinung, jede Bezeichnung zu feiern. Diese Farbe ist zunächst, in den Bildern von 1954, die bereits den reifen Maler präsentieren, tonal gestuft. Oft dominiert eine Farbe in ihren Variationen: ein Gelb oder ein Rot-Braun. Rot-Braun mit einem verhaltenen Grün verhängt ein Schleier das großformatige Bild *‹Sarabande›*, 1959. An drei Bildrändern aber leuchten, wie Fußnoten, die reinen Farben hervor: rot, blau, violett, grün usw. Ein Vorhang hängt sich wie bei einer Aufführung vor die Akteure (die reinen Farben), die hier noch verschlüsselt werden. Im gleichen Jahr wird mit Bildern wie *‹While›* (wie das eben genannte Bild aus der Sammlung von Mrs. Marcella Louis) die Farbe aus den Überlappungen gelöst, die Farbform in Reihungen, symmetrische Abläufe gebracht. Der Weg zur Methodisierung der Farbstreifen beginnt, wobei man vermuten kann, daß ihn der jüngere, damals ebenfalls in Washington arbeitende Kenneth Noland mit seinen Bildern dazu ermuntert hat.

Was hier geschieht: die Überführung des Organischen, Pflanzenhaften – dessen Wachstum seine Bilder bis 1959 evozieren – in die Geometrie, des Märchens in die Mathematik, die für Louis – wie für Novalis – denkbar ist. Die Leinwand ist für Louis *‹Terrain of Joy›*, wie ein Bild von 1954 heißt. Sie bleibt ein Feld der Freude auch dann, als er die Farbe strenger faßt. Seine Bilder sind der reine Triumph der Farbe. Ihm gegenüber scheinen formale wie bildnerische Probleme überhaupt zweitrangig. Mit den Bildern, die der Neunundvierzigjährige kurz vor seinem Tode 1962 malt, weist er einer folgenden Generation den Weg. Es ist der Weg zum Primat der Farbe.

9. Geometrie und Organik: Kenneth Noland

«Die Wahrscheinlichkeit hat keinerlei Bedeutung mehr, denn alles opfert der Maler den Wahrheiten, den Notwendigkeiten einer höheren Natur, die er voraussetzt, ohne sie zu entdecken.» Wahrscheinlichkeit: das hieß für Apollinaire, als er diese Sätze in Hinsicht auf die ‹neuen Maler› des Kubismus formulierte, Wahrscheinlichkeit vorgegebener Szenen, die Wahrscheinlichkeit des realistischen Sujets. Dagegen stand nun die «reine Malerei». Diesen neuen Malern, deutete er an, mache man sehr zu Unrecht den Vorwurf der Geometrie in ihren Werken, denn die «Geometrie, als Wissenschaft, die sich mit der Ausdehnung, ihrem Maß und ihren Beziehungen befaßt, war zu allen Zeiten die Richtschnur der Malerei» (Die Maler des Kubismus. Zürich 1956, S. 18, 24). In einem weiten Gebiet heutiger Malerei findet man eine ähnliche Hinwendung zur Geometrie, wie ein erster, flüchtiger Blick belehrt. Die Bilder, zum Teil auch die Plastiken, basieren auf Elementen, die dem Formenkanon der Geometrie entnommen scheinen. So dominieren in den Bildern des amerikanischen Malers Kenneth Noland abwechselnd der Kreis, der Kreis im Quadrat, die rechtwinklige, die Oval- und die spitz- und stumpfwinklige V-Form. Wird hiermit Geometrie als Richtschnur, als der bildnerisch verbindliche Ausdruckskanon einer Zeit vorgeführt, die auch auf anderen Gebieten nach Sicherheiten sucht und festgelegte Schemata bevorzugt? Oder welche andere Funktion hat die offensichtliche Geometrie seiner Bilder?

Noland malte 1958/59 Bilder, in denen das strenge Formvokabular der Kreise, der ringförmig angeordneten Scheiben von einer spontan aufgetragenen Farbe in der Art der Action Painting begleitet war. *‹Spread›*, 1958 (Coll. William S. Rubin, New York), eine großformatige Leinwand, die 1963 bei der New Yorker Ausstellung ‹Zu einer Neuen Abstraktion› (Jewish Museum) zu sehen war, gliedert um eine tintenblaue Mitte, die in sich wiederum einige Kreise aufweist, zwei gelbe und einen breiteren grünen Farbring. An den äußeren gelben Kreis, ihn teilweise überziehend, legt sich ein ausgefranster Zirkel von locker aufgetragener blau-schwarzer Farbe. Er hebt die Strenge der inneren Farbkreise auf und evoziert die Vorstellung einer sich drehenden Scheibe. Die Farbe in den Spandrillen ist flach, ohne Textur-Erhöhungen. Es kennzeichnet die Bilder Nolands, daß der Maler von solchen formalen Modellen ausgeht beziehungsweise zu ihnen gelangt, um an ihnen Farbe gewissermaßen zu exemplifizieren, sie in ihnen und durch sie aufzurollen, um frei zu sein für die reine Farbbehandlung. Nur in wenigen Bildern gestattet Noland der Farbe den freien Fluß über die Leinwand wie Louis. Dennoch steht die Farbe nicht im Dienst der Modelle (Kreis, Kreuz, V-Form oder andere), sondern diese sind die der Farbe adäquate Form, um sie zu reiner Darstellung zu bringen. Viele der Bilder sind eindeutig zentriert, doch wird die Spannung der Mitte durch eine gegengewichtige Farbverteilung auf der Leinwand ausgeglichen. In ihrer Flächenverteilung (nicht in ihrer Form) steht die Farbe bei Noland den *Overall*-Bildern Pollocks nahe, von dem er auch den Gebrauch einer zu großen Teilen unpräparierten Leinwand übernimmt. Im technischen Auftrag ist diese Acrylic-Farbe porös, atmend.

Der besonders in Deutschland gern gebrauchte Ausdruck von dem Signal-Bild ist den Werken Nolands völlig unangemessen. Das Signal in der hier gemeinten Ableitung aus dem Verkehrstechnischen ist häufig auf die Dominanz einer Farbe oder einer Farbkombination angewiesen. Es muß auf den eiligen Betrachter als einprägsames Emblem wirken. Es braucht eine volle, plakative Farbe. Ganz im Gegenteil dazu bedürfen Nolands Bilder der Schau, des verweilenden Beschauers. Das gilt gleicherweise für die Bilder von Paul Feeley, Ellsworth Kelly, Jules Olitski, Raymond Parker, G. K. Pfahler, William Turnbull, Hannes Grosse und anderen Malern, die farbformell arbeiten, mit einer offenen Form, die von der reinen Farbe geschaffen wird. Raymond Parker, der erwähnte amerikanische Maler, unterteilte in einer Bilderreihe um 1964 die Leinwand in neun rechteckige Farbzonen zu je drei Dreierreihen. In einem Gespräch sagte er zu diesen Arbeiten: «Sobald man eine Fläche in neun gleiche Rechtecke aufteilt, muß man nicht mehr an den Charakter der Formen, man muß an gar nichts mehr denken, nur noch an das, was übrig bleibt, das ist Farbe, Farbe als Form. Nun, Form ist ein kompliziertes Wort, weil manche annehmen, Form sei Gestalt, so wie man sagt: die Form einer Tasse, aber man meint doch die Gestalt einer Tasse, die rund ist, die ein Gefäß ist und die ein offenes Inneres hat. Aber das Wort Form bedeutet auch etwas, was man in Musik und Dichtung benutzt – da denkt man nicht an Gestalt, sondern an die inneren Beziehungen, die möglich sind, an alle Form-Elemente, die eine Rolle spielen. Im Sinne von ‹Gestalt-Form› sind die Neun banal, bedeutungslos, ja ausdruckslos, man kann kein Vergnügen daran finden, neun ganz gleiche Rechtecke anzusehen, es ist da kein ästhetischer Bestandteil vorhanden. Wenn man aber wie ich denkt, daß Farbe Form ist (nicht Gestalt), dann hat man unendliche Möglichkeiten in der Wahl der Farbe, von Intensitäten, in hellen und dunklen Werten, man hat eine extrem komplizierte Situation, und man kann mit neun Farben unendlich viel Variationen konstruieren» (Lil Picard, Interview mit R. P., ‹Das Kunstwerk› 7/XVIII, Jan. 1965).

Noland wie andere Maler, die auf einem verwandten Weg arbeiten, bedienen sich einer an geometrischen Mustern oder organischen Figurationen ausgerichteten Form, nicht um hiermit neue Sicherheiten oder gar Doktrinen auszugeben, sondern, wie Rupprecht Geiger es ausdrückte, «frei in die Farbe einzusteigen». Dem entspricht ein nicht-hierarchischer Gebrauch der Formen; eine Art *Overall*-Komposition, die die ganze Bildfläche gleichwertig macht; weitere Gemeinsamkeiten sind eine untaktile Farbe, die überdies den persönlichen Handstrich (Pinselzug) eliminiert; ein «*nach*kubistischer Raum» (Greenberg), d. h. besondere Betonung der Bild*fläche*, wobei Überschneidungen etc. vermieden werden: der Raumwert resultiert aus den Farben selbst, aus dem Raumwert jeder Farbe und ihres Zusammenspiels; schließlich der Gebrauch von Bildmodellen, ein Ausdruck, den ich bei Robert Motherwell erläutert habe (das Wort Bild-Schema deckt zwar manche Realisationen gut, erweist sich bei anderen – ich denke an Kelly, Olitski, Louis u. a. – als zu hermetisch und nachdrücklich). Arp und Matisse stehen dieser Kunst durch die Reinheit der Farbe und die Organik der Formen nahe.

10. Farbe im Raum: Piero Dorazio

Piero Dorazio beginnt, nach ersten bildnerischen Versuchen, um 1947/48 mit Arbeiten, in denen lineare Bewegungsformen eine Auseinandersetzung mit dem Futurismus suggerieren. Die lineare Gliederung der Fläche durch stabartige Formen erweitert er um 1952 ins Relief. Während der folgenden Jahre laufen diese Aluminium-, Holz-, Plexiglasreliefs parallel mit seinen Ölbildern. In der Bilderreihe ‹Kasimir›, 1954, wird die Leinwand in ein Feld verschiedenfarbiger und verschieden dimensionierter Rechtecke und Quadrate gegliedert. Diese Werke belegen eine intensive Beschäftigung mit dem Problem des russischen Konstruktivismus, mit Kasimir Malewitsch, dem die Reihe gewidmet ist. Über eine Auflösung solcher strengeren Formen in überlagerte, raupenförmige Strukturen kommt Dorazio 1957 schließlich zu Feldern, in denen farbige Zeichen zu parallelen Formationen (kreisrund, horizontal und vertikal) gegliedert sind. Eine kleinteilige Schrift aus Mikrozeichen, die denen Tobeys benachbart sind, organisiert eine Fläche, durch deren Perforationen ein Bildraum sichtbar wird. Als sei aber der Schriftcharakter ein zu besonderes, zu individuelles Diktum, das seiner «kritischen Technik»

(Argan) nicht Genüge tut, entwickelt er daraus eine fast anonyme Netzstruktur aus farbigen Streifen, mit denen er ab 1958 die Fläche überzieht (Abb. 12). Dabei besteht das Gewebe seiner Bilder entweder aus Tönungen, Abstufungen innerhalb einer Farbe oder aus Überlagerungen verschiedener Farben.

G. C. Argan hat drei Quellen der Kunst Dorazios aufgewiesen: «die Untersuchungen der Gestaltpsychologie; die Experimente mit den ‹*textures*› oder mit dem an der Oberfläche integrierten Raum, wie sie besonders Moholy-Nagy durchgeführt hat; die malerischen Untersuchungen über Inhalt und Struktur der Wahrnehmung von Mondrian bis Tobey.» Es ist, wie Argan weiter schreibt, «eine der programmatischen Thesen Dorazios zu zeigen, wie das Bewußtsein oder sogar die Evidenz von der Problematik der Wahrnehmung den Wert (d. h. die Qualität und Intensität) der Wahrnehmung selbst steigert. Es geht also nicht um die Entdeckung, zu welchen formalen Erneuerungen die Übertragung von anderen (wissenschaftlich neuwertigen) Techniken in die Malerei führen kann, sondern um den Beweis, daß die Technik der Malerei, kritisch und streng wissenschaftlich verstanden, sich weiterhin entwickeln kann, bis sie zur Definierung von Werten oder Wertgraden kommt, die heute noch unerreichbar sind» (Ausst.kat. Galerie Springer, Berlin 1959).

In seinen neueren Bildern hat Dorazio das dichte Raumnetz aufgelockert, das undurchdringliche Netz wird zum Gitter, dessen Farbbalken sich transparent übereinander schichten. Die formale Erfindung ist allerdings auch hier äußerst reduziert. Statt des Wechsels formaler Modelle, wie sie Noland etwa gibt, hier die Dominanz eines formalen Schemas. Neben Nolands strahlender, poröser, atmender Farbe hier die lasierende Farbprojektion in einer Methodik zwischen ‹Technik und Poesie›.

PIERO DORAZIO: FARBE ALS TECHNIK UND POESIE

Farbe ist ein fundamentaler Raumwert und ein fundamentaler Wert in der Sprache der Malerei. Eine Sprache der Zeichen, die ständig auf eine immer wahrhaftere oder visionäre Sichtbarmachung des Raums hinzielt. Man kann den Raum wie die Indianer mit einem Bündel farbiger Schnüre darstellen; oder wie Ptolemäus, wie Kopernikus, Galilei, Descartes, Newton oder Einstein. Man kann den Raum mit Farben darstellen wie in Pompeji, wie bei Uccello, Tintoretto, Turner oder Seurat.

Wissenschaftler und Techniker stellen den Raum in einer etwas moderneren Weise durch Strukturen dar, durch Struktursysteme. Aber keine dieser wissenschaftlichen oder technischen Abstraktionen wird tatsächlich die Bedeutung des Naturphänomens Raum, und der Anwesenheit des Menschen darin, durch diese Raumauffassung vermitteln. Ich glaube, daß man sich weder bildlich noch gedanklich den gesamten Zusammenhang zwischen Mensch und Raum ohne Farbe vorstellen kann – aber man kann es durch Malerei. Die Wissenschaftler streben nach einer Art Synthese der Naturphänomene in Richtung allgemein gültiger Prinzipien, die zur ‹künstlichen› Reproduktion der Natur brauchbar sein können. Ihre Methoden stützen sich ausschließlich auf einen intellektuellen Prozeß und sind weit vom alltäglichen Gebrauch der Augen, des Geistes und der Vorstellungskraft entfernt. Die Wissenschaftler können solche Naturphänomene wie Regen, Licht und Kraft künstlich erzeugen; die Maler gestalten mit der Farbe vollständig neue Phänomene, die so glaubhaft sind wie jeder bekannte Aspekt der Natur: Geräusch, Schweigen, Dunkelheit, Furcht, Besessenheit oder Freude. Die Farbe ermöglicht es deshalb, mehr als Raum darzustellen, unseren Standort im Raum zu bezeichnen, das heißt genau zu sehen, wo wir stehen. –

Ich glaube, daß viele Probleme der heutigen Malerei in der Frage ‹wie verwendet man Farbe› zusammengefaßt werden können. Wir können Farbe nicht verwenden in der Weise wie Seurat, der z. B. physikalisches Dasein sublimiert, noch als dramatische Oberflächen wie bei Picasso oder Miró, noch in einer mythischen oder mystischen Atmosphare wie bei Rothko, noch in sinnbildhaften Zeichen wie bei Hartung oder Kline. Wir müssen deshalb in der Farbe tiefer sehen und Werte finden, die eine Bedeutung jenseits der physikalischen Werte des Lichtes haben, näher der natürlichen Realität des Geistigen als dem Spektrum; näher dem unerforschten Gebiet des Instinkts als einer phantastischen Interpretation beziehungsweise Wiederbeschaffung von Leben. Ich persönlich möchte gern eine Methode ‹Farbe zu verwenden› entwickeln, wo Technik und Poesie zusammengebracht werden können innerhalb der Zeit und innerhalb des Prozesses selber. Ein Prozeß des Handelns in eine bestimmte Richtung. Man muß mit dem Mittel der Farbe einen Raum gestalten, der selbst eine lebendige Wirklichkeit ist, worin andere das lebendige Fortschreiten des Daseins und das Wachsen als eine Tatsache ablesen können.

Ich wollte, man könnte eine Farbe erschaffen, von der man nicht einen Traum abläse noch die Interpretation einer äußeren Wirklichkeit. Eine Farbe, die durch die Art, wie sie ihre eigene Identität annimmt und ‹da ist›, die grundsätzlichen Werte unseres Verhältnisses zur Natur enthalten würde, zumindest diejenigen, die wir kennen oder fühlen. (1)

Malewitsch sprach davon, «die Welt der Erregungen durch die Formen seines Systems» zu realisieren. *Sein System*: das hieß für ihn, die Kunst zu ihrer Suprematie zu führen. Der Künstler, der diese Suprematie erreicht, «überwindet nicht mehr, er dringt nirgends ein, er wirkt. – Für den neuen Künstler erwächst daraus die Aufgabe, alles das, was bisher mit Natur bezeichnet wurde, in Gegenstandslosigkeit zu verwandeln, wie sie ehedem zum Gegenstand verwandelt wurde. Wenn er diese Aufgabe erfüllt, dann wird die Kunst aufhören, nur Theaterkulisse zu sein, dann wird sie Wirklichkeit. Die Künstler werden dann durch ihr Wirken neue Erscheinungen mit einer neuen Ordnung ihrer Wechselbeziehungen schaffen» (Suprematismus – Die gegenstandslose Welt. Köln 1962, S. 216 f). Klaus Jürgen-Fischer arbeitet auf diesem Weg einer Systemologie der Erregungen. Sein Werk steht in einer Kontinuität bildnerischer Gestaltung, wie sie beispielhaft Max Bill in seiner Ausstellung ‹Konkrete Kunst. 50 Jahre Entwicklung› 1960 in Zürich belegt hat. Er gehört einer Generation an, für die die Kunst der Arp, Lissitzky, Mondrian, van Doesburg, Klee, Baumeister (dessen Schüler er 1951/52 war) wie die von Tobey und Rothko als bildnerisches *fait accompli* vorlag. Im Unterschied zur Schweiz, wo sich eine Kontinuität einer solchen systematisch gefaßten Kunst erhielt und häufig manifestierte, spielt man in Deutschland nur zu oft die Expressivität gegen die vordergründige Kühle jener Kunst aus.

Jürgen-Fischer hat beharrlich, analytisch und polemisch, gegen diese Schablonisierung der Kunst angekämpft. Er hat neben seine Arbeit als Maler, Plastiker, Zeichner eine intensive theoretische Begründung seiner Kunst und einer Kunst der rationalen Ordnung der Emotionen gestellt. Das *‹Behave-yourself-like-an-artist›* heißt für ihn, den Künstler in seinem Dialog zu begreifen mit einem ganzen Sektor unserer Generation, «den wir als Gruppe fortschrittlicher Intellektueller» (Tàpies) bezeichnen. So unmißverständlich diese Position ist, so reizt sie diejenigen, sie mißzuverstehen, die im Wort Künstler nur das Omen der geistigen Ohnmacht kultivieren. Jürgen-Fischers Kunst distanziert sich von der Ekstase, dem «Malen mit Tinte und Schuhwichse» (Gautier) wie von der puristischen Dogmatik. Sie ist die Kunst eines Menschen, der seine Erregungen verbirgt (nicht kaschiert), einbirgt in eine bildnerische Ordnung, die Beispiel einer geistigen Ordnung sein könnte, wenn man ihre Voraussetzungen erkennt und ihr Vorgehen annimmt.

Zwischen den bildnerischen und geistigen Orthodoxien hat er eine Kunst angesiedelt, die der Autokratie (der Farbe, einer Farbe, der Form, einer Form) entsagt, um *offen* zu sein für eine Vielfalt von Erscheinungen. Bildnerisch: Er hat in seiner Kunst die flächige Farbe neben den Strich und die Lineatur, die Rahmenform neben ein zentrales Bild, die formal-flächige Invention neben die Raumschichtung gestellt.

Das Bild ist für ihn der geordnete Kosmos, in dem eine «neue Ordnung» der Bilddaten eine «neue Erscheinung» der Bildfunde trägt, wie es Malewitsch gefordert hat. Suprematie meint für Jürgen-Fischer sowenig wie für Malewitsch die *‹splendid isolation›*. Kunst braucht dabei für ihn weder das Gegenstandszitat noch die gegenständliche Analogie, um ihren Standort anzugeben und zu behaupten. Diese Kunst hat die Gegenstandslosigkeit gewählt, um die Kategorien und Modalitäten der Erfahrung rein zum Ausdruck zu bringen. So ist beispielsweise der Bildkreis, der ein zentrales Strichfeld umschließt, nicht Signal einer Realität, nicht Bedeutungsträger mythischer oder assoziativer Bezüge (Weltkreis etc.), sondern bildnerisches Datum, das dem Auge unterbreitet wird als eine Modalität seiner Erfahrung, die der Betrachter mit dem visuellen Vorschlag des Bildes überprüft. *Mutatis mutandis* gelten diese Feststellungen auch für seine Grafik und für seine Plastik.

Jürgen-Fischer spricht in dem abgedruckten Dokument von einer komplexen Kunst. Er hat für einige von ihm organisierte Ausstellungen (1962) den Titel ‹Komplexe Farbe› gewählt. Die dort gezeigten Bilder, schrieb er, durchdringen die Fläche und den Raum aus der Farbe heraus: «Raum oder Fläche im Sinne der Raumfläche sind weder real noch irreal, weder faktisch, wie in plastischen Bildern, noch vorgetäuscht, wie in illusionistischen. Sie sind genau in der Zwischenwelt der Kunst angesiedelt, dort, wo das Reale mit dem Geist zusammentrifft. Besonders die synthetische Arbeit des Malers bringt, wie kaum eine andere Kunstform, Realien, also Dinge, Leinwand, Farbe usw. mit den Vorstellungen und Bestimmungen des Geistes und der menschlichen Existenz in Berührung, ein Kontakt, der nur echt ist, wenn keine Seite die andere aus den Augen verliert.» Die Farbe, wie sie die in den Ausstellungen vereinten Bilder von Bernd Berner, Reimer Jochims, Lothar Quinte und von ihm selbst (wie auch die von Gotthard Graubner, Dorazio u. a.) kennzeichnet, beschrieb Jürgen-Fischer als «Farbe nicht als Pigment, sondern entstofflicht – Farbe als Erscheinung, als das ungreifbare Medium, das die Geistigkeit der Malerei verbürgt. Denn Farbe ist nicht das, was an ihr meßbar ist: Frequenz des Lichts. Die Farbe ist für den Künstler erst interessant, wenn sie in Relationen steht, in Relationen zur Fläche und zum Raum, in Relationen zur Nachbarfarbe und schließlich in Relationen zum Menschen und seiner unterschiedlichen psychischen Wahrnehmungsfähigkeit» (Ausst.kat. ‹Komplexe Farbe›, Die Insel, Hamburg 1962).

Wirklichkeit statt Theaterkulisse! Das bedeutet Wirklichkeit «als das in Wahrheit nie und nirgends Gegebene, vielmehr durch den Prozeß und Progreß dialektischer Vermittlungen erst zu Entwickelnde» (Leopold Ziegler). Ein solcher, in der Einleitung dieses Buches definierter progressiver Wirklichkeitsbegriff schließt die Spannung und die Realisierung einer «Welt der Erregungen durch die Formen (s)eines Systems» ein. Statt der Kanonisierung einer Bildform eine komplexe Vielfalt der Bildmöglichkeiten, die das Ziel solchen dialektischen Vorgehens ist.

KLAUS JÜRGEN-FISCHER: ZUR IDEE EINER KOMPLEXEN KUNST

Einige der größten modernen Künstler, Picasso, Klee, Max Ernst, haben sich auf der Ebene des echten Versuches ohne doktrinäre Festlegung bewegt. Ihre Malerei ist komplex in dem Sinn, daß sie es vermeidet, ein Gestaltungsprinzip, sei es rational oder emotional, zu isolieren. Während sie wechselseitig das eine oder das andere betonen, verlieren sie doch nie die Gegenseite aus dem Auge.

So bedeutend innerhalb der Moderne die Ansätze einer komplexen Malerei auch sind, sie blieben doch ganz an die Individualität gebunden. Im Gegensatz zu den ideologisch fixierten Radikalismen des Purismus oder des Expressionismus haben sie kein überindividuelles Stilmuster hinterlassen. Wie in der Philosophie ein offenes Denken gegenüber einem geschlossenen weniger wirksam, weil weniger apodiktisch ist, ist in der bildenden Kunst ein offenes Gestalten gegenüber hermetischen Doktrinen im Nachteil. Diesen Nachteil kann es nur beheben, wenn es sich in die ideologische Diskussion einschaltet. Dabei scheint mir nötig, in einen reflexiven Prozeß einzutreten, der die Bestimmungsmerkmale einer komplexen Kunst gegenüber einer einseitigen Gestaltung freilegt. Hierzu ist eine Reduktion erforderlich, die die Mehrpoligkeit und Pluralität einer komplexen Kunst weitgehend von Zufälligkeiten befreit. Diese Reduktion bedeutet eine Konzentration auf die Grundelemente der Gestaltung, denen historisch-gegenständliche Erinnerungen, die bei Klee ebenso wie bei Picasso oder Ernst eine Rolle spielen, weitgehend geopfert werden müssen. Eine in dieser Weise gereinigte komplexe Kunst setzt sich in erster Linie mit den elementaren bildnerischen Prinzipien auseinander ...

Zu einem kontinuierlichen Bildzusammenhang verschmolzen werden können nur die bildnerischen Grundfaktoren Strich, Inform, Struktur, Hell, Dunkel, Farbe, Stofflichkeit, Unstofflichkeit, Fläche und Raum. Indem jedoch eine Verschmelzung dieser Momente des künstlerischen Prozesses zur Einheit einer komplexen Gestaltung die ursprüngliche Differenz zwischen dem Konstruktiven und Emotiven zunichte macht, läuft sie Gefahr, ihre dialektische Struktur zu verdecken und an Offenheit zu verlieren, was sie an Zusammenhang gewinnt. Die reduktive Prozedur einer solchen Malerei hat außerdem den Mangel einer erschwerten Wahrnehmbarkeit. Jeder Fundierungszusammenhang kann nur durch gesteigerte Anstrengung des Wahrnehmenden aufgenommen werden. Hier liegen Grenzen der Subtilität, die das Problem der Wahrnehmungshilfen und Redundanzen entstehen lassen.

Doppelbild – Doppelplastik

Ein Mittel, dieses Problem zu lösen, bietet in der Malerei der Rahmen, in der Plastik der Sockel. Sie weisen überraschende Möglichkeiten der Wahrnehmungshilfe auf und können das Operationsfeld des Bildes und der Plastik wesentlich erweitern. Spätestens seit Beginn der abstrakten Kunst ist die bildnerische Bedeutung des Rahmens oder Sockels in Vergessenheit geraten. Bildet man den Rahmen zum Sekundärbild, den Sockel zur Sekundärplastik aus, so ist es möglich, der Komplexion des zentralen Primärbildes bzw. der Kernplastik profilierende Elemente beizuordnen, die den dialektischen Ursprung ihres Zusammenwuchses vorführen. Ein so verstandener Rahmen oder Sockel ‹öffnet› den Gestaltungskern und stellt ihn in eine bewegliche Situation. Das Sekundärbild kann sich vom Primärbild so weit entfernen, daß es zum Gegenbild gerät. In der Gegensatzspannung von Bild und Gegenbild wird ein Beziehungsraum eröffnet, in dem selbst Widersprüche, wie sie die pluralistische Welt von heute durchspannen, einen Kontakt zueinander gewinnen, bei dem sie ihre hermetische Isolation preisgeben. Das komplexe Streben, die divergierenden Grundelemente des Bildes, in anderer Weise der Plastik, miteinander zu verschmelzen, wird so von dem komplexen Bemühen umgriffen, selbst unauflösbare Extrem-Kontraste in einen möglichen Beziehungsraum zu stellen.

Es fehlt der modernen Malerei an einem entschiedenen Begriff des Tafelbildes, das sich immer wieder als Surrogat des architekturbezogenen Wandbildes desavouieren läßt. Das Tafelbild ist und bleibt jedoch der Entscheidungsort für die aus dem Privaten gespeiste visuelle Sensibilität des Menschen, also für ein Verhältnis zur Kunst, das nicht nur im Raum des Öffentlichen leben kann. Jede Gemeinschaftskunst setzt eine Intimkunst voraus. Nun ist der wenn auch noch so reduzierte Rahmen eines der konstituierenden Teile des Tafelbildes. Er sichert dem Tafelbild die unerläßliche Autonomie gegenüber der Architektur, die gerade auch in einer architekturbezogenen Malerei gewahrt bleiben muß. Ein neuer Begriff des Tafelbildes verlangt eine neue Lösung des Rahmenproblems, bei der die Signalfunktion des Rahmens im Sinn einer neuen Heraldik eine besondere kommunikative Rolle spielen könnte. Die Lösung dieses Problems stellt auch ein neues Verhältnis des modernen Bildes zur Tradition des Tafelbildes her, die in einem polyhistorischen Zeitalter nicht naiv als Ballast des Fortschritts betrachtet werden kann, sondern verarbeitet und integriert werden muß. Ein schöpferisches, kei-

neswegs reproduktives Verhältnis zur Tradition gehört somit zu den neuen Aspekten einer komplexen Kunst.

Die moderne Kunst steht an einer Wende. Sie kann versuchen, sich weiter zu spezialisieren, ihre unterschiedlichen Haltungen zu dogmatisieren und gegeneinander zu isolieren. Soll die ästhetische Problematik, die die abstrakte Kunst aufwarf, nicht von einem anarchischen Einerlei verschüttet werden, bedarf es in Fortsetzung der praktischen Arbeit einiger Überlegungen darüber, wie das erreichte Niveau des Ästhetischen im Umgang mit den reinen Mitteln auf eine neue Stufe komplexer Erfahrung gehoben werden kann, damit die abstrakte Kunst aus ihrer gegenwärtigen Divergenz zu einer Konvergenz gelangt, bei der gleichermaßen Konflikterfahrung und Konfliktbewältigung die Kunst auf dem Grund des menschlichen Daseins verankern. (1)

12. Farbe = Fläche = Licht

Die Untersuchung des Kunstwerkes als faktischen Lichtträger ist dem IV. Kapitel vorbehalten. Andererseits wird man hier nicht erwarten, eine Abhandlung über die komplexe Problematik von Farbe und Licht in der Gegenwartsmalerei zu finden. Ich beschränke mich darauf, die Frage durch zwei Maler zu dokumentieren, die bei ihrer bildnerischen Arbeit auf die Umsetzung von Farbe zu Licht gestoßen sind.

Otto Piene (vgl. S. 148 ff) beschäftigt sich seit 1955 mit Licht- und Buchstabenrastern. Seinen Rasterbildern ab 1957 folgen ab 1959 Rauchzeichnungen und ein Jahr später Rauchbilder. Er stellte diese mit dem Ruß von Kerzenlicht auf präpariertem Grund gezeichneten Rauchbilder und Rauchzeichnungen 1962 in drei Ausstellungen im Städtischen Museum Leverkusen Schloß Morsbroich, in der Düsseldorfer Galerie Schmela und der Londoner McRoberts and Tunnard Galerie aus. (Zahlreiche andere Ausstellungen folgten.) Gerd Winkler filmte einen Arbeitsprozeß in seinem Fernsehfilm ‹o × o = Kunst›. Die Mitarbeit zufälliger Elemente ist, das läßt sich hierbei gut beobachten, in der konzipierten Bildfügung, die Piene anwendet, nicht bedeutender als mit der herkömmlichen Farbe. Durch Verwendung von Flüssigkeiten erreicht Piene eine klar konturierte Formgrenze, wie er durch auslaufende Rußfahnen subtile Übergänge erzielt. In vielen Rauchbildern bevorzugt er die Kreisform, allein oder in Reihungen. Im Begleittext zu einer Ausstellung schreibt er:

«Bei der Entstehung der Rauchzeichnungen ist das Auge wichtiger als die Hand. – Die Rauchzeichnungen sind ohne ‹Handschrift›. Die Anonymität des Autors bleibt weitgehend gewahrt. Meine individuellen Stimmungen drängen sich nicht in den Vordergrund und spielen eine geringe

Rolle (außer einer gesteigerten Wachheit, d. h. Sensibilität) ... Ich würde gern noch mehr in den Hintergrund treten, meine Individualität als Autor noch weniger spürbar werden lassen, eine Kraft wie das Licht noch souveräner wirken lassen, damit die Materialität noch weiter aufgehoben und noch größere Freiheit gewonnen wird» (Galerie Diogenes, Berlin 1960).

Auch der Maler Reimer Jochims arbeitet daran, die Materialität des Bildes aufzuheben. Die in subtilen Stufungen und Übergängen über die Fläche ausgebreitete Farbe verschmilzt mit der Bildfläche, die nicht mehr Träger einer farb-formalen Veranstaltung ist, sondern Farb- und Lichtkörper, atmend und bewegt. Jochims siedelt seine Kunst in der Nähe der ‹unrückführbaren, unreproduzierbaren› Bilder Ad Reinhardts an. Ungleich Reinhardt, der in seinen schwarzen Quadraten noch die Kreuzform – wenn auch kaum mehr erkennbar – bewahrt, verzichtet Jochims auf jede formale Konstellation. Form wird vollkommen von dem Licht aufgesogen. Das gilt auch für die ‹chromatischen Reliefs›, in denen bildparallele Raumzonen, mit Geiger könnte man sagen ‹Exponenten›, auftreten.

Farbe = Fläche = Licht: Diese Gleichung ist nicht metaphorisch, sie entspricht vielmehr unmittelbar jenen Bildern und Objekten, auf deren Lichtwert und Lichtemanationen das Auge stößt. Hierher zählen neben den erwähnten Werken die Bilder und Reliefs Enrico Castellanis (geb. 1930), bei denen das Licht durch einen geschmeidigen Körper von Erhebungen und Einbuchtungen in ständige Bewegung gesetzt wird, und Alviani Getulios (geb. 1939) ‹Lichtlinien›, gefräste Metallplatten, auf denen das Licht irisierend spielt, sowie Gotthard Graubners (geb. 1930) diffuse, nuancierte Farbräume: «Hier erscheint ein Subjekt, das seine Identität bewahrt, indem es sie ständig desavouiert – das Licht, das sich in Farbe individualisiert und seine Ausdehnung hervorbringt. Graubners Bilder, die auf den ersten Blick fast monochrom erscheinen, sind nur Momente eines unaufhörlichen Wandlungsprozesses, Stabilisierungsschübe im nichtcharakterisierbaren Geschehen von Farb-Licht» (Franz Mon).

OTTO PIENE: FARBE ALS LICHTWERT

Die Farbe als Gestaltwert erweist schon die ihr innewohnende ‹Magie›, in Freiheit zu bilden. Während aber der Gestaltwert sich mehr auf die Form, die die Farbe Gestalt sein läßt, bezieht, ist die Farbe in ihrer ureigenen Sphäre, wenn ihr Lichtwert bestimmender Wert ist. Der Lichtwert kann sein: Beleuchtungswert, Energiewert, Bewegungswert.

Als Beleuchtungswert tritt der Lichtwert im Gewand eines Imitationswertes auf. Der Energiewert der Farbe (‹die Kraft der Farbe›) kann ‹be-

deuten› statische Energie oder Bewegungsenergie. Hier zeigt sich der Form-Farbe-Nexus: Es ist eine Frage des formalen Arrangements, ob der Lichtwert als statische oder kinetische Energie erscheint. Die Farbe wird vor allem dann Bewegungswert haben, wenn der imitative Raumwert gering ist und der eigentliche (Bild-)Raumwert knapp oder indifferent ist (silber, weiß, gold, gelb). Ein Vermindern der Dimension Raum bedeutet hier ein Erweitern der Dimension Zeit. Das Scheinen der Farbe wird hier zum dynamischen Vibrieren, Gleißen, Strahlen. Dabei ist das Bild allerdings nach wie vor keine physikalische Energiequelle. Die ‹optische Energie›, die Farbe als Lichtwert, ist ebenfalls transponiert, jedoch im Bild am meisten selbst Wert und damit frei geworden – als Farbe –, nur gebunden durch das notwendige Minimum formaler Disziplin. (1)

Das Licht der Farbe auf Bildern in seinem Scheinen flutet zwischen dem Bild und dem Betrachter und erfüllt den Raum, der zwischen ihnen liegt. Dieser Raum ist unwägbar, weil das Bild in seiner räumlichen Beschaffenheit irrational ist. Die berechtigte Furcht vor dem Entstehen einer Raumillusion im Sinne der Kunst der Neuzeit ließ diesen Raum aufs äußerste reduziert werden, weil mit den Bildmitteln der klassischen Moderne seine Kontinuität nicht anders zu wahren war. Der statische Charakter der Formen gefror zugleich Licht und Farbe. –

Die Trübheit der Farbe ist ein Ausdruck der Trübheit des Menschen, der Trübheit seines Bewußtseins im weitesten Sinn, und sie empfiehlt dem Beschauer ebenfalls den Zustand der Trübheit. Dieser Tatsache zu widersprechen, würde heißen, der Kunst ihren exemplarischen Charakter zu nehmen. Die Reinheit des Lichts, die die reine Farbe schafft, die wiederum Ausdruck der Reinheit des Lichts ist, erfaßt den ganzen Menschen mit ihrem Kontinuum des Flutens, des rhythmischen Hin- und Herströmens zwischen Bild und Betrachter, das unter bestimmten formalen Bedingungen zum zwingenden Pulsschlag, zu einer totalen Vibration wird. Die Kraft der Farbe ist zugleich die Überzeugungskraft der Farbe. Die Energie des Lichts verwandelt sich auf rätselhafte Weise über dem Feld des Bildes in vitale Energie des Sehenden. Die Mittel sind gefunden, der Malerei unter Beibehaltung ihrer Disziplin kraft des Lichtes so viel übersetzte Sinnlichkeit zu geben, daß sie aus der rationalen Deutbarkeit des Zeichenhaften in den Bereich der malerischen Schönheit tritt, in der der Weg des Geistes über die Sinne führt. Sie wird strahlende Fülle gewinnen, ihr Leuchten wird den Menschen treffen. Die Reinheit des Lichts wird sie befähigen, reine Empfindungen zu wecken. (2)

REIMER JOCHIMS: BILD UND ERKENNTNIS

Ist das Verlangen, vom Bild zum Begriff zu gelangen, auch beim Publikum nur das Bedürfnis des begrifflich hochtrainierten Abendländers, der, mit Picasso zu klagen, auf den Schulen Lesen und Schreiben, Reden und Rechnen lernt, nur nirgends Sehen? Wie verhalten sich Bild und Begriff zueinander? Paul Gauguin sagte: «Ich suche nicht im Umkreis meines Blickes, sondern im geheimnisvollen Zentrum meines Denkens.» Paul Klee geht noch erheblich weiter: «Bildnerisches Denken vermehrt die Erkenntnis der Welt.»

Mir scheinen in unserer wortreichen Zeit die stummen Bilder eine überraschende Funktion zu entwickeln. In dem Maß, wie die alte Welt zusammenbrach, zogen sich die Maler auf das Rein-Visuelle zurück und entwickelten das absolute Bild. Und von dieser extremen Position aus beginnt nun ein zaghafter Dialog zwischen den neuen Bildern und den alten Worten. Das Bild mit seinen neuen visuellen Energien bringt die vereisten Begriffe in Bewegung, während das begriffliche Denken die Malerei Methode und Konsequenz lehrt. Diese Dialektik hat nichts zu tun mit der literarischen Deutung von Bildinhalten. Theorie der Malerei im wörtlichen und im weitesten Sinn ist einerseits: Einlassen von Energieschüben aus der visuellen Sprache in die begriffliche, andererseits: begriffliche Analyse der bildnerischen Mittel. Um diese Dialektik zu lernen, stellt sich die Frage: wie ist sie möglich und was können wir von ihr erwarten? ...

Das begriffliche Denken, das durch Seherlebnisse provoziert wird, ist nicht identisch mit dem Erklären von gegenständlichen Bildern, sondern es ist unmittelbare Entzündung des Denkens durch psychische Auswirkung eines Seherlebnisses. So wird der Satz Klees verständlicher: bildnerisches Denken vermehrt die Erkenntnis der Welt. Mit bildnerischem Denken ist hier nicht die sogenannte optische Intelligenz gemeint, sondern die Dialektik zwischen Bild und Begriff vor und nach dem Malakt. Bildnerisches Denken oder die Theorie der Malerei umfaßt Maltechnik, Bildmethodik und -konzeption. Die Konzeption ist das persönliche geistige Risiko des einzelnen Malers. Sie ist nur am Rand logisch-begrifflich faßbar. Dagegen sind Maltechnik und formale Methodik, letztere nenne ich Ikonomie – Bildgesetzlichkeit –, logisch und lehrbar. Die Konzeption, die schöpferische Anschauung ist nicht lehrbar, sie ist vielmehr Motor für neue technische und methodische Erkenntnisse. Eine progressive Malerei wird in Zukunft ohne umfangreiche experimentelle Forschung in Maltechnik und Ikonomie und ohne theoretisches Durchdenken konzeptueller Möglichkeiten versanden. Der einzelne Maler wird allein mit herkömmlichen Mitteln im herkömmlichen Atelier die notwendigen Experimente nicht mehr durchführen können. Es werden

Forschungs- und Lehrstätten entstehen müssen mit Programmen, die weit über das des Bauhauses hinausgehen.

Bildnerisches Denken vermehrt die Erkenntnis der Welt. Was aber heißt hier Erkenntnis? Benn sagt: «Erkenntnis ist Durchdringung der Materie mit Geist.» Durchdringung: das heißt dynamische Wechselbeziehung, gegenseitiges Hervorbringen, Ambivalenz. Materie ist für den Geist im jeweiligen Bild der größtmögliche Widerstand. Und umgekehrt: Geist ist als ordnendes Prinzip für das Bildmaterial die größtmögliche Beunruhigung. Eines bewältigt das andere, und der Gegensatz ist aufgehoben im Bild. Hier zeigt sich, bildnerisches Denken gibt es nicht ohne Bildermachen, ohne Malen. Eben die Dialektik zwischen Denken und Handwerk bewirkt das Bild. Das Geistige in der Malerei ist die Konzeption und die formale Erfindung, verwirklicht und aufgehoben im organisierten Material. Diese Dialektik ist die Energie, die der Maler abgibt, seine innere und äußere Bewegung. Schließlich: Erkenntnis der Welt, das ist genitivus subiectivus und obiectivus. Erkenntnis im Sinn der Kunst ist ein Prozeß ohne statisches Subjekt und Objekt, ein Prozeß allmählicher gegenseitiger Verwandlung: Cézanne nannte das réaliser – verwirklichen. Realisieren in der Malerei heißt, eine neue Wirklichkeit herstellen, subjektiv und objektiv. Erkenntnis ist mehr als zu den Akten nehmen. Ein Vorgang, der von der physiognomischen Schicht her das ganze Bewußtsein des Menschen geradeso durchdringt und umprägt wie die Wirklichkeit der äußeren Welt. Und die neue Wirklichkeit hebt die frühere auf. Geschichte der Kunst ist progressive Geschichte, ist Geschichte der Bewußtseinsbildung, der Weltbildung.

Bild und Raum

Wenn man die erste Raumkonzeption die semantische oder primitive genannt hat und die zweite die klassische, so könnte man die dritte die komplexe oder absolute nennen. Dem absoluten Raum verglichen erweist sich der Perspektivraum als ein bildnerischer Sonderfall, bei dem die Farbdynamik durch das Formgerüst und die inhaltlichen Bezüge soweit zurückgehalten wird, daß die Vorstellung von statischer Eindeutigkeit entsteht. Die Emanzipation der Farbe bringt die Auflösung der fixierten Form und Freisetzung der komplexen Dynamik der Farbe. Der destruktive Prozeß der Formbrechung, -zerstörung, -auflösung ist zu Ende: Form ist vollends ins Bild integriert und aufgehoben, das Bild ist Form im Sinn von forum. Überwindung der Form heißt einerseits: Überwindung der Besessenheit des Malers, der «innerlich voller Figur ist», der Natur seine Figuren zu unterschieben. Andererseits heißt es: das Bild gewinnt seine Form, wird selbst Form, d.h. Raum. Raum, Bild, Forum sind also Synonyme an dem Punkt, wo Farbe und Fläche iden-

tisch sind. Farbe und Fläche sind aufgehoben in der Bewegung. Sie ist die Erscheinungsweise des Raumes. Raum erscheint *als bewegte chromatische Ordnung.*

Ich sagte: Raum vollzieht sich. Die Fläche oszilliert zwischen begrenzt und unendlich: straffe Vieldeutigkeit, bewegte Ruhe. Raum vollzieht sich als Dialog zwischen Bild und Betrachter. Der Betrachter ist der eine Brennpunkt der Ellipse, deren andere das Bild ist. Der Mensch steht nicht mehr vor dem Raum wie vor der Perspektive. Er steht ja auch längst nicht mehr vor der sogenannten Wirklichkeit, als Verfüger, sondern in ihr, ein Teilchen, bewegt und Beweger inmitten eines farbigen Kontinuums, das er weder über- noch durchschaut. Er richtet sich vielmehr ein, er ordnet und produziert. Raum ist geistiges Produkt, eine Erfindung des Menschen. Raum, Zeit, Licht qua Bild sind identisch, Identität heißt aber nicht Identifikation. Raum als Positiv- und Negativform, das ist eine Identifikation. Identifikationen sind austauschbar, nicht absolut. Die Identität von Raum, Licht, Zeit qua Bild ist die Identität des Bildes selbst. *Hegel würde das die Einheit seines Werdens und Resultates nennen, seine Wahrheit. Man versteht heute wieder: Das Bild untersteht dem Gesetz der Dauer. Es unterliegt dem Verschleiß durch Ansichten und Bedeutungen. Nicht der hinreißende erste Eindruck zählt, sondern die Energie, die das Bild sukzessiv abgibt. (1)*

13. Farbe als Ausstellungsthema

Farbe ist für die meisten der in diesem Kapitel erörterten Maler das primäre Gestaltungsmittel, aus dem sie ihre Bilder entwickeln. Dabei wird, um es nochmals zusammenzufassen, der Farbe ein formales Modell ersonnen, in dem sie aufgerollt, heißt: zu größter Wirksamkeit gebracht wird, oder der formale Bezug wird weitgehend zurückgedrängt und schließlich völlig aufgegeben. Farbe als Thematik wurde auch immer wieder zum Gegenstand von Ausstellungen genommen. Ich weise hier auf einige hin: ‹Schwarz und Weiß› war der Ausstellungstitel, unter dem Robert Motherwell 1950 in der New Yorker Kootz Gallery seine Bilder zusammenstellte und der 1963 für eine andere Ausstellung im Jewish Museum, New York, das Thema abgab. (Beteiligt waren u. a.: Josef Albers, Willem de Kooning, Jim Dine, Jasper Johns, Ellsworth Kelly, Franz Kline, Conrad Marca-Relli, Robert Motherwell, Barnett Newman, Raymond Parker, Frank Stella, Jack Youngerman.) In der Einleitung zum Ausstellungskatalog schrieb Ben Heller: «Schwarz und Weiß-Bilder begannen in diesem Land in den späten vierziger Jahren. Irgendwie zogen die Idee und ihre Möglichkeiten viele der führenden Künstler des heute so genannten abstrakten Expressionismus an. Für einige war das nur von vorübergehendem Interesse; für andere wurde es die Grundlage entweder einer Bilderreihe oder eines ganzen Werkes. Dies bildete niemals einen Stil, kaum mehr als eine Übereinkunft, doch haben Bilder, die auf diese beiden Farben beschränkt wurden, eine lebendige Rolle im Schaffen einiger unserer bedeutendsten Künstler gespielt, und das Aufeinanderstoßen dieser verschiedenen Bilder ist entscheidend gewesen.»

1960 zeigte Udo Kultermann im Städtischen Museum Leverkusen seine Konzeption einer *‹Monochromen Malerei›*, wobei er Bilder von Enrico Castellani, Piero Dorazio, Raimund Girke, Oskar Holweck, Yves Klein, Walter Leblanc, Piero Manzoni, Almir Mavignier, Lothar Quinte, Günther Uecker, Paul van Hoeydonck, Jef Verheyen vereinte, um nur einige von den Malern zu erwähnen. Die Ausstellung kam im richtigen Moment, denn sie manifestierte ein zunehmendes Interesse an der Farbproblematik und hatte dementsprechend ein breites Echo. Kultermann faßte die den beteiligten Künstlern gemeinsame Konzeption so zusammen: «Farbe ist materialisierte Sensibilität, Zustand der Urmaterie, Mittel zur Befreiung des Menschen von den Bindungen an die materielle Welt. Die Bilder sind nichts als Farbe, das Rot, Weiß, Schwarz, Gelb und Blau sind rein und ungebrochen wirksam. Farbe ist gleichzeitig Medium einer neuen Raumerfahrung, die im Gegensatz zur optischen Illusion eine totale – d. h. eine vollkommene – räumliche Imagination zu gestalten sucht. Räumliche Werte sind aus ihrer Begrenzung in ein Stadium eingetreten, in dem ihre alles umfassende Realität erlebt werden kann. Bei allen diesen neuen Gedanken, Werken und Plänen dreht es sich um die Konsequenz einer Erkenntnis und um Verwirklichungsformen einer neuen Wahrheit. – Hauptanliegen der Künstler ist also die vom Bild ausgehende, durch künstlerische Imagination über das rein Mechanische hinausgehobene Selbstbewegung des Bildes, die einen eigenen Bildraum schaffen hilft, der den Betrachter mit umgreift. Dieser Bildraum hat nichts mehr mit räumlicher Tiefe, sondern mehr mit räumlicher Aktivität, ja mit einer räumlichen Aggression zu tun, er bewegt sich auf den Betrachter zu und bezieht diesen in ein Wechselspiel ein, daß vom Bild und vom Betrachter Aktivität verlangt. Der Aufnehmende ist Teil eines in Bewegung geratenen Kraftfeldes» (Ausst.kat.).

War es in der New Yorker Ausstellung die *Konfrontation* zweier Farben (etwas ähnliches organisierten wir, in kleinerem Rahmen, in einer Ausstellung ‹Rot und Schwarz› 1964 in München, wo ich zusammen mit Hannes Grosse ausschließlich Bilder zeigte, die auf Rot und Schwarz, Rot oder Schwarz aufgebaut waren), so verwies der Titel ‹Monochrome Malerei› auf die *Dominanz* einer Farbe (was zuvor auch Thema einer von Piene und Mack veranstalteten Ausstellung ‹Das rote Bild›, Düsseldorf 1958, gewesen war). Die auf der Ausstellung ‹Avantgarde 61› im Städtischen Museum Trier basierende Schau ‹Absolute Farbe – Avantgarde 63›, die u. a. Bilder von Robyn Denny, Rolf-Gunter Dienst, Reimer Jochims, Eduard Micus, Georg Karl Pfahler, William Turnbull zeigte, betont im Titel den *Primat* der Farbe in dieser Malerei, die, wie einer der Beteiligten: Klaus Jürgen-Fischer, geschrieben hat, «genügend Ansätze zur Erweiterung des Spielfeldes über die spezielle Farbproblematik hinaus zu einer neuen Formthematik» aufwies. Damit sind, aus einer Fülle verwandter Ausstellungen, Beispiele gegeben, wie die Farbe als primäres Gestaltungsmittel zum Thema einer Ausstellung werden kann. Ausstellungen wie die genannten geben dem Betrachter die Möglichkeit, eine Frage aus der Vielfalt bildnerischer Realisationen unserer Zeit an den Werken selbst zu überprüfen, die Empfindung für Übergänge, benachbarte Strukturen wie für den Reichtum an Vorschlägen innerhalb einer speziellen Frage auszubilden.

III. EINE PLASTISCHE IKONOGRAPHIE

1. Plastik, Kunst und Spiel: Louise Nevelson

Die spielerische Erfindung

«Die Größe des Künstlers im 20. Jahrhundert», schrieb der deutsch-mexikanische Bildhauer, Maler, Architekt Mathias Goeritz, «ist nicht nur sein origineller persönlicher Stil, sondern, darüber hinaus, die Weite seines Suchens und – vor allem – die Unerbittlichkeit seiner Visionen ... Sinn und Ziel der neuen Kunst liegen in ihrem mittelbaren oder unmittelbaren Einfluß auf das Leben, die Architektur, die Industrie, die Wissenschaften, die Philosophie und die Magie einer Zukunft, ganz gleich, ob sie heute oder morgen beginnt» (‹blätter + bilder›, Heft 9, 1960). Im Werk der Louise Nevelson belegen der Reichtum der plastischen Daten innerhalb eines festgelegten Schemas, die Sensibilisierung des profanen Materials auf die ‹Magie einer Zukunft› hin ihren Rang als Plastikerin. Und nochmals: Magie einer Zukunft? Ist das jene Magie und Mythisierung, die Mathieu den Objekten der Louise Nevelson zuschreibt (S. 111)?

Zukunfthaltig, meine ich, ist das Werk – jedes Werk –, indem es auf ästhetische Auflösung harrt, auf Verwirklichung, indem es den Betrachter in eine Spannung einbezieht, die aus eben dieser Forderung des Kunstwerkes resultiert. Es macht seinen ästhetischen Stellenwert aus, ob und inwieweit sich das Kunstwerk solcher Auflösung widersetzt. Wirklich, d. h. wirkend, bleibt das Kunstwerk als Herausforderung an den Menschen, Bedeutung und Thema aus seiner Gestalt zu lösen, seine Vermessenheit auf ein Maß zurückzuführen oder ihr ein Maß zu erfinden (der *Erfindung* des Kunstwerkes antwortet die *Erfindung* des Betrachters), seine Komplexität zu dechiffrieren oder (und) seine Einfachheit aufzustufen, aufzuwerten, wenn man Wert hier als vorläufigen Begriff für eine Anzahl ästhetischer Bedeutungen annimmt. Kunst heute: das ist eine Fülle von Material, Stoff, Voraussetzung, wie sie keine Zeit zuvor gekannt hat. Das bedingt, daß sich einerseits die Bedeutungen in sie verlagern und aus ihnen herausgelöst werden müssen – siehe das Kapitel ‹Halbmechanische Bildverfahren› S. 50 ff –, daß sie anderer seits zum Scheinrequisit einer gänzlichen Bedeutungslosigkeit werden können bei dem Maler und Plastiker, der seine Verantwortung an das Material delegiert, in ihm seine Unfähigkeit kaschiert.

Wahrnehmung und Kriterien sind folglich zu schärfen, damit man solchen für die Kunst grundlegenden Fragen Antwort stehen kann. Das beliebte Konferenzquiz ‹Gibt es Kriterien der modernen Kunst› verbirgt nur schlecht die Unreife, Mutlosigkeit und stets angewärmte Angst, daß der Künstler sein Publikum zum Narren halten könnte. In der Tat aber ist es das Publikum, das den Künstler zum Narren oder genauer: für einen Narren hält. ‹Spielerei› ist dementsprechend ein probates Mittel, den Künstler zu verdächtigen, worüber man den wichtigen Rapport von *Kunst und Spiel* gleich ‹mit dem Bade ausschüttet›. So ist schließlich heute nichts so griffig geworden wie die Bedeutungslosigkeit, die sich der Seriosität als Warenzeichen bedient.

Nun ist der Künstler wirklich der Spieler *par excellence*, auch wenn er sein Spiel, wie das Kind, bis zum Tode ernst, nämlich todernst nimmt. Georges Mathieu, der den Beziehungen von Spiel und Zivilisation 1956 in der dritten Nummer der von ihm geleiteten ‹United States Lines Paris Review› und in einem Film mit Robert Descharnes im gleichen Jahr nachgegangen ist, formulierte dazu folgendes: «Während Spiel und Nicht-Spiel in Epochen mit hoher Geistigkeit und großem Raffinement immer einander durchwoben, hat unsere Welt sie nicht nur getrennt, sondern das Spiel in Nichtstun verwandelt. Diesem ungeheuren Potential an Überschwang, an Spontaneität, an unentgeltlicher Phantasie raubt unsere Zivilisation mit jedem Tag mehr an lebendigen Kräften. Die Spieler sind nur noch passive Zuschauer, die ihr Vergnügen an Berufsspieler delegieren, die nicht mehr ‹spielen›. Ein Merkmal unserer Zeit, bleibt das Spiel eine der ersten und höchsten Formen der Freiheit. Und ermöglicht es, mehr als die Kunst selbst, dem Bewußtsein, das Unausführbare zu leben, in einer Welt, die nur ihm gehört.»

‹Magie einer Zukunft› könnte das noch nicht entzifferte *Spiel* einer Zukunft sein. Der Mensch, der Spieler, bewegt die Figuren dieses Spiels, dem die Kunst Partner ist. Kunst fordert die spielerische Auflösung, ein Spiel, das sich unter dem Deckmantel der Ästhetik birgt. Vorausgesetzt allerdings sind Zutrauen zu den Regeln des Spiels, auch ästhetische Kommunikation genannt, Wachheit des Spielers, die mit der Hingabe und Konzentration wechselt, mit der er die Züge des Spiels verfolgt. Zwischen dem Labor des Künstlers und dem kühlen Licht und dem Podest des Museums liegt der Bereich jenes Spiels. Seine Intensität mißt sich an der Bedeutung beider Partner. Die Bestätigung des Alltags, die Wiederholung seiner Losungen, seiner festgelaufenen Muster stehen außerhalb des Spiels. Yaacov Agam, neben anderen, hat solche Spiele beim Wort genommen und Reliefs gebaut, deren Teile austauschbar sind. Louise Nevelson zeigte 1955 in der ersten ihrer vier bedeutsamen Austellungen im New Yorker Grand Central Modern, die den Titel ‹Spiele› trug, Figuren aus gebranntem Ton, deren Köpfe und Glieder ausgewechselt werden konnten. Und gewiß legen auch manche ihrer späteren Plastiken, die sich aus einer Vielzahl von gleich- oder ungleichförmigen Kästen zusammensetzen, diese spielerische Möglichkeit nahe. Hier konkretisiert sich in einem tatsächlichen Spiel mit dem Kunstgegenstand, was, ich wiederhole es, eine der möglichen Haltungen ist, um mit dem Kunstwerk in Verbindung zu treten.

Kunstbetrachtung ist, mit Baumeister, kein «Vorgang, der der Mahlzeit eines kleinen Kindes vergleichbar ist, das den ihm eingelöffelten Brei schluckt». Das Kunstwerk ist auf die Teilnahme des Betrachters angewiesen, was nicht oft genug wiederholt werden kann, da seine ‹Bewegung› nicht offen wie der abrollende Film ist (es sei denn, es bezieht diesen ein), da seine Bedeutung, sein Thema nicht mit leichter Hand und aus zuvorkommendem Mund in ein paar flüchtige Worte gerafft werden können, da der Umschlagplatz, an dem sich Kunst und Betrachter treffen, nicht dessen Intellekt oder dessen Optik allein, sondern eine Sphäre eigener Art, eigener Dimension, eigener Struktur ist: die *Visualität*, in der und durch die der Betrachter die realisierte Vision des Künstlers verwirklicht, *zu seiner Wirklichkeit macht*. Diese Visualität gründet auf der Welterfahrung des Menschen, die sowohl bereichert als verschüttet werden kann.

Plastik als Modell einer Architektur

Als Dada noch auf allen Wellen lief, begann in Hannover um 1919/20 Kurt Schwitters seinen Merz-Bau, eine ‹plastisch-malerische-Collage-Konstruktion›, die sich später über zwei Stockwerke und in eine Zisterne hinab ausdehnte. Ihre Kompartimente sind heute geläufig wie die Zeilen eines Gedichtes von ihm: ‹Die große Säule›, ‹Kathedrale des erotischen Elends› oder ‹Nibelungenhort›, ‹Goethegrotte›, ‹Lustmörderhöhle›, ‹Die Orgel›, ‹Den Zehnprozentigen Kriegsbeschädigten› usw. Der Krieg merzte 1943 den Bau aus (das Wortspiel ist wohlfeil!), einen zweiten in Norwegen vernichtete 1951 das Feuer, ein dritter in London blieb unvollendet. Andere architektonische Modelle von Schwitters, der einmal in Hannover zwei Semester Architektur gehört hatte, sind bekannt: etwa ‹Schloß und Kathedrale mit Hofbrunnen›, das war, auf ein schräges Brett genagelt, ein Buchen-, ein Kiefernstumpf mit einem aufgesetzten Arzneikorken. «Als meine Frau den Entwurf vom Fotografen abholte, mußte sie ihn offen tragen, weil die Spitzen des Kiefernstumpfes, der den gotischen Dom darstellt, schon sehr mürbe sind. In der Straßenbahn wurde der Entwurf neugierig von den Fahrgästen betrachtet. Schließlich ermutigte sich der Schaffner zu fragen, was denn das eigentlich sein sollte. Meine Frau sagte ausweichend, es wäre ein Schloß, eine Kirche und ein Brunnen, und ihr Junge hätte das zusammengenagelt. Darauf sagte der Schaffner, es wäre sehr schön, das hätte er sich wohl gedacht, und es zeigte eine sehr gesunde Phantasie.»

Wichtig war für Schwitters, Modelle zu schaffen, die die Phantasie des Architekten anregen konnten. «Der Merzentwurf für die Architektur», schrieb er in Heft 3 der Zeitschrift ‹Frühlicht› (1923), «verwendet jedes beliebige Material nach architektonischem Gefühl, um eine Wirkung zu erzielen, welche die Architektur nachbilden kann. Die Verwendung beliebiger Materialien bedeutet eine Bereicherung der Phantasie ... Merz bedeutet bekanntlich die Verwendung von gegebenem Alten als Material für das neue Kunstwerk.»

Nevelson oder das Wrack der May Flower

Es ist die Sensibilisierung des profanen Materials, von der ich zu Beginn sprach, die auch die Arbeitsweise der Louise Nevelson kennzeichnet. Anders als jene Handwerker der Kunst, die die Trouvaille im Rohzustand ihres Materials belassen, ordnen, gliedern, schachteln ihre Hand und ihre Vision aus dem Stoff, den sie auffindet, die Grundmodelle ihres bisherigen Werkes: Säule, Wand, Kasten (Abb. 16). Ihr Stoff ist der *Junk*, der Abfall der Städte, Bruchteile alter viktorianischer Kommoden, Schränke, Gitter, Stühle, Pulte, Tische, hölzerne Embleme und Geländer, das hölzerne Mobiliar einer vergangenen und unserer Umgebung, zusammen mit dem Strandgut des Meeres, das die Bretter und Planken abschleift. Handgemachte, maschinell hergestellte und quasi natürliche Objekte vereinen sich in diesen Plastiken. Auch wenn die Restteile kaum noch auf die Funktion oder die Einheit zurückverweisen, in der sie einmal standen, wird das Auge, das über und in die Plastiken streift, doch ermuntert, seine ‹Kenntnis› zu benutzen, die Vertrautheit mit dem Mobiliar nun auf die Plastik zu übertragen, was natürlich nicht gelingt. Es trifft auf eine bestürzende Vielfalt, Eindrücke und Assoziationen überstürzen sich, es löst sich vom Detail, das es ‹wiedererkennt›, zur plastischen Totale, die das Wiedererkannte aufhebt und ihm neue Bedeutungen suggeriert. Da sind dann die als viktorianisch verhöhnten Mobiliarreste in eine Säule eingegliedert, die das Totem beschwört.. Zwei Bedeutungskomplexe: der des Viktorianisch-Verstaubt-Profanen und der der totemistischen Säule stoßen aufeinander, die Bedeutungen verunklaren sich, der Betrachter sieht sich einem Objekt gegenüber, das sich mehr und mehr zurückzieht und seine Autarkie als plastisches Objekt begründet. Erst nachdem der Betrachter es in diesem Rang bestätigt hat, kann er darangehen, seine neuen Bedeutungen kennenzulernen, sie sich vertraut zu machen, ihren ästhetischen Ort zu bestimmen. Dabei habe ich noch die Rolle der *Farbe* in den Plastiken der Louise Nevelson außer acht gelassen, die nicht als Akzessoir, nicht als ‹Überläufer› von Plastik und Raum auftritt, überhaupt nicht akzentuiert, sondern vorab beiträgt, die Vielfalt der plastischen Detailformen zusammenzuführen, und dann den emotionalen Rahmen der Plastik beziehungsweise des plastischen Ensembles angibt. (Die drei Farben, mit denen Louise Nevelson bis zum Augenblick gearbeitet hat sind Schwarz, Weiß und Gold.) Neben den ganz in Weiß getauchten, lichthellen Plastiken ihres ‹Hochzeitsfestes der Morgendämmerung› (*Dawn's Wedding Feast*), einer Inszenierung aus Säulen, Boxen und Wänden, die bei der Ausstellung *‹Sixteen Americans›* 1960 im Museum of Modern Art, New York, einen Raum füllte, stehen die ganz in Schwarz geschlossenen, lichtabsorbierenden, lichtverzehrenden, wie jene grandiosen Wände, die sie 1958 im Grand Central Modern zeigte: ‹Mondgarten + Eins› (*Moongarden + One*).

Könnte man, wie es Schwitters für seine Plastik vorschlägt, von Modellen einer Architektur sprechen? Gewiß, wenn und solange Architektur mehr ist als das Zweckgehäuse mit den Apparaturen der Langeweile, an das uns der Zeitgenosse Bauingenieur glauben machen will, wenn und solange Architektur die Vision einschließt, wenn und solange Le Corbusiers Definition der Architektur als eines «kunstvollen, korrekten und großartigen Spiels der unter dem Licht versammelten Baukörper» in Betracht kommt. Den Ort ihrer Plastik deutet Louise Nevelson selbst an, wenn sie schreibt: «Ich habe immer sehr stark die Notwendigkeit einer neuen Vision empfunden, einer Suche nach neuen Bildern und unbekannter Bedeutung. Doch enthält diese Suche auch Wege, Zwischenräume, die Morgenröten und die Dämmerungen, die Welt, die Sphären, die Orte zwischen Erde und Meer» (Ausst.kat. ‹Natur und Abstraktion›, Whitney Museum, New York). Die neue Vision bedient sich eines neuen (für die Plastik neuen) Materials, ein Vergleich zwischen den Arbeiten Paolozzis und der Nevelson belegt die Spannweite des neuen Materials, bei einer oft verwandten Thematik beider. Denn spricht Paolozzi selbst von einer «Suche nach *‹Arch-Types›*, die die Metallisierung des Traumes unterstützen» (S. 112), so konnte man im Werk der Nevelson das «Symbol einer träumenden Phantasie» entdecken, «die das Wort ‹Archetyp› vielleicht nicht kennt, aber um seine Bedeutung weiß» (Dore Ashton).

2. Die Physik der Formen: Eduardo Paolozzi

Metallisierung des Traumes

Eduardo Paolozzi steht in der Tradition Duchamps, mit dem man, wie er meint, seinen Frieden schließen muß, bevor man das eigene Werk beginnt. Hat Richard Huelsenbeck von Duchamp festgestellt, daß sich «sein ganzes Leben um die *Theorie der Objekte* gedreht hat» («Es handelt sich um die Subjekt-Objekt-Beziehung, nämlich inwieweit das Objekt das ist, was es zu sein scheint, wie man die Kenntnis des Objekts erweitern kann, was die Erscheinung des Objekts bedingt und wie es mit anderen Objekten, der Welt und den menschlichen Emotionen zusammenhängt», FAZ, 28. 1. 1965, vgl. auch ‹Das Schema der Mechanik›,

S. 128 f), ging das Bestreben Légers dahin, den neuen *Bild*wert des Objekts zu erforschen und darzustellen, so kann, nach Paolozzi, die *Geschichte des Menschen mit Objekten geschrieben werden.* Was sind das für Objekte?

Nun, es sind zunächst einmal die ‹gefundenen Bilder› (*found images*), von denen Paolozzi 1952[1] einige auf die Leinwand projizierte: Reklamefetzen, Anzeigen, Teile von Zeitschriften und Zeitungen, die vom Künstler auf ihre *optische* Ergiebigkeit hin überprüft wurden. Was hiermit gemeint war, kam im Katalog der Ausstellung ‹Dies ist Morgen› (*This is Tomorrow*), 1956, zum Ausdruck, in dem einer der Kollegen Paolozzis aus der ‹Independent Group›, schrieb: «Wir widersetzen uns jeder Art von Tätigkeit, die hauptsächlich damit beschäftigt ist, einen neuen Stil zu schaffen. Wir lehnen die Meinung ab, daß ‹Morgen› durch die Aufstellung starrer Formbegriffe ausgedrückt werden kann. ‹Morgen› kann die Reichweite der gegenwärtigen visuellen Erfahrung lediglich erweitern. Wir brauchen keine Bestimmung des gehaltvollen Bildwerkes, sondern die Entwicklung unserer Wahrnehmungsfähigkeiten, um die ständige Bereicherung des visuellen Materials annehmen und anwenden zu können» (R. Hamilton). Die Fähigkeiten der Wahrnehmung zu entwickeln, statt auf einem Stilentwurf zu beharren: das waren auch die Forderungen Duchamps. Die ‹gefundenen Bilder› aus dem urbanen Alltag boten einen Ausgangspunkt, weil dieses Material in der ästhetischen Sphäre nicht verschlissen war und sich andererseits damit die optische und visuelle Relevanz der Umwelt überprüfen ließ. Paolozzi macht darauf aufmerksam, «daß 1959 ein höherer Grad von Erfinderkraft in einem Science Fiction-Schmarren . . ., daß Sensationen von schwer zu beschreibender Art auf einem Gruselfilm mit niedrigem Budget verschwendet werden» (der Western gehörte dementsprechend zu den Diskussionsthemen der ‹Independent Group›). Paolozzi bestritt aus dieser Umgebung, die Bild, Druck, Objekt, *environment*, Ton u. a. umschloß,

---

1 Das war bei dem ersten Diskussionsabend der im gleichen Jahr in London gegründeten ‹Independent Group›, der Künstler, Architekten, Schriftsteller wie Reyner Banham, Richard Hamilton, Eduardo Paolozzi, Lawrence Alloway, William Turnbull, Nigel Henderson, Sandy Wilson, Edward Wright, Toni del Renzio, John McHale, Theo Crosby, Alison, Peter Smithson, John Voelcke, Jim Stirling u. a. angehörten und die sich im ‹Institute of Contemporary Arts› traf. Diskussionsthemen der Gruppe waren Kybernetik, Philosophie, Massenmedien, Mode, Industrial Design und ähnliches. Der erste Sprecher der Gruppe war 1952/53 Reyner Banham (Autor von rde Bd. 209/210, Die Revolution der Architektur), ihm folgten 1954 Alloway und McHale. 1953 veranstalteten Paolozzi und Smithson im ICA die Ausstellung *‹Parallel of Life and Art›*, die auf den Erfahrungen mit den *‹found images›* aufbaute. – Die Gruppe ist die Ursprungszelle der englischen Kunst, die später als Pop Art kategorisiert wurde. Siehe auch S. 217 ff.

seine «Suche nach *‹Arch-Types›*, die die Metallisation des Traumes unterstützen», wie es in den Notizen zu einem später erwähnten Film heißt. Die Objekte sind unter uns, umstellen uns als eine ‹Enzyklopädie der Formen›, ein ‹Alphabet der Elemente›, gelingt es nur, ihren überraschenden Anordnungen, ihren neuen Gesichtern aufzulauern, sie aus dem Funktionszusammenhang, in dem sie normalerweise stehen, zu lösen.

«Was ich beabsichtige:
Die Uhr als ein Spielzeug
Plätze für imaginäre Ballspiele
Türriegel-Spalt
Nicht-mechanisches Spielzeug
Mechanische unnütze Puppen
Nützliche-unnütze Spielzeuguhr   Spielzeugmann
Erfahrung als ein Faktor
Projekte für Denkmalsansichten
Phantasie
Autobiographie
Biographische Phantasie über ein Projekt mit hundert Gesichtern
Phantastisches Projekt für einen Spielplatz
Ein historischer Spielplatz für phantastische Leute
Ein Schlachtfeld der Ideen
Ein Denkmal von historischen Phantasien bevölkert ...»

Das autarke plastische Objekt

Ab 1956, etwa dem ‹Nach oben blickender Kopf›, wird die Haut seiner Skulpturen zu einer Klaviatur, auf der er mit gefundenen Gegenständen spielt. In dem Tonschlamm seiner Figuren preßt, stempelt, drückt er Automobilmodelle, Radio- oder Uhrteile, Spielzeugkameras usw. Damit bewahrt er sich eine spontan modellierte Oberfläche und distanziert doch alle diese Stempel durch den folgenden Bronzeguß, so daß die Einheit des Materials erhalten bleibt. Die Plastiken der Jahre 1956–61 sind, obgleich vielfältig durchstrukturiert, obgleich oft überwuchert von formalen Einfällen und Eindrücken, obgleich durchgezeichnet, aus einem Guß. Die Bindung an das figurale Motiv verschont seine Plastiken vor der ‹informellen› Auflösung, die dem Schema der Plastizität Hohn spricht. Themen, an denen diese Figuren ausgerichtet sind: Kopf, Affenmensch, Frosch, säulenförmige Gestalten, die eines seiner Bemühen, nämlich die «Verwandlung einer Säule in eine Figur», verwirklichen. Die Stempel, mit denen Paolozzi damals arbeitet, ordnen sich der Figur, der plastischen Grundkonzeption jener Zeit, unter.

Dementsprechend gelangt Paolozzi mehr und mehr zu einer klar gegliederten Gestalt, in der das ‹gefundene Objekt›, präfabrizierte Formen einer hauptsächlich technischen Umwelt, eigenen plastischen Rang erreicht, d. h. in seiner Anzahl verringert, in seiner (plastischen) Bedeutung aber aufgewertet wird. Allerdings auch jetzt nicht als Collage, sondern umgesetzt in ein anderes Material, vorwiegend Aluminium.

«Die Morphologie seiner Formen, seiner *images*, ist nahezu so vielfältig wie der Inhalt einer Enzyklopädie», schrieb Paolozzis Biographin Jasia Reichardt. Das gilt für seine an organischen Figuren ausgerichteten Plastiken wie für die in Aluminium gegossene und verschweißte ‹Physik der Formen›, die er 1961 beginnt, vorbereitet von Plastiken wie ‹Seine Majestät das Rad› und ‹Tyrannischer Turm gekrönt von Dornen der Gewalt› (1959 bzw. 1961), die die organische Form zugunsten mechanischer Elemente aufgeben. Paolozzi verzichtet nunmehr auf Tonmodell und Bronzeguß, da die überkommene Technik nicht jene kühle, fast anonyme Objektivierung der Plastik erlaubt, die er sucht: «eine Welt verwickelter Probleme und klarer Sprache». Die Sprache, Paolozzis plastisches Vokabular, setzt sich zusammen aus einer Fülle ‹standardisierter› Teile wie Rohr, Ballon, Rad, Scheibe, Würfel usw., die neben den variablen Elementen stehen (vgl. Abb. 19). Diese Plastiken haben den metallischen Glanz, den Léger seinen gemalten Figuren gab, dazu teilweise eine starke, ungebrochene Farbe. Was geschieht hier? Hier umspielt ein Plastiker nicht mehr die menschliche Figur, das Tier, eine Landschaft. Hier entsteht eine Plastik aus dem Selbstverständnis ihrer Elemente, das plastische Objekt wird autark. «Seine Plastik hat als Objekt mehr mit den Entwürfen eines Renaissancetechnikers gemein als mit denen für eine zeitgenössische Maschine. Sie ist sowohl Plastik, Bild und *environment*-Objekt. Thematisch handelt Paolozzi mit hybriden Kombinationen von Gestalten und Ideen. Da diese Werke so viele Schichten im physikalischen und metaphysischen Sinn besitzen, haben sie etwas von einer menschlichen Gegenwart» (Jasia Reichardt, E. P., ‹studio international›, Okt. 1964).

3. Die Symboldimension des Trivialen: H. E. Kalinowski

Seltsam zu wissen, daß Kalinowski seine Arbeiten ohne vorhergehende Werkzeichnung beginnt. Auf der Rückseite seiner Caissons, der mit Leder überspannten Holzkonstruktionen, notiert er den Tag, an dem er die Arbeit beginnt. Dem Anfang, der ersten Konzeption, dem Entwurf, so meint er im Gespräch, kommt eine besondere Bedeutung zu. Der geglückte oder mißglückte Anfang entscheidet über Gelingen oder Mißlingen der Plastik. Um so wichtiger sei dieser erste Entwurf, da er, soweit das Material es zuläßt, spontan, ohne den Behelf der Skizze ausgeführt, das Objekt in eine bestimmte Richtung formaler Art leitet.

Form, Gestalt seiner Plastiken erscheinen wie von jeder Willkür, auch jeder Improvisation frei, stabile, ja definitive Lösungen. Welcher Fragen?

Kalinowski selbst nennt seine Plastiken Mittel der eigenen Daseinsbewältigung. Der Hinweis führt zunächst nicht weiter, da wir diesen Objekten losgelöst von der Individualität des Urhebers begegnen und auf jene, nicht auf diese zu antworten haben. Der Zugang zum Werk Kalinowskis fällt nicht leicht. Hier arbeitet ein Künstler nicht aus dem geläufigen Bildinventar seiner Zeit, ihren (Konsum-)Gebräuchen, ihrer Sprache. Kalinowski hat seine Werke völlig subjektiviert. Sein Werk erlaubt dem Betrachter kaum eine Identifizierung. In dem ihm oberflächlich benachbarten Oeuvre der Louise Nevelson wird das Auge des Betrachters ermuntert, seine Kenntnis, seine Erfahrung, seine Erinnerung zu benutzen. Es findet in Mobiliarresten eine Anschauungshilfe, um in die Plastik einzudringen.

Keine solche Hilfe im Werk von Kalinowski. Zwar gibt es gelegentlich ‹Einsätze› wie Kette, Haken, Kugel. Sie sind jedoch so sehr der Plastik verbunden, daß der Betrachter sie nicht isoliert wahrnimmt. Er wird von ihnen nicht in die Plastik gelockt, wie etwa bestimmte erkennbare Gegenstandsbilder den Betrachter bei den Bildern von René Bertholo (Abb. 33) ins Bild locken, wo er dann anderen, unbekannten, individuellen Bildformen konfrontiert wird. Auch Kalinowskis Titel geben nicht mehr als gewisse thematische Eingrenzungen: ‹Die Pforte der Hingerichteten› (Abb. 17), ‹*Les placards de Démeter*› usw.

Immerhin können die Beziehungen auf mythologische Figuren, die man in den Titeln antrifft, einen Hinweis geben. Resultiert sein Werk etwa aus dem Versuch einer Aktualisierung mythischer oder symbolischer Vorstellungen? Ich glaube, der Treffpunkt seines Werkes mit bestimmten Symboldimensionen liegt anderwo. Kalinowskis Vorgehen mag dem nahe stehen, das Jackson Pollock zu Bildern wie der ‹Suche nach einem Symbol› (1943) führte: es «greift auf Pollocks Glauben zurück, daß der Schöpfungsakt ein Weg des Suchens im Unterbewußtsein und die Befreiung seines Gehaltes durch sein Einfließen in Symbole ist» (L. Alloway). Nicht Erneuerung mythischer Vorstellungen – historisches Interesse –, vielmehr Suche nach neuen Symbolen der Vorstellung – bildnerisches Interesse – kennzeichnet das Werk Kalinowskis: «Meine Caissons sind der Versuch, erfahrenes Leben zu konservieren, wie es uns in fossilierten Baumstämmen begegnen und rätselhaft erscheinen kann. – Jeder Künstler vertraut im Laufe seines Lebens seiner Arbeit seine Obsessionen an, ungeachtet, ob er sie offen bekennt oder nicht. Sie sind das Leitmotiv seiner Arbeitsthemen» (Ausst.kat. ‹Metamorphosen›, Leverkusen 1965).

Um Kalinowkis Stellung zur Sphäre des Symbols zu unterstreichen, mag man sich vergleichsweise an die Malerei von Horst Antes erinnern. In seinen Figurenbildern mit gnomenartigen, im Profil gegebenen Wesen täuscht er in einer verhältnismäßig illusionistischen Malweise die Gegenwärtigkeit solcher ‹mythischen› Figuren vor. Der Mythos, vertreten durch gewisse ‹Bilder› – die Taube erhält menschliches Gesicht, menschliche Brüste –, wird trivialisiert. Kalinowski hingegen gibt dem *Trivialen eine Symboldimension,* die dieses nicht regressiv, durch Rückgriffe auf attributäre, leicht lesbare Symbolismen aufladet, sondern es durch Integration in das entstehende Werk, mit dessen eigener bildnerischer Wirklichkeit verbindet. Nicht Genre-Schilderung symbolträchtiger Szenen, Figuren, Ereignisse interessiert Kalinowski; er verfolgt seine Obsessionen bis zu einem Punkt, an dem sie, ins ‹Bild› gebracht, einen weiteren und allgemeineren Sinn erhalten. Dieser, und nicht bestimmte Identifizierungsmöglichkeiten des plastischen Ensembles, ist der Treffpunkt zwischen dem Werk und dem Betrachter. Es versteht sich, daß er sich einer raschen Mitteilung widersetzt. Daher das Sperrige, Abgeschlossene der Werke Kalinowskis. So wie sich dieser Künstler auf einige wenige Materialien – Holz und Leder vorab – für seine Caissons beschränkt hat, um seine bildnerische Vorstellung zu konzentrieren und klar zu demonstrieren, so bedient er sich auch formal größter Ökonomie. Das seit 1960 entwickelte Werk der Caissons läßt sich formal auf die reliefartig gegebenen Typen des Schreines, der Stele und eines bildförmigen Typus' zurückführen.[2] ‹Der Thron des Argus›, 1960, ein Materialobjekt, das Werner Hofmann in seine Ausstellung ‹Idole und Dämonen› aufnahm, zeigt durch die Einrahmung des Ensembles die Herkunft aus der Bildform auf. Die Teile sind noch gleichmäßig über die Fläche verteilt, obgleich sich Kalinowski auf einige Grundelemente und Grundformen wie Kreis und Oval beschränkt. Zunehmend konzentriert er nun die formalen Details zu bestimmten Zonen, an den übrigen Stellen dominiert die Lederbespannung, wobei die Nähte oder bestimmte Collagierungen der Lederhaut die Fläche weiter gliedern. In dem Triptychon *‹Les placards de Déméter›* (1962), das ein Jahr später bei der Einzelausstellung in der Galerie Cordier zu sehen war, wird die für sein heutiges Schaffen bedeutsame Symmetrie der Objektanlage deutlich. In der Kontur, in der Großform seiner Caissons vermeidet Kalinowski bizzarre Formen. Innerhalb der frontalen, dem Betrachter zugekehrten Fläche versetzt er aber die dem Ganzen integrierten Objektteile aus der Symmetrie.

Horst Egon Kalinowski hat mit seinen Caissons bewiesen, daß sich die Probleme, die sich einer bestimmten Zeit stellen, auch heute ohne jede modische Spekulation angehen lassen. Wo er den zufälligen Fund, das Trivium, in das Objekt-Bild und in das Relief einbezog, hat er seine bildnerische Entscheidung niemals auf solche Zufälligkeiten delegiert, sondern sie seiner Konzeption, seiner Deutung dienstbar gemacht.

---

2 Horst Egon Kalinowski, 1924 in Düsseldorf geboren, lebt heute in Paris und Karlsruhe. Von einer Malerei ausgehend, die die Fläche aus geometrischen Elementen konstruktiv gliederte, kam er 1956 zu ersten Collagen, Tableaux-Objekts, die er in den folgenden Jahren ausbaute.

4. Plastik und Architektur: Re-formation und Integration

Drei Typen einer Zusammenarbeit von Plastik und Architektur

In seinem Buch ‹Architektur und Gemeinschaft›, das 1956 in rowohlts deutscher enzyklopädie erschien, gibt S. Giedion einen Brief der Plastikerin Barbara Hepworth von 1947 wieder, der die lange vorherrschende Kluft zwischen Architektur und Plastik spiegelt. Trotz der Realisierungen, auf die ich in diesem Abschnitt hinweise – und, gewiß, sehr vieles andere ließe sich darüber hinaus anführen –, bleibt die Frage, die sie stellt, auch heute noch allzuoft unbeantwortet und daher aktuell. Barbara Hepworth, die neben anderem für das Technical College in Hatfield die Plastik ‹Vertikale Formen› und für das Londoner State House 1959 den viereinhalb Meter hohen ‹Meridian› geschaffen hat, ist überzeugt, daß die Kluft zwischen Architekt und Bildhauer «nur durch eine Änderung der inneren Einstellung der Architekten überbrückt werden kann. Ich glaube, daß die Frage nicht lauten darf: ‹Sollen Architekt und Bildhauer von Anfang an zusammenarbeiten?›, sondern: ‹*Warum* arbeiten Architekt und Bildhauer nicht von Anfang an zusammen?› Ich fühle als Bildhauerin, daß das Werk, das die Maler und Bildhauer während der letzten dreißig Jahre hingestellt haben, doch zeigt, daß wir taten, was von uns zu erwarten war. Die Architektur jedoch in ihrer Eigenschaft als koordinierende Disziplin hat leider versagt, die Leistungen, die in unserer Zeit von Malern und Bildhauern erbracht wurden, zu vereinigen (ja nur zu verstehen!). Ohne diese Einheit wird es uns nicht gelingen, eine widerstandsfähige Kultur zu schaffen.» (S. 64/65). Immerhin ist nach der Askese der Zwischenkriegsjahre, ihrem bewußten Verzicht auf eine Integration von Plastik in die Architektur der Städte, heute in allen Ländern mit ökonomischer Stabilität und freier künstlerischer Auftragserteilung eine Neuorientierung zu beobachten. Ich belege im folgenden an einigen Beispielen die drei Typen einer Zusammenarbeit zwischen Architekten und Künstlern und komme dann auf einige Beispiele aus dem deutschen Bereich zu sprechen.

Mathias Goeritz, seit 1949 in Mexiko, baute 1957/58 am Eingang einer Satellitenstadt von Mexiko City seine fünf Türme (37 bis 57 Meter hoch), mit denen er die Vorstellung einer, wie er sagt, «emotionellen Architektur» mit der einer Farb-Architektur, wie sie seit und vor Léger Künstler und manche Architekten beschäftigte, verband: drei Türme sind weiß, einer ist gelb, ein anderer gelbrot. Übrigens hatte ebenfalls in Mexiko City Isamu Noguchi 1936 an der Plaza Rodriguez ein bemaltes Zementrelief geschaffen; Noguchi hat zahlreiche Aufträge realisiert, so die Plastiken in den Gärten von Reader's Digest in Tokio und eine Dekoration in der Tokioter Keio-Universität (beides 1951), die Plastiken im Park der Pariser UNESCO (1958), ein Gebäude, das trotz aller Kritik einen wesentlichen Punkt in der Geschichte einer Integration von Architektur und Kunst bezeichnet.[3] Frederick Kiesler realisierte 1947 für die Surrealisten-Ausstellung in der Pariser Galerie Maeght den ‹Saal des Aberglaubens›, wozu er im Katalog schrieb: «Der ‹Saal des Aberglaubens› stellt eine erste Bemühung um die Kontinuität Architektur-Malerei-Skulptur mit den Mitteln und dem Ausdruck unserer Epoche dar. Das Problem ist ein zweifaches: 1. Schaffung einer Einheit, 2. daß deren Bestandteile Malerei-Skulptur-Architektur sich ineinander verwandeln. Ich habe die Raumgestaltung skizziert. Ich habe die Maler Duchamp, Max Ernst, Matta, Miró, Tanguy und die Bildhauer Hare und Maria gebeten, meinen Plan auszuführen. Sie haben eifrig mitgearbeitet. Ich habe jeden Teil des Ganzen – Form und Inhalt – speziell für jeden Künstler entworfen. Es gab keinerlei Mißverständnisse. Sollte keine Übereinstimmung erzielt werden, so wäre dies ganz allein mein Fehler, denn sie haben sich streng an meinen Korrelationsplan gehalten. Dieses Kollektivwerk, das nicht von Künstlern ein und desselben Faches, sondern von der Gruppe Architekt-Maler-Bildhauer (plus Dichter – rund um das Thema) geschaffen wurde, wäre sogar im Fall des Mißerfolges noch höchst vielversprechend im Hinblick auf die Entwicklung unserer plastischen Künste» (zit. nach ‹Programme und Manifeste zur Architektur des 20. Jahrhunderts›. Berlin u. a. 1964, S. 142/43).

Drei Typen der Zusammenarbeit zwischen Plastik und Architektur sind damit skizziert, drei deutlich differenzierte Auffassungen, von denen bei der einen (Goeritz) die plastische überwiegt, Architektur, in dem erwähnten Fall der ‹Türme›, zu monumentaler Skulptur wird; deren zweite (Noguchi) die Plastik als beziehungsreichen Eigenkörper mit ‹architekturnaher› Raumgebärde neben und in die Architektur, die unabhängig von ihr entworfen werden kann, eingliedert; deren dritte (Kiesler) als «Kollektivwerk» realisiert wird, nachdem der ‹Raumgestalter› jedem teilnehmenden Künstler einen Ort innerhalb eines «Korrelationsplanes» angewiesen hat. Tatlins Denkmal der Dritten Internationale von 1919, als Modell 25 Meter hoch, gedacht als eine 400 Meter

---

3 Bernard Zehrfuss, zusammen mit Marcel Breuer und Piero Luigi Nervi einer der Architekten dieses Gebäudes, sagte darüber im Gespräch mit M. Ragon: «Wir haben die Künstler zu spät eingreifen lassen. Aber ich fürchte, hätten wir sie früher herangezogen, wären wir nicht weitergekommen. Das Werk, das sich am besten ins Ensemble einfügt, ist die Skulptur von Henry Moore. Aber daran hatten wir sehr früh gedacht. Man brauchte dort, wo sie steht, eine Masse von einem bestimmten Volumen. Die Placierung von Picasso geschah ebenfalls vorsätzlich, ebenso die von Miró. Wir haben viel mit Miró, Moore, Noguchi gearbeitet. Doch ist Picasso niemals auf die Baustelle gekommen. Ich bekenne dagegen, daß ich nicht gewußt habe, wie mit Arp oder Afro zu arbeiten» (‹Cimaise›, Jg. 7, Nr. 48, 1960).

hohe Eisenspirale, die sich um zwei Zylinder und eine Glaspyramide winden sollte, Ausstellungs-, Konzert- und Versammlungsräume umfassend; Constants Vorschläge für ein ‹Neu-Babylon› als «das *experimentelle Denk- und Spielmodell* zur Bildung von Grundsätzen für eine neue, andersartige Kultur», als «Objekt einer Massenkreativität», als Projekt «abhängig von soziologischen, psychologischen, wissenschaftlichen, technischen, organisatorischen und künstlerischen Faktoren», das eine «kollektive Zusammenarbeit» voraussetzt – zielen auf diesen letzten Typus, der oft überdacht, oft gefordert, aber selten ausgeführt wurde. (Daß diese drei Typen nicht starr gesondert sind, daß sie ineinander greifen, daß vor allem der dritte und der erste Typ sich verbinden, ist selbstverständlich. Auch diese Typen sind Denk- und Erfahrungsmodelle, die nur behilflich sein wollen.) Zu dem dritten Typ tendiert die Hochschule in St. Gallen, auf die ich näher eingehen werde.

Den plastischen Körper «als selbständig architektonisches Gebilde mit Raum und Bau» zu verbinden, forderte der Bildhauer O. H. HAJEK (Abb. 13). «Dieses Gebilde sollte», wie er meint, «als Zwischenglied zwischen Plastik und Architektur verstanden werden, es kann mithin nur in einer besonders erstellten oder gemachten Umgebung existieren. Nimmt man es aus seiner Umgebung heraus, wird es unverständlich und bedeutungslos. Plastik also nicht als Attribut eines Gebäudes oder eines Platzes. Sie muß ihre Umgebung verändern, wie ja auch die Umgebung die Plastik zu dem macht, was der Künstler mit ihr beabsichtigt hat. Genauer: es ist notwendig, daß die Architektur durch den Bildhauer verändert wird. Diese Veränderung drückt sich so aus, daß womöglich vom Gesichtspunkt der Architekten die Architektur gestört, die Störung aber sinnvoll wird, wenn man an den Menschen denkt, der entweder im Gebäude oder um das Gebäude herum lebt. – In die Eingangshalle des Finanzamtes Villingen, die dem Baukörper vorgelagert ist, habe ich eine räumlich geschichtete, durchbrochene Wand gestellt [1959]. Hier vollzieht sich die Begegnung des Menschen mit der Architektur. Die Plastik hat eine besondere Funktion: sie weist dem Menschen den Eingang zum Hauptgebäude und schirmt das hintere Gebäude ab. Die ‹räumliche Wand› begegnet also dem davor und dem dahinter liegenden Raum der Eingangshalle. Diese Begegnung wird durch die Raumschichtungen festgehalten. In der Wechselwirkung der faßbaren Form und der Raumform verschiebt sich das Positive und Negative. Durch die hintereinander und voreinander geschichteten Flächen und Glieder, die hier in Modellierbeton gearbeitet sind, schaffe ich einen Raumstrom, d. h.: aus dem Gesamtraum fließt gleichsam eine Strömung zwischen die Schichten ... Sobald ich mich als Betrachter vor diese Plastik stelle, entsteht das Phänomen, daß eine Raumspanne, die zwischen mir und der Plastik liegt, sich in meinem Bewußtsein auch als Raumstück *hinter* der Plastik geltend macht, obwohl ich dieses Raumstück nicht sehe. Es handelt sich um ein Raumecho, um einen Raumreflex, um einen imaginären Teil, der wirklich da ist, denn die Plastik macht ihn spürbar» (‹blätter + bilder›, Heft 10, 1960).

Hajek hat neben anderen Arbeiten drei große Auftragsplastiken in den Jahren 1963/64 realisiert: 1963 einen Kreuzweg von acht großen Reliefskulpturen, die teilweise über sieben Meter lang sind, an der Ostmauer des Vorhofes einer Kirche ‹Maria Regina Martyrum› in Berlin. (Erbaut von den Architekten Hans Schädel und Friedrich Ebert steht diese ‹Kirche im Angesicht des Todes›, dem Gedächtnis der Bekenner und Märtyrer des Glaubens im Dritten Reich gewidmet, in der Nähe der ehemaligen Strafanstalt Plötzensee.) Während Hajek in den Kreuzwegstationen zum Teil thematische Bezüge aufnimmt, gliederte er die ‹Leitwand› für einen Friedhof in Frankfurt-Westhausen (72 Meter lang, 4,20 Meter hoch) durch thematisch ungebundene Reliefierung, die sich vor allem eines stangen- oder balkenartigen Vokabulars und punktueller Gliederungen bedient. Architektonische Aufgabe der Leitwand ist es, die Trauernden in die Halle (Architekt Günther Bock) zu geleiten. Hajeks ‹Frankfurter Frühling›, eine begehbare Plastik aus sechs Betonelementen für eine Berufsschule in Frankfurt, war auf der Documenta III (1964) zu sehen.

Werner Ruhnaus Gelsenkirchener Theater ist oft besprochen, hier soll der Hinweis genügen auf die dortige Zusammenarbeit zwischen Architekt und Bildhauern resp. Malern, die allerdings eine bestimmte architektonische Situation bereits vorfanden, in deren Rahmen sie dann frei gestalten konnten. Die beteiligten Künstler waren der Engländer Robert Adams mit einem Fries aus ungleichartigen Betonwürfeln, der die Front der Kassenhalle gestaltet; Norbert Kricke, dessen Stahlrohrrelief an der Südfassade des Kleinen Hauses als langgestrecktes Emblem die bewegte Koordinate des hochgestreckten Hauptbaues ist; Paul Dierkes Wand aus Gipsstukkaturen, die das Zuschauerhaus auf der Foyerseite bedeckt; Jean Tinguely (s. S. 122 ff), der seine Mobiles im Kleinen Haus in Bewegung setzt; Yves Klein schließlich, der mit Ruhnau zusammen im dritten Band von ‹Zero›, Düsseldorf, eine ‹immaterielle Architektur› projektierte, schuf zwei Bilder, davon ein Schwammrelief, beide ganz in blau, die Yves Kleins Vorstellung von der Farbe als dem «wahren Bewohner des Raumes» verwirklichten. Hat Ruhnau mit diesem Theater Vorstellungen einer mobilen Architektur realisiert, die in bezug auf das Theater Austauschbarkeit von Bühnen- und Zuschauerteil, Auflösung fester architekturbildender Teile wie Decken, Wände, Böden, Aufgabe der Exklusivität des Theaterbaus im städtischen Großraum vorsehen, so bleiben im allgemeinen alle neuen Theaterbauten in der überlieferten Denkweise stecken, Kunst nur als Schmuck für Wand und Decke, nicht aber als integralen Bestandteil der Architektur einzubeziehen. Aber «gerade im Sinne einer sozialen Imagination sind», wie Udo Kultermann schrieb, «die Resultate verwandter Disziplinen wichtig für eine zeitgenössische Lösung der vor uns liegenden Probleme. Künstlerische Architektur sowie eine neue plastische und das Licht gestaltende Raumkunst gehen dabei von den gleichen Voraussetzungen aus und bedingen sich gegenseitig bei der Gestaltung unserer Umwelt. Keiner dieser verschiedenartigen Bereiche hat heute mehr attributiven Charakter» (Der Schlüssel zur Architektur von heute. Düsseldorf u. a. 1963, S. 254).

5. Die Hochschule in St. Gallen

Eines der vorzüglichen Beispiele von schöpferischer Zusammenarbeit zwischen Künstler und Architekt bietet die Hochschule für Wirtschafts- und Sozialwissenschaften in St. Gallen, nach einem Wettbewerbsprojekt der Architekten Förderer und Otto von 1957, im Juni 1963 fertiggestellt. (Der Arbeitsgemeinschaft trat außerdem der Architekt Zwimpfer bei.) Hätte man nichts weiter im Sinn gehabt, als dem Studenten während seines Studiums an der Hochschule gleichsam nebenbei eine Galerie der Kunst unserer Zeit zu präsentieren – das Projekt wäre nicht weiter erwähnenswert, außer durch den Rang der dort gezeigten Kunst. In der Tat hatte man anfangs in der Dozentenschaft darüber diskutiert, den Neubau ‹künstlerisch zu schmücken›, eine Auffassung, die dann glücklicherweise fallengelassen wurde. Der Weg war damit frei, bereits in die Konzipierung der Hochschule die Idee des Künstlerischen und der Kunst in der Architektur sowie einer Integration zwischen Kunstwerk und Architektur aufzunehmen.

Die äußere Ansicht der Hochschule wird bestimmt von einer gewissen Klassizität oder auch Monumentalität: große, ungegliederte, kubische Flächen, wobei der verwendete Sichtbeton den Eindruck der Monumentalität noch unterstützt. Die Architektur des ganzen Komplexes gliedert sich in drei Ausdrucksträger: die Aula, Hörsäle und Bibliothek, die die Hauptakzente des Baues sind. Dazu treten an zweiter Stelle kleinere Hörsäle, der Erfrischungsraum, der Zeitungslesesaal u. a. und an dritter Stelle Institutsräume und Bürozimmer. Entsprechend dieser Gliederung haben in der ersten Gruppe die personellen Architekturmittel wesentlich größeren Anteil als in den Büroräumen und Seminarsälen, in denen standardisierte, anonyme bauliche Mittel dominieren. Andererseits sind auch der Aufbau und die Verteilung der zahlreichen Kunstwerke durch diese Gliederung bestimmt. Die beherrschenden Träger des architektonischen Ausdrucks wie Aula und Bibliothek beherbergen die *unbeweglichen* bildnerischen und plastischen Werke. So das über zwei Wandseiten führende Mauerbild von Antonio Tàpies, das sowohl vom Galeriegeschoß der Bibliothek als auch vom daruntergelegenen Lesesaal aus sichtbar ist: ein aus erdigen Farben herausgearbeiteter Fries, der ruhige, geschlossene Zonen neben solche einer gestenhaften Aktion setzt. So auch das farbig akzentuierte Eisen-Glas-Relief des schweizerischen Künstlers Coghuf, das die Aula umzieht. (Hier war ein Wettbewerb ausgeschrieben.) Coghuf hat überdies in eigener Regie die Aula farbig ausgestaltet: ein ausladender gelbgrüner Vorhang und die blaue Holzdecke vermitteln zwischen Architektur und Wandteppich – ebenfalls Coghuf –, den erwähnten Eisen-Glas-Reliefs in den Fensterfronten und einem Deckenrelief.

Tafelbild, Wandteppich, Relief etc. haben als ‹transportable› Kunst in standardisierten Räumen ihren Platz, um das zu geben, was mit den präfabrizierten baulichen Mitteln an Gestaltwerten nicht zu erreichen ist. Allerdings stößt die Forderung nach Integration von Kunst und Bau hier auf eine Grenze. Walter Förderer, einer der Architekten der Hochschule, der vornehmlich die Kunstfragen des Neubaus betreute, gestand in einem Interview, daß dabei die «Problematik standardisierten Bauens offensichtlich wird; es vermag eben weitergehendem Ausdrucksverlangen als jenem bloßer Designästhetik nicht zu genügen. In einer flexiblen Raumfolge einen Raum mit besonderem Anspruch zum bestimmten Ort im Ganzen des Baues zu machen, ist mit nur designerischen Mitteln nicht möglich. Dieses ist die Chance für das eigengesetzliche Kunstwerk... Damit ein Kunstwerk im Raum mitgestaltend wirken kann im Sinne eben der ‹Integration›, müssen statt standardisierter auch weitergehende bauliche Mittel eingesetzt werden – in Relation zum Kunstwerk» (‹Werk›, Jg. 50,8, Aug. 1963). Neben die Organisierung räumlicher Bedürfnisse tritt die *Inszenierung* der ‹beweglichen› Kunstwerke: «die architektonische Inszenierung erst erlöst sie aus ihrer Vereinzelung und gibt ihnen weitertragende Bedeutung.» Als Beispiele: Zoltan Kemenys aus verschieden großen quadratischen Elementen gestaltetes Messingrelief in der Treppenhalle des Wirtschaftswissenschaftlichen Forschungsinstituts; das Bleirelief von Etienne Hajdu, mit dem Spiel des Lichtes auf seiner Oberfläche ein Gegenpunkt zu den glatten Holzpartien und dem Beton der Eingangshalle; der Wandteppich von Pierre Soulages im Zeitungslesesaal mit der großzügigen Gliederung der balkenartigen Zeichen. In Stichworten faßt Förderer die Situierung der Kunstwerke folgendermaßen zusammen: «Freigestellte Außenplastik im Widerspiel zu großen Architekturaspekten – Rundplastik von standardisierter Fassade – Glasmalereien, Tapisserie in standardisiertem Raum – strukturierte Malerei in freigeformtem Innenraum – Malerei an der Nahtstelle zwischen präfabriziertem Flexiblen und Festgebautem.»

Die herausragenden Freiplastiken sind, am Eingang der Hochschule, ein Ensemble biomorpher Formen der Alice Penalba, François Stahlys hohe bronzene Brunnenplastik in der Südecke des Sportplatzes, Hans Arps Schalenbaum auf einem Sockel vor dem Haupteingang (Abb. 15). Bedachtsamkeit, überlegte Inszenierung von Kunst im Komplex der Hochschule kennzeichnet alle Realisationen, von denen hier nur einige erwähnt wurden. In St. Gallen ist jedenfalls ein Beweis erbracht, daß es nicht zweifelhafte Traditionen oder Natur sind, die das Bauwerk bedingen, sondern die neuen Strukturen, die neue Gestalt, die der schöpferische Mensch ihm erfindet und verwirklicht.

6. Plastik als Bewegung: Jean Tinguely

Tinguelys erste ‹meta-mechanische› Plastiken, die er nach seiner Übersiedlung nach Paris 1952 macht, sind teilweise feinziselierte Apparate mit Rädern und metallischen Konfigurationen wie Rechtecken, Scheiben, Dreiecken etc. 1959, dem Jahr, in dem er 150 000 Flugblätter eines Manifests ‹Für Statik› über Düsseldorf abwirft («Es bewegt sich alles, Stillstand gibt es nicht. Laßt Euch nicht von überlebten Zeitbegriffen beherrschen ... Hört auf, die Zeit zu ‹malen›. Laßt es sein, Kathedralen und Pyramiden zu bauen, die zerbröckeln wie Zuckerwerk. Atmet tief, lebt im Jetzt, lebt auf und in der Zeit. Für eine schöne und absolute Wirklichkeit!»), 1959 führt er auf einer Ausstellung in der Pariser Galerie Iris Clert seine von jedem Besucher zu bedienenden Zeichenmaschinen *‹Métamatic›* vor und zeigt bei der ersten Biennale ebenfalls in Paris ein großformatiges Exemplar einer solchen Malmaschine, die auf eine Papierrolle endlose Muster automatisch aufträgt. Mehr, als mit diesen Maschinen – deren Prinzip der «Selbstbedienung» er in späteren Skulpturen wieder aufgenommen hat – das technische Arsenal der Computer-Zeit um einige Roboter zu erweitern (dafür sind diese Apparate doch zu ‹einfach›, ‹naiv›, ‹verspielt›, ‹unzweckmäßig›), reizt es Tinguely, der Bewegung, die er in die Plastik einbezieht, einen quasi-funktionellen Fond zu geben, vor und auf dem ihre Impulse sichtbar werden. Diese Plastiken sind autonome Körper, vollführen ihre eigenen Abläufe, erzeugen Ton und ‹funktionieren›, nur daß diese Funktion ausschließlich im artistisch-ästhetischen Bereich gründet. Der Betrachter, der sich diesen Plastiken unter einem sozusagen arbeitstechnischen Gesichtspunkt nähert, wird auf die *eigene Kategorie* des Kunstwerkes verwiesen.

Dieser ‹im Jetzt›, als unmittelbare Gegenwart wirkende autonome Komplex kann vom Künstler auch zeitlich determiniert sein. Das ist der Fall seiner sich selbst zerstörenden Apparate, wie der ‹Huldigung an New York› – eine acht Meter hohe Maschine, die sich am 17. März 1960 im Hof des New Yorker Museum of Modern Art in dreißig Minuten zerstörte. J. W. Klüver, der über den Aufbau der Maschine, die tagelange

Suche nach geeignetem (Alt-)Material, eingehend berichtet hat, schreibt dazu: «Jeans Maschine war entworfen aus ‹totaler Anarchie und Freiheit›, wie er es nannte. Die freien und chaotischen Umstände, unter denen sie gebaut wurde, waren eine Notwendigkeit und, in gewisser Weise, ein ungeheurer Luxus. Jean lieferte Energie, um Freiheit zu schaffen, und war Herrscher über das Chaos. Als die Energie freigesetzt wurde, war alles, was geschah, auf eine von Jeans Entscheidungen bezogen. Man kann keine Unterscheidung treffen zwischen den *‹Random›*-Elementen, den Zufällen oder den kontrollierten Teilen des Schauspiels... Es war eine bestimmte Demonstration, mit Liebe und Humor ausgeführt, und nicht ein philosophisches Problem» (‹Zero›, 3, 1961). Eine andere sich zerstörende Maschine bzw. ein Ensemble aus mehreren Maschinen schweißte Tinguely im Garten des Louisiana Museums in Kopenhagen im September 1961 zusammen, genannt: ‹Entwurf für einen Weltuntergang›.

Kunst heute bedient sich eines schier unendlichen Vorratslagers an Formen, neuen Techniken, neuem Material. Allem voran hat die Plastik heute dieses neue Arsenal erkundet und verwendet. Dabei sind die Übergänge zwischen den Kategorien Bild und Plastik heute eminent, das Bild als der durch zwei parallele Seiten rechteckig begrenzte Raum hat sich geöffnet, wie die Plastik selbst zu einer neuen Ikonographie führte, die dieses Kapitel hier an einigen wenigen Beispielen aufweist, sie wurde z. T. Wandplastik (wie in zahlreichen Arbeiten der Lee Bontecou mit ihren auf Drahtstegen gespannten Leinwand- und Stoffteilen oder in den ‹Schreinen› Kalinowskis, vgl. Abb. 17 und 21). Neben der stofflichen Erweiterung der Plastik durch synthetische Stoffe, Zellglas, Schmelzzement usw. steht eine gewisse thematische Neuorientierung, u. a. an mythischen, folkloristischen Ereignissen. So ist es vom Gedanken der Kopenhagener Maschinenfiguren Tinguelys nicht weit zu den Figuren, die die Bergvölker seit eh und je zu bestimmten Anlässen verbrennen; so belegen feingliedrige Plastiken Tinguelys wie *‹Baluba›*, 1961, und *‹Weekend›*, 1962, in der anmutigen Verteilung von Federn, Spielzeug, Drähten, Glocken die Nähe zu den Ikebana-Anordnungen. Diese Anklänge tragen dazu bei, dem plastischen Schaffen Tinguelys einen Bedeutungsradius zu geben, der einer nur mit Materialreizen spekulierenden Kunst entgeht. Wenn, wie K. G. Hulten im Katalog der wegbereitenden Ausstellung ‹Bewogen Beweging› in Amsterdam u. ö. schrieb, «die Kunst auf dem Weg ist, aktiv und dynamisch zu werden», so ist das eine Kunst, in die Bewegung integriert ist, Instabilität, Veränderlichkeit. Ausdrucksträger der Bewegung, wurde das Rad in seinen verschiedenen Ausformungen zu einer Konstante der Arbeit Tinguelys, von den Schaufelrädern, die er noch im Kindesalter bastelt und so mit Blechbüchsen koppelt, daß die Rotation durch Klöppel auf diesen Büchsen Töne erzeugt; über die *‹Métamechaniques›*, bei denen die Drahtenden an Rädern ineinandergreifen und die Bewegung weiterleiten; zu der Fahrradfelge, die er in seine Plastik ‹Huldigung an Marcel Duchamp› 1960 baut und schließlich jener Vielzahl von Rädern, die er in ‹*Eureka*›, die Großplastik auf der Expo in Lausanne 1964, einmontiert.

7. Die skizzierte Raumfigur: Harry Kramer

Kramer, der von 1949 bis 1952 als Tänzer gearbeitet hat, beginnt 1952 Marionetten zu bauen; er skizziert ein ‹Mechanisches Theater›, das er mit den 32 Figuren seiner ‹13 Szenen›, fertiggestellt 1955 und seither an verschiedenen Orten vorgeführt, verwirklicht. («13 Szenen, gebunden durch eine Traumlogik: Verlauf in der Horizontalen gleicher Spannungsverhältnisse: Ausschnitte aus Abläufen, quer durch die Parallelität der Vorgänge. Räder, Kreisel, Kufen: Gehwerkzeuge. Schlaflos. Kontaktlos.») Für dieses erste seiner ‹Mechanischen Theater› benutzt Kramer den Typ der bekannten Marionette, dazu Figuren mit einem Führungsstab und Figuren auf Rädern, die ebenfalls mit einem Stab bewegt werden und die er ‹Wagen› nennt. 1955 bis 1959 arbeitet Kramer an einem zweiten Spiel, genannt ‹Signale im Schatten›, wobei er nun kleine Motoren in die ‹Wagen› einbaut. Kramer schreibt hierzu: «Von starken Scheinwerfern flach ausgeleuchtete und ihrer Schatten entkleidete Maschinen rollen und rotieren nackt im nackten Raum, werden hart und plötzlich weggeleuchtet. Eine mit leeren Augen in nichts starrende Figurine, schwach und punktförmig von einem Spotlicht getroffen, wird für Sekunden sichtbar, verschwindet wieder. – Sich selbst und einander fremd stehen diese Objekte in der Weite einer vom überstarken Licht leergebrannten Landschaft. – In einer solchen Landschaft kommt kein Dialog zustande. Nur zerstückte Sätze, Wortfetzen und sinnlose Befehle sind möglich. Menschliche Figurinen und abstrakte, der Geometrie entlehnte Formen, isolierte Körperteile ... gehen ohne Störung ineinander über» (Movens. Wiesbaden 1960, S. 124).

Parallel zu einem ‹Schauspiel der Objekte›, über das Kramer zusammen mit W. Ramsbott in dem abgedruckten Dokument berichtet, parallel zu seiner Filmarbeit (‹*Défense 58–24*›, 1958; ‹Die Stadt›, 1959; ‹Die Schleuse›, 1961/62 u. a., vgl. S. 174 f) geht seine Entwicklung als Plastiker. Hier, vor allem in den aus leichten Drähten zusammengefügten Plastiken, skizziert er den Raum als Spielraum und Bewegungsraum: Raum einer langsam, zögernd, dann oft ruckartig abspulenden Bewegung, die, von Schnüren auf Achsen oder Rollen übertragen, schließlich Räder und andere Konfigurationen in Bewegung setzt, kleine Schwengel zum Beispiel, die an Glocken und auf Büchsen hämmern, und so auch den Ton einbeziehen (Abb. 20). Viele weitere Plastiken waren das Zusammenwirken eines ganzen Ballett-Inszenariums: Ton, Raum,

Bewegung und ein fadenartiges Gespinst, das diesen Raum nicht konkretisiert oder eindeutig bezeichnet, ihn vielmehr nur andeutet, um ihn im nächsten Augenblick aufzuheben und einen anderen Raumvorschlag zu unterbreiten. Die Skizze einer Raumfigur, die sich der Linearität des Drahtes als des unkörperlichsten Elementes bedient.

Auch hier, wie es Werner Hofmann für den Calder um 1930 formuliert hat, wird starre Geometrie humorvoll travestiert, überdies Präzision und Technik. Denn die Bewegungsgesetze dieser Plastiken arbeiten nach den Minimalansprüchen der Mechanik, vertreten den ‹naiven› Anfangszustand der Apparaturen oder vielleicht auch einen utopischen Endzustand der Apparatur, in dem sich diese, gelöst von jeder Funktionalität, dem reinen Spiel hingibt. Einigen wir uns darauf, sie die utopischen Anachronismen einer bewegten, spielerischen, linearen Mechanik zu nennen. Was klar wird, wenn man sie mit den ambitiösen Drahtknäueln der Claire Falkenstein und den zeit-, gegenwartsbewußten Drähten und Gestängen Norbert Krickes konfrontiert.

Wehren sie sich nicht sogar dagegen, bezeichnet zu werden, gegen ironische Anspielung auf mythische, legendäre Personen und Ereignisse (Paolozzi), auf bestimmbare, ‹naturhafte› Zusammenhange (Nevelson)? Wenn aber für das Kind Zeichen und Bezeichnetes nicht unterscheidbar sind, das Zeichen vielmehr «die Sache selbst, das Erfahren verschiedener Zustände, Tätigkeiten und Widerstände» (W. Grözinger) ist – könnte man nicht auch Kramers Plastiken einer solchen ungerichteten Motorik zurechnen, die nicht Metaphern in den Raum stellt, sondern ein ursprüngliches Tun verwirklicht, das sich bezeichnet: ‹Hier war ich›. Dann wäre die Umgebung für diese Plastiken der freie Raum, der zwar frei von einer die Figur einengenden Begrenzung wäre, aber von Leben pulsiert, in dem das Licht ein ständig wechselndes Farben- und Bewegungsspiel hervorruft, der von Geräuschen überflutet oder in Stille geteilt ist.

HARRY KRAMER / WOLFGANG RAMSBOTT: DAS SCHAUSPIEL DER OBJEKTE

Das Mouvement

Das Mouvement *ist eine eigene Kunstform, ein Zwittergebilde, das Elemente der Skulptur, der Malerei und des Spektakels in sich vereinigt. Es unterhält, ist seinem Wesen nach spektakulär. Das Mouvement Pur ist nur ein Teilgebiet der maschinellen Kunst. Alle Erfindungen werden, kaum geboren, von der Werbung adoptiert und ausgeschlachtet. Die Beschränkung auf ein mechanisches oder optisches Phänomen, bei Calder und Duchamp bis zur Vollendung durchexerziert, hat das Mouvement in einen Engpaß geführt. Reduzieren heißt nicht verdichten. Reduzieren* heißt, dem Zuschauer, den die Bewegung eines Riesenkrans an einem Hochhaus fasziniert hat, eine Spirale vorsetzen mit der Bemerkung, er habe Gelegenheit, in die vierte Dimension Einsicht zu nehmen. Auf der anderen Seite, und zwar meist auf dem Papier, wurde das Mouvement zu einem Unternehmen ausgeweitet, das den Staatshaushalt einer Großmacht verlangt – indem man an Riesenapparate und Übertheater dachte, nach Arbeitsteilung schrie, das Teamwork propagierte und nach dem Techniker wie nach einem Arzt verlangte. – Kramer ist es im Grunde gleichgültig, ob die Objekte mit der Hand angestoßen, am Faden gezogen oder von einem Uhrwerk getrieben werden. Wichtig ist, wie das Pulsen eines vom Motor bewegten Pleuels im ruhigen Atem eines langsam drehenden Pfeils ein Gegengewicht findet, wie das Gleichmaß der beiden Bewegungen vom nervösen Peitschen eines am unsichtbaren Faden geschleuderten Punktes in unregelmäßigen Intervallen unterbrochen wird. Dauer, Bewegung und Rhythmus der Abläufe sind genau fixiert. Der gleichmäßig abspulende Ton des Bandgeräts läßt keine Zeit für Improvisationen. Jeder Lichtschock, jeder Impuls ist festgelegt. Eine der Forderungen an das Mouvement ist, daß es inszeniert wird.

Mechanisches Theater

Kramers Theater gehört weder ganz der darstellenden noch ganz der bildenden Kunst an. Eine vor diesem Zwittergebilde hilflose Kritik flüchtet zum Begriff eines totalen Theaters. Objets Spectaculaires: Diese Objekte sind Augenmagneten. Sie erzeugen Nervenreaktionen und entziehen damit Teile des Empfindens für Sekunden der Kontrolle des Beschauers. Der Intellekt, verärgert über dieses Loch, für das er keinen Pfropfen findet, klebt als Etikett ‹Schock› oder ‹Abseitige Bastelei› darüber und geht beruhigt zum Gewohnten über. Kramer reizte es, Objekte auf ihre spektakuläre Wirkung hin zu testen und organisiert in einen Handlungsablauf zu pressen. Spectacle des Objets: Maschinen, Figuren, Objekts zwangen ihm während der Arbeit einen Inszenierungsstil auf, der weder beabsichtigt noch vorausgesehen war. Die verwendeten Objekte hüllen sich in einen undurchdringlichen Panzer von Kälte und Einsamkeit. Sie tragen alte und neue Erfahrung, Maß, Masse und Bewegungsschema kontaktlos nebeneinander her. Elemente, die einmal in den Lichtkanal des Scheinwerfers gezerrt waren, bleiben dem Zuschauer gegenwärtig. In einer Szene, in der sich einander fremde Objekte nahtlos der Gesamtkonzeption unterwerfen, ist ein Miteinander oder Sichdurchdringen unmöglich. Es ist die Gesetzmäßigkeit der Träume, nach der die Erfahrungen isoliert ablaufen, sich ablösen und zäh vorwärtsschieben, wie an Gummifäden dem Ausgangspunkt verhaftet. Trotz hämmernder Rhythmen, hart aufklatschender Lichtbündel und kurzer *plötzlicher Schnitte bleibt der szenische Ablauf horizontal. Eine Theaterform, der Zuspitzung und Auflösung, Dialog und Pointe fremd sind. Jede Figurine wird in ihrer Vereinzelung zum Objekt, zur Chiffre einer einmal fixierten unabänderlichen Erfahrung. Die Szene springt den Zuschauer an, krallt sich in sein Denken und motort in ihm wie ein Melodiefetzen, der ihn nicht mehr losläßt. (1)*

IV. MECHANIK, LICHT, BEWEGUNG

1. Das Schema der Mechanik: Duchamp – Picabia – Léger – Moholy-Nagy

Marcel Duchamp oder die Ironie des Mechanischen

Als Marcel Duchamp [1] 1912 seine letzten Aktbilder malte, steckte er die Figuren in eine Art mechanisches Futteral, vielmehr ersetzte – von den Variationen des Themas ‹Akt, eine Treppe hinabsteigend›, über ‹König und Königin, von schnellen Akten umgeben› und dem ‹Übergang von der Jungfrau zur Neuvermählten› bis zu der ‹Neuvermählten› (beide im Sommer des Jahres in München gemalt) – das Fleisch, seine organischen Formen durch Gestänge, Behälter, Folien, Rohre, die den Akt nicht reduzierten, sondern neu erfanden. Den Akt? Ist wirklich noch die Figur gemeint, spielt Duchamp seine Titel nicht vielmehr ironisch gegen gemalte Apparate aus, deren Mechanik offensichtlich aber funktionslos ist? Apollinaire vermutete diesen Bildern von 1912 gegenüber: «Eine Kunst, die sich zum Ziel setzte, aus der Natur keine intellektuellen Verallgemeinerungen, sondern *kollektive Formen und Farben*, deren Wahrnehmung noch nicht zum Begriff geworden ist, herauszuholen, hat viel für sich, und es sieht so aus, als wäre ein Maler wie Marcel Duchamp drauf und dran, sie zu verwirklichen» (Hervorhebungen vom Verf.). Keine intellektuellen Verallgemeinerungen, der Busen beispielsweise, stilisiert und fetischisiert, aber ein Busen, prall, rund, fleischig. Dafür eine Morphologie der ästhetisch unverbrauchten Formen, die bestimmt war durch den Schock des Mechanischen, Industriellen, Technischen; statt einer Verhärtung biomorpher Formen ihre Neuerfindung im Vokabular einer ‹Junggesellen-Maschine› etwa, an deren Skizzierung Duchamp 1913 ging. Hier, in diesem erstaunlichen Marcel Duchamp erhielten die großen Stilisten des Jahrhunderts ihren Antipoden, für den Kunst nicht mehr Auflösung, Harmonisierung, Übersetzung psychischer Ekstase usw. war, sondern eine Folge von ästhetischen Entscheidungen über die Realität, die nicht darauf angewiesen waren, ins bildnerische Medium gleich Bild übersetzt zu werden.

«Marcel Duchamp», hat Max Bill einmal geschrieben, «wollte einst der Anti-Künstler *par excellence* werden. Er ist der Prototyp des Künstlers geworden. Seine Opposition, die er einst mit Ironie umhüllte und fein säuberlich in Ironie verpackt präsentierte, hat sich als einer der positiven Beiträge zur Geistesgeschichte des XX. Jahrhunderts erwiesen»

---

1 Vgl. TzM, S. 12 ff.

(Ausst.kat. M.D., Kunstgewerbemuseum Zürich, 1960). Duchamp hat eine neue Tür geöffnet, indem er die alte Bestimmung der Kunst aufnahm: eine Realität in den Rang einer *Wirklichkeit* zu heben, Realität zu verwirklichen, sie, abgelöst aus dem Zweckverband, in dem sie uns zur funktionellen Tastatur zusammenschmilzt, in ihrem Ding- oder Objektcharakter kenntlich zu machen. Es war der Entschluß, die Anonymität der Gegenstände und Funde im Readymade aufzuheben, eine Antwort auf die visuelle Gleichgültigkeit, die zugleich darauf verzichtete, nach gutem oder schlechtem Geschmack zu handeln.[2] Kunst wurde für ihn: Wahl, Entscheidung, Bewegen, der künstlerische und nicht der bildnerische Akt war der weitere und umfassendere. Das Vorgehen Duchamps erwies sich als um so wichtiger, da es ohne Prätention, ohne Ideologie war. «Es handelt sich einfach um ein Mittel, nicht mehr daran zu denken, daß die fragliche Sache ein Bild ist», wenn er für sein bekanntes ‹Glas›: ‹Die Neuvermählte, von ihren Junggesellen entkleidet›, 1915–1923, den Untertitel *‹retard en verre›* vorschlägt. «Was das Ganze betrifft», meinte Duchamp, «vermittelt es offensichtlich eine Haltung in bezug auf die Maschinen, die keineswegs bewundernd, sondern ironisch ist.» Meta-Ironie: Ironie der Gleichgültigkeit, die sich der Präzisionsteile und mechanischer Einsätze bedient, um dahinter den Künstler zu verbergen. Daher der Entwurf einer ‹trockenen Kunst›, für die Duchamp plädierte. Die Mechanik ist nicht das Heil des Jahrhunderts (ich sagte es schon: Duchamp liefert keine Ideologien), vielmehr eine Möglichkeit, jenseits der Kategorien des Bildes, das aus der Stofflichkeit des Pigments lebt, sein Thema zu formulieren.

«Die Gestalt des Möglichen
(nicht als Gegensatz des Unmöglichen
unabhängig vom Mutmaßlichen
und nicht dem Wahrscheinlichen untergeordnet).
Das *Mögliche* ist nur
eine physische ‹Beize› (Marke Vitriol)
die jede Ästhetik oder Kallistik versengt.» (1913)

---

2 Gillo Dorfles sieht hierin den Beitrag Duchamps zu dem «grundlegenden Thema unserer kulturellen Epoche»: dem Problem der *‹Verdinglichung›*, wie es in der Husserlschen Phänomenologie ausgearbeitet wurde. Ein Problem, das sich neben anderen menschlichen Bereichen auch in der zeitgenössischen Kunst äußert, positiv durch die ‹Entdeckung› und Bewertung eines weiten *«panorama oggettuale»*, an dem wir teilhaben, negativ durch die Gefahr einer ‹Fetischisierung›: «Es war das Verdienst von Marcel Duchamp, diese unbesiegbare Kraft des Dinges wahrgenommen zu haben und die Möglichkeit der Verwandlung, die auch den elementarsten Schöpfungen des Menschen eigen ist, als er um 1915 den Start gab für diesen Sektor der modernen Kunst, der erst heute, angesichts der Anwendung und Valorisation unseres dinglichen Erbes, allgemeine Verbreitung findet» (‹Art International›, VIII/10, Dez. 1964, S. 40).

Francis Picabia

Francis Picabia ist Polemiker. Er umgibt sich mit einem Abwehrsystem aus Widersprüchen, Zynismen und ironischen Sentenzen. Das sichert ihm ein bestimmtes Maß an Freiheit und eine inkorrupte Dialektik. Zumindest solange er das literarische Talent, das er mit Duchamp teilt, seine Wortspiele, seine ‹*Dits*›, gegen eine präzise, mechanistische Optik ausspielt. ‹*Voilà la femme*› überschreibt Picabia 1915 ein Blatt, auf dem eine isolierte, kolbenartig funktionierende Maschine dargestellt ist. ‹Der Heilige der Heiligen: Es handelt sich in diesem Porträt um mich›, steht unter einer Zeichnung aus demselben Jahr, wiederum ein Stück Schulbuchmechanik, das aus der vertrauten Umgebung eines Schulbuches entfernt wurde. Das wirkt frisch und überzeugend, wie gesagt, solange Picabia eine präzise Zeichnung mit einem ‹zündenden› Titel auslöst. Picabia versagt, wenn er Mitte der zwanziger Jahre dafür eine bildnerische Maniera eintauscht, die sentimental und eklektisch wird. «Wollen Sie eigene Ideen haben», sagt er, «wechseln Sie sie wie Hemden.»

Duchamp seinerseits ging um 1914 daran, Objekte kühler Präzision zu finden: der bekannte Flaschentrockner stand am Anfang dieser Reihe von Funden: «*Faire un tableau malade ou un Readymade malade.*» Picabia geht diesen Weg nicht mit, er retiriert auf die Leinwand, zum Handwerkszeug des Malers, zum Pigment, über die er einst gespottet hatte. Das Bild nimmt nunmehr seinen Titel beim Wort und wird zur Platitüde. Der Schulbuchmechanik findet Picabia keinen bildnerisch entsprechenden Ausdruck.

Fernand Léger oder die Schönheit des Mechanischen

Der kühlen, präzisen Objektivierung Marcel Duchamps, einer «Augenlehre der Präzision», die sich, wie man am Beispiel des Großen Glases sieht, Bedeutungen auch thematischer Art nicht verschloß, ausgeführt in einer ‹trockenen Zeichnung› mit Hilfe mechanischer Elemente, stellt Fernand Léger gemalte Objekte eines «klaren, reinen, unerbittlichen Lebens» zur Seite. Da es das «katalogisierte, hierarchisch Schöne» nicht gibt, läßt sich auf den Bildern auch eine andere, neue, ungeschaute «Schönheit des Mechanischen» verwirklichen. «Für Léger ist das Sichtbare auf einige elementare Punkte konzentriert: eben jene, wo sich die Metamorphosen der Formen unserer zeitgenössischen Umwelt vollziehen, jene, die die neuen visuellen Beziehungen bestimmen. Er sieht, fühlt und denkt auf dem Niveau der technischen Erfahrungen, die für das neue, besondere Gesicht einer Epoche verantwortlich sind, die vor allem durch die systematische Einführung der Maschine in das tägliche Leben gekennzeichnet ist. Die Formenwelt der Zylinder, Propeller, Zahnräder, Scheiben, die mechanischen Elemente... entschleiern den Sinn eines dauernden Fragens: in der Maschine die ‹in funktionierende Strukturen verwandelte und kristallisierte menschliche Gebärde zu erfassen›» (R. L. Delevoy, Léger. Genf 1962, S. 61 ff).

Von der bildnerischen Erfindung her heißt das, den Ausdruckskanon der Malerei bereichern durch Ableitung aus dem technischen und industriellen Entwurf, heißt die ungebrochene Farbe flächig ins Bild bringen («die reine Farbe ist ein unerhörter Rohstoff und dem Leben ebenso unentbehrlich wie Wasser und Feuer», schreibt Léger), heißt einer *Gestalt* Ausdruck geben, in der die konstituierenden Objekte aufgehoben sind. Diese Objekte setzt Léger in seinem ‹Mechanischen Ballett› (S. 173 f) von 1923/24 in Bewegung, selbst ein auftauchendes Frauengesicht trägt hier Objektcharakter, die Plastizität, die ihn an den Maschinen fasziniert, überträgt er auf die menschliche Figur. Damit geht der Einzelfall, wie Delevoy bemerkt, «in der Verallgemeinerung auf: auf diese Weise vergrößert sich die Familie der Idole der mechanischen Welt» (S. 103). «Jedesmal wird das Ding völlig ‹heimatlos› und bewahrt sich doch seine Funktion, seinen nützlichen Sinn. Die Dialektik des Gegensätzlichen bewirkt eine sonderbare Abwanderung der Dinge ins *Unterwirkliche.* Der Kult des Dinges verherrlicht zwar seine Form an sich, lähmt aber die Vorstellungskraft des Malers, verhindert ihn, mit Shelley zu reden, das zu schaffen, was er sieht, verbietet ihm, im ‹Nebel des träumenden Psychismus› unterzugehen» (S. 87). Es ist die Faktizität der Objekte und die Organizität ihres Zusammenschlusses auf der Bildfläche, die uns dazu verleitet, von einer ‹menschlichen Gebärde› in ihnen zu sprechen.

Eine Ästhetik der mechanischen Aspekte innerhalb der modernen Kunst ist nicht geschrieben. Ozenfants Beiträge in seinen ‹*Foundations of Modern Art*› scheinen mir verfehlt, insoweit sie die Ästhetik an eine gewisse technische Unreife, Unzeitgemäßheit binden. («Die Ästhetik, führt man sie in die Sphäre der Mechanik ein, indiziert stets eine Ungleichheit. Altmodische Teleskope sind ästhetisch, aber zeitgemäße, deren Möglichkeit unbegrenzt größer ist, sind es keineswegs.») Auch ergibt sich die Faszination mechanischer Objekte nicht bloß aus einer Geometrie der Formen und weil «wir auf Geometrie ansprechen», oder einer Einfachheit der Gesetze, die ihnen unterliegen. Diese Auffassung wird von einem modischen Gefallen am Verrostet-Altväterlich-Einfachen zwar scheinbar bestätigt, widerspricht aber jeder progressiven Bestimmung der Ästhetik. Das Ergebnis der hier skizzierten Einleitung in die mechanischen Aspekte heutiger Kunst ist jedenfalls: Verwendung «kollektiver Formen und Farben» (Apollinaire), die ästhetisch unverbraucht sind, die neben die «intellektuellen Verallgemeinerungen» treten und sie ersetzen; ein Gefallen an den anonymen Elementen der Mechanik, die jene sonderbare Art der «Unterwirklichkeit», besser: Vorwirklichkeit begründen, die aus der Spannung zwischen ihrer assoziierten Funktionalität und ihrer Isolierung, in der sie im Bild, im Film, als Plastik auftreten, resultiert; damit war zudem der Übergang vom Bild zum Objekt fließend geworden; es zeigte sich schließlich, daß eine Thematik auch mit Objekten zu schreiben war, die nicht der humanen Sphäre entstammten.

Laszlo Moholy-Nagy oder die Funktion der Mechanik

Galt von Duchamps Experimenten, daß sie gleichsam ‹symbolisch› den Charakter eines industriellen oder industriell hergestellten Produktes annahmen, so gehört die Reflexion auf das Industrielle zum Vorgehen Moholy-Nagys (1895–1946), wie es sich in seinen Arbeiten vom Beginn der zwanziger Jahre ab und in seinen Schriften dokumentiert. Seine Texte enthalten Überlegungen, die diejenigen von heute auf dem kinetischen Sektor teilweise Wort für Wort vorwegnehmen. Zunächst zögernd, ohne publizistische Resonanz oder den Kontext bedeutender Ausstellungen, wurde in der zweiten Hälfte der fünfziger Jahre wieder eine Plattform geschaffen, von der aus in den sechziger Jahren die kinetische Kunst in den Vordergrund des Interesses trat. Bevor ich darauf eingehe, gebe ich hier einigen Gedanken Moholy-Nagys Raum, womit ich nicht den Neuigkeitswert des heutigen kinetischen Schaffens bestreiten, sondern dieses in die Tradition einrücken will. Gerade der originale Wert des heute arbeitenden Künstlers erhellt aus der Gegenüberstellung mit einer künstlerischen Tradition, die in Europa durch Vorkriegs- und Kriegsereignisse verschüttet wurde und deren Quellen, bildnerische, plastische Arbeiten wie theoretische Schriften erst langsam in die Diskussion zurückgewonnen werden.

Umberto Boccioni formulierte im April 1912 in Mailand seine Forderung nach der Einbeziehung realer Bewegung in die Plastik: «... benötigt eine plastische Komposition einen eigenen Bewegungsrhythmus, den im plastischen Ganzen festgehaltenen Rhythmus (Notwendigkeit des Kunstwerks) zu steigern oder hervortreten zu lassen, so kann man der Komposition einen kleinen Motor beigeben, der ihm eine rhythmische Bewegung verleiht, wie sie einer bestimmten Fläche oder einer bestimmten Linie angemessen ist» (Technisches Manifest der futuristischen Plastik). Duchamp nahm 1920 auf, was Boccioni in diesem Manifest nahegelegt hatte, als er in New York sein ‹Optisches Präzisionsinstrument› baute: parallel hintereinander auf einer horizontalen, metallenen Achse angebrachte Glasscheiben, auf die er Kreissegmente aufgetragen hatte; bei Rotation fügten sie sich zu Kreisen zusammen. Die Zeit als Ablauf war hier in das Werk integriert. Wie bei jeder Plastik und jedem Bild war die vom Künstler intendierte Endfigur Veränderungen ausgesetzt, die durch den Wechsel der Beleuchtung, den Abstand des Betrachters vom Werk usw. ausgelöst wurden. Darüber hinaus mußte der Apparat aber in Gang gesetzt werden, und diesen Bewegungsablauf konnte der Betrachter steuern. Die Problematik dieses Apparates nahm Duchamp später wieder auf in seinen ‹Rotierenden Halbkugeln› von 1925 (vgl. auch S. 168). Hierbei werden optische Effekte (Spiralformen) erreicht, eine Koppelung von Real- und Illusionsbewegung, die den Effekten einer zeitgenössischen optischen Kunst unmittelbar benachbart sind.

1920, um eine andere wichtige Etappe zu nennen, bekannten sich die Brüder Gabo und Pevsner in ihrem ‹Realistischen Manifest› zur Kinetik als Grundlage ihrer Kunst: «Wir befreien uns von dem tausendjährigen, aus Ägypten stammenden Irrtum der Kunst, daß nur statische Rhythmen ihre Elemente sein könnten. Wir verkünden, daß als Grundform unseres Zeitempfindens die wichtigsten Elemente der Kunst die kinetischen Rhythmen sind.» Zwei Jahre darauf verfaßte Moholy-Nagy mit Alfred Kemény ein weiteres Manifest für eine dynamisch-konstruktive Kunst, worin es heißt: «Die dynamische Einzelkonstruktion weitergeführt, ergibt das dynamisch-konstruktive Kraftsystem, wobei der in der Betrachtung bisheriger Kunstwerke rezeptive Mensch in allen seinen Potenzen mehr als je gesteigert, selbst zum aktiven Faktor der sich entfaltenden Kräfte wird. Die ersten Entwürfe zu dem dynamisch-konstruktiven Kraftsystem können nur experimentelle und Demonstrations-Apparate sein zur Prüfung des Zusammenhangs zwischen Mensch, Material, Kraft, Raum. Danach folgt die Benutzung der experimentellen Resultate zur Gestaltung freier – (von maschinen-technischer Bewegung freier) – sich bewegender Kunstwerke.» Statt des ‹Dynamisch-konstruktiven Kraftsystems›, wie das Manifest überschrieben war, schlug Moholy-Nagy später in seinem Bauhausbuch ‹Von Material zu Architektur› (1929) die Bezeichnung «kinetisch-konstruktives Kraftsystem» vor. Ich gebe hier einige der wegweisenden Überlegungen des Künstlers wieder, die er in dem Buch als Zusammenfassung seiner praktischen Arbeit an der Schule formulierte. (Die Rechtschreibung ist dabei der heute üblichen Form angeglichen.)

Für Moholy-Nagy wird der neue Maler «Gestalter von Lichtrelationen und der neue Plastiker Gestalter von Volumen- und Bewegungsbeziehungen». Die Entwicklung der Plastik, wie sie Moholy-Nagy nicht nur für den einzelnen, sondern auch für die ganze Kulturgeschichte feststellt, vollzieht sich – von der Materialbehandlung her gesehen – in fünf hauptsächlichen Etappen: 1. die blockhafte, 2. die modellierte (ausgehöhlte), 3. die perforierte (durchlöcherte), 4. die schwebende, 5. die kinetische (bewegliche) Plastik. Das ist, kurz, der Weg von der Masse zur Bewegung, von der «Plastik = Material + Massenbeziehungen zur aufgelockerten, im höchsten Maße vergeistigten Form: Plastik = Volumenbeziehungen». Kinetische Plastik heißt für ihn: höchste Sublimierung der Voluminhalte (Abb. 26).

Statt Farbe: Licht

Heutige Bemühungen zielen dahin, selbst den Farbstoff (das Pigment) zu überwinden oder ihn wenigstens soweit wie möglich zu sublimieren, um aus dem elementaren Material der optischen Gestaltung, aus dem direkten Licht, den Ausdruck zu realisieren. Das war intuitiv die Zielsetzung des Konstruktivismus, wenn auch seine Praxis höchstens bis zu einer technischen Vorstufe, zu der Spritztechnik gelangte. Auf polierte Flächen, Metall, künstliche Materialien usw. werden mithilfe von Spritzapparaten dünnste, irisierende, fließende Farbschichten aufgetragen, die durch den reflektierenden spiegelnden Untergrund aufgelockert, fluktuierend erscheinen. Durch Spiegelung und Reflexe dringt die Umgebung in die Bildebene ein – die seit dem Impressionismus erstrebte Flächenhaftigkeit wird aufgelöst. Die Fläche wird zu einem Teil der Atmosphäre, des atmosphärischen Grundes, indem sie die außer ihr existierenden Lichterscheinungen aufsaugt; sehr im Gegensatz zu früher, als das Bild nur ein zur Landschaft hin geschnittenes Loch, eine illusionistische Fensteröffnung war. Dieses Stadium ist gewissermaßen der Abschluß des Impressionismus: die Überwindung der Fläche nicht zur Plastik, sondern zum Raum hin.

Die letzte Vereinfachung des Bildes: der Projektionsschirm

Hier ergibt sich die Ausdeutung des letzten Bildes von Malewitsch: die plane weiße Fläche. Man geht kaum fehl mit der Behauptung, daß hier der ideale Schirm geschaffen war für die Licht- und Schatten-Effekte, die – aus der Umgebung stammend – darauf geworfen werden können. Das gleiche, was der große Bruder des kleinen manuellen Bildes: die Filmleinwand – verwirklicht... Es scheint, daß – entwicklungstechnisch – das manuelle *Bild von den reineren ‹malerischen› Lichtgestaltungsmöglichkeiten der Projektion überholt wird. – In der Weiterführung dieser Arbeit wird man zweifellos zu der beweglichen reflektorischen Licht-(Farben-)Gestaltung kommen müssen: an Stelle von Farbstoff mit direktem Licht, mit fließendem, oszillierendem, farbigem Licht ‹malen›.*

2. Ein Vorläufer: Thomas Wilfred

Als Thomas Wilfred 1905 seine Experimente mit Licht begann, indem er mit einfachster Ausrüstung – einer Zigarrenschachtel, einer Lampe und gefärbten Glasstücken – sich die Kenntnisse erwarb, die ihm später halfen, sein ‹Clavilux› zu konstruieren, war er nicht der erste, der nach einer Kunst aus Licht suchte. Allerdings gehört Wilfred zu den ersten, die auf die Analogie und Zusammenarbeit von Musik und Licht verzichteten und zu einer Gestaltung aus Licht statt einer Illustration mit Licht gelangten. Analogie von Musik und Licht war der Ausgangspunkt des jesuitischen Philosophen und Mathematikers LOUIS BERTRAND CASTEL, der am 21. Dezember 1734 in Paris erstmalig sein ‹*Clavessin Oculaire*› (etwa Augen-Cembalo) vorführte, ein umgebautes Cembalo mit einer Klaviatur von fünf Oktaven und einem schwarzen Schirm an der Rückseite. Auf ihm erschienen farbige Streifen oder Bänder, wenn man die Tasten drückte, sie waren durchsichtig, und wahrscheinlich stellte Castel hinter ihnen Lichtquellen auf. Die erste Oktave bestand aus fünf Farben, die bei der zweiten einen Grad heller waren usw. (C war blau, beispielsweise.) Castels Farb- und Lichttheorien erschienen in ‹*La Musique en Couleurs*›, 1720, und in ‹*Esprits, Saillies et Singularités du Père Castel*›, 1763, nach seinem Tode herausgegeben. Ihm folgten, nun mit zunehmender technischer Präzision, aber stets in Analogie zur Musik, die Arbeiten von D. D. Jameson um die Mitte des 19. Jahrhunderts, von A. W. Rimington am Ende des Jahrhunderts. Hierher zählen Scrjabins Einbeziehung einer Licht-Klaviatur, besonders in seinem ‹Prometheus, Gedicht vom Feuer›, erstaufgeführt 1911 in Moskau.

Es waren Van Dearing Perrine und, wie erwähnt, Thomas Wilfred, die aus der Abhängigkeit zur Musik ausbrachen. Erst langsam gelangte man in den letzten Jahren dazu, die bedeutsame Rolle Wilfreds innerhalb einer mit Lichtprojektionen arbeitenden Kunst zu würdigen. Wilfred, geboren 1889 in Kopenhagen, studierte Kunst und Musik in Kopenhagen, Paris, London zwischen 1905 und 1911, ging 1916 nach den USA, wo er sich schließlich ganz seinem ‹Clavilux› und der Lichtprojektion widmete. Mit seinem Vorführgerät, das verschiedene Arten von Tastaturen besitzt und das Licht mit einem bewegten Spiegelsystem durch farbige Gläser projiziert, gelingt ihm auf dem Wandschirm oder der Wand selbst eine äußerst plastische, räumliche Komposition mit dem farbigen Licht, das in thematischen Sequenzen entwickelt wird und subtile Farbstufungen und Farbübergänge erreicht. Nach der ersten öffentlichen Vorführung des Clavilux am 10. 1. 1922 im New Yorker Neighbourhood Playhouse zeigte Wilfred seine Lumina-Kompositionen – über die er im folgenden Dokument berichtet – auf zahlreichen Tourneen zwischen 1922 und 1943 in den USA, Kanada und Europa (erste europäische Tournee: 1925). Für das Hotel Sherman in Chicago komponierte er 1929 ein erstes projiziertes, veränderliches Wandbild. 1930 gründete er das ‹Art Institute of Light›, das bis 1943 im Grand Central Palace in New York Laboratorien und eine Vorführhalle für Clavilux-Vorführungen enthielt. 1931 stellte er ‹Licht-Bilder› aus, das waren festgelegte farbige Projektionen, die von einem bestimmten Apparat auf die Leinwand geworfen wurden. Wilfred hat seine Kunst auch für das Theater zur Verfügung gestellt; so entwarf er 1951 die Lichtprojektoren für das Theater der University of Washington in Seattle.

Anreger und Vorläufer der Lichtprojektionen, der Kunst, die mit Real-, mit elektrischem Licht arbeitet, sind neben Wilfred im Umkreis der Bauhausbühne zu suchen. Die Tatsachen sind bekannt, so daß ich mich mit dem Hinweis darauf begnügen kann. Vor allem waren es Kurt Schwerdtfegers ab 1922/23 entwickelte reflektorische Lichtspiele, die zusammen mit denen von Ludwig Hirschfeld-Mack eine «Synthese aus Bewegung, Licht, Farbe, Form» verfolgten. Auf Laszlo Moholy-Nagy als Wegbereiter der kinetischen Kunst habe ich bereits hingewiesen.

THOMAS WILFRED: LUMINA

Eine neue Kunstform ist in unserer Generation ins Leben getreten, eine stumme visuelle Kunst, in der das Licht das einzige Medium ist. Diese neue Kunstform wurde Lumina genannt. Lumina ist, wie die älteren Künste, eine ästhetische Vorstellung, ausgedrückt durch Instrumente, Materialien und Techniken. Der Lumina-Künstler vergegenwärtigt seine Komposition als ein Drama bewegter Form und Farbe, die sich im dunklen Raum entfalten. Um seine Vision anderen mitzuteilen, muß er sie materialisieren. Dies unternimmt er, indem er sie als zweidimensionale Abfolge ausführt, die mit Hilfe eines speziell angefertigten lichterzeugenden Apparates, den er von einer Klaviatur aus kontrolliert, auf eine flache weiße Leinwand geworfen wird. Durch Handhabung der Tasten kann er weißes Licht übertragen, das Licht in Form setzen, Farbe hinzufügen und das Ergebnis mit Bewegung und Veränderung durchtränken.

Lumina wird nicht wie Musik komponiert oder aufgeführt. In der Musik wurden Instrumente entwickelt und dann, vor langer Zeit bereits, standardisiert, wodurch jede Komposition unmittelbar aufgeführt werden kann. Bei Lumina verlangt fast jede Aufführung eines neuen Werkes eine Veränderung der bestehenden Ausrüstung. Lumina wird wohl niemals wie Musik gespielt werden können, und ich sehe auch keinen Grund, dieses Ziel anzustreben. Die beiden Künste sind ihrer Natur nach so verschieden, daß sich die Versuche, Lumina-Instrumente nach denen der Musik zu entwerfen, so fruchtlos erweisen werden wie die, Lumina-Kompositionen entsprechend den üblichen Regeln der Musik zu schreiben. Wir müssen die Nachahmung vermeiden und uns mit Lumina ihrem eigenen Wesen gemäß beschäftigen. Das Ergebnis allein zählt. Wie wir es erreichen, ist eine zweitrangige Frage – ob wir bekannten Vorgängen in der Optik folgen oder solche Spuren verlassen, um etwas zu machen, über das sich der Physiker vielleicht belustigt, das aber trotz-

dem das erwünschte Ergebnis liefert. Das gilt für alle Phasen der neuen Kunst. Es ist klar, daß die Regeln, die für statische Komposition und statische Farbharmonie in der Malerei gelten, Form und Farbe in Bewegung unangemessen sind; ebensowenig gelten die Kompositionsregeln der Musik für einen visuellen Ablauf.

Hält man eine Lumina-Komposition an einem bestimmten Punkt an, so zeigt eine Analyse des ruhenden Bildes, daß sowohl Form wie Farbe vom Gesichtspunkt des Malers aus ‹aus dem Gleichgewicht› sind. Es gewinnt nur dadurch Bedeutung, daß man es als eine Verbindung zwischen dem Vorausgegangenen und dem Folgenden betrachtet. Harmonie und Gleichgewicht unterliegen hier einem kinetischen Begriff; die Komposition wird wohl keinen einzigen Moment einer statischen Symmetrie aufweisen, wo man sie auch unterbricht. Eine Lumina-Komposition kann sowohl in voller Größe der Projektionswand wie auch fast zu einer Miniatur verkleinert aufgezeichnet und mechanisch aufgeführt werden, indem man die Apparatur bedient ähnlich wie den Phonographen in der Musik.

Lumina wurde in verschiedenen Bereichen verwendet; auf einer Klaviatur gespielt, als visuelle Begleitung zu Musik, Theater und Tanz; in aufgezeichneter Form als projizierte bewegliche Wanddekoration, als Ausstellungsgegenstand in Museen und Privatsammlungen und als ein Hilfsmittel psychiatrischer Untersuchung und Psychotherapie. (1)

3. Die Öffnung der plastischen Form: Nicolas Schöffer

Etappen seiner Arbeit

Wie für Moholy-Nagy wird für Nicolas Schöffer der Plastiker zum Gestalter von Raum- und Bewegungsbeziehungen, geht der Weg der Plastik von der Masse, der Materie zur Energie. Nahezu zwei Jahrzehnte, nachdem Moholy-Nagy seinen Licht-Raum-Modulator fertiggestellt (1930) und in seinem Film ‹Lichtspiele, schwarz-weiß-grau› die Darstellung von Lichtreflexion, bewegten mechanischen Teilen, Lichtdurchbruch durch perforierte Scheiben usw. im zeitlichen Ablauf festgehalten, das Lichtrequisit also zum Akteur eines Films erhoben hatte, findet Schöffer ab 1948 zu seinen ‹spatiodynamischen› Konstruktionen. Es handelt sich bei ihnen um eine Synthese räumlicher und dynamischer Elemente, wie er es im später folgenden Dokument beschreibt. Dabei bedeutet, um es gleich anzufügen, Dynamik die raum-zeitliche Entwicklung von Energie. Raum und Zeit sind die beiden Grundbegriffe seines plastischen Schaffens. Alle ihm zur Verfügung stehenden Stoffe werden ein Mittel, um «ein räumliches Faktum zu provozieren», den Raum zu modellieren und die Zeit. Plastik als Architekturierung des Raumes und der Zeit. Wie ging Schöffer dieses Ziel an?

Überzeugt von der Möglichkeit des Künstlers, in den sozialen und architekturalen Organismus der Städte einzugreifen, ihn nicht zu schmükken, sondern in ihm Zentren der menschlichen Erfindungskraft, eines freien, funktionslosen Spieles zu setzen, das den Menschen jedoch zutiefst belebt, ihn gestaltet, seine Empfindungen lenkt – überzeugt davon, realisierte Schöffer seit 1954 zahlreiche Freiplastiken. Einen 50 m hohen spatiodynamischen Turm baute er 1954 im Park von Saint-Cloud bei einer internationalen Bauausstellung auf. Um zu einer audiovisuellen Zusammenarbeit zu kommen, beauftragte er den Komponisten Pierre Henry mit einer Tonfolge, die auf 12 Tonbänder gespeichert, in den Fuß des Turmes eingebaut und elektronisch reguliert wurde. Der Turm selbst bestand aus einem etwas breit gelagerten Gerüst horizontaler und vertikaler Stangen und enthielt keine Bewegungselemente.

Cysp 1 (zusammengesetzt aus den vier Anfangsbuchstaben von Kybernetik und Spatiodynamik), eine Plastik, die Schöffer erstmalig im Pariser Théâtre Sarah Bernhardt anläßlich der ‹Nacht der Poesie› 1956 vorführte, besaß nun eine ganze Reihe von Motor-‹Organen›, die von einem im Sockel angebrachten Elektronenhirn gelenkt wurden. In zwei Geschwindigkeiten drehten sich Metallscheiben, die neben Aluminiumrechtecken an dem Gerüst befestigt und zum Teil mehrfarbig waren. Die Bewegung wurde außerdem von außen her beeinflußt durch fotoelektrische Zellen und Mikrophone. Es war diese Plastik, die Maurice Béjart in seine *‹Etudes rythmiques›* einbezog und drei Monate nach der Pariser Veranstaltung, im August 1956 auf dem Dach der ‹Strahlenden Stadt› von Le Corbusier in Marseille zu einem Partner seines Tanzes machte. Schöffer hat sich auch mit einem ‹kybernetischen Theater› beschäftigt, das terrassenförmige Sitzreihen um eine Mittelachse rotieren läßt, einer Rundbühne gegenüber, die ebenfalls, allerdings in der anderen Richtung, umlaufen soll. Er denkt hierbei an Ballett-Vorführungen, an die Demonstration bewegter Plastik, an Lichtprojektionen und das Zusammenspiel dieser Teile.

Mehr und mehr arbeitete Schöffer an der Möglichkeit, die ihm die Lichtprojektion bot; bekannt wurde sein ‹Schauspiel› im New Yorker Hauptbahnhof, bei dem er Musik und Projektionen verwandte (1957). 1960 realisierte er, auch hier wie bei seinen anderen großen Plastiken und Demonstrationen zusammen mit einem Ingenieur der Firma Philips, ein System luminodynamischer Projektionen, das man von einer Tastatur aus bedient: das *Musiscope.* Das Licht wird hierbei durch Ausleuchtung der bewegten Plastiken und durch Farbfilter, die in ihrer Geschwindigkeit durch einen Rheostat gelenkt werden, auf einen Schirm projiziert. Wieder suchte Schöffer die Zusammenarbeit mit einem Komponisten: die erste öffentliche Vorführung des Musiscopes fand bei einem der von Pierre Boulez geleiteten Konzerte der ‹Domaine musical› im Pariser Théâtre de France statt, mit der Musik von Pierre Jansen. Auf dem Musiscope basierten zwei weitere Realisationen: bei einer Sendung des Französischen Fernsehens am 25. 10. 1961 führte er die ‹luminodynamischen Variationen› auf; Aufnahmen von Tänzern und Musikern wurden von abstrakten Bildvorgängen überlagert, d. h. der menschliche Körper in Totale oder Detailaufnahme wurde in die Thematik einer abstrakten Bildsequenz aufgenommen. Einem größeren Zuschauerkreis bekannt wurde die *Lichtwand*, die Schöffer für die Ausstellung ‹Das Objekt› im Musée des Arts Décoratifs in Paris (1962) aufbaute. Hierbei wurde ein transparenter großflächiger Schirm im Abstand von 30 cm vor einer Wand angebracht; mit Hilfe von lichtspendenden standardisierten Zellen, die sich untereinander austauschen lassen, werden farbige Lichtvorgänge erzeugt.

Diese Lichtprojektionen Schöffers stehen in einer Reihe mit denen Wilfreds, denen des Brasilianers Abraham Palatnik (Jahrgang 1928), cinechromatischen Apparaten, die erstmalig auf der Biennale von Sao Paulo 1950 zu sehen waren, und denen Frank Malinas (geboren 1912, gest. 1981, Malina war einer der Pioniere des amerikanischen Raketenbaues), die von diesem in zwei Systeme eingeteilt wurden: Lumidyne und Reflectodyne. Beim Lumidyne sind Lichter im Hintergrund einer Box montiert, davor ist eine Reihe von Rotoren oder Plexiglasscheiben aufgestellt, die mit Farbe gemustert sind und sich bewegen. Davor wiederum befindet sich eine Plexiglasscheibe, worauf weitere Formen eingezeichnet sind. Das aus dem Apparat dringende Licht wird von einer abschließenden durchsichtigen Scheibe aufgefangen und zerstreut. Beim Reflectodyne ist das Licht auf einer Seite des Apparates angebracht und wird durch eine vor den Lichtspendern sich drehende Scheibe gefärbt. In der Mitte des Apparates sind irreguläre Aluminiumscheiben, die das Licht auf den Zerstreuerschirm werfen. Zeitlich gehen die Lichtprojektoren Palatniks und Malinas denen Schöffers etwas voran.

Eine große Anzahl von Künstlern arbeitet heute in verschiedenen Ländern auf einem verwandten Gebiet. Allen Arbeiten mit Kunstlicht ist gemeinsam, daß sie einen Ablauf farbigen Lichtes, der einmal die Domäne des abstrakten Filmes war, in ein plastisches Ensemble einbeziehen, daß ihnen überdies die direkte Einbeziehung von Lichtquellen eine Farbnuancierung ermöglicht, die die des Filmes oft überschreitet. Solche Lichtvorführungen sind in ihrem zeitlichen Ablauf vom jeweiligen Betrachter resp. Besitzer bestimmbar; neben den programmierten Lichtprojektionen gibt es häufig eine unendliche Folge von Lichtbildern, Lichtarrangements, wobei kaum jemals eine Lichtsituation einer anderen gleich ist.

Nicolas Schöffer, um zu ihm zurückzukommen, entwickelte aus seinen Erfahrungen mit audio-visuellen Vorführungen, aus der Erfahrung mit dem Musiscope heraus sein bislang ‹spektakulärstes› Ensemble 1961 in und nahe der Kongreßhalle in Lüttich: einen 52 m hohen Turm, dazu als Projektionsschirm die Glasfassade der Kongreßhalle. An dem Turm waren 33 drehbare Achsen und darauf wiederum insgesamt 64 reflektierende Scheiben und Platten, z. T. aus Aluminium, angesetzt. Verschiedene Lichtquellen und Scheinwerfer dienten dazu, diese ständig rotierenden Elemente als Lichtreflektoren einzubeziehen. Bewegung und Verteilung waren elektronisch gesteuert, hinzu kam ein Gedicht von Jean Seaux und eine Musikfolge von Henri Pousseur.

Man wirft den Lichtprojektionen Schöffers und anderer Künstler vor, sie huldigten einem unerträglichen Lichtpositivismus. Damit ist gemeint, diese Kunst bleibe zu sehr in der Darstellung, gelange nicht von einer Darstellung der Faktizität des Lichts zur Gestaltung mit Licht in einem schöpferischen Sinn, baue auf seine Daten eher als auf seine Transzendenz. Das Gegenteil des Lichtpositivismus wäre also der gestaltende, formende Umgang mit Licht. Dazu: gewiß arbeitet der Künstler, der das Licht solcherart in sein Werk einbezieht, mit der Tatsächlichkeit und nicht der Übersetzung und Metaphorik des Lichtes wie der Maler. Das Reallicht ist für ihn aber nur ein neues Ausdrucksmedium, das seine Tatsächlichkeit zwar der der Farbe, der Linie, der Bronze, des Holzes in den herkömmlichen Techniken entgegensetzt, aber in ihr, wie der Maler in der Farbe – selbst im Primat der Farbe – die latenten Ausdruckswerte, allgemein: seine künstlerische und ästhetische Bedeutung sucht und herauslöst. Eines ist es, die Faktizität des Lichtes anzuerkennen, ein anderes, aufmerksam zu sein für seine Umsetzung, seine Sensibilisierung, seinen Wandel, seine Sequenzen. Da die intensive Beschäftigung mit elektrischem Licht auf dem Kunstsektor verhältnismäßig jung ist, mögen in der Tat an manchen Stellen das Interesse und die Freude an seiner Zurschaustellung noch nicht den Möglichkeiten seiner Umsetzung entsprechen. Ich bestreite allerdings, daß dies für Schöffer zutrifft. Der Betrachter, der seinen Plastiken zum erstenmal gegenübertritt, wird irritiert sein, da ihm die stete Veränderung von räumlichen und zeitlichen Sensationen kaum noch Fixpunkte liefert, an die er seine Empfindung zu klammern gewöhnt ist. Oder er nähert sich ihnen als einem Spiel, das ihm Erinnerungen an Farbenerlebnisse nahelegt, die er zunehmend jedoch überprüfen muß. In beiden Fällen kann er dazu gelangen, seine eigene Aktivierung, zu der ihn das statische Objekt auffordert, neu zu begründen. Er wird der Dynamik, dem ständigen Wechsel von optischen Daten gegenüber nicht der kontemplative Betrachter statischer Kunst sein. Das Verhältnis zum Betrachter wird neu dimensioniert.

Was Schöffer interessiert, ist, offene Formen zu schaffen. Der Künstler, schreibt er, arbeitet mit «Unbestimmtheiten und Anamorphosen[3], er wählt und scheidet aus, indem er kombiniert und permutiert. Er setzt sein Werk in Bewegung, führt es hinaus in die Zeit, und das Werk wieder setzt die Schöpfung in Bewegung, und den Schöpfer und andere Schöpfer dazu, die sich von der ursprünglichen Erfindung inspirieren lassen» (Die drei Entwicklungsstufen der dynamischen Skulptur. In: N. Sch. Neuchâtel 1963). Dieser Kunst gegenüber, um es zu wiederholen, wird der Betrachter seine Stellung zum Kunstwerk überprüfen müssen. Er wird zum Mitgestalter, indem er die ästhetischen Prozesse lenkt, ausbreitet, zeitlich dimensioniert. Die grundsätzliche Struktur des Kunstwerkes bleibt dabei, zumindest was Schöffer betrifft, bestimmt, ist aber nicht prädeterminierten Spannungen, Entwicklungen offen. Im Werk und in den theoretischen Folgerungen Schöffers – auf die ich hier nicht eingehen kann – zeigt sich eine Kunst, die der Erfahrung des Menschen von heute gewachsen sein will und die ihm gewachsen ist, wenn er kritisch, offen ihr entgegentritt. Es ist keine Kunst im Schlepptau der Technik, sondern eine Kunst, die sich der technischen Möglichkeiten im Material und in der Konzeption bedient, um seine Erlebniskraft zu erweitern, seine ästhetische Erfahrung zu sensibilisieren, zu dynamisieren, zu beleben. Eine Kunst, die keine Spannung zwischen künstlerischer und technischer Intelligenz zuläßt.

NICOLAS SCHÖFFER: SPATIO-, LUMINO-, CHRONODYNAMIK

Die Spatiodynamik

Die Spatiodynamik *wurde in einem günstigen Augenblick geboren und führte zu einer völlig neuartigen Form der Plastik, in der die drei Dimensionen ihre vorherrschende Rolle wieder übernahmen. Das wesent-*

---

3 «Optische Anamorphosen sind die verschiedenen Mutationen der Grundstruktur ohne Berücksichtigung des Elements ‹Zeit›, das heißt verwirklichbar mit Hilfe isolierter und aus ihrem Zusammenhang gelöster Elemente, die selber veränderbare Strukturen werden können und fähig sind, selber neue Anamorphosen zu bewirken oder sich solchen zu unterwerfen. Es entsteht dabei ein ewiges Neuschaffen. Wir geben dem Wort Anamorphose die Bedeutung von Veränderungen, seien diese nun extensiv oder restriktiv, ausdehnend oder zusammenziehend, linear oder spiralförmig, kreisförmig oder winklig ... Jedes konstruierte Kunstwerk neigt im übrigen um so mehr der Anamorphose zu, je strenger seine Struktur angelegt ist. Strenge plus Unbestimmtheit ergeben das Unendliche. Jede Öffnung von Formen wird vom Zusammenwirken dieser beiden Gegensätze provoziert» (l. c.).

liche Ziel der Spatiodynamik ist die konstruktive und dynamische Einbeziehung des Raumes in das plastische Kunstwerk. Ein Minimum an Raum schon enthält ungeahnte Energien. Sein Ausschluß bei den hermetisch nach außen abgedichteten Volumen hat lange Zeit der Bildhauerei jede Entwicklungsmöglichkeit genommen, und zwar sowohl auf formalem Gebiet wie bei der dynamischen und energetischen Ausstrahlung des Werks. Die spatiodynamische Plastik besteht zunächst aus einem Gerüst. Dessen Aufgabe ist es, einen Raumausschnitt zu umschreiben und einzufangen und dann den Rhythmus des Kunstwerks zu bestimmen. Auf dieses Gerüst wird ein weiterer Rhythmus aufgepfropft, und zwar mit Hilfe von flachen Elementen oder dünnen und durchscheinenden Körpern, die als Gegengewichte dienen und dem eingefangenen Raum alle seine energetischen und dynamischen Möglichkeiten erschließen. Damit wird die Plastik ein luftiges, durchsichtiges und nach allen Seiten offenes Kunstwerk, das den reinen Rhythmus der Proportionen mit der logischen Klarheit einer rationell durchdachten Struktur greifbar werden läßt. – Während in der klassischen Kunst Stoff, Farbe und Licht und deren Kombination ein Ziel in sich darstellten, betrachtet die Spatiodynamik sie nur als Mittel, die dazu dienen sollen, ein räumliches Faktum zu provozieren, zu definieren und zu dynamisieren. Das Ziel ist also hier notwendigerweise energetisch, nicht materiell. –

Das wesentliche Ziel der Spatiodynamik ist die Überwindung der Materie, und das gleiche will die moderne Physik. Und weil die neue Plastik nun einmal ein energetisches Faktum werden sollte, war es nur logisch, Elemente an sie heranzutragen, die bereits eine gewisse energetische Substanz in sich besaßen. Diese Reaktoren, wenn man so will, sind Mechanismen, die den rein plastischen und ästhetischen Zwecken angepaßt sind.

Die Hinzunahme von Ton und Klang stellt ein weiteres Mittel dar, die Herrschaft über den Raum zu erweitern. Der Plastik selber entnommene und elektronisch bearbeitete Klangfolgen können mit Hilfe von ganzen Lautsprecherketten stereophonisch über beträchtliche Raumentfernungen hin ausgestrahlt werden und dabei völlig in Einklang mit der Plastik bleiben. Ton, Licht, Farbe, Bewegung, elektrische Energie, Elektromotoren, Elektronik und Kybernetik stellen zusammen ein völlig neuartiges technisches Arsenal dar, das der Kunst neue unbegrenzte Möglichkeiten im Reiche des Unbekannten erschließt.

Die Luminodynamik

Nach dem Raum trat das Licht in den Vordergrund der Untersuchungen; die Luminodynamik entstand. Deren Definition ist einfach: jeder Raum oder jede Fläche besitzt eine unterschiedliche und begrenzte Zahl von

Lux-Werten [Lux = Einheit der Beleuchtungsstärke], d. h. ist mit unterschiedlichen Leuchtstärken geladen, die den Rhythmus der Strukturen erst sichtbar werden lassen. Das farbige oder auch farblose Licht durchdringt die spatiodynamische Plastik und verursacht durch das Ausleuchten der Strukturen, der durchsichtigen oder undurchsichtigen Flächen, plastische Entwicklungen, die ein ungeheures Potential an ästhetischen Werten mit beträchtlichen Energien und einer enormen sensorischen Durchschlagskraft freisetzen. Die Lichtquellen können statisch oder beweglich sein oder intermittieren, während die Schlagschatten oder die farbigen Projektionen ganz oder teilweise auf dafür eingerichteten Schirmen aufgefangen werden können. Luminodynamik bedeutet also die künstlerische Ausbeutung einer Fläche oder eines Raumausschnitts jedweder Größe, wo durch reale oder künstliche Bewegungen (optische Illusionen) plastische und dynamische, farbige oder farblose Elemente entwickelt werden. –

Ziel und Zweck der Luminodynamik ist nicht die Schaffung eines einmaligen, isolierten und einer begrenzten Zahl von Privilegierten vorbehaltenen Gegenstandes, sondern die Erstellung eines Elements, das in der Lage ist, ein Schauspiel im großen Maßstab zu liefern, das weithin sichtbar ist: grandiose Plastiken und deren Tausende von Metern weit reichende Projektionen, aufgestellt im Rahmen einer Stadtanlage oder in der freien Natur. In kleinem Maßstab können luminodynamische Kunstwerke industriell in großen Serien produziert und wie Radio- oder Fernsehgeräte verteilt werden. Die Luminodynamik stellt schon in sich eine Synthese dar, die dazu bestimmt ist, sich in das größere Mosaik der Teilsynthesen einzufügen; sie stellt die Kunst wieder in den menschlichen und sozialen Zusammenhang, ohne dabei an Qualität und ästhetischem Gehalt zu verlieren.

Die Chronodynamik

Wir sind damit beim voraussichtlich letzten Stadium der Entwicklung angekommen, wo die Zeit als der neue Urstoff auftritt, den es zu modellieren gilt. Die Architekturierung der Zeit, oder besser die Verzeitlichung der Zeit – das ist das große Problem; es gilt, Raum, Bewegung und Licht als Konstruktionselemente einander zu integrieren.

Die diskontinuierliche Materialisierung der Zeit ist keine ausschließliche Errungenschaft der Filmtechnik, sie kann alle möglichen Disziplinen ohne offenbare Beziehungen untereinander, also etwa Poesie, Musik, luminodynamische Plastik usw., zusammenbringen. Was alles darauf hinweist, daß dem künstlerischen Schaffen mit diesem neuen Material ein gemeinsamer Nenner zwischen den verschiedenen Ausdrucksformen und Techniken erwachsen ist, der eine wirkliche Synthese er-

möglicht, indem er die klingenden und die visuellen Künste auf den gemeinsamen Boden der zeitlichen Diskontinuität hebt und sie sich nebeneinander und ineinander, einander vermischend und kontrapunktierend entwickeln läßt.

Wort und Ton, Bewegung und Raum, Licht und Farbe – sie alle bilden, einander überlagernd, vielfach kontrapunktierte Strukturen in einer ausziselierten und gleichzeitig geschmeidigen Architektur ohne Anfang und ohne Ende. Durch die Wechselwirkung entstehen unbegrenzt weiterentwickelbare Formserien, die alle bisher auferlegten zeitlichen Begrenzungen sprengen müssen. Die kontinuierliche Diskontinuität – *das ist das chronodynamische Kunstwerk. Die unzähligen Formvisionen, die dieses Kunstwerk in ewig wechselnden Rhythmen hervorbringt, bewahren dennoch immer die Qualität der Ausgangsstruktur, die nach dem Willen des Künstlers festgelegt ist. Die kombinierten Elemente (räumliche, leuchtende und optische Strukturen) stehen untereinander in prädeterminierten, doch räumlich wie zeitlich modifizierbaren Beziehungen; diese Urbeziehungen, die über die allgemeine, vor allem ästhetische Gestaltung entscheiden, bewirken keinerlei quantitative Beschränkung. So daß also das Element der Unbestimmtheit über die sukzessive Folge der Aspekte, deren Zahl unbegrenzt ist, und über die unvorhersehbare Organisation des Ganzen entscheidet. In der permanenten Verwirklichung des chronodynamischen Kunstwerks spielt der Zufall, quer durch die Zeit hindurch, die Rolle eines Katalysators. Aufgrund dieser Anordnung produziert eine anfangs streng durchstrukturierte Gewißheit schließlich Ungewißheiten, auf die sie ihre Proportionen überträgt. Das endgültige Resultat ist durch das Gelingen (oder Mißlingen) der räumlichen und zeitlichen Ausgangsstruktur determiniert. (1)*

4. Eine architektonische Kunst: Victor Vasarely

Die Welt Victor Vasarelys besteht aus Farbe, ist Be-Kenntnis der Farbe, die nicht isoliert, sondern als Farbform zu betrachten ist; aus instabilen ‹kinetischen Reliefen›; aus raum-plastischen Körpern, die in den letzten Jahren mehr und mehr sein Interesse beanspruchten, womit ich nur die drei Hauptgruppen seiner bildnerischen Arbeit erwähnt habe. Darüber hinaus hat ihn die Vorstellung einer Synthese bildnerischer Medien mit Tanz, Theater, Architektur zu bemerkenswerten Ergebnissen geführt.

Vasarely hat sich farb-formale Konstanten seiner Arbeit gewählt und diese über Jahre entwickelt: der Kreis mit seinen räumlichen Verschiebungen (Ellipsoiden), allein oder in Verbindung mit anderen Grundformen; Quadrat und Rechteck mit räumlichen Verschiebungen (Rhomboiden); Dreieckformen und abgeschnittene Kreisformen. Dazu ein linea-

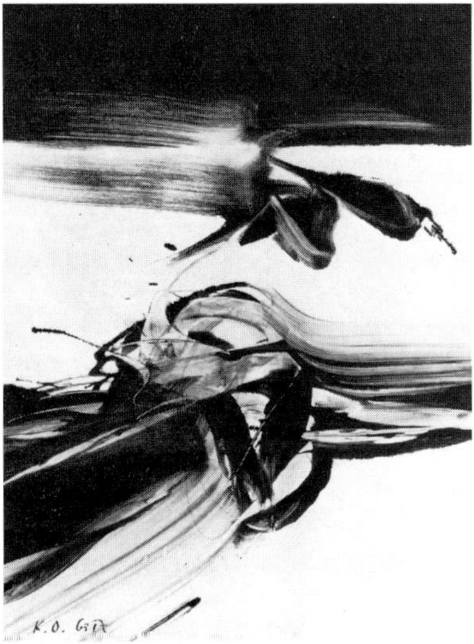

Abb. 1 K. O. Götz, Gouache, 1961 (Foto: Archiv K. O. G.)

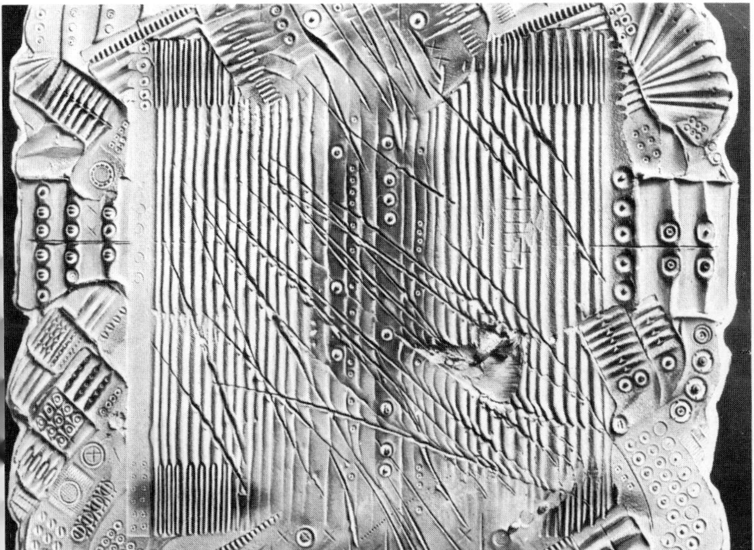

Abb. 2 Werner Schreib, Violence sadique, 1963. Slg. F. Rossi-Landi, Mailand. (Foto: Archiv J. C.)

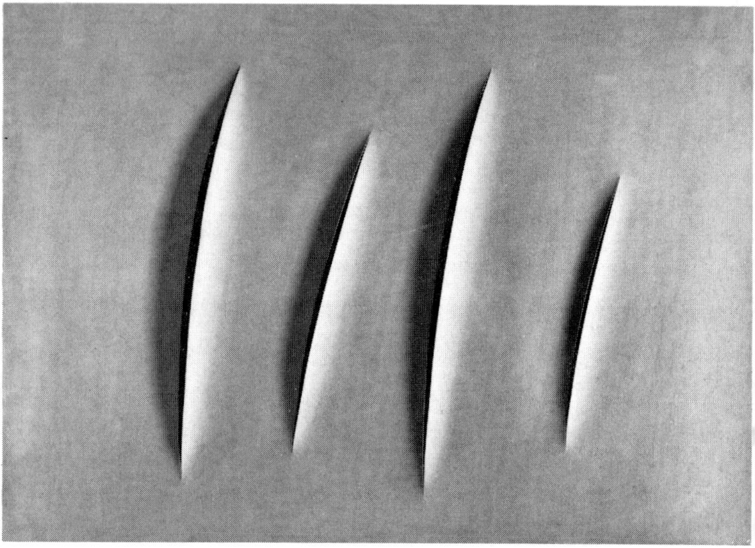

Abb. 3 Lucio Fontana, Concetto spaziale »Attese«, 1959. Slg. Teresita Fontana, Mailand. (Pressefoto: Staatsgalerie Moderner Kunst München)

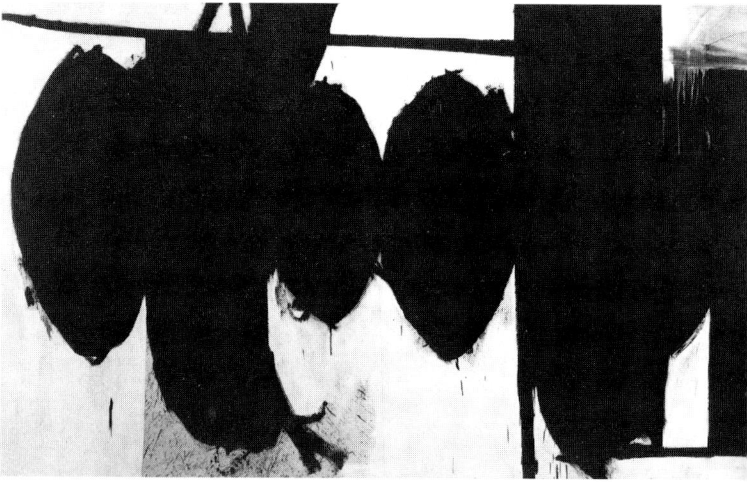

Abb. 4 Robert Motherwell, Elegie für die Spanische Republik Nr. 70, 1961. Slg. The Metropolitan Museum, New York. (Foto: Archiv R. M.)

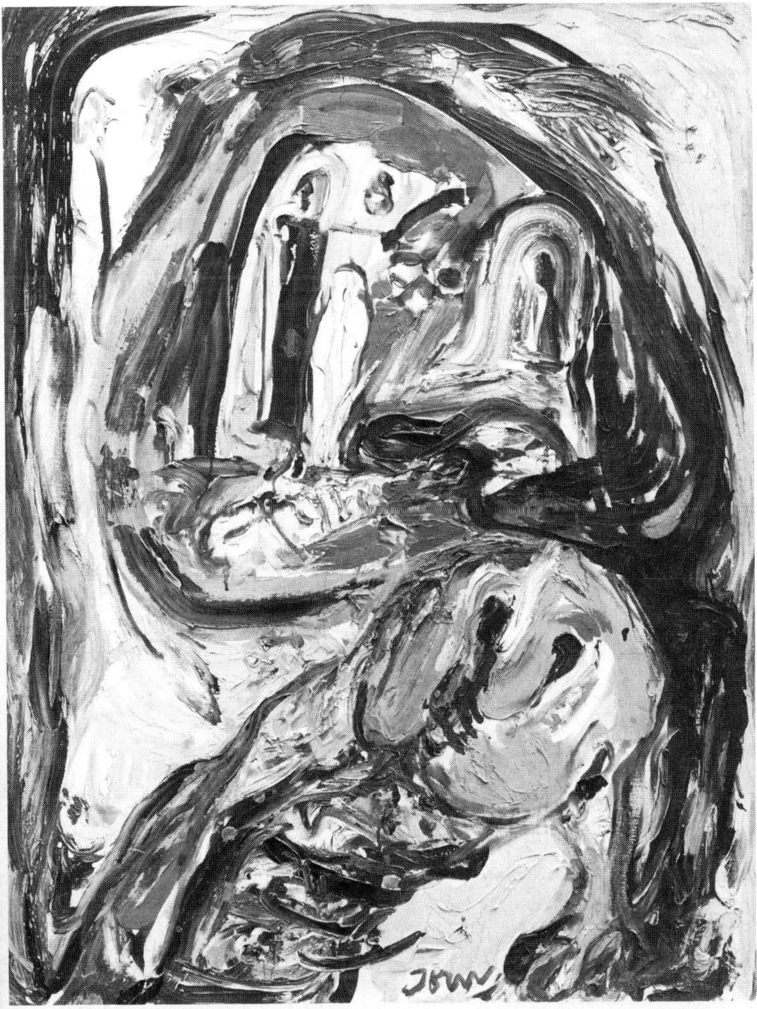

Abb. 5 Asger Jorn, Die verlorene Welt,
1960. Slg. Stedelijk van Abbemuseum, Eindhoven. (Foto: Martien F. J. Coppens)

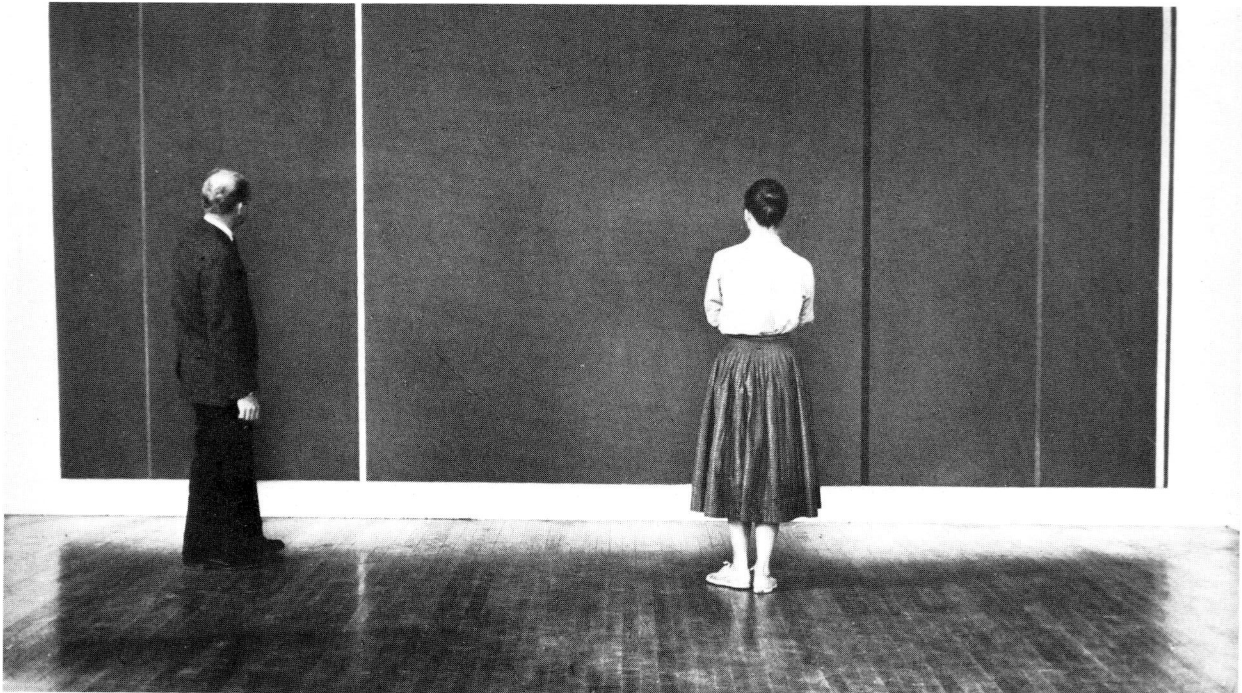

Abb. 6 Barnett Newman, Vir Heroicus Sublimis, 1951/52. Slg. Mr. and Mrs. Ben Heller, New York.

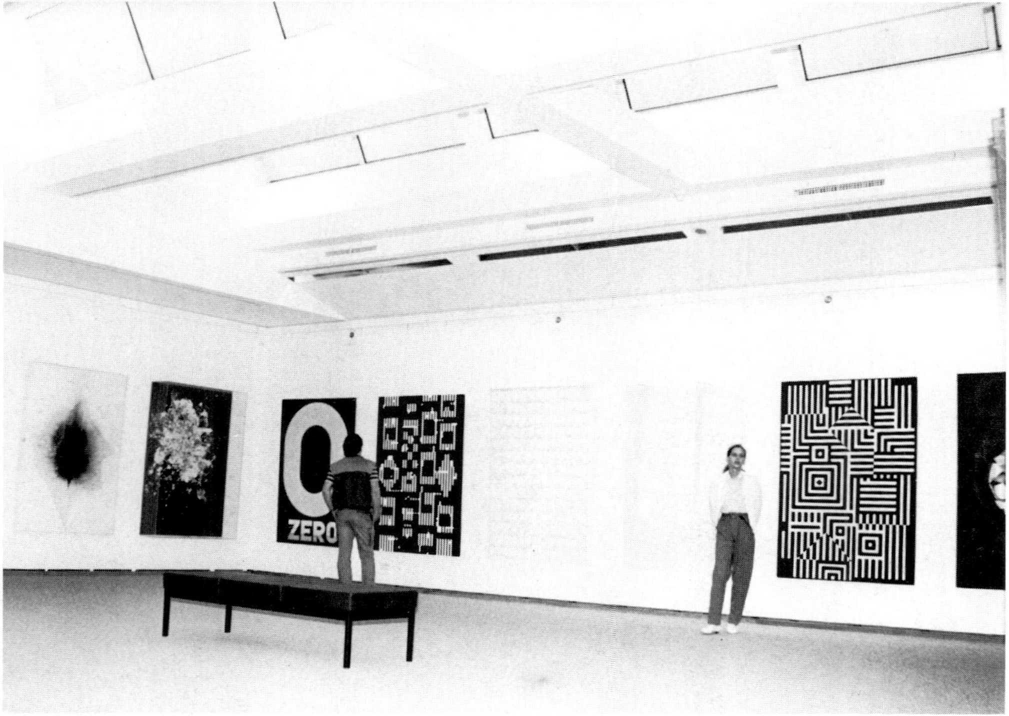

Abb. 7 Zero-Raum im Düsseldorfer Kunstmuseum. (Foto: J. C.)

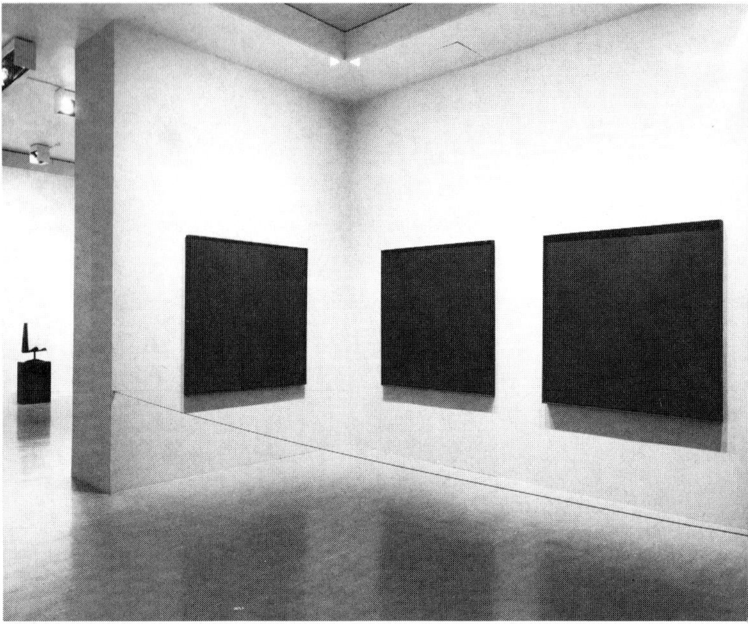

Abb. 8 Raum mit Bildern von Ad Reinhardt, ›Amerikaner 1963‹, Museum of Modern Art, New York, 1963. (Foto: John F. Waggaman)

Abb. 9 Rupprecht Geiger, Graphitzeichnung 64/20, 1964. (Foto: Archiv R. G.)

Abb. 10 Mark Rothko, Das Schwarz und das Weiß,
1956. Slg. Dr. and Mrs. Frank Stanton, New York. (Foto: Oliver Baker)

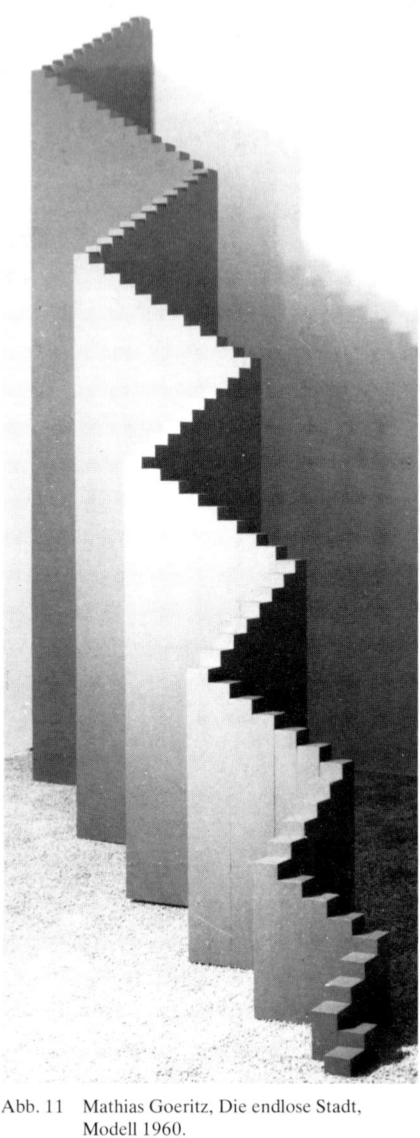

Abb. 11 Mathias Goeritz, Die endlose Stadt, Modell 1960. (Foto: Archiv M. G.)

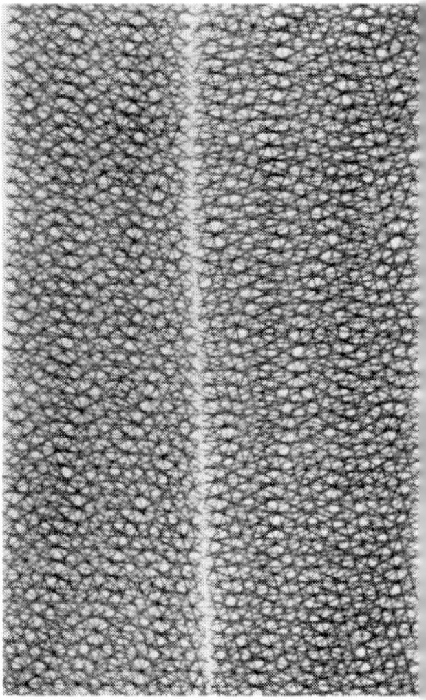

Abb. 12 Piero Dorazio, Greyhound, 1963. (Foto: Marlborough Galerie)

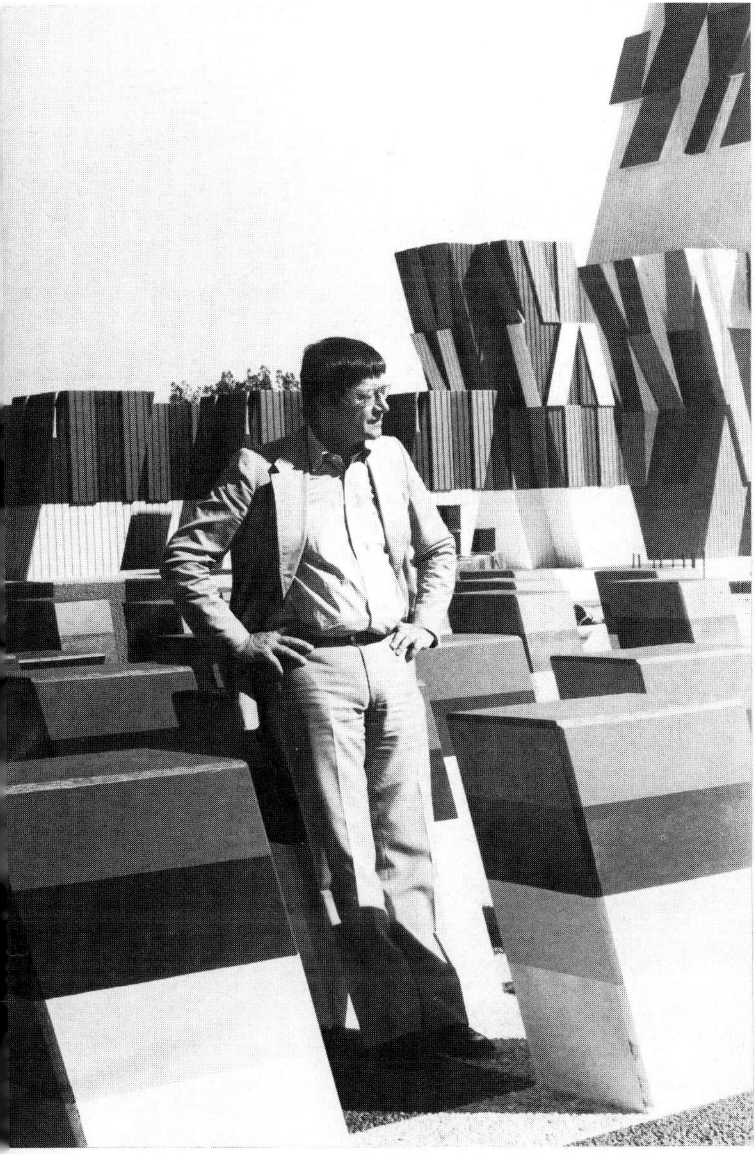

Abb. 13 Otto Herbert Hajek in seinem Skulpturengarten in Adelaide, Australien. (Foto: Leslie Petzold)

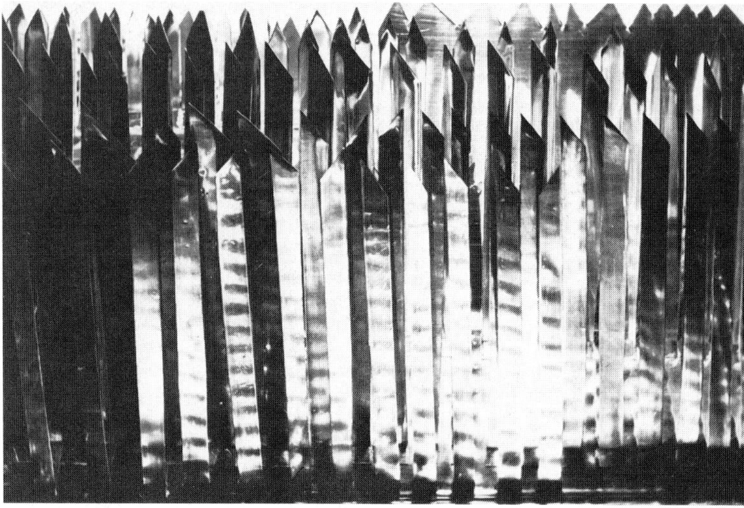

Abb. 14 Heinz Mack, Lichtwald 1961
(Foto: Archiv H. M.)

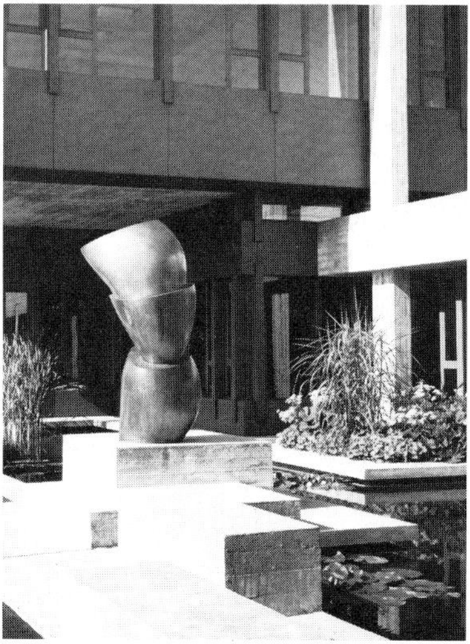

Abb. 15 Hans Arp, Skulptur Schalenbaum
vor der Hochschule St. Gallen.
(Foto: F. Maurer)

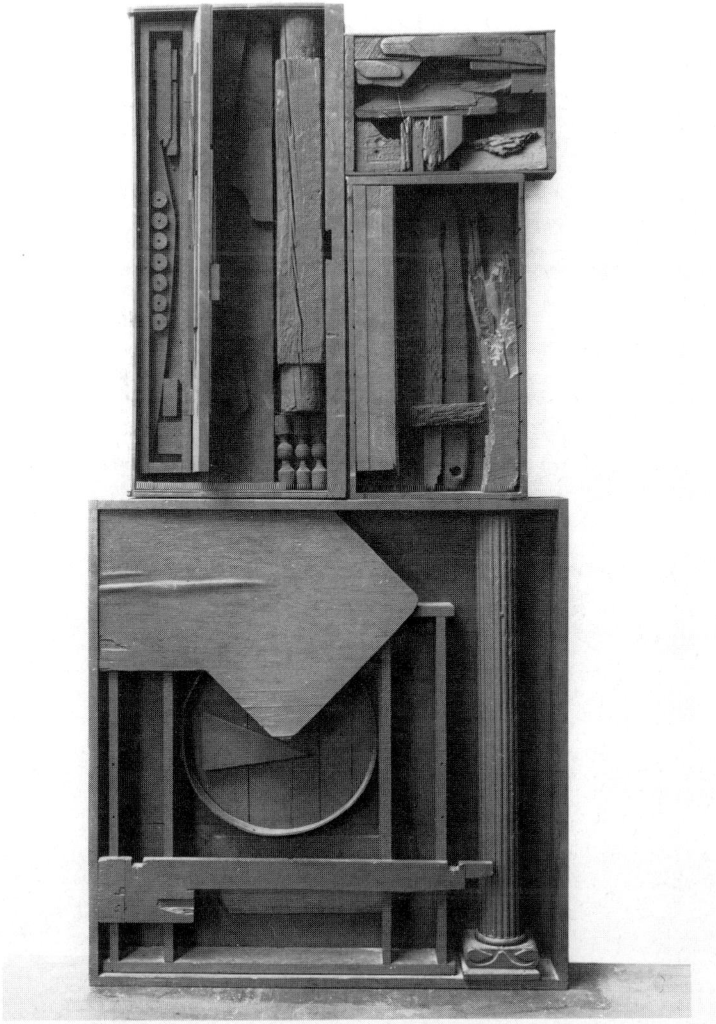

Abb. 16 Louise Nevelson, Ode to antiquity, 1958. (Foto: Rudolph Burckhardt)

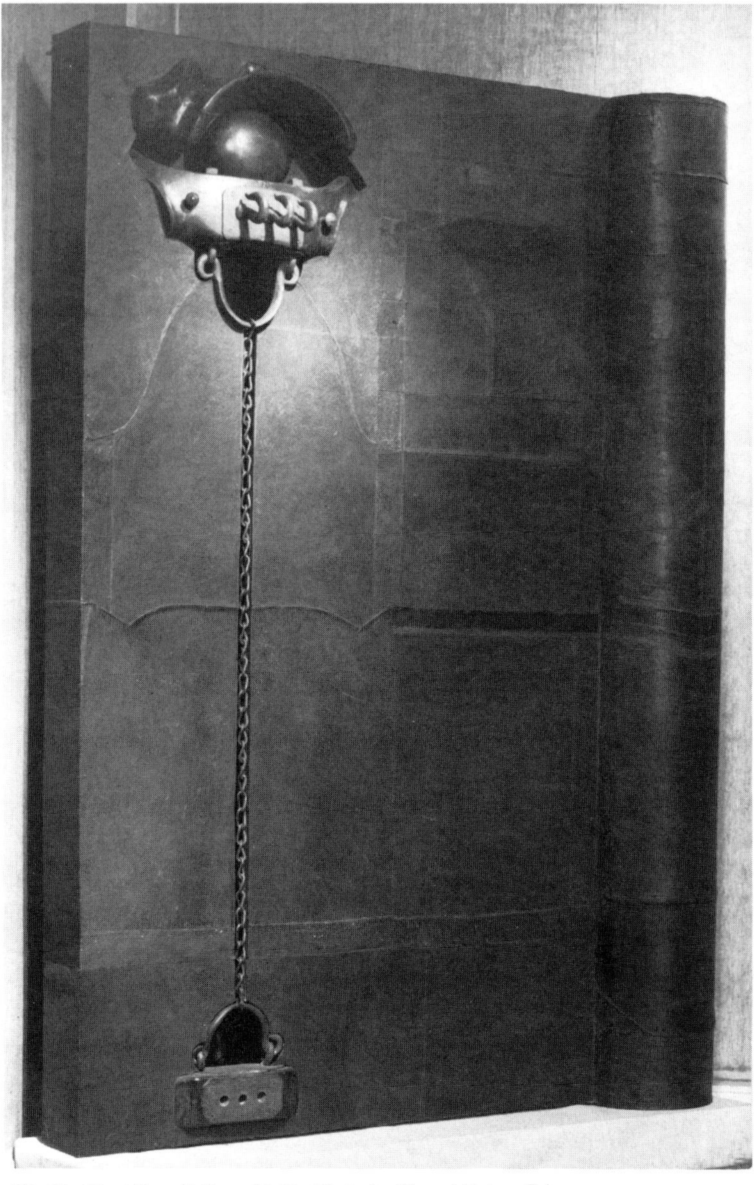

Abb. 17 Horst Egon Kalinowski, Die Pforte der Hingerichteten; Caisson
1963. Slg. Museum of Modern Art, New York. (Foto: Rob. David, Paris)

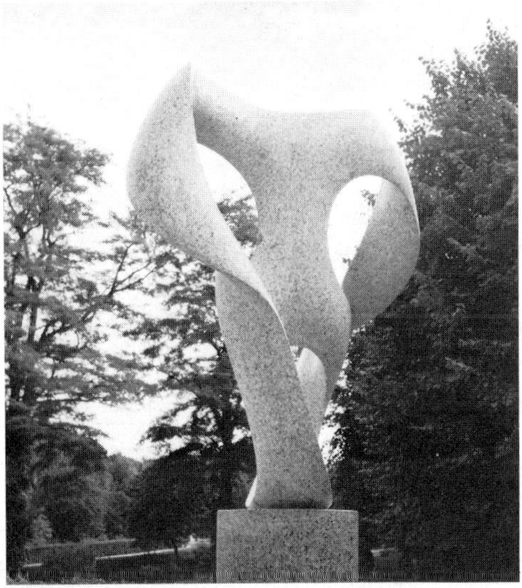

Abb. 18 Max Bill, Rhythmus im Raum, 1947/48; Ausführung in Granit 1962. Slg. Mr. and Mrs. James H. Clark, Dallas. (Foto: Archiv M. B.)

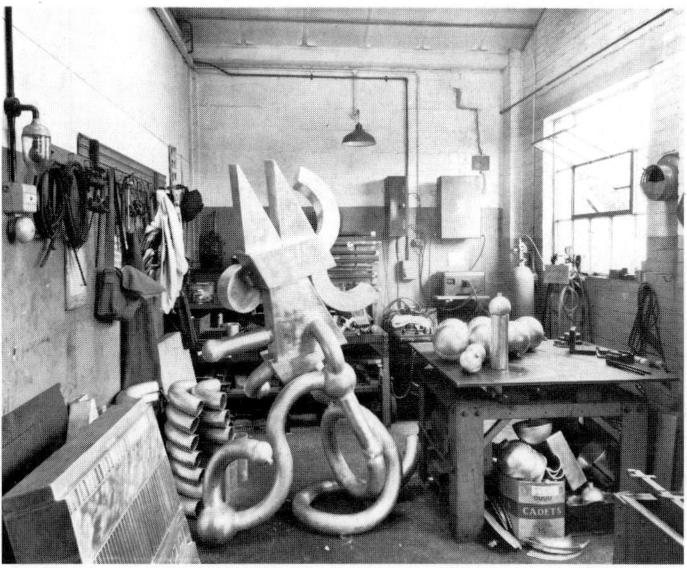

Abb. 19 Blick auf die Plastik Parrot, 1964, von Eduardo Paolozzi. (Foto: Tudor Photos Ltd.)

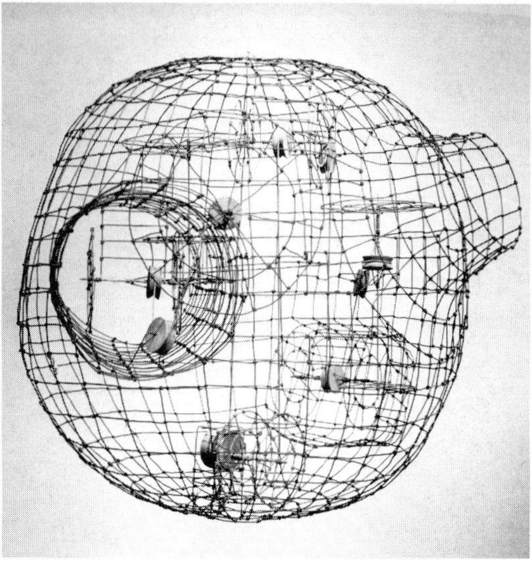

Abb. 20 Harry Kramer, Kugel,
1964. (Foto: Galerie Thomas, München)

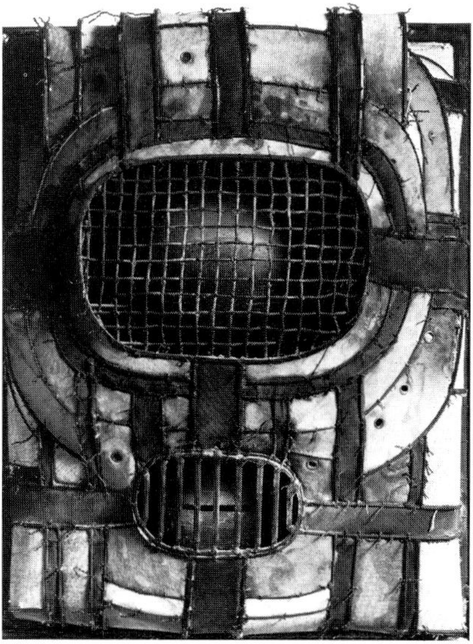

Abb. 21 Lee Bontecou, Skulptur aus Metall und Leinwand,
1964. (Foto: Rudolph Burckhardt)

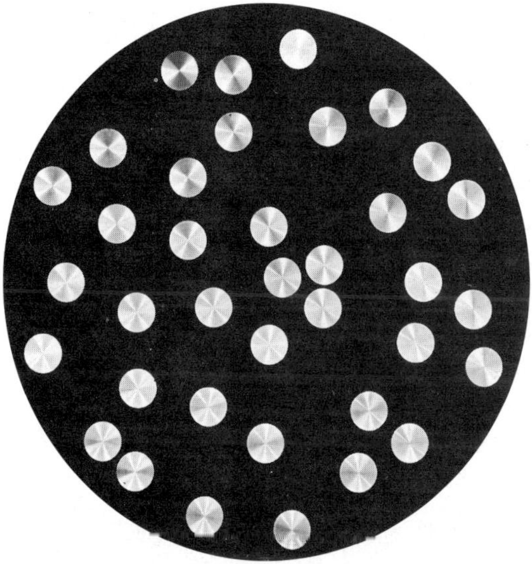

Abb. 22 Gerhard von Graevenitz, Objekt mit 37 Aluminium-Scheiben, 1966. (Foto: Galerie Klihm, München)

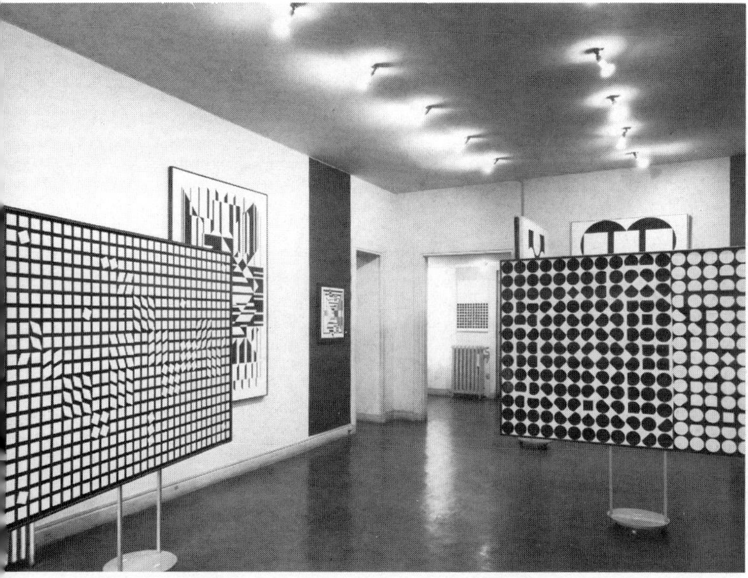

Abb. 23 Ausstellung von Victor Vasarely mit »Bellatrix«, 1957 (lks.) und »Tlinko«, 1956, Galerie Denise René, Paris. (Foto: Galerie Denise René)

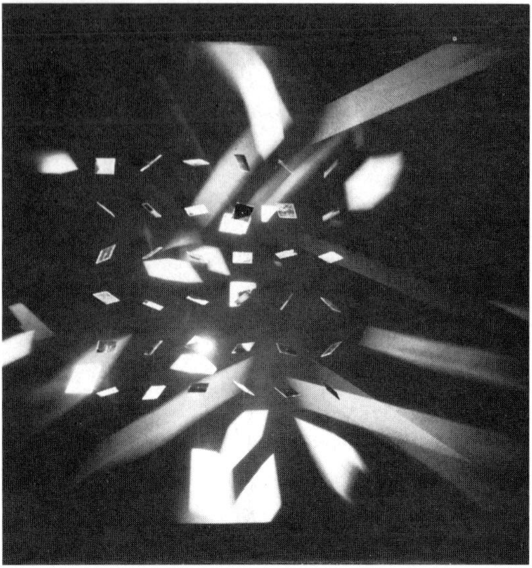

Abb. 24 Julio Le Parc, Continuel-Lumière, 1963. (Foto: Archiv J. C.)

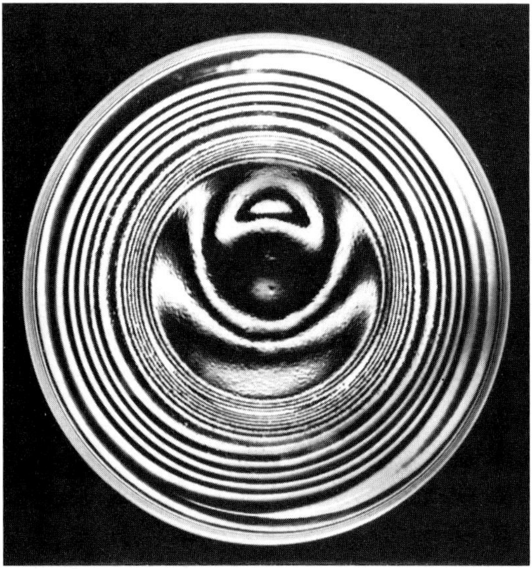

Abb. 25 Karl Gerstner, Großes Halbkugel-Linsenbild, 1963. (Foto: Archiv J. C.)

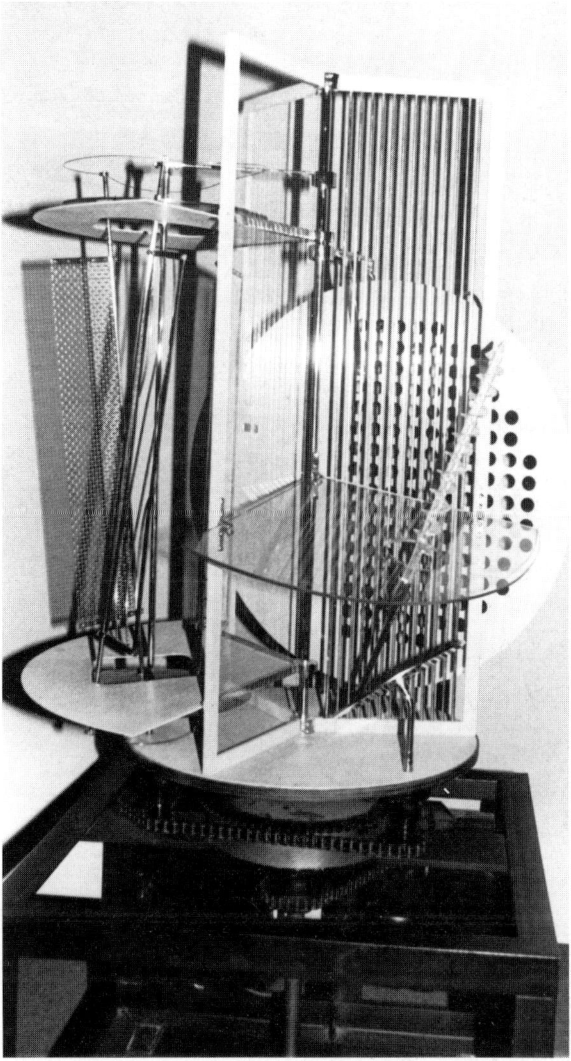

Abb. 26 Laszlo Moholy-Nagy, Licht-Raum-Modulator, 1922–1930 (Replik), Ausstellung ›Les Immatériaux‹, Centre Georges Pompidou, Paris, 1985. (Foto: J. C.)

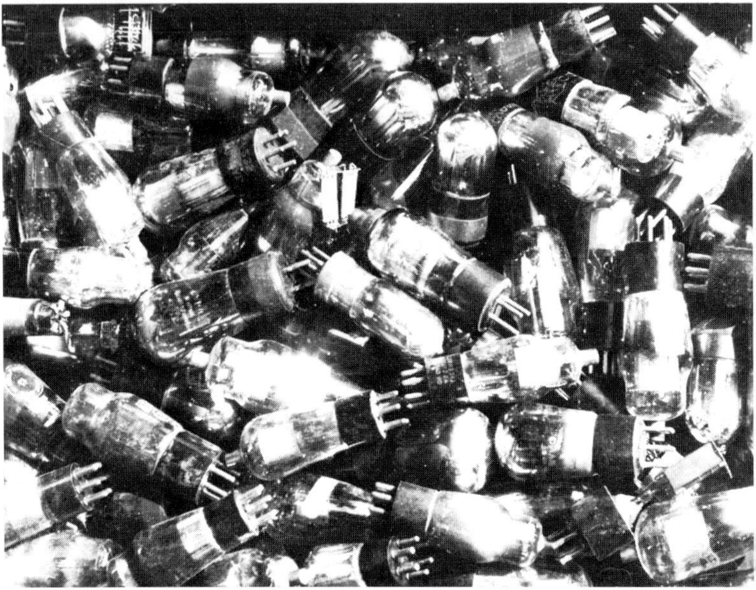

Abb. 27 Arman, Accumulation 1962. (Foto: Galerie Schmela)

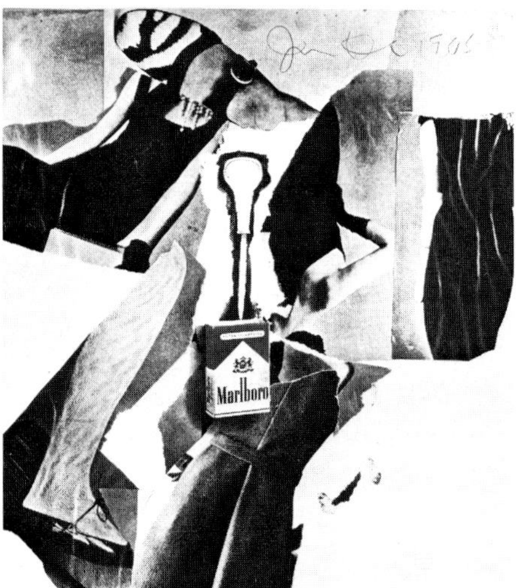

Abb. 28 Jim Dine, Awl, Siebdruck 1965. (Foto: Thurid F. Moeller)

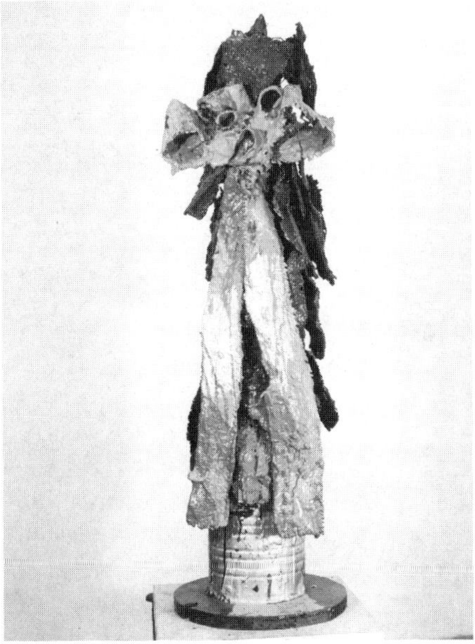

Abb. 29 Claes Oldenburg, Erfolgspflanze, 1962, Museum Ludwig, Köln.

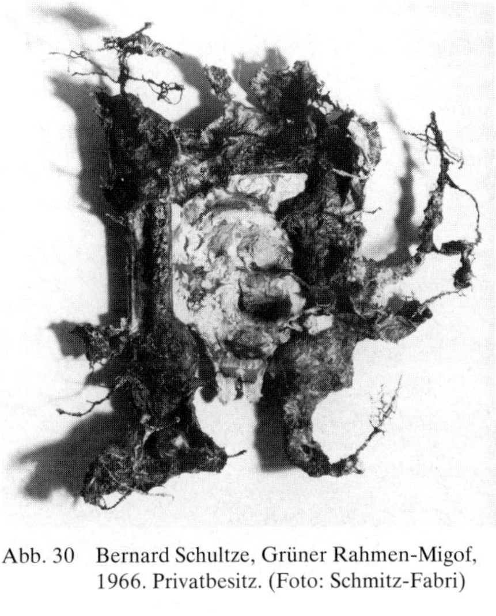

Abb. 30 Bernard Schultze, Grüner Rahmen-Migof, 1966. Privatbesitz. (Foto: Schmitz-Fabri)

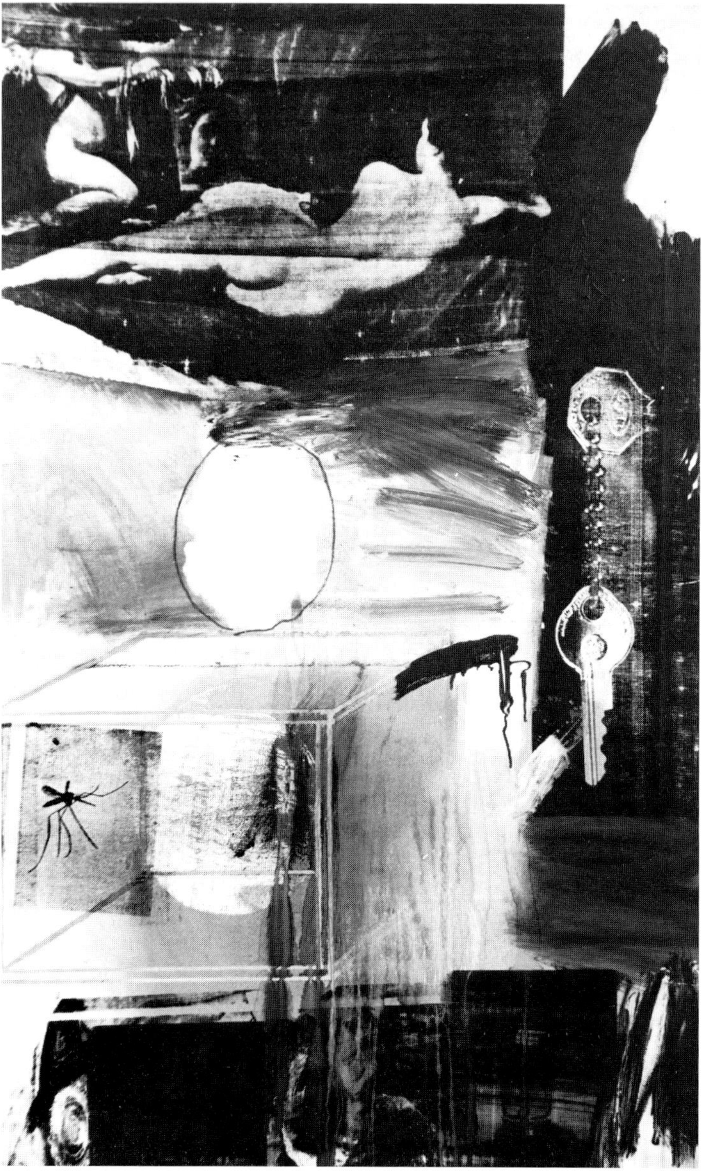

Abb. 31 Robert Rauschenberg, Exil,
1962. Slg. Mayer, Lausanne. VG Bild-Kunst, Bonn/VAGA, New York, N. Y., 1985. (Foto: Shunk-Kender)

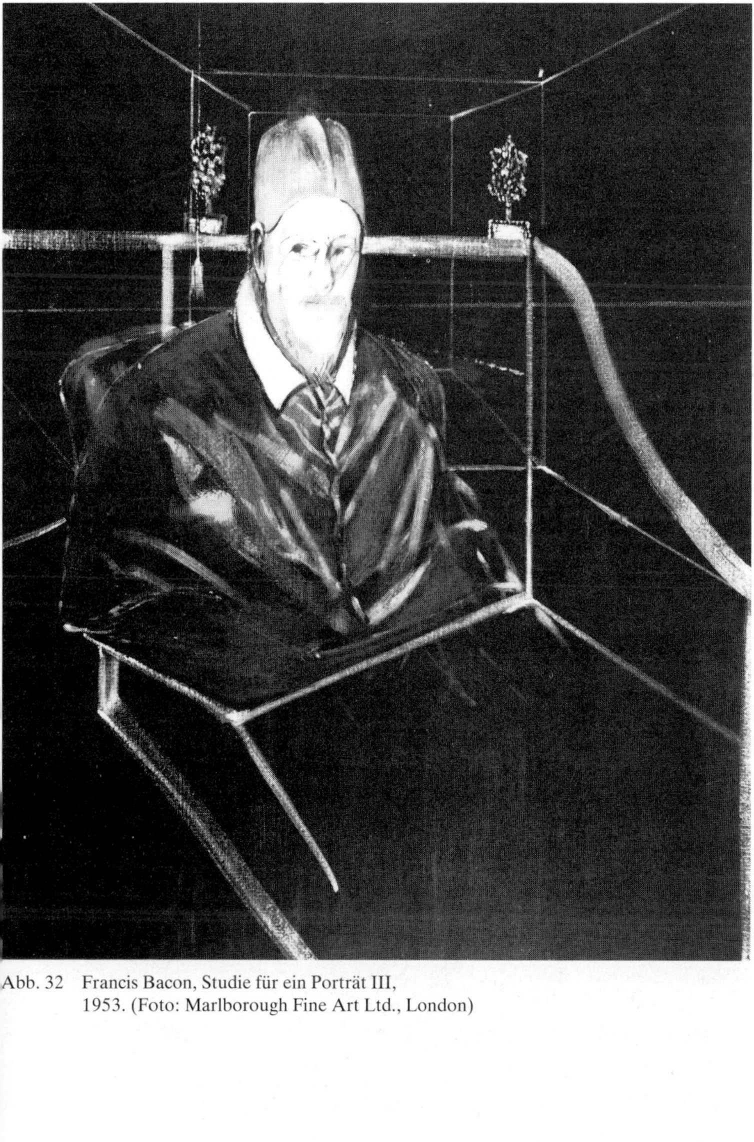

Abb. 32 Francis Bacon, Studie für ein Porträt III, 1953. (Foto: Marlborough Fine Art Ltd., London)

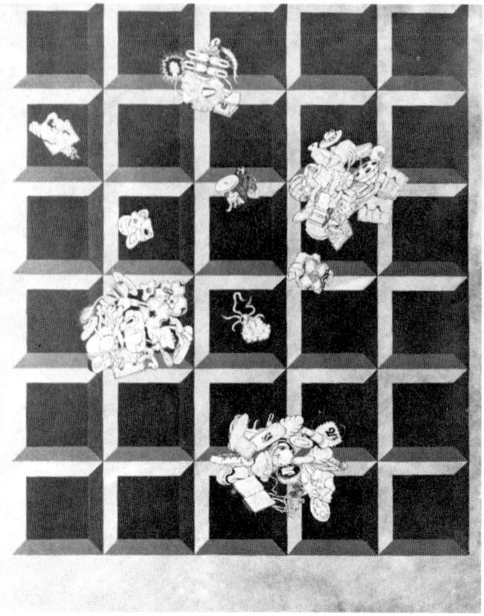

Abb. 33 René Bertholo, Säuerliche Formationen, 1964. (Foto: Galerie Mathias Fels, Paris)

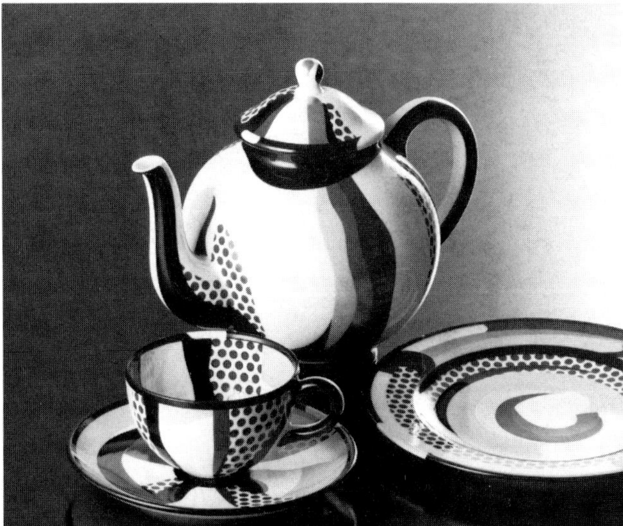

Abb. 34 Roy Lichtenstein, Teeservice (15teilig, limitiert auf 100 Exemplare). (Foto: Rosenthal-Bilderdienst)

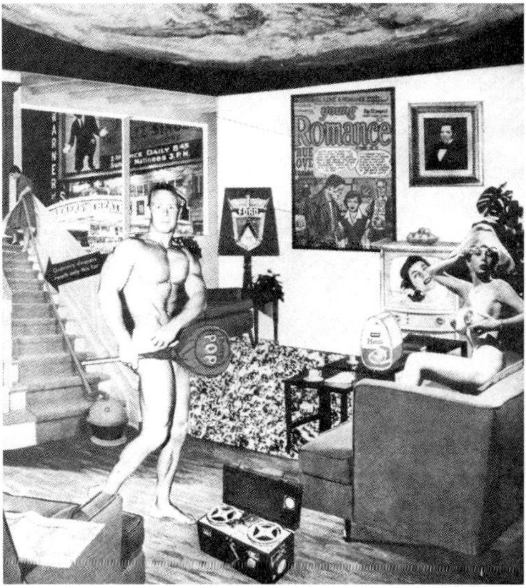

Abb. 35 Richard Hamilton, Was macht denn das heutige Zuhause so anders, so anziehend, 1956. (Foto: Archiv J. C.)

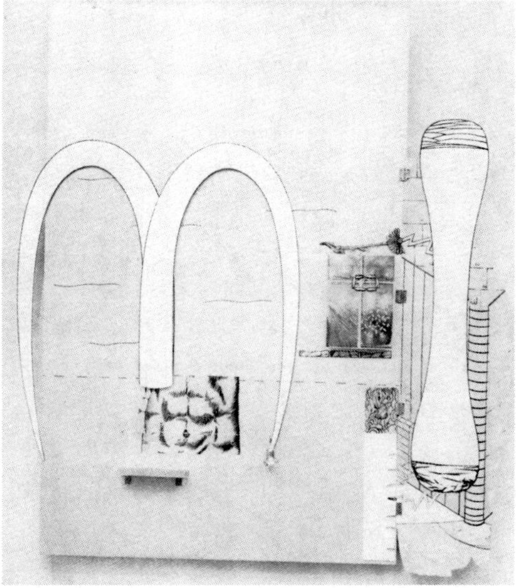

Abb. 36 Öyvind Fahlström, Der junge Doktor Benway, Variables Bild, 1964. (Foto: Archiv J. C.)

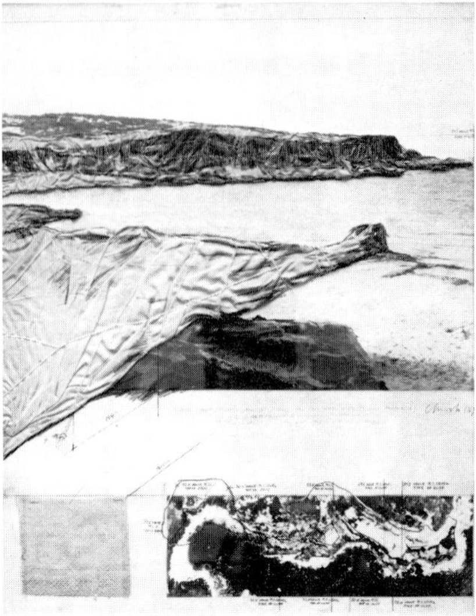

Abb. 37 Christo, Verpackte Küste (Projekt für Australien),
1969. (Foto: Aktionsraum, München)

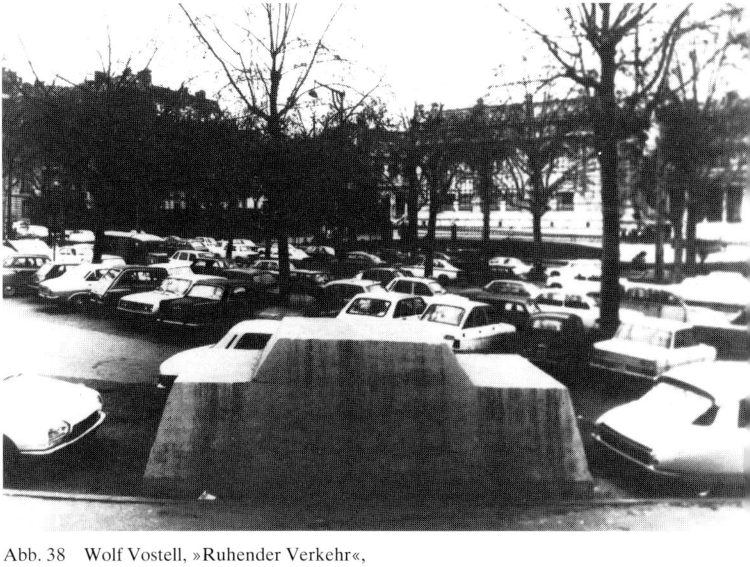

Abb. 38 Wolf Vostell, »Ruhender Verkehr«,
1969. (Photo: Einbetoniertes Auto vor dem Musée d'Art Moderne, Paris, bei der Vostell-Retrospektive 1974)

res Vokabular: vertikale und horizontale, in verschiedener Dichte angebrachte Linien werden durch parallele Ondulationen, Kreisformen usw. ‹gestört›, werden in räumliche Funktion gesetzt. In seinen im April 1955 anläßlich der Ausstellung ‹Mouvement› (Galerie Denise René, Paris) veröffentlichten ‹Bemerkungen für ein Manifest› hat Vasarely für das Prinzip der Identität von Form und Farbe die simple dialektische Formel: 1 = 2, 2 = 1 aufgestellt. «Wenn ich sage: schwarz und weiß (und nicht schwarz oder weiß), entscheide ich mich für eine Vision der Welt, in der ‹gut und böse›, ‹schön und häßlich›, ‹physisch und psychisch› untrennbare gegensätzliche Ergänzungen sind, die zwei Seiten derselben Medaille», heißt es dazu in den Tagebuchaufzeichnungen.

Bereits Ende der dreißiger Jahre hatte Vasarely die für das Auge sich vollziehende Bewegung studiert, die sich ergibt, wenn man übereinanderlagernde bemalte, aber durchsichtige Folien gegenseitig verschiebt. Er nahm 1954 diese Versuche auf und entwickelte durch gestaffelte transparente Pläne, deren Zeichnungen sich beim Vorübergehen verschieben und überlagern, seine kinetischen Bildwerke. Vasarely, der übrigens 1929 in Budapest Vorlesungen von Moholy-Nagy gehört hatte, nannte dieses Phänomen den *cinétisme plastique* (vgl. Abb. 23). Für den Betrachter beinhalten die Werke eine simultane Vieldeutigkeit, d. h. sie sind bezogen nicht auf den statischen, sondern den dynamischen, perzipierenden Menschen: «Der Faktor Bewegung und sein Korollarium, die Zeit, sind nunmehr in das Bildwerk integriert» (Vasarely). Es sind Werke, deren Impuls für die nächste Generation von Künstlern, die auf einem ‹kinevisuellen› Gebiet arbeiten, beträchtlich war.

«In meinen Arbeiten», schreibt Vasarely 1958, «glaube ich das Vorhandensein einer architektonischen abstrakten Kunst aufzeigen zu können, eine Art universelle Folklore, deren Sprache sich leicht den hochentwickelten Techniken der urbanen Konstruktion angleicht.» Auf dem Weg zu einer solchen architektonischen Kunst stehen die Metalltafeln, Metallsäulen und pyramidenförmigen Metallreliefs, die u. a. auf der dritten Documenta 1964 in Kassel ausgestellt waren. Die Staffelung von Bilddaten auf transparenten Scheiben, die ein fluktuierendes Spiel ihrer Raumdaten ergibt, wird hier von einer plastischen Staffelung ergänzt, die nicht nur das Raumerlebnis des Betrachters provoziert, sondern den Raum selbst artikuliert.

Das Bildwerk in das tägliche Leben zu integrieren: das bezeichnet Vasarely selbst als Ziel seiner künstlerischen Arbeit. Es ist einer Spezialuntersuchung wert – die ich hier nicht geben kann –, das Verhältnis seiner Realisationen und seiner Theorie zu denen des Bauhauses zu klären. (Vasarely ist während seines Studiums am Budapester ‹Bauhaus› unter Alexandre Bortnyik, 1928–29, diesen Ideen begegnet.) Was ihn als Künstler, als plastischen Gestalter, auszeichnet, sind die Konsequenz, mit der er sein Werk aus konstruktiven Ansätzen heraus entwickelt hat, und die Breite seiner Untersuchungen, die sich nicht auf ein Ausdrucksmedium beschränkten. So hat er sich sowohl mit dem Film beschäftigt, mit dem Ballett – er entwarf das Bühnenbild für eine Tanzaufführung des Pariser ‹Théâtre de l'humour›, 1954 – und vor allem mit den Fragen einer Zusammenarbeit mit Architekten, wie es der abgedruckte Text von Vasarely belegt. Das erste Beispiel einer Integration konnte er 1954 geben, als er in der von Carlos Raoul Villanueva errichteten Universitätsstadt von Caracas ein Keramik-Wandbild (50 qm) nach einem Projekt von 1952 verwirklichte, mit einem mittleren Teil vertikaler Linienverschiebungen und zwei ihn umgebenden Teilen, wo sich horizontal geführte Strukturveränderungen ergeben. Vor dem Eingang zur Aula unterteilt ein Aluminium-Relief von Vasarely (Länge 8, Höhe 3,5 m) die Halle: horizontale Aluminium-Streifen werden von eingelagerten Formen unterbrochen, durch das von oben einfallende Licht und die Bewegung des Betrachters ändert das Relief ständig seine formale und räumliche Identität und Intensität. Eine Gehsteig und Garten trennende Wand in den Farben weiß, schwarz, rot (30 × 2,75 m) führte Vasarely 1957 für den Architekten Jean Ginsberg aus, in der sich verschiedene elementare Formen in Positiv-Negativ-Effekten überschneiden und ein dynamisches Pendant zu der statischen Hauswand und den Loggien bilden. In verschiedenen anderen Aufträgen (in Paris neben der erwähnten Keramikwand in der Rue Camou, 6–8; am Boulevard Lannes, 59–65 und an der Avenue de Versailles, 54-56, alle mit J. Ginsberg) hat Vasarely Kunststoff und weitere neue Techniken verwendet, immer mit dem Ziel, die Dekoration der Architektur durch einen direkten Bezug zur Architektur zu ersetzen, indem er ihre Rhythmen aufnimmt, ihre Formen abwandelt, ihre Funktionen heraushebt, um, kurz gesagt, das Werk in die ganze soziologische Struktur einzufügen.

VICTOR VASARELY: DIE BUNTE STADT

Das wichtigste Ereignis dieser letzten Jahrzehnte ist zweifellos das Auftreten der neuen architektonischen Vielfarbigkeit. Die strengen Wege der klassischen Abstraktion (Konstruktivismus, Suprematismus, Neoplastizismus) führten durch aufeinanderfolgende Eliminationen zum Bild vom Typ Mondrian: nicht-räumlich, horizontal-vertikal, in drei Dominanten plus schwarz und weiß. Apotheose und Endstufe. Das strenge zweidimensionale Prinzip wird, abgesehen von gleichförmigen Varianten, kaum noch grundlegende Neuerungen auf der Leinwand gestatten, die abdankt, indem sie mit der Wand verschmilzt. Mit der Geburt der architektonischen Vielfarbigkeit erlebten wir eine jener phänomenalen Wandlungen der Kunst, die zu ihrem Weiterleben notwendig sind. So wichtig diese Vielfarbigkeit grundsätzlich auch ist, so zaghaft und enttäuschend entfaltete sie sich in Wirklichkeit. Je mehr Städte aus dem Boden schießen, desto armseliger werden die ohnehin schon schwachen Versuche, die Fassaden nach dem neuen Prinzip zu gestalten. Und dies trotz der neu hinzukommenden ‹Farbberater›, die sich zwischen Architekten und Maler einschalten. Einige unter diesen letztgenannten mußten ihre Disziplin von Grund auf überprüfen, damit sie den Anforderungen der sich wie nie zuvor ausbreitenden Architektur genügen konnten. Für die rasch sich wandelnde Gesellschaftsordnung und die damit zusammenhängenden soziologischen, ethischen, psychologischen und ästhetischen Probleme wurde die Architektur zum hauptsächlichen Untersuchungsfeld der bildnerischen Fragen. Weit entfernt von den ursprünglichen Zielen, regt die heutige Kunst – wenn man sie so nennen will – den biochemischen menschlichen Bereich an und erstrebt, harmonisierend, ausgleichend zu wirken: Träger von Wohlgefühl und Freude.

Die bunte Stadt – bunt auch und vor allem im Sinn der Verschiedenheit ihrer Baumaterialien für den Innen- und Außenraum – erscheint mir als vollkommene Synthese: das grundlegende Prinzip der Verbindung der Künste bestärkt alle bildnerischen Disziplinen in ihrer ‹umfassenden Funktion›. An diesem Punkt der Geschichte, nach der Revolution von Mondrian und Malewitsch, verlangt die vielfarbige Stadt die Koordination aller dieser Funktionen. Das harmonische Prinzip wird durch die ganze geschichtliche Entwicklung gefordert. Doch muß man hinzufügen, daß die bunte Stadt die einzige architektonische Synthese darstellt, die im äußeren Raum dem bildnerischen Wert eine psychische Dimension hinzufügt, die diese Raum-Form-Farbe im allgemeinen Bewußtsein etabliert. Das Bild einer solchen Synthese, bei der Raum und Form in einer sozialen Struktur begründet waren, ist uns aus der gotischen Epoche überliefert. ‹Der gotische Raum› war zunächst die Kathedrale und ihre Bildhaftigkeit, war aber vor allem auch der Begriff des Mystischen in den Gläubigen, für die die Kathedrale ihrerseits wiederum die Mystik verkörperte. Im Vergleich zu den Synthesen der großen Epochen ist die bunte Stadt, Synthese von heute, wirklich die konkrete Konstruktion und geeignet als Ausgangspunkt: sie ist es, die am besten eine psychische Dimension des Physischen offenbart, die der heutigen Gesellschaftsordnung entspricht. Denn wenn früher Schloß und Kathedrale aus der Bedeutung der Macht des Fürsten oder Gottes hervorgingen, waren diese Werke einmalig. An der Spitze der menschlichen Pyramide bildeten sie Vorbild und Stil. Heute haben die Stadtteile und Vororte der großen Städte ihre eigenen notwendigen Konstruktionen gebildet. Die Entwicklung der Menschheit fordert vor allem materielle Verbesserung. Diese steht in Beziehung zur Produktivität, die selbst Kriterium und Daseinszweck unserer hochtechnischen Zivilisation geworden ist. Es findet eine langsame Bewegung statt von der Spitze der Pyramide zu deren

Basis: nunmehr dienen die ‹Fürsten des Wissens› der Allgemeinheit, und das Kunstwerk wird freizügig und der Stil global. (1)

5. Die Gruppe Zero: Mack – Piene – Uecker

Zero entwickelte sich aus einer Reihe von Abendausstellungen in Düsseldorf in der zweiten Hälfte der fünfziger Jahre. Aus Anlaß der 7. Abendausstellung, die den Titel trug ‹Das rote Bild›, erschien im April 1958 das Katalog-Heft ‹Zero 1›. Es enthielt Äußerungen der an der Abendausstellung (diese Ausstellungen fanden jeweils nur für einen Abend statt) Beteiligten und Artikel von J. A. Thwaites, Yves Klein, Heinz Mack und Otto Piene, die sich mit der Farbproblematik beschäftigten. Der Titel ‹Zero› sollte dabei eine Zone des Schweigens, der Stille, der reinen Möglichkeiten für einen neuen Anfang anzeigen. ‹Zero 2›, ebenfalls von Piene und Mack herausgegeben, folgte im Oktober des gleichen Jahres zu einer Abendausstellung ‹Vibration› (Aufsätze von Fritz Seitz, Mack, Piene); ‹Zero 3› schließlich erschien im Juli 1961, ein umfangreiches Katalog-Buch, das Aufsätze von Klein, Tinguely, Klüver, Piene, Mack, Manzoni, Spoerri, Kage, Aubertin enthielt.

Piene selbst hat als die vielleicht wichtigste Zero-Ausstellung eine Schau im Hessenhuis in Antwerpen (März 1959) bezeichnet, deren Thema ‹Bewegung und bewegte Objekte› war und von Pol Bury, Paul van Hoeydonck, Tinguely und Spoerri veranstaltet wurde. Ein Pendant dazu organisierten Mack und Piene im Juli 1959 in Wiesbaden: ‹Dynamo 1›. Zahlreiche Zero-Ausstellungen folgten ab 1961, wobei seit Ende 1961 auch Günther Uecker neben Mack und Piene zum ‹inneren Kreis› der Gruppe zählte: in Düsseldorf, Arnheim, Antwerpen, Bern, Gent, Berlin, Brüssel, Krefeld, Philadelphia, Washington, Venedig u. ö. Zusammen mit der spanischen Gruppe ‹Equipo 57› (Juan Cuenca, Angel Duart, Agustin Ibarrola, Juan Serrano, José Duarte), 1957 in Paris gegründet, ist die Gruppe Zero eine der frühesten von zahlreichen Gründungen ab 1959/60.[4]

---

4 Voran gingen u. a. die französische, von André Bloc um die Zeitschrift ‹Art d'Aujourd'hui› gruppierte Vereinigung ‹Espace›, 1951; die jugoslawische Gruppe ‹Exat 51›, 1951 in Zagreb von Bernardi, Bregovac, Picelj, Radic, Rosica, Richter, Srnec, Zaharovix gegründet; der italienische ‹Movimento per l'arte concreta›, genannt MAC, an dessen Entstehung in Mailand 1948 Soldati, Dorfles, Munari, Monnet beteiligt waren; die Gruppe ‹Arte Madi›, die Gyulia Kosice 1946 in Buenos Aires ins Leben rief, und die dort im gleichen Jahr gegründete Gruppe ‹Arte Concreto›, der Jommi und Hlito neben anderen angehörten.

Zwei Gruppen entfalten seit 1959 in Italien eine reiche Aktivität: die im Oktober 1959 in Mailand gegründete ‹Gruppo T› (Giovanni Anceschi, Davide

Gemeinsam war Mack, Piene und Uecker die Beschäftigung mit der Problematik des Lichtes. Neben den Raster- und Rauchbildern, die ich bereits S. 98 f besprochen habe, entwickelte Piene seit 1959 seine Pläne für ein Lichtballett, das er im abgedruckten Dokument beschreibt. «Wenn ich das Licht und einige seiner Erscheinungs- und Wirkungsweisen als Medium meiner Arbeit verwende, so meine ich viel eher seine vitale Bedeutung. In diesem Sinne sind für mich Bilder und Objekte Kraftfelder, von denen aus visuelle Energie für den Betrachter in vitale Energie umgewandelt wird», berichtet Piene in einem Interview. Die Vorführapparate, perforierte Drehscheiben, durch die das Licht dringt, Projektionsapparaturen etc., beanspruchen dabei keinen Eigenwert als plastische Körper, sondern sind funktionale Hilfsmittel. Es ist allein der Lichtwert der auf die Wand, an die Decke geworfenen Lichtsequenzen, die «Phrasierung des Lichtes» in ihrem Erlebniswert für den Zuschauer, die zählt. ‹Zero, der neue Idealismus›: die Bezeichnung zielt auf die beabsichtigte Veränderung nicht nur der bildnerischen Objekte, sondern der Erfahrung des Menschen.

Seit Ende 1961 begann Günther Uecker in der Nähe von Piene und Mack zu arbeiten, eine Zusammenarbeit, die später zu verschiedenen ge-

---

Boriani, Gianni Colombo, Gabriele de Vecchi und, seit 1960, Grazia Varisco). Die Gruppe begann ihre Tätigkeit mit einer Ausstellung ‹Miriorama 1› in der Mailänder Galleria Pater, Januar 1960, der dann zahlreiche Ausstellungen gefolgt sind. Im Manifest, das anläßlich der ersten Ausstellung erschien, heißt es: «Jeder Aspekt der Realität, Farbe, Form, Licht, geometrischer Raum und astronomische Zeit, ist der unterschiedliche Aspekt der Ergebnisse von *Raum-Zeit* oder, besser noch, ein verschiedener Weg, Raum-Zeit-Beziehungen wahrzunehmen. So betrachten wir die Realität als das ständige Werden von ‹Phänomenen›, die wir ‹in Fluxion› sehen. Seitdem eine so verstandene Realität im Bewußtsein des Menschen (oder bloß in seiner Intention) eine feststehende, unveränderliche Realität abgelöst hat, erleben wir in den Künsten eine Tendenz, die Realität in den Begriffen des Werdens auszudrücken.

Indem man das *Werk* als eine *Realität* betrachtet, die aus denselben Elementen besteht wie die uns umgebende Wirklichkeit, wird es notwendig, daß das Werk selbst sich in einer dauernden Fluxion befindet. Das heißt, wir lehnen die Bedeutung solcher Mittel wie Farbe, Form, Licht etc. ab, geben ihnen vielmehr eine neue Dimension, indem wir sie in das Werk einfügen in der wirklichen Stellung, die sie nach unserer Meinung in der Realität haben: in dauernder Fluxion, die aus ihren gegenseitigen Beziehungen resultiert.»

Alberto Biasi, Ennio Chiggio, Toni Costa, Edoardo Landi, Manfredo Massironi bildeten seit 1959 die ‹Gruppo N› in Padua, die u. a. auf der Biennale in Venedig 1964 zu sehen war und auf der IV. Biennale von S. Marino den ersten Preis erhielt. – Schließlich setzte in Rom die ‹Gruppo 1› (1963 gegründet) die Tradition der italienischen ‹neokonkreten› Gruppen wie ‹Forma› fort. (Ihr gehören an: Gastone Biggi, Nicola Carrino, Nato Frasca', Achille Pace, Pasquale Santoro, Giuseppe Uncini.)

meinsamen Demonstrationen führte wie zu dem ‹*salon de lumière*› bei der ‹*Nul*›-Ausstellung im Stedelijk-Museum Amsterdam 1962, dem Lichtraum im Museum Haus Lange in Krefeld 1963 und bei der dritten Documenta in Kassel 1964 und anderen Vorführungen. Uecker beschäftigt sich seit 1957 mit Raumobjekten und kommt aus der Überlegung, reale räumliche Situationen zu schaffen, «einen Raum in sichtbare Bewegung zu versetzen, zu mechanischen Mitteln, Strukturzonen durch Licht zu erregen, reinste Lichtintegration in Bewegung zu zeigen». Er verwendet dazu Strukturelemente wie Nägel, die auf seinen früheren Bildern bzw. Objekten, streng gereiht waren, deren mathematische Folge er später jedoch auflöst in eine freiere Bewegungsanordnung. Träger der Strukturelemente können der Kreis, die Säule, das Bildrechteck sein. Sie sind ganz mit weißer Farbe überzogen und bieten so dem sich ständig verändernden Licht eine reine Reflexionsfläche. Das einfallende Licht ist schöpferischer Partner dieser Strukturfelder, tritt in ein Spiel mit ihren festgelegten Rhythmen als der bewegende Teil.

Heinz Mack entwickelte seit 1956 seine Lichtreliefs und Lichtkuben aus polierten Metallen, die über bestimmte Folien gepreßt, jene Parallelgräben, kreuzförmig sich überschneidende Rillungen, Punktuationen usw. ergeben, in denen das einfallende Licht vibriert und die Farben der Umwelt reflektiert. Mack verzichtete zu diesem Zeitpunkt auch auf den Einsatz von Farbe außer Schwarz und Weiß, was zu seinen sogenannten ‹Dynamischen Strukturen› führte (vgl. S. 85 ff). Auf das Projekt einer vibrierenden Lichtstele folgte die Idee eines künstlichen Gartens. In dem 1961 veröffentlichten ‹Sahara-Projekt› (‹Zero›, 3) heißt es: «Hierbei fasziniert mich vor allem eine Vorstellung: es muß möglich sein, eine heftige Lichterscheinung so in Vibration zu bringen, daß ihre Intensität notwendigerweise eine neue Umwelt fordert, deren Ausdehnung den klassischen Regeln von Maß, Volumen und Proportion nicht mehr entspricht. Hier sollen das Licht im Licht und das Licht im Raum sichtbar werden. Im gleichförmigen Licht, das die Sonne bewirkt, erscheint nun die offene Form einer Lichtfontäne, deren Lichtvolumen sich in gleißender Intensität ausstrahlt. In meinem Bestreben, diesem artifiziellen Licht eine allgemeine räumliche Bedeutung zu geben, wurde mir deutlich, daß der vom gegenständlichen Inventar befreite Raum, der Raum der Wüste, besonders geeignet ist, diese vibrierende Lichterscheinung zu forcieren.» Eine erste Gelegenheit, Sahara-Reliefs zu realisieren, bot ihm ein Auftrag, an der Mathildenschule in Leverkusen ein 15 Meter hohes Betonrelief anzubringen (1961/62), wobei er in drei horizontalen Reihen ausgezackte, präformierte Betonstreifen in verschiedener Richtung anbrachte. Dadurch wandelt sich die Lichtintensität, das an sich statische Material (Beton) wird zu einer Möglichkeit, das Licht zu artikulieren.

Diese Künstler bildeten bis zur Trennung den ‹inneren Kreis› der Gruppe Zero. Von Ausstellung zu Ausstellung wechselten die Teilnehmer, ab 1960 lassen sich zumindest zwei Tendenzen innerhalb der Zero-Manifestationen unterscheiden: eine zum sogenannten ‹Neuen Realismus› zählende (vertreten etwa durch Arman, Spoerri) und eine ‹idealistische›. Diese Tendenz kommt in den Arbeiten und Äußerungen der drei hier behandelten Künstler zum Ausdruck. Naturhafte Assoziationen, die sich vor manchen Objekten einstellen, werden nicht als Fremdkörper empfunden. (Piene unterstreicht sie sogar, wenn er den Feuerbildern den Titel gibt: ‹Fauna und Flora›. «In allen meinen Arbeiten», sagt er, «werden einfache Naturkräfte artikuliert.») Im Unterschied zu den Arbeiten der ‹Groupe de Recherche d'Art Visuel› in Paris vermeiden sie eine strenge Geometrisierung, das rechnerische, logische Kalkül. Wichtige Impulse gingen von Fontana aus – die Ermutigung zu einer neuen, ‹einfachen›, ‹unproblematischen› Haltung dem bildnerischen Objekt gegenüber, «es sind die gleichen Grundstrukturen und Sternbilder der dynamischen Konzeption, die meine Künstlerfreunde und mich bewegen» (Mack) –, von Yves Klein durch eine gemeinsame Richtung der ‹Purifikation›, von Tinguely, der auch den Impuls gab, die Lichtobjekte in Bewegung zu setzen.

OTTO PIENE: LICHTBALLETT

Die Bezeichnung ‹Lichtballett› kann wörtlich genommen werden: Licht ‹tanzt› in einer gewissen Ordnung und ‹choreographischen› Abfolge, jedoch mehr oder weniger improvisiert, je nach dem Ton, der als ‹Leitstrahl› eingesetzt ist. Nach einer völligen Übereinstimmung von Optischem und Akustischem zu suchen, ist verfrüht und vielleicht nicht einmal erstrebenswert; denn das würde leicht – lediglich – zu einer neuen Form von ‹Musiktheater› führen, mit Satz- bzw. Aktfolge, einem Anfang, der nur am Anfang stehen kann, und einem Schluß, der sogenannten ‹Coda›. Ich bemühe mich, dem Lichtballett die Selbstverständlichkeit zu geben, wie sie für den lebendigen Menschen das Aus- und Einatmen hat. Eine Phrasierung des Lichts interessiert mich mehr als das dramatische Aufeinanderprallen vcn Gegensätzen. Der Ton ist keine Musik, sondern ein begleitendes und gelegentlich leitendes Geräusch, das u. a. die Aufgabe hat, eine erlesene Stille zu erzeugen, in der dann das Licht allein ist.

Das Wichtigste ist die umfassende Raumerfüllung gegenüber den bekannten Schaukünsten Theater und Film. Das Licht ist nicht an den Raumausschnitt Bühne oder die Fläche Leinwand am Ende eines langen Raumes, in dessen Dunkel der Betrachter sitzt, gebunden. Es kann die meisten Orte des Raumes erreichen. Dadurch gewinnt der Erlebende den Eindruck, der Mittelpunkt des Geschehens zu sein, es «geht durch ihn hindurch», er «fühlt sich als ein Teil des Lichts» (nach Äußerungen von

Zuschauern). Es ensteht ein dynamisches Raumempfinden, in dem die Schwerkraft viel Macht verloren hat. Die scheinbar notwendige Verwicklung, die die herkömmlichen Aufführungen von Stücken charakterisiert, entfällt und wird durch eine dem Kontinuum nähere suitenhafte Verteilung der Phasen ersetzt. Eine streng kontinuierliche Lichtverwandlung wird jedoch erst möglich sein, wenn das Lichtballett ein größeres Maß an Mechanisierung erreicht hat. Dann tritt der Akteur noch mehr in den Hintergrund.

Ich kann mir gegenwärtig zwei ideale Situationen für das Lichtballett (das dann nicht mehr so heißen muß) vorstellen: Zuerst denke ich an einen sehr großen Raum von halbkugeliger Form, an dessen Wände das Licht in ständiger Verwandlung projiziert wird; die Betrachter können kommen, wann sie wollen, und gehen, wann sie wollen, da es keine Anfangszeiten und entsprechend keinen Schluß gibt. Der Erlebende liegt in einem liegestuhlartigen Sessel oder flach auf dem Rücken, entspannt und jedenfalls ungereiht. Seine Verwandlung wird nachhaltiger sein als durch die gewohnten gegenständlichen Darbietungen, weil er sich mit niemand identifizieren muß, der er niemals wird. Die Übereinstimmung, die er erfährt, ist die mit dem Raum, der seine Dimension ist, jedoch hier als freier, unverstellter Raum; das Kontinuum, in das er eingeht, vermittelt ihm die reine Empfindung der Stetigkeit seiner eigenen Dynamik. Die zweite Idealsituation wäre die Projektion an den Nachthimmel auf eine den großen Entfernungen angemessene Weise. Das Lichtballett ist in seiner gegenwärtigen Form in einem experimentellen Stadium. Es ist ein kleines Spiel, das, so hoffe ich, einmal zu einem großen Spiel werden wird. (3)

6. Die Erforschung des Visuellen: Groupe de Recherche d'Art Visuel

Im Juli 1960 unterschrieben elf Künstler im Pariser Quartier Marais die Gründungsurkunde zu einem ‹Studienzentrum für die visuellen Künste› (Centre de Recherche d'Art Visuel). Die Gruppe bestand bis 1968 aus sechs Künstlern: Garcia Rossi, Julio Le Parc, François Morellet, Francisco Sobrino, Joël Stein, Yvaral. Manifeste und Aufsätze wurden von der Gruppe unterzeichnet, und in der Tat gab es eine Reihe von Bestimmungen, Überzeugungen, Urteilen, die für alle Gruppenmitglieder galten. (Bestimmungen, die überdies auch auf andere Künstler zutrafen, die im Umkreis der ‹Neuen Tendenzen›[5] arbeiteten.)

---

5 In einem Aufsatz ‹Neue Tendenzen› stellte der Maler Klaus Jürgen-Fischer die gemeinsamen Kennzeichen zusammen und gab damit ein Bild der

Für sie alle nähert sich die Arbeit des Künstlers der Methode und Technik des Wissenschaftlers; nicht das Spontane, Unvorhersehbare, die Überraschung, sondern die Determinierung des Materials, die Vorausbestimmung des Werkes in seiner Modalität leiteten ihre Arbeit. Mit Vasarely – dessen Sohn, Yvaral, eines der Mitglieder der Gruppe war – teilten sie die Abneigung gegen das überkommene Vokabular des Künstlers (Kunst, Intuition usw.), gegen die Vorherrschaft des Tafelbildes, der Ölmalerei. Zumindest am Anfang ihrer Tätigkeit überbetonte ihr

---

Ideen und Verwirklichungen, das auch für die hier zu behandelnde Gruppe zutrifft. Er schreibt: Die neue formale «Ordnung wird auf dem Wege der Reduktion gewonnen, der in der Malerei neben einer Zurückführung komplizierter Farbverhältnisse auf elementare, leicht ablesbare Farb- und Hell-Dunkel-Abfolgen, die oft in reinem Schwarz-Weiß gegeben werden, eine Ausbreitung elementarster Formmotive entspricht. Eine solche Askese erlaubt äußerste Kontinuität der bildnerischen Elemente, die sich entweder vollständig gleichen oder aber ähneln, jedenfalls nur selten in Gegensätze zueinander treten. Ein Zusammenschluß der Bildbausteine zu Formkollektiven wird bevorzugt. Es gibt keine ‹Solisten›, nur ein- oder mehrstimmigen Chor, wenn dieser Vergleich mit der Musik erlaubt ist.

Durch die Gleichwertigkeit fast akzentlos gesetzter Elemente werden aus Formwerten Strukturwerte gewonnen. Das Bild ist vielfach zellenartig gegliedert, wobei seine Einheit der eines Zellenverbandes entspricht. Die Regularität eines solchen Verbandes kann durch rhythmische Versetzung einzelner Teile, Unterbrechungen, Lücken, im ganzen also geringfügige Änderungen des Systems, gestört sein, ohne die Aufmerksamkeit des Betrachters dabei vom Ganzen abzulenken. Vordergrund und Hintergrund des Bildes rücken durch kleinteilige Gitterungen, Facettierungen, Rasterungen und dergleichen eng aneinander, oft derart, daß beide eine Ebene bilden bzw. zwei Ebenen, die als Positiv-Negativ-Entsprechungen nicht voneinander zu trennen sind ...

Die geringe Abirrung der Elemente aus ihrem Verband im Sinne einer Scheinbewegung rhythmisch gesetzter Bildformen erzeugt den Eindruck eines Pulsierens, Flackerns, Zitterns, Schwingens. Die Maler sprechen auch vom ‹Atmen› der Bildfläche, die eine stetig fließende, stationäre Bewegung vollzieht. Es lösen sich dabei, verglichen mit einer dynamischen Bildform, keine davonschnellenden Zeichen von ihrem Grund, alles bleibt an ihn gebunden, dennoch agiert die Fläche wellenartig in einem sanften Vor und Zurück, wechselnd Raum anziehend und abstoßend» (‹Das Kunstwerk›, 10–11/XIV, April–Mai 1961).

Als wegbereitende Ausstellungen der ‹Neuen Tendenzen› können u. a. Max Bills Ausstellung ‹Konkrete Kunst› in Zürich 1960 und die Ausstellung im Hessenhuis, Antwerpen 1959, die Bewegung und bewegte Objekte zum Thema hatte, *‹Bewogen Beweging›* im Stedelijk Museum, Amsterdam 1961 (im gleichen Jahr auch im Moderna Museet in Stockholm und im Louisiana Museum, Kopenhagen), *‹Nul›* im Stedelijk Museum, Amsterdam 1962, gewertet werden. Eine erste Ausstellung *‹Nove Tendencije›* fand 1961 in der Galerija Suvremene Umjetnosti in Zagreb statt, andere folgten in zahlreichen Städten, ein größeres Treffen am 3. 11. 1962 in Paris.

theoretisches Konzept den polemischen Akzent – gegen Tachismus, gegen Informel, gegen Geniekult, womit sie nur offene Türen einliefen. Schwieriger war es, das Neue zu bezeichnen, so daß oft nur der Rahmen einer Entwicklung von ihnen skizziert wurde und ihre Realisationen selbst zu sehr im Didaktischen blieben, Demonstrationsobjekte eines Weges waren, der zur Erforschung des visuellen Phänomens führen sollte. Dies ist vom Konzept her legitim, das nicht auf das fertige Bildobjekt, sondern auf die Relation Objekt-Auge bezogen ist. Aus diesem Grund beschränkte sich der einzelne häufig auf die Entwicklung eines farb-formalen Schemas. Die Arbeiten erhielten dadurch manchmal einen Schulcharakter, der den theoretisch-ideologischen Forderungen nicht entspricht. Das betrifft, meine ich, die Abwandlungen und Variationen von farbformalen Grundformen (Kreis, Quadrat, Linie) von Garcia Rossi; die programmierten Arbeiten Morellets und Steins horizontal und vertikal progredierende Serien aus genau bestimmten, vorgegebenen Farbformen. Yvaral arbeitete mit instabilen Reliefs, wobei Instabilität gleichbedeutend ist mit Vieldeutigkeit der Wahrnehmung dieser Strukturen. Das galt auch für die Werke Le Parcs: *‹continuel-mobiles›*, wie er sie nannte, etwa an Nylonfäden angebrachte Plexiglasscheiben, auf die Licht projiziert wird, wobei die daraus resultierenden Reflexionen z. T. von Schirmen aufgefangen und gefiltert werden (Abb. 24). Sobrino schichtete monochrome Plexiglasscheiben zu verschiedenen Konfigurationen, wobei er im Unterschied zu Le Parc auf reale Bewegung des Objektes verzichtete.

Vielen Werken gemeinsam war weiterhin, daß sie nicht auf einmal wahrgenommen werden können, da sich ihre Aspekte ständig verändern. Der Betrachter erfährt die virtuelle oder reale Bewegung der Objekte, indem er seinen Standpunkt ändert. In den politischen und gesellschaftlichen Veränderungen des Jahres 1968 löste sich die Gruppe auf. Ein abschließendes Urteil versuchte u. a. die Ausstellung ‹GRAV›, die 1975 in Como stattfand und deren Katalog wesentliche Texte und Dokumente enthält.

GROUPE DE RECHERCHE D'ART VISUEL: BILD – BEWEGUNG – ZEIT

Wir möchten das Wort Kunst, in bezug auf alles, was es heute verkörpert, aus unserem Vokabular entfernen. Wir ziehen es vor, das künstlerische Phänomen als völlig visuelle Erfahrung zu betrachten, die sich auf der Ebene physiologischer Wahrnehmung und nicht gefühlsmäßiger abspielt. Unsere Erfahrungen mögen noch einen traditionellen Anschein haben – Malerei, Plastik, Relief –, dennoch sehen wir die bildnerische Realität nicht in der Ausführung oder in der Empfindung, sondern in der konstanten Beziehung, die sich zwischen dem bildnerischen Objekt und dem menschlichen Auge abspielt.

Man hat das Problem der Bewegung unter verschiedenen Aspekten betrachtet. Wir führen hier als Beispiele einige Elemente an, ohne eine Geschichte dieser Bewegung zu geben.

1. Bewegung auf der Oberfläche: a) Darstellung der Bewegung (ein großer Teil der traditionellen Malerei, Kubismus, Futurismus); b) Begriff der Bewegung in der formalen Kunst (Mondrian, Delaunay, Max Bill etc.); c) Bewegung aufgrund physiologischer optischer Erlebnisse – virtuelle (optische) Bewegung (Albers, Vasarely);

2. Statische Reliefs: a) optische Bewegung (Tomasello); b) Bewegung wird erreicht durch verschiedene Stellungen des Betrachters (Vasarely, Soto, Agam);

3. Oberfläche in Bewegung: Belebung einer bestimmten Oberfläche, die eine neue optische Situation schafft (Scheiben von Duchamp);

4. Oberfläche – Projektionsschirm: a) Film (Gravierung, gefärbte Zeichnung), b) Lichtprojektionen (Schöffer);

5. Bewegte Reliefs: a) mechanisch angetrieben (Tinguely); b) natürlicher Antrieb;

6. Räumliche Konstruktion in Bewegung: a) mechanisch angetrieben (Schöffer); b) natürlicher Antrieb (Calder).

(Mehrere dieser Aspekte wurden von Mitgliedern der Gruppe weiterentwickelt. Die Maler, die wir hier zitieren, sind erwähnt, um unsere Unterteilung zu veranschaulichen, aus keinem anderen Grund.) Die Idee der Bewegung setzt die Idee der Zeit voraus. Mit der Bewegung verläßt das bildnerische Objekt den räumlichen Plan und gelangt zu einem raum-zeitlichen. Die Wahrnehmung seiner Erscheinung ist verändert, und wir können die Beziehung Bild-Bewegung-Zeit aufstellen.

Die Bewegung kann man jedenfalls unter zwei Aspekten betrachten: 1. Freie, zwecklose Bewegung; 2. Entwicklung, die dahin zielt, eine neue visuelle Situation zu schaffen. Im ersten Fall hat die Bewegung des plastischen Objekts das Objekt-Schauspiel zum Ziel, seine Ergebnisse sind im wesentlichen emotionelle. Die Beziehung Bild-Bewegung-Zeit kann verändert werden, indem man dem Bild oder der Bewegung einen übergroßen Vorrang gibt. Das bewegte Objekt-Schauspiel hat es zu allen Zeiten gegeben. Doch schließt die Tatsache, irgendeine Skulptur sich drehen zu lassen, nichts ein als die Bewegung einer gegebenen statischen Situation.

Was verstehen wir nun unter Bewegung? Die drei Faktoren Bild-Bewegung-Zeit müssen in ein Ganzes integriert werden, dessen Bestandteile nicht zu trennen sind. Ihr Verhältnis zueinander muß konstant sein, *und eine neue Einheit, die ihr eigenes Gesicht hat, erscheint auf dem visuellen Gebiet. Doch interessiert uns diese Einheit nicht als bildnerisches Objekt. Uns interessiert nur der Rapport Objekt – Auge. Wie kann man diese Wechselbeziehung definieren?*

1. Auf einer feststehenden Oberfläche oder einem Relief: Die Form, bislang als Wert an sich betrachtet und mit ihren besonderen Eigenschaften verwendet, wird zu einem anonymen Element, das über die Oberfläche verteilt ist. Die Beziehung zwischen den Elementen schafft so eine Homogenität und eine Anonymität, die instabile Strukturen verursachen können, die nur von außen her wahrgenommen werden. Die Beziehung bildnerisches Objekt – Betrachter ist nicht mehr konstant. Eine virtuelle Bewegung wird erreicht. Diese Situation der Wahrnehmung wird verändert.

2. Reale Bewegung: Die Bewegung des plastischen Objektes verändert das Vorgegebene, indem sie es in Veränderung und Zeit eingliedert. Wir betrachten sie nicht als emotionales Anliegen oder offensichtliche Demonstration, sondern als neuen visuellen Vorschlag.

Diese neue Situation, die sich außerhalb des Objektes auf einer nicht emotionalen Ebene ergibt, zwischen ihm und dem menschlichen Auge, stellt eine neue Ausgangslage dar, um neue Näherungsmethoden zu entwickeln durch Verwendung von kombinatorischen, statistischen, probabilistischen Möglichkeiten. Selbst die Konzeption eines solchen Objektes kann als unveränderliche Entfaltung einer gegebenen Situation betrachtet werden oder als Vorschlag verschiedener Anordnungen, die eine unbegrenzte Zahl von möglichen visuellen Situationen erzeugen. (1)

7. Kunst zu Design

Walter Benjamin sah jede ausgebildete Kunstform «im Schnittpunkt dreier Entwicklungslinien. Es arbeitet nämlich einmal die Technik auf eine bestimmte Kunstform hin ... Es arbeiten zweitens die überkommenen Kunstformen in gewissen Stadien ihrer Entwicklung angestrengt auf Effekte hin, welche später zwanglos von der neuen Kunstform erzielt werden ... Es arbeiten drittens, oft unscheinbare, gesellschaftliche Veränderungen auf eine Veränderung der Rezeption hin, die erst der neuen Kunstform zugute kommt» (Anm. 17 zu ‹Das Kunstwerk im Zeitalter seiner technischen Reproduzierbarkeit›). Solche Entwicklungslinien lassen sich leicht auch für die Kunstform feststellen, die ich in diesem Kapitel ‹Mechanik, Licht, Bewegung› durch einige Künstler vorgestellt habe und die man als Kinetik oder ‹Kinevisualität› (C. Belloli in ‹Metro›, 7, 1962), unter dem Titel ‹Neue Tendenzen› und teilweise unter dem wenig glücklichen Schlagwort ‹Op Art› (optische Kunst) zusammengefaßt hat. Wie sehr die Technik auf diese Kunstform hinarbeitete, erhellt, wenn man einen Katalog der neuen bildnerischen und plastischen Materialien aufstellt: Acrylglas, synthetische, transparente Gläser und Bänder, Farben auf neuer synthetischer Grundlage, elektronische Steuerungen usw.; dazu treten die Möglichkeiten der Programmierung allgemein technischer Prozesse, mit denen die neuen Materialien gelenkt werden. Zweitens: durch die *Overall*-Gestaltung der Fläche, wie sie im Informel verwendet wurde, das polyfokale Bild, Versuche, die Fläche mit herkömmlichen Mitteln in eine ständige Vibration zu bringen, wurde auf Effekte hingearbeitet, die heute «zwanglos» von der kinevisuellen Kunst erzielt werden. Drittens habe ich bereits auf die veränderte Situation des Betrachters hingewiesen, der solchen Objekten gegenüber nicht mehr der kontemplative Beschauer ist; an dessen Rationalität, Intelligenz, an dessen Bewegung vor dem Objekt appelliert wird, der das Objekt manchmal zeitlich determiniert (einen Stromkreis in Gang bringt etc.). Diese Haltung ist sehr wohl gesellschaftlich begründet und wurde von anderen Formen und Verhaltensweisen vorbereitet.

Nun spreche ich hier von einer *Kunst*form, spreche auch an verschiedenen anderen Stellen dieses Kapitels von *künstlerischer* Gestaltung und von *Kunst* allgemein. Begebe ich mich damit nicht in Widerspruch zum Vokabular einiger ‹Gestalter›, die diesem Wort und seinen Ableitungen äußerst skeptisch gegenübertreten und es gern ausschließen möchten? Gewiß respektiere ich die Überzeugung Fontanas, der mir 1965 schrieb: «Auf jeden Fall glaube ich, daß *die Kunst* ihre soziale Funktion beendet hat. Die Entdeckungen der Wissenschaft, des Weltraumes, des Menschen im Kosmos haben einen totalen Umsturz mit sich gebracht, und ich bin davon überzeugt, daß die Kunst in der Zukunft nicht mehr bestehen wird. Die *menschliche Intelligenz* wird sich an Probleme wenden, die, was Phantasie und Menschlichkeit betrifft, wesentlich mehr Gültigkeit besitzen, und die Kunst wird somit die Gültigkeitsberechtigung ihrer Zeit gehabt haben (Geschichte).»

Hinter dieser Sicht steht eine jahrzehntelange Arbeit mit den bildnerischen Mitteln, steht die Erfahrung eines Lebens, steht ein Werk selbst. Eine solche Überzeugung betrifft also nicht das Vokabular, vielmehr die Existenz einer künstlerischen Schöpfung. Etwas anderes ist die Polemik mit dem Kunst*begriff*. Ich gestehe, daß ich sie für unfruchtbar halte, für unergiebig und verwirrend. Für gleichermaßen unergiebig halte ich die Konstruktion: Kunst – Antikunst. Liegt die Absicht auf einem neuen Vokabular, so ist es gewiß legitim, die Begriffe bildnerisch, plastisch, Gestaltung, Erfindung, Objekt gleichberechtigt neben den Kunst-Begriff zu stellen. Solange sich eine solche Gestaltung allerdings des herkömmlichen Apparates der Kunst-Kommunikation bedient (Galerien, Zeitschriften etc.), beschränkt sich diese Frage auf eine mehr extensive oder intensive Bestimmung des Kunst-Begriffes. Der Begriff Kunst hat bislang dadaistische Revolten und konstruktivistische und puristische Klausuren überstanden. Er steht im Bewußtsein des Menschen als umfassender Begriff schöpferischer Erfindung und Gestaltung. Es ist meine Überzeugung, daß er auch jene Schöpfungen integrieren wird, die ein neues Material neu gestaltet einem neuen Betrachtertypus unterbreiten. ‹Ist das (noch) Kunst?›, diese Frage des Betrachters kann nicht durch den Hinweis aufgefangen werden, sie erübrige sich durch eine veränderte Intentionierung des (Kunst-)Herstellers.

Der Übergang von der kinevisuellen Kunstform zum *Design* ist in vielen Fällen fließend. Diese Tatsache wird zum einen durch die Personalunion künstlerischer Gestalter – Designer belegt, die beispielsweise bei Karl Gerstner (Abb. 25), Bruno Munari, Tomás Maldonado vorliegt. Zum anderen ist die Tendenz zum fließenden Übergang sowohl durch materiale wie konzeptuelle Annäherungen und Übergänge gegeben. Ob man nun mit Max Bense «Design als einen zwischen technischer Konstruktivität, künstlerischer Konzeption und industrieller Fertigung vermittelnden Modus äußerer Weltgestaltung» (Brasilianische Intelligenz. Wiesbaden 1965, S. 22), oder, angelehnt an den Gebrauch des Wortes in der angelsächsischen technischen Literatur, durch drei Komponenten bestimmt, nämlich «1. Design als Entwurfstechnik und Konstruktionssystematik im Sinne einer wissenschaftlichen Methode der Problemlösung. 2. Design als Behandlung der Mensch-Maschine-Beziehung im Sinne von Bedienungskomfort und Arbeitssicherheit. 3. Design oder Industrial Design als Koordination mit Behandlung aller visuell produktbestimmenden Faktoren» (Untersuchung der AW–design, Stuttgart) – in jedem Fall erhellt die *koordinierende* Aufgabe und Stellung des Designers, seine Vermittlung zwischen Erfindung und Funktion,[6] was nicht heißt, seine neue und eigenständige Position zu relativieren.

---

6 Diese Beziehung charakterisierte G. C. ARGAN in einer Reihe wesentlicher Aufsätze in der römischen Zeitung ‹Il Messaggero› (1963). Die Aufsätze, die u. a. auch auf die Notwendigkeit einer schöpferischen Zusammenarbeit von Künstlern in Gruppen eingingen (*‹Le Ragioni del Gruppo›*, 21. 9. 63) und eine intensive Diskussion vor allem in Italien auslösten, behandeln Themen an einem neuralgischen Punkt unserer Zeit: der Überlagerung und Abgrenzung ästhetischer und technischer Gestaltung. Ich zitiere einen Absatz aus dem Aufsatz *‹Aut Aut›* (7. 8. 63): «Die Kunst ist kein Gut, das der Menschheit auf Ewigkeit verliehen wäre – sie ist eine Funktion und, als solche, eine Beziehung. Wir können uns eine Welt vorstellen, die so in die Erfüllung ethischer Pflichten, in die wissenschaftliche Arbeit, den technischen Fortschritt vertieft wäre, daß sie kein ästhetisches Interesse mehr hätte; doch müssen wir uns fragen, ob die neuen ethischen, wissenschaftlichen, technischen Werte ohne die Beziehung zur Kunst, die seit je zu ihrer Bestimmung gedrängt hat, sich voll verwirklichen können. Ich spreche weder von den objektiven Werten der Kunst noch von

Kunst zu Design: ihr Verhältnis läßt sich wohl immer nur für eine bestimmte Wegstrecke, aus einer Situation heraus für den Moment bestimmen, der den Übergang zwischen Gegenwart und Zukunft ausmacht. Die andauernde Utopie von einem neuen Menschen, der dem neuen Spezialisten gegenübergestellt ist, mag auch heute noch hinter Theorie und Verwirklichung des ‹Gestalters einer totalen visuellen Synthese› stehen. Kunst wie Design sind auf eine Realität bezogen, die ihnen nicht nur Absprungspunkt, sondern Medium und Material ist, eine Wirklichkeit zu formen. Was sich im Prozeß dieser Verwirklichung abspielt, braucht einen progressiven soziologischen, politischen, intellektuellen Raum als Korrelat. Was sich einige Pilot-Künstler in den zwanziger Jahren unseres Jahrhunderts von einer Zusammenarbeit von Technik, Kunst, Wissenschaft versprachen, hat in den Kreisen der zeitgenössischen Künstler eine breite Resonanz gefunden. Wird heute neben eine expansive Wirtschaft eine offene, dynamische Gesellschaft treten, um einer authentischen ästhetischen Erfahrung ihren Platz einzuräumen?

8. Das Kamerabild: Eine Vorbemerkung

‹Malerei und Photographie›: unter diesem Titel veröffentlichte Ernst Kallai einen Aufsatz in der ‹Internationalen Revue i 10›, die 1927 in Amsterdam erschien und 1963 in wesentlichen Partien neu herausgegeben wurde. Arthur Lehning, der Chefredakteur, hatte hier ein Forum der ‹internationalen Avantgarde zwischen den zwei Weltkriegen› (so der Titel der Neuausgabe) geschaffen, das auch heute noch durch die Auswahl der Mitarbeiter – Arp, Baumeister, Benjamin, Bloch, Buchheister, Gabo, Kandinsky, Lissitzky, Moholy-Nagy, Mondrian, Oud, Schwitters, Vantongerloo u. a. – und die Intensität der Beiträge, die

---

ihren Methoden und Techniken: sie sind zu allen Zeiten und in allen Kulturen verschieden. Wir wissen nur, daß der Kategorie Kunst eine Menge von Phänomenen unterschiedlicher Art eigen ist, die alle etwas Gemeinsames haben. – [Dieses Gemeinsame ist die Invention, die Erfindung.]

Nur unter einer Bedingung könnten Wissenschaft und Technik, beide neuartig in ihrer Struktur und, wie man sagt, industrialisiert, ihre Beziehung zur Kunst für überflüssig erklären: wenn sie bewußt ihren eigenen Verfahrensweisen den funktionellen Wert künstlerischer Erfindung eingegliedert und, indem sie der Arbeit schöpferischen Charakter verliehen hätten, imstande sein würden, das Glück der Menschen, vielmehr die Authentizität ihres Daseins zu sichern. Träte dies ein, würden wir als erste anerkennen, daß die Kunst ihre historische Aufgabe erfüllt hat, für die Arbeit als Menschheitsfluch zu entschädigen, und von der Szene abtreten kann. Wissenschaft und Technik haben aber nichts unternommen, um in die Ausgleichsfunktion der Kunst zu treten, nichts, um ihre ‹schöpferische› Aufgabe selbst zu übernehmen.»

Originalität der Formulierungen, der Themen, der Abbildungen fasziniert. Indem hier ein Beitrag abgedruckt wird (gekürzt), soll jedoch nicht an eine Leistung der Vergangenheit erinnert, sondern eine immer noch aktuelle Auseinandersetzung dokumentiert werden. Der Abschnitt ‹Malerei und Photographie› steht überdies als Überleitung zu dem folgenden, der sich mit dem ‹bildnerischen Film› beschäftigen wird. Trotz mancher Todeserklärung hat das (statische) Bild der Kamera neben der filmischen Bildfolge einen schöpferischen Rang behalten und ihn erweitert. Ohne auf den Komplex des Bildes im ‹optischen Zeitalter› (Pawek) einzugehen – das ist im Rahmen des vorliegenden Buches unmöglich –, räume ich der Frage des Kamerabildes hier einen kurzen Abschnitt ein, weil mit ihm auch heute erfinderisch gearbeitet wird. Dazu ein Beispiel.

Neben einer Fotografie als Darstellung und Übersetzung der Realität, wie sie etwa Lucien Clergue zu einer ‹Fotografie der Zwischentöne› entwickelt hat; neben einer Weiterführung der Arbeiten von Moholy-Nagy, Man Ray u. a. im Grenzbereich zwischen geometrisch-wissenschaftlich bestimmter Struktur und frei gestalteter Form, die mit Oszillogrammen, Licht- und Wellenformen zu einer ‹Elektronischen Grafik› gelangt (solche Beispiele einer ‹Experimentellen Ästhetik› haben Herbert W. Franke, Andreas Hübner, Helmut Volland angefertigt und in mehreren Ausstellungen gezeigt); neben diesen beiden Richtungen scheinen mir die ‹Polarchromatischen Variationen›, mit denen sich Manfred Kage (geb. 1935) und Hein Gravenhorst (geb. 1937) beschäftigten, schöpferische Entwicklungen anzuzeigen. Objekte dieser Bilder sind gesteuerte Kristallisationsprozesse, die Steuerung erfolgt durch ein von Kage entworfenes Farbkombinationsgerät, den ‹Polychromator›. Kage hat 1961 seine Arbeit folgendermaßen beschrieben:

Auf eine kleine Glasplatte als Träger wird ein komplexes Gemisch von anorganischen oder organischen Verbindungen gegeben, das nach dem Auflösen in einem Lösungsmittel in beeinflußbarer Weise kristallisiert. Diese Kristallisationsformen können durch geringe Zugaben makromolekularer chemischer Verbindungen und Netzmittel sowie durch Temperaturveränderungen in ihrem Erscheinungsbild gesteuert werden. Eine weitere Möglichkeit: Zur Erzeugung von Formationen habe ich eine plastische Masse entwickelt, die verformbare, beeinflußbare Kristallisationsbereiche besitzt. So lassen sich durch gelenkte Fließvorgänge überraschende Erscheinungen erzeugen. Die Glasplatte, auf der solche farblosen, wenige Quadratzentimeter großen Bildungen entstehen, befindet sich im Strahlengang eines optischen Geräts. Dieses Gerät enthält im besonderen einen neu entwickelten Farbenkombinationsteil, der aus drei miteinander und untereinander beliebig verdrehbaren dünnen aufgedampften Schichten besteht und mit Hilfe von polarisiertem Licht durch Interferenz Farben erzeugt.

Durch die Winkelveränderungen der dünnen Schichten und Polarisationsfilter ist es möglich, eine Fülle von kontinuierlich veränderbaren Farbkonstellationen zu erlangen. Es lassen sich also sowohl aus einer konstanten Formanordnung zahlreiche Farbvariationen erhalten, wie auch in einem konstanten Farbklang viele Formvariationen. Im Gegensatz zu den bisher geläufigen grellbunten Spektralfarben der ersten Ordnungen ist es mir gelungen, durch eine entsprechende Modifikation und Anordnung der farbverändernden Schichten auch den Bereich der getrübten Farben wie grau, oliv, ocker, braun und graublau verfügbar zu machen. Nach dieser Seite unterscheiden sich meine Bemühungen von ähnlichen Experimenten, Bilder durch polarisations-mikroskopische Kristallfotografien zu erhalten. Ferner enthält das Gerät einen dreh- und heizbaren Tisch mit kontinuierlicher Temperatursteuerung sowie ein Gebläse für temperierbare Luft- und Lösungsmitteldämpfe. Durch diese Temperatur- und atmosphärische Beeinflussung lassen sich Geschwindigkeit und Rhythmus der kristallinen Formanordnungen in weiten Grenzen beeinflussen, so daß z. B. bereits bestehende Formationen unter Auftreten von interessanten Korrosionsfiguren wieder zum Verschwinden gebracht werden.

Diese Farb- und Formvariationen können nun direkt durch das Gerät an die Wand projiziert oder fotografisch-filmisch erfaßt werden, wobei mit einer geeigneten Gummilinse auch noch Bildgröße und Ausschnitt veränderbar sind. Die kristalline oder plastisch-kristalline Formentstehung ist der unmittelbare Ausdruck der molekularen Struktur der Materie. Dabei tritt die Auswirkung eines ‹seriellen Elementarprinzips, die Kombination und Variation von einfachen Grundelementen› in Erscheinung. Die gleichartigen Moleküle der verwendeten Substanz entsprechen den einfachen Grundelementen. Ihre Anordnung und Kombination ergeben beim Übergang aus der flüssigen in die feste Phase die gesetzmäßig entstehende kristalline Mikrostruktur. Das jeweilige Arrangement dieser Mikrostrukturen zu größeren Formationen unterliegt der Auswirkung eines noch nicht durchschaubaren Gestaltungsprinzips, welches in gewissen Grenzen durch chemische Zusätze, klimatische und Temperatur-Veränderungen beeinflußbar ist. Außerdem spielt in einer gewissen Größenordnung eine Gesetzmäßigkeit eine Rolle, die wir in der Sprache des neunzehnten Jahrhunderts als ‹Zufall› bezeichnen. Durch das Zusammenwirken dieser verschiedenen Faktoren entsteht etwas, was ich als kristalline Makro- oder Superstruktur bezeichnen möchte und was etwa dem Kristallhabitus entspricht, der bei jedem Entstehungsvorgang anders in Erscheinung tritt (‹Zero›, 3, Düsseldorf 1961).[7]

---

7 Vgl. auch KAGES mit glänzenden Reproduktionen versehenen Bericht über ‹Polarchromatische Variationen› in ‹Du› (Zürich), Jg. 24, April 1964.

Kage hat die in Zusammenarbeit mit Gravenhorst entstandenen Bilder (vorwiegend quadratmetergroße Kopien nach Dias auf ‹Cilchrome›-Print) erstmalig im April 1964 im Zürcher Kunstgewerbemuseum ausgestellt. Mit diesen nuancierten, leuchtenden farbigen Gestaltungen hat er den von Moholy-Nagy vorausgesagten Weg beschritten, den dieser in seiner Antwort auf Kallais Artikel in ‹i 10› formulierte: «Die Errungenschaften der Farbenchemiker, die Entdeckungen der Physiker: mit Polarisation und Interferenzerscheinungen, mit subtraktiven Mischungen des Lichts zu arbeiten werden unsere mittelalterlichen Malmethoden ablösen... Die ‹Schicksalsfrage› ist meiner Meinung nach nicht: ‹Malerei oder Film›, sondern: das Anpacken der optischen Gestaltung an allen heute berechtigten Ecken und Enden. Das sind heute Fotografie und Film, wie abstrakte Malerei und farbiges Lichtspiel. Die neue Generation, die nicht soviel abzustreifen hat wie wir: Sentiment und Tradition, wird aus dem so gestellten Problem ihren Nutzen ziehen.»

ERNST KALLAI:
MALEREI UND PHOTOGRAPHIE (1927)

[Die Grenze zwischen Malerei und Photographie ist nicht formaler Beschaffenheit.] Sie ist vor allen formalen Erweiterungen fürs erste durch die stoffliche Verschiedenheit der Malmittel und der lichtempfindlichen Platten, Filme und Papiere bedingt. Diese grundverschiedene stoffliche Bedingtheit genügt, um selbst eine vollkommen objektgebundene malerische Darstellung von der Photographie gleichen Motivs fernzuhalten. – Das Eingreifen der Faktur in alle Wirkungsmomente der Malerei hat äußerst wesentliche Folgen für die besondere Eigenart und Gesetzmäßigkeit der Bildgestaltung in dieser Kunst. Die feinsten Sehwerte einer Komposition werden entscheidend gefördert durch die Tastwerte ihrer Faktur: durch Stoff, Menge, plastische Struktur und Oberfläche ihres Materialauftrages. – Durch diese Eigenschaft der Faktur werden selbst zuhöchst geistig gerichtete malerische Visionen unmittelbar in den Stromkreis unserer stofflichen Wirklichkeitsempfindungen eingeschaltet, unserem Dasein sozusagen einverleibt. So ergibt sich die große beschwingende Spannung zwischen der mitunter groben Faßbarkeit der Gestaltungsmittel und der geistigen Absicht, die sie verkörpern. Und in dieser Spannung liegt die besondere schöpferische Kraft, die eigentliche Schönheit der ganzen Malerei. – Diese stofflichen Bindungen sind es, die der malerischen Bildfläche die Rolle zuteilen, mehr zu sein als nur Durchblick auf eine Welt des Scheins. Sie sind es, die selbst bei dünnster und glattester Faktur die Bildfläche zu einer besonderen und wirklichen Dimension der Tastwerte erhärten und diese Bildfläche somit auch optisch als ein Feld eigener Spannung und lebendiger Fülle empfinden lassen.

Die Stärke dieser optischen Spannung kann natürlich sehr verschieden sein. Sie hängt zunächst von den Tastwerten der Faktur ab. Je kontrastreicher eine Faktur in ihrem Relief ist, je offener sie den schöpferisch-erregungsvollen Gang ihrer Entstehung zutage kehrt, um so kräftiger tritt ihre eigene optische Lebendigkeit innerhalb des Bildganzen in Erscheinung. Eine weitere Beeinflussung dieser optischen Eigenlebendigkeit der Bildfläche liegt in dem Grade, wie weit der räumliche Tiefenschein des Bildes entfesselt oder eingeengt wird. Eine Malerei kann den optischen Schwerpunkt ihrer Bildfläche in vorgetäuschte räumliche Tiefen verlegen. Die tatsächliche stoffliche Verankerung ihrer räumlichen Täuschungseffekte in der Faktur genügt, um die Fläche auch in solchen Fällen als verborgenen Träger dieser Scheintiefen wenigstens stellenweise mit aller Eindringlichkeit hervortreten zu lassen. An solchen Stellen aber entsteht eine deutlich wahrnehmbare Bildspannung: der Schein hebt sich gegen das stoffliche Substrat seiner Entstehung ab. Je mehr nun diese Spannung sich über den ganzen Bildumfang verbreitet, um so mehr tritt die Fläche in ihrer Gesamtausdehnung als ein Feld eigener optischer Vitalität hervor. Dies geschieht in dem Grade, in dem die Tiefengrenze des räumlichen Scheins im Bilde sich nach vorne drängt, sich den tatsächlichen zwei Ausdehnungen der Bildfläche einordnet. Je vollkommener diese Einordnung ist, um so mehr wird das spannungsvolle Vorhandensein der Bildfläche ins Augenfällige gerückt, von einer lediglich untergeordneten stofflichen Beschaffenheit zur optischen Wirkungsebene aller Bildinhalte durchgestaltet. – Die optische Widerstandskraft, mit der eine Bildfläche sich gegen den Durchbruch illusionistischer Tiefen und gegen verflachende Erweiterungen behaupten kann, beruht letztlich auf ihrer Verdichtung, sozusagen Ausbetonierung durch die Faktur. –

Es gibt Photographien, die ihrem Bildraum ein flächiges Gefüge geben möchten. Sie verengen die natürliche Sicht, arbeiten mit verschränkten Diagonalen, die an den Bildrand anstoßen, oder quer durch das Bildfeld gezogenen Parallelen, die gleich den senkrechten oder waagrechten Grenzlinien des Bildes verlaufen. Indessen, je mehr sie bemüht sind, ihre Komposition flächig aufzuschichten und sie mit der Bildebene in struktiven Zusammenhang zu bringen, um so deutlicher merkt man, daß alle diese Bemühungen ins Leere greifen, weil die Photographie keine Faktur hat, in der solch mehrschichtige Bindungen stofflich realisiert werden könnten. Der Hauch der lichtempfindlichen Schicht, die Papiertextur bieten keinen Widerstand, gegen den eine Anlehnung und Anspannung des Bildgefüges möglich wäre. Die photographische Gestaltungsebene ist eine makellose durchlässige Spiegelfläche, in der alle Formen und Tönungen widerstandslos in Erscheinung treten können, um jedoch gerade durch diese Widerstandslosigkeit jede gefestigte Beziehung zur Bildfläche zwangsläufig verlieren zu müssen. Die vollkom-

mene optische Neutralität ihrer Bindung durch das Lichtbildmaterial hat zur Folge, daß selbst die unmittelbarste photographische Nahsicht in eine unbestimmte Tiefe hinter *die Bildfläche zu greifen scheint. Zwischen äußerster photographischer Vordergründigkeit und Bildfläche liegt immer noch der unfaßbare matte oder glänzende Schein eines luftgetränkten Zwischenraums. In der Bildfläche selbst vermag keine photographische Gestalt sich auszubreiten. Eine optische Vereinigung mit dieser Fläche ist lediglich um den Preis der völligen Verwischung und Auflösung der Form möglich. Die photographische Bildfläche hat eben nur die eine Verwendung, widerstandsloser Durchblick auf räumliche Lichtemanationen zu sein. Ihre eigene optische Erscheinung ist aus unüberwindlichen stofflichen Gründen konsistenz- und spannungslos. Daher sind alle Versuche, dieser Erscheinung trotzdem das Aussehen einer spannungsvollen Bildverklammerung nach Art der Malerei zu geben, so gehaltlos und leer. – Wie alle anderen Spannungen im Bilde, erhalten auch die statischen Spannungen der Malerei ihre Tragfähigkeit in letzter Instanz von der stofflichen Bindung und Erhärtung durch die Faktur. Die stoffliche Sättigung durch diese Faktur verleiht selbst einer vollkommen naturalistischen Darstellung besondere Schwere und Beharrungskraft im optischen Gleichgewicht ihrer Scheinwelt. Neben solch naturalistischen Darstellungen der Malerei wirken alle photographischen Kompositionen als spannungsloses passives Verweilen im Raume. –*

Der Versuch einer größtmöglichen stofflichen und somit flächigen und statischen Entspannung der Malerei führt auf das Gebiet der Photographie hinüber. Solch frei schwebender Immaterialität sind nur die Lichtemanationen, im besonderen die ungegenständlichen Lichtgestaltungen der Photographie fähig. Und diese Gestaltungen weisen ganz offenkundig auf den Übergang zur Bewegung hin. Sie entkleiden das Sehbild der Dinge seiner Stofflichkeit, um mit diesem Verlust an schöpferischem Leben auf der anderen Seite das wunderbar lebensvolle Plus der Bewegung zu erkaufen, in das bewegliche Lichtbild, in den Film einzugehen. In diesen Möglichkeiten der Photographie liegt ihre große Gefahr für die Malerei. Malerei oder Film: *das ist die Schicksalsfrage der optischen Gestaltung unserer Zeit. In dieser Alternative kommt die historische Wendung unserer Geistigkeit zum Ausdruck. Wir stehen an der Grenze zwischen einer gesellschaftlich wirkungslos gewordenen statischen Kultur und einer neuen, kinetischen Gestaltung unseres Weltbildes, die schon heute in unerhörte Breiten des Massenempfindens zu dringen vermag.*

9. Der bildnerische Film: Seine Typologie, Daten und Dokumente

P. Adams Sitney (Jahrgang 1944), der als Leiter der ‹Internationalen Ausstellung des neuen amerikanischen Films› zahlreiche Filme der ‹New American Cinema Group› erstmalig in Europa bei dem Festival der Experimentalfilme in Knokke gezeigt hat (das war im Dezember 1963, die Filme waren u. a. auch in Deutschland zu sehen), stellt bei vielen europäischen jüngeren Filmregisseuren das Fehlen einer primären Bild-Konzeption fest, eines ‹bildnerischen Denkens› (Paul Klee), «das für unsere amerikanischen Film-Autoren der Ausgangspunkt jeder Filmarbeit ist». «Freiheit des Ausdrucks und der Wille, aus film-bildnerischem Denken heraus zu arbeiten; *‹vision›* im Film zu realisieren», sei das gemeinsame Konzept der Filmregisseure, die sich in New York um die von ihm und Jonas Mekas herausgegebene Zeitschrift ‹Filmculture› gruppierten. (In einem Gespräch mit Otmar Engel, ‹Civis›, April/Mai 1964.)

Die Forderung nach dem Vorrang der Bild-Konzeption im Film ist nicht neu. Man mag sogar mit Siegfried Kracauer feststellen, daß sich der heutige Experimentalfilm (leider steht dafür kein präziseres Wort zur Verfügung) am Modell des europäischen Avantgarde-Films der zwanziger Jahre ausrichtet. Als Arbeitsmethode, um das äußerst komplexe, hochinteressante Gebiet der Beziehungen zwischen Film und bildender Kunst überschaubar zu machen, scheint mir eine *Dreiteilung* des bildnerischen Filmes nützlich zu sein, wobei es sich 1. um den *abstrakten* Film handelt, der direkt auf den Filmstreifen gemalt oder nach abstrakten Bildern und Bildelementen gedreht wird; 2. den Film *realer Objekte,* der diesen Objektcharakter zum Vorwand oder zum Sujet hat; 3. den Film, der *inhaltliche Bezüge,* locker oder thematisch eindeutig, als Grundlage einbezieht. Diese Gliederung, ich betone es, bezieht sich auf jene Filme, die von Künstlern selbst gemacht wurden oder in wesentlicher Zusammenarbeit mit ihnen und ihren Werken entstanden sind. Ich nenne diesen Typus des Experimentalfilmes den bildnerischen Film. Ausgeschlossen bleibt hier der Film, für den die Kunst den Dekor, den stimmungsmäßigen Background liefert, ausgeschlossen auch der dokumentarische Film über Kunstwerke. Zur Weiterentwicklung des bildnerischen Films vgl. das Kapitel ‹Expansion des Films› in meinem Buch ‹Expansion der Kunst›, Ullstein-KunstBuch 1982, S. 114ff.

a) Der abstrakte Film

Von Richter bis Duchamp

Die Lichtprojektionen einmal beiseite gelassen (darüber auf S. 132 ff), entwickelten Viking Eggeling und Hans Richter als erste den Film aus dem abstrakten Rollenbild (Eggeling: Horizontal-Vertikal-Messe, 51 × 497 cm, 1919; Richter: Präludium. Orchestration eines Themas, entwickelt in zehn Zeichnungen, 1919). «Unsere Experimente in den Jahren 1918 bis 1920», schrieb Richter später, «ließen uns zwangsläufig das ‹Verhalten› von Linie und Fläche zu- oder gegeneinander studieren. Aus unsern Versuchen resultierte eine Methode, die uns erlaubte, eine Linie und eine Form von der einfachsten bis zur reichhaltigsten und kompliziertesten Komposition zu ‹orchestrieren›. Eggeling nannte unsere Methode ‹Generalbaß der Malerei›. Unsere Zeichnungen auf kleinen Papierstücken verwendeten wir zum Studium der Beziehungen zwischen einfachen und komplizierten Formen, ordneten und verschoben sie auf dem Fußboden, bis wir eines Tages entdeckten, daß sich aus diesen Linien der verschiedenen Zeichnungen ein gewisser harmonischer Zusammenhang entwickeln ließ. Das brachte uns auf die Idee, bewußt eine fortdauernde zusammenhängende Entwicklung von Formen und Formgruppen auf langen Papierstreifen zu schaffen: unsere ersten ‹Bildstreifen› ... Die Betrachtung dieser Bildstreifen erweckte in uns den Wunsch, die angedeutete ‹Bewegung› zu realisieren: wirkliche Bewegung, das hieß Film – so entstand unsere Filmidee» (Dada. Monographie einer Bewegung. Teufen 1961, S. 65 ff). Den 1921 aus diesen Vorarbeiten entwickelten Film ‹Diagonal-Symphonie› zeigte Viking Eggeling 1923 in Berlin zum erstenmal in einer öffentlichen Vorführung. Was in der Bildrolle noch «mediative Zeit» war, setzte sich hier, in spiral- und kammartigen Formen, in «reinste rhythmische Zeit» (Richter) um. Zu seinem Film ‹Rhythmus 21› aus dem gleichen Jahr schrieb Richter: «Indem ich die rechteckige Form der Projektionsleinewand als gegeben annahm, als Form *Element*, konnte ich mich ganz auf die Orchestration von *Zeit* konzentrieren (wie bisher von Form), und auf Zeit *allein*. Die gleichen Prinzipien der ‹Gegensatz-Verwandtschafts›-Dynamik dienten auch hier. Sie führten mich zu einer neuen Sensation: *Rhythmus* – der ursprünglichen und Haupt-Sensation jedes filmischen Ausdrucks» (Ausst. kat. H. R.: Ein Leben für Bild und Film. Akademie der Künste, Berlin 1958).

Der abstrakte Film ist also hier, in seinen Anfängen, eine Verlängerung, Fortführung des Tafel-, besser Rollenbildes ins Rhythmische. Insofern nannte Hans Richter den Film «eine Erfüllung gewisser in der Malerei begonnener Wege, die in der bildenden Kunst selbst nicht erfüllt werden können» (l. c). Die visuellen Rhythmen, die der Film realisierte, konnten sich, wie im erwähnten Beispiel Eggelings und Richters, an einer gefilmten, abstrakten Bildvorlage ausrichten, direkt auf den Film gezeichnet und gemalt werden oder sich an reale Objekte halten, die als visuelle (rein-visuelle, nicht inhaltliche) Daten rhythmisiert wurden. (Auf die beiden anderen Formen des bildnerischen Experimentalfilmes komme ich anschließend zu sprechen.) Der Rhythmus als Mittel optischer Modulation wurde hier im Film mit zunächst geometrischen Konfigurationen für den bildnerischen Bereich erweitert. Es ist dieser Rhythmus innerhalb des Bildes oder in der Abfolge der Bilder (Sequenz), der bis heute für den Künstler aktuell geblieben ist, wie es das Zeugnis von Jacques Brissot (S. 170 f) beweist. Ich füge jedoch gleich hier hinzu, daß diese Seite des bildnerischen Filmes für viele ihr Interesse einbüßte, als man begann, filmhaften Rhythmus in das bildnerische Objekt selbst zu integrieren. Diese Entwicklung und Ausformung der kinevisuellen Kunst war Thema anderer Abschnitte (S. 137 ff).

Walter Ruttmann bediente sich in seinen Filmen ‹Opus I – IV›, die er zwischen 1922 und 1925 realisierte, sowohl der gemalten Vorlage als auch natürlicher Elemente, die er mit der Filmkamera eingefangen hatte. Während Richter mit den Filmen ‹Rhythmus 23› (1923), ‹Rhythmus 25› (1925) und der ‹Filmstudie› (1926) seinen Weg zunächst fortsetzte, Henri Chomette 1925 *‹Jeux des reflets et de la vitesse›* und 1926 *‹Cinq minutes de Cinema pur›* drehte (er sprach von filmischen Bildern, die «aufeinander folgen, nicht wie Sätze in einer Erzählung, sondern wie Sätze einer musikalischen Suite»), malte Len Lye schlangenähnliche Formen mit schwarzer Tinte direkt auf Zelluloid, bzw. über den Filmstreifen (1928). Lye arbeitete später mit einer Synchronisation von Form und Ton, wie auch Oskar Fischinger (ab 1929), wie Germaine Dulac, als sie das Prélude No. 6 von Chopin in ihrem Film *‹Disques No. 957›* transponierte. Norman McLaren begann während des Zweiten Weltkrieges (1942) seine Zeichenfilme und vervollkommnete die Technik, direkt auf Film zu malen; die Brüder John und James Whitney arbeiteten zur gleichen Zeit an der Analogie von Ton und Form. Eine ganze Reihe von Malern widmete sich in den USA dem Film (Carmen d'Avino und Robert Breer, mit collageartigen Mitteln; James E. Davis in *‹Shadow and Light Reflections›*, 1948, und weiteren Filmen; Douglas Crockwell in *‹Phantasmagoria›*, *‹Glens Falls Sequence›*, u. a.).[8] Marcel Duchamp schließlich, um irgendwo aufzuhören (denn ich gebe hier keine Geschichte des bildnerischen Films, sondern belege die Entwicklung der drei oben genannten Typen mit wenigen Beispielen), hatte bereits 1920

---

8 Eine, unvollständige, Liste der hierher zählenden Filme aus drei Jahrzehnten: Len Lye: *Colour Box*, 1935 (5 Min.); *Trade Tattoo*, 1937 (5); *Fox Chase*, 1952 (3). Norman McLaren: *Love on the Wing*, 1938; *Henn-Hop*, 1942 (4); *Hoppity Pop*, 1946 (3); *Fiddle de Dee*, 1947 (4); *Dots and Loops*, 1948 (4); *Caprice en couleurs*, 1949 (9); *Blinkity Blank*, 1955; dazu: *Musical Paint Box* (über seine Arbeit und Technik), 1951; vgl. auch Norman McLaren, *Descriptive*, 1951. J. Whitney: *Film exercise*, 1944, (12). Lewis Jacobs: *The Raven*, 1952 (10). S. Melson: *La Larme*, 1948/49 (2); *Painter and Poet* (4 Serien. Filmische Illustration von Dichtungen), 1951. – Zahlreiche andere Filme sind den Katalogen der internationalen Experimentalfilm-Wettbewerbe in Knokke (1949, 58, 63/64) zu entnehmen.

in New York seine rotierenden Glasscheiben gefilmt; 1925/26 halfen ihm Man Ray und Marc Allégret bei einer gefilmten Folge von zehn Bildscheiben und neun Schriftscheiben: ‹*Anémic Cinéma*› (das erste Wort ist das Anagramm des zweiten). «Man muß Anémic Cinéma wiedersehen», schrieb R. Lebel in seiner Monographie Duchamps, «um sich klar darüber zu werden, wie weit dieser Film von wenigen Metern ... seiner Zeit voraus ist. Morphologisch liegt er an der Spitze der abstrakten Filme, kinematographisch weisen seine Reliefillusionen in die Richtung des Cinemascope. Für Duchamp selbst bedeutete er einen Abschluß und das Ende langer Bemühungen» (Köln 1962, S. 59).[9] Die Rotoreliefs von 1935, sechs Pappscheiben, beiderseitig farbig, Durchmesser 20 cm, von denen er 500 Serien herausgab (1. Auflage; eine zweite folgte 1953 mit 1000 Serien), setzten den Weg fort. Duchamp erfüllte auch mit diesen, auf Plattenspielern rotierenden Scheiben die drei Intentionen, die den «avantgardistischen Filmregisseur» dieser Zeit leiteten: «1. Er wollte das Material, mit dem er zu arbeiten wünschte, Rhythmen gemäß organisieren, die nicht die in der Natur gegebenen nachahmten, sondern seinen eigenen Impulsen entsprangen. 2. Er wollte lieber Formen erfinden als bestehende Formen registrieren oder entdecken. 3. Er wollte durch seine Bilder Gehalte vermitteln, die seine Visionen nach außen projizierten, nicht aber in jenen Bildern selber beschlossen lagen» (S. Kracauer, Theorie des Films. Frankfurt/M. 1964, S. 245).

Vom abstrakten Film zur Elektronenmalerei

Trotz aller Ablehnung, auf die heute der abstrakte Film als bloßes Farb-Form-Spiel trifft, gibt es Entwicklungen, die ihn als legitimes Erfahrungsfeld des Künstlers auch heute noch ausweisen. Bruno Munari (Jahrgang 1907) bezieht den Film ein in seine Suche nach einer «echten, objektiven visuellen Sprache, die frei ist von jedem persönlichen Element und ästhetischen Vorurteil, einer visuellen Sprache, die natürlich und intuitiv die dynamischen Faktoren, welche unser neues Wissen um die Welt bestimmen, mitteilen. – Eine Reihe von Untersuchungen, mit denen ich 1954 begann, bezieht sich auf die Möglichkeit von Kommunikation und Ausdruck des Visuellen durch polarisiertes Licht im Hinblick auf feststehende Bilder, deren Farbveränderungen gemäß der Natur und nicht gemäß irgendeines persönlichen Geschmackes erfolgen» (*Programmed Art*, ‹The Times Literary Supplement›, 3. 9. 1964). Die Experimente mit

---

9 Duchamps Technik des Readymades wurde 1964 aufgenommen in dem Film ‹*Verifica incerta di Eddie Spaniel*› von Gianfranco Baruchello und Alberto Griffi; ein interessantes Filmexperiment, bei dem übrigens Duchamp selbst mitwirkte.

polarisierenden Filtern führten ihn auch zum Film: *‹I colori della luce›*, 1963; *‹Moiré›*, 1964, beide in Zusammenarbeit mit Marcello Piccardo. Zu einem weiteren Film‹ *‹Inox›* schrieb Munari 1964: «Hauptdarsteller des Filmes *‹Inox›* ist der nichtoxydierende Stahl in seiner Schönheit, seinem Licht und seinen lebendigen Widerspiegelungen von Farben und Formen. Das Material einer reichen Zukunft, das in jedem Gebiet der menschlichen Tätigkeit angewendet wird. Der Film *‹Inox›* bedient sich der fortschrittlichsten Sprache auf dem Gebiet der bildenden Künste. Es ist seine Absicht, einen direkten Dialog mit Architekten und Designern zu schaffen und all denen, die die unbegrenzte Möglichkeit dieses Metalls spüren. Nach der Methode einer objektiven Untersuchung sind die Verfasser des Films dem Stahl mit dem Aufnahmegerät gegenübergetreten und provozierten eine Reihe von Bildern, Reflexen und bestimmten Bewegungen. Feuerreflexe, Bewegungen des Wassers, Aufleuchten metallischer Bänder in ihrer charakteristischen Elastizität... Die Lebhaftigkeit des Films ergab sich ohne irgendeinen Trick und ohne zu Erzählweisen literarischen Charakters Zuflucht zu nehmen: es sind authentische Bilder des Stahls, die ihn lebendig zeigen und in denen sich das Metall ausdrücken kann» (Ausst. kat. XV. Premio Avezzano, 1964).

Während Munari im Film die Fortführung einer strengen, visuellen Untersuchung der optischen Daten sieht, ist für Jacques Brissot (Jahrgang 1929) das wesentlich, «was zwischen den Bildern vorgeht»: ein Kaleidoskop ablaufender Rhythmen, das uns zu einem neuen synthetischen Sehen anregen könnte. Der französische Regisseur berichtet darüber in dem abgedruckten Dokument. (Zit. nach ‹blätter + bilder›, Heft 7, März, April 1960. Neben dem später angeführten Film *‹Chantier interdit au public›*, den er mit dem Maler Arman realisierte, erwähne ich seinen Film *‹Essai de caustiques›*, mit G. Patris.)[10]

Eine der interessantesten Weiterentwicklungen der durch das ungegenständliche, filmische Bewegungsbild entstandenen Problematik führte der Maler K. O. Götz (vgl. S. 29 ff) aus. Über die farbformale Entfaltung hinaus hat er sich der technischen Untersuchung elektronischer Bildphänomene zugewandt, vor allem auf dem Gebiet der nachrichtentechnischen Einrichtungen des Fernsehens, die er nicht reproduktiv, sondern gestalterisch ausnutzte. Dabei kamen ihm drei Erfahrungen zuhilfe: «Erstens, die sogenannte Auflösung des klassischen Formbegriffs in der Malerei (informelle Malerei, Rasterbild), zweitens, die Möglichkeit der Quantisierung des stehenden Bildes mit nachrichtentechnischen Mitteln und damit ihre Kontrolle im Mikrobereich, drittens, die Verwirklichung des kinetischen Bildes mit elektronischen Diszipli-

---

10 Hierher gehört auch der abstrakte Film *‹Etudes aux Allures›*, den der französische Maler Jacques de la Villeglé (geb. 1926) mit dem gleichaltrigen Raymond Hains zwischen 1950 und 1955 gedreht hat.

nen, was rationeller ist als etwa die Herstellung eines Films, dessen Phasenbilder in ihrer Mikrostruktur quantisiert und (gerastert) von Hand gezeichnet werden müßten» (Elektronische Malerei und ihre Programmierung, ‹Das Kunstwerk›, 12/XIV, Juni 1961). Einen allgemeinen Überblick über dieses Gebiet gibt K. O. Götz in dem abgedruckten Artikel. Die Ergebnisse seiner Grundlagenforschung zur Programmierung elektrokinetischer Malvorgänge hat Götz in anderen Aufsätzen beschrieben, auf die ich hier verweise. (Zur allgemeinen Weiterentwicklung in den achtziger Jahren vgl. mein Buch «ChippppKunst», Ullstein Materialien, 1985.)

JACQUES BRISSOT: FILM UND MALEREI

Sind die neuen Künstler von den ästhetischen Gegebenheiten der Malerei ermüdet? Wenden sie, die doch Neues um jeden Preis wollen, sich dem Film zu, weil sie die Projektionsfläche für ein noch unentdecktes Gebiet halten? Oder sind sie einfach von der Publikumsmasse fasziniert, von dem Erfolg der Wahrlich-Gewaltigen-Filmindustrie, dem konsumierten Wunder unserer Zeit?

Beiläufig all das – es bleibt die Tatsache, daß der Film existiert, daß er die Ausdrucksweise der Gegenwart ist und daß er weder stört noch der Malerei widerspricht. Die Künstler, mit denen ich in einigen ‹abstrakten› Filmen zusammengearbeitet habe (ich finde kein besseres Wort für ‹abstrakt›), suchten im Film verschiedene Effekte. Zum Beispiel: NICOLAS SCHÖFFER *[Schöffer drehte u. a. 1960 den Film ‹Mayola› nach luminodynamischen Projektionen auf einen Schirm (vgl. S. 142 f)] verlangte von der Kamera eine Verdichtung des Bildablaufes, eine optische Kombination seiner dynamischen Konstruktionen.* RENÉ LALOUX *sucht im Film die schon durchprobierten dramatischen Mittel seiner bildnerischen Elemente auf eine durchsichtige Projektionsfläche zu werfen.* PATRIS *bedient sich der Fotografie, um unbekannte Aspekte seiner Entdeckung freizulegen. Er verlangt von der Kamera neue Bewegungen. [Gérard Patris drehte u. a. den Film ‹Auto-portrait› 1963, über Jean Dubuffet.]* ARMAN [vgl. S. 205] *besteht darauf, daß der Film endlich poetische Relationen geltend macht, die sich zwischen den Dingen, ihren Spuren, ihrem Abdruck sowohl auf dem Papier als auch im Film ergeben – dort die natürlichen Spuren der Dinge in der Welt.*

Diese Absichten wurden natürlich nie zwischen uns abgesprochen, da die einzelnen Phasen nicht analytisch vorgenommen werden. Zwei Worte zur Rolle des Filmherstellers. Sie ist die gleiche wie im kommerziellen Film: Drehbuch, Aufnahmen, Schnitt, Montage. Das Material jedoch, das er kennt, ist von einer unvergleichlich höheren Qualität, als es die Anhäufung falscher Häuser zuläßt, zwischen denen sich weltberühmte Herrschaften bewegen, die sich zum Verzweifeln ähnlich sehen.

«Bewegung liegt allem Werden zugrunde. In Lessings Laokoon, an dem wir einmal jugendliche Denkversuche verzettelten, wird viel Wesens aus dem Unterschied von zeitlicher und räumlicher Kunst gemacht. Und bei genauerem Zusehen ist's doch nur gelehrter Wahn. Denn auch der Raum ist ein zeitlicher Begriff. Wenn ein Punkt Bewegung und Linie wird, so erfordert das Zeit. Ebenso, wenn sich eine Linie zur Fläche verschiebt. Desgleichen die Bewegung von Flächen zu Räumen.» Dieser Text Paul Klees [wie der folgende aus ‹Schöpferische Konfession›, in: ‹Tribüne der Kunst und Zeit›, Berlin 1920] zeigt deutlich, daß die Bewegung in der Malerei eine andere ist als im Film – mehr noch: filmische Bewegung wäre für die Malerei und die bildenden Künste an sich eher eine Beschränkung des Sehens.

«Auch des Beschauers wesentliche Tätigkeit ist zeitlich. Das Auge ist so eingerichtet, es bringt Teil für Teil in die Sehgrube, und um sich auf ein neues Stück einzustellen, muß es das alte verlassen.» Sieht man auf der Projektionsfläche ein gefilmtes Bild derart, daß die durchlaufene Strecke des Blickes auf dem Bild, das der Beschauer entdeckt hat, zurückbleibt, so nimmt man dem Beschauer die Freiheit, das Objekt selbst zu entdecken. Freilich wird diese Art, Objekte gleichartig zu sehen, dem Beschauer geradezu aufgedrängt. Nehmen wir aber einmal an, daß ein Film aus unbewegten Bildern zusammengesetzt ist, die auf der Leinwand mit der konstanten Geschwindigkeit von 24 Bildern in der Sekunde ablaufen. Ein geübter Beschauer kann also jedes dieser unbewegten Bilder, während es schnell vorüberflimmert, dank der inneren dynamischen Sehweise der Malerei, normal aufnehmen. All diese kleinen Gemälde, die von der gefilmten Zeitspanne abhängen, sind eine riesige Ausstellung, auf der die bildnerischen Gegenstände in ungewohnter Geschwindigkeit vorüberziehen und den Beschauer ins Irrationale (den Bereich der Kunst) zwingen. Hingegen mahnen ihn die schmerzenden Beine beim Durchlaufen einer Ausstellung ständig an die Vernunft.

Das Phänomen der gegenübergestellten Bilder, deren Geschwindigkeit die Mauer der Vernunft durchbricht, ist wesentlich im sogenannten abstrakten Film. Das Ereignis ist hier nicht mehr das Kunstwerk an sich, sondern der unmittelbare gegenseitige Kontakt, sein Niederschlag im Schmelztiegel der Äquivalente, der Analogien und der Kontraste. Wesentlich bleibt, was zwischen den Bildern *vorgeht. Ein ursprüngliches Kaleidoskop also, das, wie experimentell bewiesen wurde, einen nachdrücklichen Ausdruck zeigt. Wenn man es untersucht, könnte man vielleicht auf Gesetzmäßigkeiten kommen und eine tiefere Bedeutung der Kunst erreichen: unsere müden Augen (um mit dem Maler Hundertwasser zu sprechen) würden ein synthetisches Sehen annehmen, ein neues Sehen, ein ursprüngliches Sehen, ein Sehen – was weiß ich – der Welt.*

K. O. GÖTZ: ABSTRAKTER FILM UND ELEKTRONENMALEREI

Bei meinen abstrakten Filmversuchen von 1935 kam es mir weniger darauf an, Filme zu machen, als vielmehr die Möglichkeiten der Filmaufnahmetechnik und der Projektion zu verwenden, um Formmetamorphosen und Strukturverläufe (aus der Malerei) in ihrem kinetischen Ablauf zu fixieren. Das Problem war damals schon alt. Die Entwicklung des abstrakten Films von Hans Richter, Viking Eggeling über Len Lye, die Gebrüder Fischinger zu McLaren und anderen ist bekannt. Auffallend ist, wie wenig diese Filmmaler Formprobleme der Malerei mit den vielfältigen Möglichkeiten der Filmtechnik zu koordinieren verstanden. Entweder glitt die formale Sprache ins Dekorative ab – was auch oft beabsichtigt war –, oder die Filmtechnik wurde zum bloßen Reproduktionsmittel für kinetische Malerei degradiert.

Wenn heute die neuen Erkenntnisse auf dem Gebiet der Malerei auf den Film angewandt werden sollen, muß formal-logisch abstrahiert werden, d. h. da es sich beim Film um ein kinetisches Lichtbild handelt, ist eine Transposition von Malmaterial zum Lichtbildmaterial notwendig. Der Ballast des ‹Malerischen› muß nicht nur abgeschüttelt, sondern formale und strukturelle Vorgänge aus der Malerei müssen mit dem Medium Film logisch und materiell neu durchdacht werden. Das Medium Film aber besteht nicht nur aus Aufnahme- und Projektionstechnik, aus Phasentrick und Schneidetisch. Eine ganze Reihe technischer Tricks, wie sie in der Filmindustrie gebräuchlich sind, stehen dem Filmmaler zur Verfügung; und darüber hinaus bieten sich neue technische Möglichkeiten an, die für den kommerziellen Film nicht brauchbar sind, für den abstrakten Film aber ein willkommenes Werkzeug bedeuten. Die künstlerischen und technischen Mittel sind noch lange nicht erschöpft. Es ist erstaunlich, wie wenig Filmmaler am Werk waren – und es noch sind – und wie klein die Anzahl der abstrakten Filme ist. Andererseits ist die Herstellung selbst kürzester Filme mit relativ hohen Kosten verbunden, die ein einzelner selten allein tragen kann. Produktionsgesellschaften und öffentliche Institutionen haben selten Verständnis für derartige Filmexperimente, da sich die Unkosten nicht mit Sicherheit einspielen lassen.

Ich hatte im Krieg und kurz nach Kriegsende Gelegenheit, mit elektronischen Bausteinen aus Radargeräten Versuche anstellen zu können, die darin bestanden, Form- und Strukturelemente, die ein oder mehrere Elektronenstrahlen auf dem Leuchtschirm der Braunschen Röhre hervorriefen, in Bewegung zu bringen und zu verformen. Angeregt durch das Auftreten bekannter Störbilder beim Radarbetrieb setzte ich mich mit Technikern zusammen und versuchte, verschiedene optische Phänomene auf dem Leuchtschirm hervorzurufen und elektronisch zu steuern. Diesen Versuchen haftete jedoch noch ein improvisatorischer Charakter an, und schließlich machten die Verhältnisse der Nachkriegszeit jedes Weiterexperimentieren unmöglich.

Die Fernsehtechnik eröffnet uns neue Wege in der Hervorbringung und Steuerung von kinetischen Form- und Strukturelementen. Verglichen mit dem technischen, zeitlichen und finanziellen Aufwand, den ein abstrakter Kurzfilm verlangt, erscheint die Produktion von bewegten elektronischen Bildern weniger umständlich und viel rationeller. Hier kann man zum ersten Male mit Recht vom entmaterialisierten kinetischen Lichtbild sprechen. Während der Film einen Bildträger benötigt (Zelluloidstreifen und Bromsilberschicht), besteht das elektronische Bild einzig und allein aus aufleuchtenden Elektronen. Der ephemere Charakter des elektronischen Bildes jedoch steht im Gegensatz zur Konserve ‹Film›. (Fernsehsendungen wurden bisher gefilmt, konserviert und mußten bei Wiedersendungen ihren Aggregatzustand also zweimal wechseln.) Das amerikanische Gerät ‹Ampex› ermöglicht es, dieses umständliche Verfahren auszuschalten, indem es die elektrischen Impulse einer Fernsehsendung auf Band speichert. Damit ist auch das auf experimentellem Weg gewonnene kinetisch-elektronische Bild konservierungs- und reproduktionsfähig geworden. Durch Bandtechnik, Schnitt, Bildmontagen und Überlagerungen (ähnlich wie bei der Tonbandtechnik) erweitert sich das Arbeitsfeld auch ins Künstlerische. Der Werkvorgang beim kinetisch-elektronischen Bild ist ein variabler Kreislauf und erstreckt sich von einem Zahlengeflecht über einen Frequenzplan zum Frequenzgenerator und Fernrohr.

Das hier entstehende ästhetische Resultat ist in seiner optischen Makrostruktur vorausberechenbar, aber nicht voraus-sehbar; denn seine Zeichengebung geschieht im Bereich der Mikrostruktur und besteht aus einer Kette von elektrischen Impulsen und Frequenzgemischen, also aus einer Folge von Zeiteinheiten. Der Zeitcharakter der Mikrostruktur wird durch das Fernsehrohr in kinetisch-optische Phänomene verwandelt, die erst in ihrer Makrostruktur der ästhetischen Kontrolle zugänglich sind und Korrektur provozieren, die allerdings wieder im Makrobereich vorgenommen werden muß, wodurch sich der Kreislauf schließt. (2)

b) Der Objektfilm

Manche Übergangsformen verbinden den ersten Typus des bildnerischen Films mit dem zweiten, in dem reale Objekte zum Vorwand oder Sujet, Inhalt, Thema werden. Ein bekanntes Beispiel ist LÉGERS Film *‹Le Ballet Mécanique›* (Musik: G. Antheil, Fotografie: D. Murphy, 15 Min.) von 1924, in dem der Objektcharakter aller auftretenden Dinge evident ist. Das rhythmisierte Objekt: mit gleicher Betonung auf beiden Elementen. Wird das aufscheinende Frauengesicht einerseits ebenso zum

Objekt wie die Maschinenfragmente, Küchengeräte usw., so wird andererseits die Bewegung der Frau, die die Treppe hochsteigt, als rhythmische Folge gegeben. Damit verwirklicht Léger seine in bezug auf das Theater formulierte These: «Unsere Mittel sind natürlich tausendfältig, aber nur unter der Bedingung..., daß sich das königliche Individuum bequemt, ein Mittel zu werden wie die übrigen.» MAN RAY entwickelte seit 1921 seine ‹Rayogramme›, Gegenstände, die auf lichtempfindlichem Material dem Licht ausgesetzt wurden und so eine Technik zwischen Malerei und Fotografie ergaben. 1923 drehte er den Film *‹Le retour à la raison›* (Zurück zur Vernunft): «Was er sich unter dieser Vernunft vorstellte, weckte Tumult und wilde Begeisterung unter den Zuschauern. Es waren Bilder, die einander hetzten, aufblitzende Lichter, vorbeihuschende Schatten, undeutliche Formen, dazwischen hin und wieder ein Frauentorso und ein Uhrwerk, mit dem Schild ‹Gefahr›» (Peter Weiss, Der Avantgardefilm, ‹Diskus›, Jan. 1964). Gegenstände wie Kleidungsstücke, einen Kragenknopf, Würfel u. a. verwendete er in dem Film *‹Emak Bakia›*, 1926.

‹Vormittagsspuk› (1927) von HANS RICHTER: «Die Geschichte ist sehr einfach. Vier steife Hüte, einige Kaffeetassen und Krawatten ‹haben genug› und machen einen Aufstand, der von 10 vor 12 bis 12 Uhr dauert; dann finden sie wieder in ihr tägliches Einerlei zurück... Das Unmögliche wird Realität, denn Realität ist bekanntlich nur eine der Formen unseres Universums» (H. R. in: Dada, o. c., S. 69 ff). Mit diesem Film vollzieht Richter eine Revision seiner bildnerischen Absichten, die nun auf eine Art *‹non senso delle immagini›* zielen. Auf LASZLO MOHOLY-NAGYS bedeutsame Rolle auf dem Weg zur kinetischen Konzeption des Kunstwerkes bin ich bereits eingegangen; ein Hinweis auf seinen erwähnten Film ‹Lichtspiele, schwarz-weiß-grau› (1931), in dem er Bewegung von Licht und Schatten an seinem ‹Lichtrequisit› veranschaulicht, soll hier genügen.

‹Die Stadt›, 1956 von HARRY KRAMER (vgl. S. 124 ff) und WOLFGANG RAMSBOTT in Paris gedreht, ist eine Weiterführung des Films der Objekte.

Der Film zeigt eine Situation, die auf den Nerv und nicht auf den Verstand wirkt. Er verfolgt Einzelexistenzen und ihren Bewegungsablauf. Dieser wird bestimmt durch den inneren Mechanismus des Objekts und den äußeren Mechanismus der Umgebung. Von beiden Mechanismen werden die Zwangsläufigkeit des Ablaufs und die Unaufhörlichkeit der Bewegung bis zur Zerstörung der Existenz erzwungen. Innere Konstruktion und äußerer Reiz sind die beiden Grenzen, die den Raum der Freiheit abstecken. Neben der Einzelbewegung wird die Begegnung der Objekte gezeigt. In manchen Fällen äußert diese Begegnung keine Wirkung: die Kraftfelder ziehen aneinander vorbei, ohne daß es zu einer Anziehung oder Abstoßung, zur Explosion und Neueinstellung kommt. In anderen Fällen bewirkt die Ausstrahlung des einen Systems die Beherrschung des anderen. Der Prozeß vollzieht sich verschieden deutlich und verschieden schnell. Eine Gleichwertigkeit der Systeme gehört zu den Zufällen. Die Konstitution der Elemente und ihre Konstellation bilden die Grenzen, die den Raum der Freiheit ihrer Begegnung abstecken. In der mobilen Plastik Kramers sind die menschlichen Gegebenheiten verhärtet. Jeder Anschein einer anderen Lösung des Bewegungsablaufs ist ausgeschaltet. Damit enthält der Film keine Simplifizierung, sondern hat nur die Koketterie mit anderen Möglichkeiten beseitigt, die dazu dient, die eingetretene Entwicklung als gewählte vorzutäuschen. (1)

«Die Spuren der Dinge in der Welt», das war, wie Brissot geschrieben hat, das Thema für ARMAN, als er sich mit dem Film zu beschäftigen begann. ‹*Chantier interdit au public*› ist ein gemeinsam realisierter Film. Arman (vgl. S. 205 f) schreibt dazu:

Wir gehen in den italienischen Lebensmittelladen – die Salamiwürste hängen herab, auch der Käse ... Man streckt die Hand aus, um die Gegenstände, die in der Luft schweben, einzufangen. Seit einiger Zeit stehen die Jäger auf Anstand und die Idee aus dem Abfalleimer besucht den Künstler. Der Schrott schwebt, der Rost bebt und die kriechenden Kotflügel der Wagen zeichnen Regenschlangen auf die Landstraße.

Die Halskette der Königin entwickelt im Schnee die Klangschrift ihrer Edelsteine, die Kugellager sind goldsuchende Ameisen, die Gegenstände und die ganze Welt, zuweilen gar der Pinsel, sind abgetönt, wollen sich entrollen, hinterlassen ihr Bild und explodieren in der Anamorphose ihrer Formen. ‹Jeder Gegenstand hat ein potentielles Gewissen, dessen Wille ein Bild projiziert› (Luc Ferrari).

Wir alle haben den Gegenstand gefürchtet, seit ihm unsere Vorgänger die Nutzanwendung nahmen. Das Readymade steht an der Grenze von Freiheit und Möglichkeit, die jede Form enthält. Die vielfachen Energien des Tones im abstrakten Film filtern sich durch die Kalligraphie der Gegenstände, die sich selbst entrollen und von der Hand gepackt werden. Nach und nach kreisen wir den autonomen Gegenstand ein. (1)

GÜNTHER UECKER: NOTIZEN ZU EINEM FILM

Wenn Sie meine Arbeiten [vgl. S. 149 f] sehen, werden Sie bemerken, daß diese durch das Licht ihre Wirklichkeit erhalten. Ihre Intensität ist durch das einwirkende Licht wandelbar und vom Standpunkt des Betrachters veränderlich. Diese Objekte fordern Ihre Aktivität heraus und erhalten dadurch ihre Lebendigkeit. Diese Objekte haben eine reale räumliche Beziehung zum Betrachter, der einen Bewegungsprozeß verwirklicht. Sie werden zu einem dynamischen Prinzip, das sie teilnehmen läßt, wo das Licht in seiner Reinheit zu einer Metamorphose des Schönen wird, wo es sich zum menschlichen Theater verwandelt. Diese Versuche mit Licht und seinen Reflektionsmedien haben mich zum Film geführt, den ich zu meiner neuen Aufgabe gewählt habe.

In einem Raum sind Strukturfelder aufgebaut, die eine starke Reflexionswirkung haben und das Licht zu modulieren vermögen. Es sind rotierende und pendelnde Lichtquellen installiert, die durch mechanische wie manuelle Einflußnahme sich in Bewegung befinden. Personen tragen Strukturscheiben durch den Raum, lassen diese rotieren und werfen sie sich zu. Sie sind bekleidet mit reflektierenden Kostümen und Kostümteilen, Röhren und Stäben, z. B. an Armen und Beinen, daß durch ihre Bewegungen eine starke, wie schwebende Dynamik erscheint. Andere tragen Personen, die zu fliegen scheinen. Die Träger sind schwarz gekleidet, so daß sie nicht sichtbar werden. Sie eilen durch den Raum und unterbrechen den Lichtstrahl einer Fotozelle, wodurch ein akustisches Gerät aus- und eingeschaltet wird, welches einen Ton erzeugt. Je nach Dauer der Unterbrechung ist ein Ton hörbar gemacht und wird intensiviert, wie abgeschwächt. Auf dem Boden befinden sich Kontakte, die durch die Personen, die den Raum durcheilen, schreiten, fliegen, ausgelöst werden und die sie korrigieren. Die Choreographie schließt die Organisation des Raumes, seiner Lichtquellen und der Reflexionsgegenstände ein. So ist eine spontane menschliche Bewegung in diesem Raum, eine irritierende und zugleich eine das Geschehen auslösende. Es ist eine Entmaterialisierung durch das Licht soweit möglich, wie sich die Grenzen zwischen Stoff und Lichtintensität verwischen und ein kontinuierlicher Zusammenhang sichtbar wird. (1)

c) Der inhaltbezogene Film

«Meine Hauptkritik an der dem üblichen abstrakten Film zugrunde liegenden Idee ist», schrieb die amerikanische Experimentalfilmerin Maya Deren, «daß sie die besondere Fähigkeit des Films verleugnet, reale Elemente als Realitäten zu behandeln, und an ihre Stelle ausnahmslos künstliche Elemente setzt (was die Methode der Malerei ist).» Diese Kritik am ‹üblichen abstrakten Film› wird von zahlreichen Künstlern selbst geteilt, die fordern, dic äußere Realität und einen inhaltlichen Ablauf in den bildnerischen Film einzubeziehen. Es waren zunächst die Surrealisten, die Front bezogen gegen die vorherrschende Rhythmisierung des abstrakten Formmaterials. Sie entwickelten den dritten Typus innerhalb des bildnerischen Films, der, wenn auch teilweise verschlüsselt und hinter Symbolen verstellt, inhaltlich bezogen war. MAN RAYS Film ‹Seestern› *(Létoile de mer,* 1927) ist diesem Typus zuzurechnen; er vollzieht die Wendung zum Surrealismus. Ich führe hierzu eine Beschreibung von Peter Weiss an. Der Film steht in engem Zusammenhang mit einem Liebesgedicht von Robert Desnos, das in Zwischentiteln auftritt. «Alle Abschnitte, die in der äußeren Wirklichkeit vor sich gehen, sind durch dämpfende Filter und Schleier gesehen. Das reale Ereignis wird zu etwas Unwesentlichem zurückgeschoben, oft liegt es fast verborgen hinter milchigem Glas, und nur die Phantasien erscheinen in einer nahen und deutlichen Wirklichkeit. Der lange Spaziergang des Liebespaars auf dem Parkweg geht wie in einem wäßrigen Nebel vor sich, die Gesten und Umarmungen werden ironisch von ein paar Schatten ausgeführt. Gleichzeitig beschwören diese schwankenden, trüben Bilder eine Unterwasserstimmung herauf: hier unten, tief im Meer, lebt der Seestern. Das Meer ist das Element des Traums, des Schlafs, der Geburt. Der Seestern ist das Symbol einer ozeanischen Liebe. Der Seestern muß sterben und vertrocknen, wenn er auf den Strand der Außenwelt geworfen wird. Der Seestern erscheint in einer Reihe von Kompositionen, die an medizinische oder technische Abbildungen erinnern. Der Seestern bewegt sich wie ein Herz in einer komplizierten Maschinerie von Kolben, Hebeln und Drähten. Es ist etwas Kühles, Intellektuelles in diesen Bildern von sonderbaren Apparaturen, Gläsern, mechanisch vollzogenen Handbewegungen, etwas von Laboratorium und Operationssaal, etwas Ungreifbares und Unerklärliches wird hier unter die Lupe gelegt und mit Tabellen und mathematischen Formeln untersucht» (l.c.).

Andere Filme, die diesem Typus zuzuzählen sind, haben eine reiche Literatur, werden häufiger gezeigt, so daß es genügen mag, hier auf sie hinzudeuten: *‹Entr'acte›*, 1924 in der Pause des Balletts *‹Relâche›* im Pariser Théâtre des Champs-Elysées erstmalig vorgeführt, ein Film von PICABIA mit RENÉ CLAIR als Kameramann und technischem Berater (der Film läuft fälschlicherweise heute noch unter dem Namen René Clairs), mit der für diesen Film geschriebenen Musik von Erik Satie. Obgleich die rhythmische Modulation stark betont ist, obgleich der ‹inhaltliche› Bezug nicht die Form einer Parabel oder ähnliches annimmt, ist er keineswegs abstrakt, arbeitet mit Realitäten, gestellten Szenen und legt als erster im Kreis der bildnerischen Filme Gewicht auf die Kameraführung mit ihren Möglichkeiten. *‹La Coquille et le Clergyman›* (Die Muschel und der Priester, 1927) wurde nach einem Manuskript ARTAUDS von GERMAINE DULAC gedreht, übrigens einer der frühesten Theoretikerinnen des bildnerischen Films (*‹L'essence du cinéma l'idée visuelle›*, 1925; *‹La cinégraphie intégrale›*, 1927). Buñuel-Dalis *‹Un Chien Andalu›* (Ein andalusischer Hund, 1929) und *‹L'Age d'Or›* (Das Goldene Zeitalter, 1930), Cocteaus *‹Le Sang d'un Poète›* (Das Blut eines Dichters, 1930), Hans Richters spätere Filme *‹Dreams that money can* *buy›* (Träume zu verkaufen, 1944–1946), ‹8 × 8› (1956/57), *‹Dadascope›* (1957) erwähne ich zumindest dem Namen nach.

Buñuel hat dem Ungenügen am filmischen farb-formalen Spiel Ausdruck gegeben wie mancher andere Künstler und Regisseur. Zu dem Film ‹Ein andalusischer Hund› schrieb er: «Dieser Film stellt, historisch betrachtet, eine heftige Reaktion gegen jene Bewegung dar, die als avantgardistischer Film bezeichnet wurde und die sich, mit ihrem Spiel von Licht und Schatten, ihren fotografischen Effekten, ihrer rhythmischen Montage und ihren technischen Experimenten, ausschließlich an die künstlerische Sensibilität und an den Intellekt des Zuschauers wandte.» Die Auseinandersetzung um die Bestimmung des Filmes ist keineswegs abgeschlossen; die Rolle, die Bedeutung, der Stellenwert der bildenden Kunst für den Film: auch hier steht Meinung gegen Meinung und Analyse gegen Analyse, je nach Standort und Intention des Beurteilenden. Anerkannt wird, daß der Impuls, der von bildenden Künstlern vor allem in den zwanziger Jahren auf den Film ausgegangen ist, nützlich und anregend war, einige neue Möglichkeiten gezeigt, ihn, den Film, um einige authentische Schöpfungen bereichert hat. Über diese Feststellung hinaus ist heute kaum eine Einigung zu erzielen.[11]

---

11 So führte, um einige Beispiele für die beiden Standpunkte anzugeben, Martin Schlappner in einer Untersuchung ‹Film und Bildende Kunst› (Neue Zürcher Zeitung, 28. 2., 6. 3., 13. 3. 1964) aus, daß eine Ästhetik des Films ohne den Einbezug der bildenden Kunst nicht auskommt. «Es gibt in diesem Sinne keine *ästhetische Autonomie* des Films, wie es sie wohl überhaupt für *keine* Kunst gibt. Jedenfalls ist es so, daß das, was den *Stil eines Bildes* der Malerei oder den *Stil eines Films* ausmacht, die Organisation des Raums und des Lichtes ist. Diese Identität des Stils ist es, die begreiflich werden läßt, daß der Charakter des Films als einer Bildkunst nicht eine bloße Äußerlichkeit ist, sondern seine *organische Substanz* darstellt.» Peter Weiss schränkt in dem früher angeführten Aufsatz zwar ein, daß die Arbeiten der «Poeten des Films» oft Versuche blieben, «halb geglückte Formexperimente, aber manchmal gelang es ihnen, eine neue, rein filmische Welt darzustellen».

Eine entschiedene Trennung zwischen bildender Kunst und Film vertritt auf der anderen Seite Siegfried Kracauer: «Die Invasion der Kunst in den Film», schreibt er in der bereits zitierten ‹Theorie des Films›, «vereitelt die dem Kino eigenen Möglichkeiten. Wenn Filme, die von den traditionellen Künsten beeinflußt sind, es aus Gründen ästhetischer Reinheit vorziehen, die vorhandene physische Realität unbeachtet zu lassen, dann versäumen sie eine dem filmischen Medium vorbehaltene Chance... Filme dieser Art durchdringen nicht die materiellen Phänomene, die sie verwenden, sondern sie exploitieren sie; sie verwenden sie nicht in deren eigenem Interesse, sondern in der Absicht, ein sinnvolles Ganzes zu etablieren; und indem sie irgendein solches Ganzes herausstellen, verweisen sie uns von der materiellen Dimension zurück auf die der Ideologie. Kunst im Film ist reaktionär, weil sie Ganzheit symbolisiert und derart die Fortexistenz von Glaubensinhalten vorspiegelt, welche die physische Realität sowohl anrufen wie zudecken» (S. 390/91).

Was mich in dem vorliegenden Abschnitt beschäftigt hat: eine Typologie des bildnerischen Films mit einigen Beispielen der Entwicklung bis in die Gegenwart, ist eingespannt in den Rahmen eines Kapitels über ‹Mechanik, Licht, Bewegung›. Die heutige Kunst besitzt vielfältige Möglichkeiten, Licht und Bewegung auf mechanischem Weg mit dem Kunstwerk zu verschmelzen: die luminodynamischen Projektionen Schöffers, die Lichtbilder von Kristallisationsprozessen mit Hilfe des polarisierten Lichtes bei Kage und Gravenhorst, die instabilen Reliefs Vasarelys und der verschiedenen Gruppen, die Ensembles aus rotierenden plastischen Körpern und Projektoren der Gruppe Zero, um einige hier besprochene Realisationen zu nennen. Vom Bereich der Kunst her betrachtet bietet der Film auch heute noch eine legitime Fortführung des bildnerischen Denkens für den Künstler. Legitim, da ihn seine Produkte als schöpferisches Medium ausweisen. Daß bestimmte Funktionen des abstrakten Filmes heute im Kunstwerk selbst integriert sind (bei Julio Le Parc und Gerhard von Grävenitz beispielsweise), heißt nicht, daß er für die Kunst seine anregende Funktion verloren hat. Wie für den rein abstrakten Film und seine Entwicklung, wie für den Film, der sich realer Objekte bedient, lassen sich auch für den dritten Typus, der mit inhaltlichen Bezügen arbeitet, Beispiele aus der Gegenwart anführen. (Die Abgrenzung, ich wiederhole es, ist oft nicht streng zu ziehen, dient aber dazu, das Gebiet überschaubar zu machen und ist in zahlreichen Beispielen auch strukturell begründet.) Hierher gehören Robert Lapoujades 1962 realisierter Film *‹Prison›* (Gefängnis, 13 Min.), der mit stark graphischen Mitteln gemacht ist, wobei sich die inhaltlichen Erlebniszeiten überschneiden, wie Gerd Dahlmanns Film ‹27 Min. 45 Sek.› (1960–1963) nach Samuel Becketts ‹Texte um Nichts›, in dem abstrakte Passagen mit gefilmter Realität abwechseln. Dahlmann gelangt von dem «Vorwand der verdinglichten Bewegung» zu einer Bewegung der Teile selbst: «Meine ganze Absicht ist, nicht an den Folgen einer Bewegung entlangzulaufen, bis sie sich selbst überholt, sondern die Bewegungsbilder in den Abstand ihrer eigenen Zeit zum Sehen zu bringen, in die eigene Zeit der Mittel umzukehren» (an den Verf.).

Schließlich wären «Walt Disneys aufsässige Erben» (R. E. Thiel) zu nennen: Zeichen-, Puppen-, Trickfilme, in ihren besten Vertretern beispielhafte Realisationen der, mit Elie Faure zu reden, *‹art cinéplastique›*. Viele der bekannten Zeichenfilme, Jan Lenicas *‹Janko›*, sein *‹Monsieur Tête›*, *‹Labirynt›* und *‹A›*; Roman Polanskis Kurzfilm ‹Die Säugetiere› (1962), der die Möglichkeiten des Zeichenfilms in den Realfilm überträgt; Jiři Trnkas Puppenfilme wie der ‹Prinz Bajaja› (1950) und Karel Zemans mit Trickpuppen und verfremdeten, durch Raster gefilterten Naturaufnahmen arbeitender ‹Erfindung des Verderbens›; Vlado Kristls Zeichenfilme wie ‹Der Juwelenraub› (1959), *‹Peau de Chagrin›* (1960), ‹Don Quichotte› (1961), ‹Der General› (1961) – viele solcher

Filme also bedienen sich der Mittel und Gestaltungsweisen der bildenden Kunst und belegen damit wie zahlreiche früher erwähnte Filme, daß sich beide Gebiete sehr wohl ergänzen und eine ergiebige, schöpferische Zusammenarbeit etablieren können.[12]

12 Eine Spielart zwischen Objektfilm und inhaltbezogenem Film sind die frühen Filme der Maler ANDY WARHOL (geb. 1930): ‹*Sleep*›, in dem ein Mensch acht Stunden schläft, ‹*Couch*›, ‹*Harlot or the white Pussy*›, in dem der Akteur, verkleidet als eine Frau, ununterbrochen Bananen ißt, ‹*Empire*›, eine Aufnahme des New Yorker Empire State Building und CLAES OLDENBURG (S. 201 ff).

V. ANATOMIE DER WIRKLICHKEIT

1. Der Mensch und seine Symptome: Francis Bacon

Kreuzigungen, Papstbilder

Anatomie der Wirklichkeit! Jedes gelungene, gültige Werk verwirklicht einen Teil der Realität, totalisiert ihn auf dem Bild und für die Dauer des Bildes, d. h. solange zwischen ihm und dem Betrachter die Kommunikation eines Erlebnisses anhält, das von dem Bild ausgelöst wird. Francis Bacon beansprucht nicht, *die* Realität ins Bild zu holen. Er reduziert ihre Wucherungen, wählt aus, beschränkt. Die Umwelt seiner Figuren bildet das vereinzelte Requisit, Stuhl, Sofa, Käfig. Die Wirklichkeit, die er seziert und neu erfindet, tritt beispielhaft auf: daher die Möglichkeit und Legitimität einer solchen Beschränkung. Vorlage seiner Bilder sind das ihm gegenübersitzende Modell, die Fotografie, die freie Erfindung. Dabei sollte man davon ausgehen, daß das Problem, welches sich ihm stellt, unlösbar eine Verbindung von Vorstellung, Idee und Technik ist. Malerei in dem Sinn, den Bacon selbst einmal für den englischen Maler Matthew Smith konstatierte, «zielt auf eine völlige Verschränkung von Bild (*image*) und Material (*paint*), so daß das Bild das Malmaterial ist und umgekehrt. Hier erschafft der Pinselstrich die Form und füllt sie nicht nur aus.»

Bacon hat seiner Technik ein Bild, seiner Bildwelt eine Technik gefunden, die sich tatsächlich verschränken. Das setzt seinen malerischen Rang fest, wenn man die Intensität beider überprüft. Über allen Ableitungen, die man aus seinem Werk zieht – Angst, Zerstörung, die Bombe und Auschwitz –, sollte man nicht vergessen, daß hier ein Maler am Werk ist, der das bildnerische Vokabular seiner Zeit beherrscht, die freie Geste neben und in eine malerisch artikulierte Fläche zu setzen versteht, Spontaneität mit Präzision verbindet, herbe Farbmaterialität mit einer durchsichtig aufgetragenen Farbe: «Eines der Probleme ist, wie Velasquez zu malen, aber mit der Leinwandstruktur, die einer Nilpferdhaut gleicht» (Bacon).

Die Themen dieser Bildwelt lassen sich bestimmten Bildgruppen zuordnen: Kreuzigungen, Köpfe und Porträts, Papstbilder, Paraphrasen, Landschaften, Tiere und Akte. Bacons frühe Bilder vom Ende der zwanziger und Beginn der dreißiger Jahre sind nahezu vollständig von ihm zerstört, wie er auch bis heute einen Großteil seiner Produktion immer wieder vernichtet hat. Bereits eines der frühesten von den erhaltenen Bildern bezieht sich auf die Thematik der ‹*Kreuzigung*› (1933). Eine entblößte Kreatur, halb Mensch, halb Tier steht mit vorgestoßenem Kopf und weit gespreizten Armen etwa in der senkrechten Mittelachse des

Bildes, links von ihr ein Schädel. Sir Michael Sadler, der eine Kreuzigung von Bacon aus dem gleichen Jahr gekauft hatte, sandte dem Maler eine Röntgenaufnahme seines Kopfes, damit er sein Porträt male. Dieses Bild ist das Ergebnis. Zwischen 1936 und 1944 malte Bacon jahrelang nicht, kaum eine Arbeit ist aus dieser Zeit bekannt. Als er die Malerei wieder aufnimmt, knüpft er wiederum an das Thema der Kreuzigung an, seine Arbeiten sind Entwürfe für einen Eumeniden-Zyklus, den er als Ausgangspunkt für eine große Kreuzigung wählen wollte. Die für Bacon typische Unterteilung des Raumes durch ein perspektivisch gezeichnetes und verzeichnetes Gitter taucht hier schon auf. Diese ‹Drei Studien zu Figuren einer Kreuzigung› von 1944 (Tate Gallery, London) betrachtet Bacon als den Anfang seiner Kunst. In den sechziger Jahren kommt er in zum Teil großformatigen Bildern, die nunmehr sein ganzes Können belegen, auf die Kreuzigung zurück, die er nicht im Sinn der christlichen Überlieferung interpretiert, sondern als Beispiel der kreatürlichen Beziehung des Menschen zu seinem Gegenüber gestaltet.

«Man hofft immer, *das* eine Bild zu malen, das alle anderen auslöscht und alles in ein Bild konzentriert.» Dieser Satz Bacons mag einen Hinweis geben, warum Bacon so besessen gewisse wenige Themen verfolgt hat. Ein weiteres solches Thema ist neben der Kreuzigung das *Papst-Bildnis* (Abb. 32), dessen früheste Formen von 1949 stammen. Diese Arbeiten haben die grobe Leinwandstruktur, von der er spricht, die Pinselstriche, mit denen er etwa in dem Papstbild ‹Kopf VI› (1949) den Bildraum andeutet, haben etwas von einer unverhohlenen Polemik gegen die überlieferte Methode der Bildbehandlung, wie sie auch von Pollocks und Wols' Bildern bekannt ist. Das Bild zeigt in einer Art Gitter die Büste eines Mannes; der Kopf ist nur in der unteren Partie mit weit geöffnetem Mund wiedergegeben, den Bacon an der Nahaufnahme der Kinderfrau in Eisensteins ‹Panzerkreuzer Potemkin› studiert hat. Die erste Serie von Papstbildern datiert von 1951: aneinander gereihte Bewegungsmomente, wobei Bacon eine Fotografie Pius' XII. auf seiner Sedia Gestatoria zum Anlaß nahm, so wie er andererseits Velasquez' ‹Innozenz X.› aus dem Palazzo Doria in Rom (ebenfalls nach der Fotografie, er hat das Original nie gesehen) zu einer Reihe von Paraphrasen abwandelte. Der Bemerkung Bacons, daß er mit den Papstbildern nur einen Vorwand finden wollte, um bestimmte Farben anzuwenden: «gewöhnlicher Kleidung kann man diese Purpurfarben nicht geben, ohne in eine Art falsche Fauve-Manier zu verfallen» steht allerdings entgegen, daß er in anderen Werken diesen Bezug auf ein ‹Lokalkolorit› nicht benötigt. Mit Recht erwiderte Peter Gorsen dieser Bemerkung: «Es scheint, als wolle der empfindliche Maler den Analytiker tarnen, aus sublimem Respekt vor der Größenordnung des psychologischen Problems, das er zu malen sich getraut hat.»

‹Die zweite Natur der Physiognomie›

Francis Bacon hat als einer der ganz wenigen in unserer Zeit legitime, überzeugende Personenbilder gemalt. Seine Leistung ist um so höher zu bewerten, als er ihnen dabei nicht die Folie der Ironie unterlegt, die Person nicht zum Träger formaler Ableitungen macht, überhaupt auf keines der bekannten Stilmuster zurückgreift. Bacon hat die «zweite Natur der Physiognomie» (Gorsen), die der fotografischen Reproduktion entstammt, zum Modell genommen. Ähnlichkeit wird, wie Rolf Wedewer einmal festgestellt hat, zu einem «negativen Kriterium»: «Nur wenige, gleichsam vorüberhuschende Reflexe wecken die Erinnerung an eine bestimmte Individualität. Der Mensch ist gewissermaßen auf seine Symptome reduziert, auf Eigentümlichkeiten, die hinreichen, wie nebenbei die Erinnerung in eine vorgeschlagene Richtung zu lenken, aber nicht zu einer definitiven Bestimmung genügen» (Der verdinglichte Mensch, ‹Das Kunstwerk›, 2–3/XVII, Aug. – Sept. 1963). Der Mensch stellt sich auf diesen Bildern dar als das überflüssige Sein, von dem Bacon in dem abgedruckten Gespräch David Sylvester gegenüber spricht, eingezäunt in die fast unsichtbaren Lineaturen der Gitter, eingeschlossen in Räume, die Bacon nicht näher analysiert, die wie das Stenogramm und oft wie die Essenz des Raumes dem Organismus des Menschen einen bescheidenen Spielraum geben. Die Anatomie des Bildnisses van Gogh, die Bacon in mehreren Versionen gemalt hat, identifiziert eine Erfahrung – die Bacons – mit der eines anderen Malers – van Goghs –, Bacon frißt sich in die Physiognomie des Bildes, das ihm vorliegt, hinein, dreht und wendet dieses Gesicht im bildnerischen Material. Es gewinnt seine Echtheit und Eindringlichkeit aus den ‹Symptomen›, den Anzeichen des Menschen, die diese «Zufallserscheinung» verzweifelt zur Schau trägt, eine Individualität als Schrei gegen den anonymen Raum und dessen Mobiliar.

GESPRÄCH MIT FRANCIS BACON

Francis Bacon. *Es ist niemals richtig herausgestellt worden, wie die Fotografie das gegenständliche Bild völlig geändert hat. Nach meiner Meinung glaubte Velasquez, daß er den Hof jener Zeit und bestimmte Personen jener Zeit aufzeichnete. Ein wirklich guter Künstler würde aber heute gezwungen sein, ein Spiel aus dieser selben Situation zu machen. Er weiß, daß bestimmte Sachen vom Film aufgezeichnet werden; diese Seite seiner Tätigkeit wurde von anderen übernommen.*

Auch wird dem Menschen nun klar, daß er eine Zufallserscheinung, ein völlig überflüssiges Sein ist, daß er grundlos das Spiel zu Ende spielen muß. Ich denke, selbst als Velasquez, als Rembrandt malte, waren sie immer noch leicht beeinflußt von bestimmten Typen religiöser Möglichkeiten, die der Mensch heute aufgegeben hat. Der Mensch kann nun nur versuchen, sich selbst eine Zeitlang zu hintergehen, indem er sein Leben verlängert – indem er eine Art Unsterblichkeit von den Ärzten sich erkauft. Sehen Sie, die Malerei, jede Kunst ist zu einem Spiel geworden, durch das sich der Mensch zerstreut. Sie mögen sagen, es war immer so, doch heute ist es völlig zu einem Spiel geworden. Es ist faszinierend, daß es für den Künstler immer schwieriger geworden ist, denn er muß tatsächlich das Spiel vertiefen, um es gut zu machen, so daß er das Leben etwas aufregender gestalten kann.

DAVID SYLVESTER. *Sie sehen oft, nicht wahr, daß bereits bestehende Bilder irgendwie für Sie beginnen? Da sind diese wenigen Dinge – der Innozenz X. des Velasquez, die berühmte Szene aus Eisensteins Potemkin, ein, zwei Sachen wie diese. Resultiert das meiste Ihrer Bildwelt aus bestehenden Bildern?*

F. B. *Sehr oft. Sie erzeugen andere Bilder für mich.*

D. S. *Die Übertragungen dieser Bilder, die sich am Ende auf dem Bild finden – sehen Sie sie voraus, bevor Sie das Gemälde beginnen, oder tauchen sie beim Malen auf?*

F. B. *Sehen Sie, in meinem Fall werden alle Bilder – und je älter ich werde um so mehr – zu einer Zufallserscheinung. Ich sehe sie voraus und arbeite sie doch kaum je so heraus, wie ich sie vorhersehe. Das Bild ändert sich beim Malen. Ich weiß tatsächlich oft nicht, was das Material macht, und es tut vieles besser, als ich es tun könnte. Vielleicht könnte man sagen, es ist kein Zufall, da es ein Auswahlprozeß ist, welchen Teil des Zufalls man bewahrt.*

D. S. *Was geschieht schließlich mit dem Malmaterial? Erzeugt es eine Art von Ungewißheit?*

F. B. *Und Vorschläge. Diesen Kopf hier malte ich vor einigen Tagen: ich versuchte, eine bestimmte Person zu malen. Ich benutzte einen sehr großen Pinsel und viel Farbmaterial, setzte es sehr frei auf; ich wußte einfach am Ende nicht, was ich tat, plötzlich schnappte es und wurde genau zu dem Bild, das ich aufzeichnen wollte. Aber nicht aus irgendeinem bewußten Willen heraus; noch hatte es etwas mit Illustration zu tun. Das ist eine der größten Schwierigkeiten, die bislang noch nicht untersucht wurde, warum das so ist. Ich vermute, es hat sein eigenes Leben, wie das Bild, das man einfangen will. Es lebt für sich selbst und übersetzt daher die Essenz des Bildes schärfer. (1)*

2. Die Epiphanie der Gegenstände: Robert Rauschenberg

Das Objekt

Welche Bedeutung kommt den Gegenständen zu, die Rauschenberg ab 1954 ins Bild collagiert? Deuten sie auf eine Realität hin, die das Bild in seiner Faktizität steigert? Oder ist nicht vielmehr der bildnerische Kontext, in dem sie stehen, den sie oft zu überwuchern drohen, ihnen nur beigegeben, um sie, um Realität überhaupt zu irrealisieren? Nun, Rauschenberg hat beide Fragen aufgeworfen, indem er das Problem bis zum äußersten vorantrieb. Es gibt Verbund-Bilder (so ließe sich der Terminus *combine-paintings*, den Rauschenberg für solche Arbeiten benutzt, übersetzen), in denen eine streng bildnerisch gefaßte Ausführung nur noch akzessorischen Wert gegenüber den Objekten hat, die sie konstituieren. Hierher gehört ‹*Coca-Cola-Plan*› von 1958 aus der Sammlung Martha Jackson, New York, eines der bekanntesten und ein häufig reproduziertes Objektbild Rauschenbergs, mit den drei Coca-Cola-Flaschen im mittleren Objektteil und den seitlich davon montierten Flügeln. (Vier Coca-Cola-Flaschen stehen auch im linken oberen Teil des Combine Paintings ‹*Curfew*› aus dem gleichen Jahr.) Hierher zählt auch ‹*Odalisk*›, 1955–58, ein mit *Pin-up*-Fotos, Aufnahmen vom Stierkampf, von Tieren, *Comic Strips*-Reihen etc. collagierter Kasten, der mit einem kurzen hölzernen Träger über einem Kissen steht und auf dem ein ausgestopftes Huhn angebracht ist. Der Gegenstand ist hier, allgemein gesagt, das Gegenüber, dessen optische und assoziative Präsenz, dessen kommerzieller Wert und Unwert, dessen Lustfaktor den Betrachter einem Beziehungsfeld aussetzen. Der Gegenstand setzt den Betrachter als Partner, begründet, was James Joyce die «unentrinnbare Modalität des Sichtlichen» nannte.

Solche Verschränkung zwischen dem Gegenstand und seinem Partner gehört zur Bestimmung der *Epiphanie*, die im Werk von Joyce wie in der Literatur über ihn einen bedeutsamen Platz einnimmt. Wird das Ich als Partner des Objektes bestimmt und damit aus einer überlegenen Distanz herausgeführt, so behauptet sich auf seiner Seite das Objekt «in seiner Eigenbewegung, seiner Ebenbürtigkeit dem Subjekt gegenüber, seinem Mitspracherecht, in seinem fremdartig-anziehenden Sog», wie Walter Höllerer es in einem Aufsatz ‹Die Epiphanie als Held des Romans› (‹Akzente›, Jg. 8, H. 2, 1961, S. 125 ff) formuliert hat. Epiphanie ist für Joyce und in seinen Worten «eine plötzliche geistige Manifestation, sei es nun in der Vulgarität der Sprache oder Geste oder in einer denkwürdigen Phase des Geistes selbst»: «Zunächst erkennen wir das Objekt als *ein* integrales Ding, dann erkennen wir, daß es eine organisierte, zusammengesetzte Struktur ist, tatsächlich ein *Ding*: schließlich, wenn die Beziehung der Teile sehr stark ist, wenn die Teile auf bestimmte Punkte geordnet sind, erkennen wir, daß es *dieses* Ding ist, das es ist.» Und schließlich: «Die Seele des gewöhnlichsten Objekts, dessen Struktur so bestimmt wird, scheint uns zu strahlen. Das Objekt vollendet seine Epiphanie.»

Die Funktion der Gegenstände

Was Joyce für die Literatur erarbeitet hat, indem er ‹Augenblick und Einzelding, wie bisher kaum je› betont, läßt sich in Parallele setzen zu dem Vorgehen Rauschenbergs, wenn auch für ihn als bildenden Künstler das Einzelding, der Gegenstand in seiner Tatsächlichkeit fungiert, neben und statt seiner ‹Übertragung›. Nach seinen Studien an der Pariser Académie Julian, nach zwei Jahren bei Josef Albers am Black Mountain College (1948/49) begann Rauschenberg an einem bestimmten bildnerischen ‹Nullpunkt›, an einem Punkt, an dem die Mittel, die Farbe, das Sujet gänzlich reduziert waren: weiße Bilder. Sie waren, mit dem Musiker John Cage zu reden, «Flugplätze für die Lichter, Schatten und Partikel». Sie änderten ihre Gestalt, wenn Menschen daran vorbeigingen, änderten sich mit den Tageszeiten, der Beleuchtung, und Rauschenberg beobachtete diese Verwandlungen, wie er auch wollte, daß der Betrachter sie registrierte. Bilder wie das ‹Weiße Bild, sieben Felder› von 1951 zeigen die Systematik seines bildnerischen Denkens, jene ganze Zeit, die folgenden schwarzen Bilder belegen, wie er seine Grundlage frei und offen halten will und auf die tradierte wie klischierte Bildform verzichtet. Wie die weißen so waren die schwarzen Bilder dazu angetan, viel sehen zu lassen, obgleich wenig gezeigt wurde, wie er selbst gesagt hat. Er leimte Zeitungspapier auf die weiße Leinwand, «um den Grund zu aktivieren, so daß schon der erste Pinselstrich auf einem Bild eine eigene, einzigartige Stellung hatte in einer grauen Karte von Worten. Indem sich die Bilder änderten, wurde das gedruckte Material zu einem Gegenstand wie das Malmaterial.» Die Methode, mit der er Farbe und Materialien gebrauchte, war die einer Zusammenarbeit, mehr als «diese Materialien im Dienst der Kunst zu gebrauchen». Eine Tradition in sich zu begründen, was noch für Arshile Gorky bedeutet hatte, eine vorhandene Malrichtung wie den Kubismus ‹aufzunehmen›, hieß für Rauschenberg, das dem Maler zur Verfügung stehende Material neu zu begründen, es bis zu seinen Grenzen zu erforschen. So war die schwierigste Farbe, die er zur Arbeit vorfand, für Rauschenberg das Rot. Er malte eine Reihe roter Bilder, die ihn feststellen ließen, daß die Masse hier, wie farbig sie auch war, niemals tonal und daß nichts ‹besonders herausstechend› war. In diese roten Bilder baute er z. T. bereits Lampen ein, um sie von der Beleuchtung des Außenraumes unabhängig zu machen.

Wie hier bei dem Zeitungspapier so demonstrierte Rauschenberg mehr und mehr durch die Gegenstände, die er dem Bild beigab, die Gleichwertigkeit aller Materialien für den bildnerischen Gebrauch, was als Forderung nicht neu war, hier aber ohne jeden polemischen oder aggressiven Ton geschah. Zu dem 1955 gemalten ‹*Bett*›, einem der ersten Objektbilder – die Kästen und Objekte, die er 1953 in der Florentiner Galleria d'Arte Contemporanea gezeigt hat, existieren nicht mehr –, das im gleichen Jahr aus dem Festival in Spoleto ausjuriert wurde, schreibt Rauschenberg selbst: «Ich hatte kein Geld, um Leinwände zu kaufen, und ich wollte malen. Ich sah mich nach etwas um, auf dem ich malen konnte. Ich benutzte die Bettdecke nicht, so spannte ich sie auf. Sie sah eigenartig aus ohne ein Kissen, so fügte ich das Kopfkissen hinzu. Es war kein vorgefaßter Gedanke.» Alan R. Solomon, der luzide Interpret seiner Bildwelt, hat bemerkt, daß die Objekte, die er in den Jahren 1953 bis 1955 in die Bilder bringt, eine gewisse Sehnsucht nach seiner Heimat anzeigen, indem sie dem Leben und der Umgebung von Port Arthur (dem Geburtsort Rauschenbergs) eher als dem großstädtischen Leben entnommen sind. «Jedoch ist es nicht richtig, daß die *Combines* dahin tendieren, anagrammatische Darstellungen von Ideen zu sein, wobei man von uns erwartete, sie aufzulösen, und die uns ihre Bedeutung enthüllten, wenn wir die Teile richtig zusammensetzten. Sie sind keine Botschaften, die in Rauschenberg verborgen sind, kein Programm sozialer oder politischer Unzufriedenheit, in Geheimschrift übersetzt, kein verborgener rhetorischer Kommentar über die Bedeutung von Leben und Kunst, kein privater Symbolismus, über den nur der Eingeweihte verfügt. Die rätselhaften Gegenüberstellungen scheinen Erklärung zu verlangen, sie zwingen uns, sie näher zu untersuchen, nach dem Schlüssel zu suchen, zu *schauen*. Ihre wirkliche Bedeutung ist in dieser einfachen Tatsache enthalten, denn je mehr wir schauen, je mehr tritt uns die Komplexität der Bedeutungen entgegen. So erneuern sich die Bilder ständig selbst; ihr eigentlicher Wert liegt in ihrer Vielfalt» (Ausst.kat. R. R., The Jewish Museum, New York 1963).

Diese Vielfalt wird auch durch die zahlreichen ins Bild geleimten Fotografien gesteigert. Ihr Thema und ihre Darstellung sind vor allem in den Objektbildern von 1959 fast gewaltsam durch malerische Überarbeitung zurückgehalten. Die Bilder dieses Jahres scheinen alle Aspekte des Lebens in sich vereinen zu wollen, d. h. bildnerisch arbeitet Rauschenberg hier mit zerrissenen Plakaten, mit Fotografien, Stoffresten, Brettern, Farbe, Dripping, dann dreidimensionalen Objekten wie der Leiter in ‹*Winter Pool*›, die zwischen zwei Flächen montiert ist, oder wie dem ausgestopften Adler in ‹*Canyon*›. Die direkt aus der Tube oder mit Pinseln aufgetragene Farbe überzieht selten eine größere Fläche, markiert häufig nur balken- oder kreuzförmige Zeichen, akzentuiert die Fläche an einigen Stellen, läßt sie an anderen unberührt, über die dann oft die feuchte Farbe herunterrinnt und so im Bild belassen wird. Diese Bilder und Objektbilder sind technisch und bedeutungsmäßig vielschichtig. In diesem Jahr versucht Rauschenberg auch, den Ton in die Bilder einzubauen. So benutzt er in dem Bild *‹Broadcast›* drei Radios, was aus einer vorhergehenden Beschäftigung mit einem Theaterprojekt resultiert. «Ich vermutete», sagte Rauschenberg darüber zu G. R. Swenson, «daß das Bild, da es eine Stimme hätte, lebhaft und laut sein würde». Er gebrauchte für das Bild zunächst große Buchstaben und stark kontrastierende Farben, doch fand er, nach dem Einbau der Radios, das Bild sei zu ‹laut›, ‹wie ein Plakat›, und verlöre seine doppelte Bedeutung – als akustisch laut und optisch grell. «Das Bild erstarb. Seine ganze Kühnheit schien künstlich, schloß eine bloß statische Kraft ein. Ich begriff, daß man die Details nicht auf einen Blick erfassen sollte, daß es möglich sein sollte, von einer Stelle zur anderen zu schauen, ohne einen größeren bildlichen Zusammenhang zu fühlen. Aufgabe war, eine Oberfläche zu gestalten, auf die sich der Blick stets neu einstellen muß und die zu einer Untersuchung der Einzelheiten einlud. Zuhören ereignet sich in der Zeit. So sollte sich auch das Schauen in der Zeit vollziehen» (‹Art News›, Bd. 62, Nr. 2, April 1963).

Nach den zum Teil völlig dreidimensionalen Objekten wie *‹Empire›* I, II, *‹First Landing Jump›* und *‹Coexistence›* von 1961 beginnt Rauschenberg mit dem fünfteiligen Bild *‹Ace›* (As) von 1962 und seinen großflächigen Bildzonen eine neue Etappe. Der Einsatz von Gegenständen tritt hier zurück. Von diesem Bild führt die Entwicklung schließlich zu Bildern mit flachen Oberflächen zurück. Gleichzeitig mit der Arbeit an *‹Ace›* beschäftigte sich Rauschenberg mit größeren Metallobjekten. Nach dem Bericht Swensons: «Eines der Teile für dieses Projekt [Rauschenberg beabsichtigte, in ein jedes von fünf Metallstücken ein Radio zu stellen, fließendes Wasser zu verwenden u. a.] war eine Autotür. Die langsame Änderung, die mit der Tür und um sie herum vorging, führte zu einem besseren Verständnis eines Aspektes seiner Arbeit – die Art, wie er Gegenstände ‹umwandelt›. Er benutzt sie nicht als reine Form und Farbe, wobei er unser Gefühl für ihren Ursprung zerstörte, was man gewöhnlich als ‹Umwandlung› bezeichnet. Eher sucht er eine Eigenschaft des Gegenstandes, die er ursprünglich besaß, zu erhalten oder wiederherzustellen. Die Wagentür unterscheidet sich kaum bemerkenswert von dem Gehäuse des Wagens; man nimmt, selbst wenn man sie benutzt, selten Notiz von ihr. Begegneten wir einem solchen Objekt allein auf der Straße, dann würden wir wahrscheinlich die eigentliche Form der Tür bemerken. Sehen wir einen solchen Gegenstand im Atelier des Malers, so sehen wir eine reine Form mit Anklängen an einen Wagen. Diese Verwandlung hatte sich bereits vollzogen, als ich die Wagentür zum erstenmal sah. Was mich am meisten überraschte, war die Art, wie sie stufenweise das Wesen eines ‹umgewandelten› Gegenstandes verlor. Sie war in eine Situation reintegriert, in eine Umgebung, in der sie, wie ursprünglich, am Platz war, und doch nicht als reine Form erdrückt wurde. Zwischen dem ersten Mal, als ich sie gesehen hatte, und dem letzten Mal hatte sie ‹Bildung› und die Fähigkeit gewonnen, sich mitzuteilen. Ich erwähnte einmal, daß sich seine Gegenstände so stark behaupten, daß nur die Zeit sie für mich integrieren kann. Er sagte: ‹Ich möchte keinen Gegenstand verwenden, der sich nicht selbst verteidigen kann. Wenn ein Gegenstand, den man verwendet, nicht außerhalb steht, sondern seine Gegenwart dem, was man tut, anbietet, so arbeitet er sozusagen mit: impliziert eine Art Harmonie.› Der Gegenstand verbindet sich untrennbar mit den reinen Farben und Formen des Bildes.»

Gegenstände als ‹Absprungpunkte in den Epiphanien›

Gegenstände sind für Rauschenberg, um das für James Joyce geprägte Vokabular wiederaufzunehmen, «Absprungpunkte in den Epiphanien» (Höllerer). Hat man von Joyce gesagt, daß er stets nach einer Tatsache, nach einem Wort aus war, das er dringend brauchte, so gilt diese kritisch-analytische Methode, *mutatis mutandis,* auch für Rauschenberg. Viele seiner *Combine Paintings* führen gleichermaßen in unsere tägliche Umgebung, unser ‹Leben›, wie von diesem zum Bild, zum Objektbild. Eben das meint der zur Genüge zitierte Satz Rauschenbergs: «*Painting relates to both art and life. Neither can be made. (I try to act in that gap between the two.)*» Durch die Entschiedenheit, mit der Rauschenberg einen betretenen Weg weitergeht, gleichzeitig aber durch die Systematik, mit der er seine bildnerischen Mittel erkundet und sich für sie entscheidet, ist er vielen Künstlern voraus, die (später) einen verwandten Weg gingen. Nach den besprochenen Objektbildern bis ca. 1962 hat Rauschenberg eine neue Präzision, Bildeinheit, Subtilität entwickelt, die bereits mit seinen Illustrationen zu Dantes ‹Inferno› von 1959/60 vorbereitet war. *‹Barge›* (Barke), der riesige Bildfries aus dem Jahr 1963, bietet dem Betrachter eine Art Inventar seiner Bildformen, ein Resümee seiner Thematik. An den stereometrischen, rechtwinkligen Konstruktionen, die er ins Bild zeichnet, läßt sich ein fernes Echo von Josef Albers ablesen, gleichfalls übernehmen sie die Funktion der vormals aufmontierten Körper (vgl. Abb. 31). Die durch Siebdruck-Verfahren aufgetragenen Fotografien beherrschen nunmehr die Bildfläche, wobei sich inhaltliche und formale Daten überlagern, kaum zu trennen sind. Die Luftaufnahme der Straßenüberführungen ist Abbild einer realen Situation, die der Betrachter wiedererkennt, zugleich aber ornamenthafte Verschlingung; das gleiche gilt von den Radaranlagen oder dem Rohbau eines Hauses. (A. R. Solomon hat das Bild in vorsichtige Parallele zu Picassos *‹Guernica›* gesetzt; nicht nur die Größe des Bildes deutet an, welche Bedeutung Rauschenberg selbst ihm zukommen läßt.) Eingespannt in den Bildfries, den der Betrachter unmöglich mit einem Blick überschauen kann, stehen die Gegenstandsbilder beisammen und bringen sich selbst doch zur eindrucksvollsten Wirkung, beginnen die alltägliche Szene des Baseballspiels oder der Schlüssel und der Lastwagen zu strahlen: vollenden sie ihre Epiphanie in einer Epiphanien-Reihe, die an den Schluß von ‹*Finnegans Wake*› gemahnt:

«So soft this morning, ours. Yes. Carry me along, taddy, like you done through the toy fair! If I seen him bearing down on me now under whitespread wings like he'd come from Arkangels, I sink I'd die down over his feet, humbly dumbly, only to washup. Yes, tid. There's where. First. We pass through grass behush the bush to. Whisch! A gull. Gulls. Far calls. Coming, far! End here. Us then. Finn, again! Take. Bussoftlhee, mememormee! Till thouendsthee. Lyps. The keys to. Given! A way a lone a last a loved a long the.»[1]

3. Bilder aus dem Alltag: Jasper Johns

1955, ein Jahr nach seinen ersten ‹Fahnen›-Bildern, malte Jasper Johns das Bild ‹Scheibe mit Gipsabgüssen›. Auf den oberen Rand der quadratischen Leinwand sind neun Kästchen montiert, die sich öffnen und schließen lassen. Sie enthalten anatomische Gipsabgüsse, und zwar von links: einen purpur übermalten Fußteil, neben einem leeren blauen Kästchen ein weißes Gesichtsfragment (Nase und Lippen), eine vierfingrige, rotgemalte Hand, ein rosafarbenes Brustfragment, einen schwarzen Tierknochen, eine gelbe Ferse, einen grünen Penis. Darunter, auf der Leinwand, die Scheibe mit dem zentralen Kreis und vier Ringen, im Bildquadrat etwas nach oben verschoben, gemalt auf einen Untergrund von eingeleimtem Zeitungspapier. Die Farbe – gelb, violett – ist

---

1 Wie die Welt der Odyssee für Joyce in seinem ‹*Ulysses*› zum «Leitseil und Angelpunkt» (E. M. Forster) wurde, so greift Rauschenberg in den 34 Illustrationen zu Dantes ‹Inferno› auf Bilder, Bewegungen, Situationen, Andeutungen, Abläufe des Dichters zurück. Diese Blätter (Technik: Wasserfarbe, Kreide, Bleistift, mit dem er die Rückseite von Reproduktionen bestrich, so daß auf dem Blatt das spiegelbildliche Abbild zustande kam; Größe: meistens 36 x 29 cm) breiten formal die ganze Ikonographie aus, die Rauschenberg in diesen Jahren 1959/60 zur Verfügung stand. Sie sind thematisch so eng an Dantes Text, der in die Gegenwart des amerikanischen Wahljahres 1960 projiziert wurde, gebunden, daß ich hier nicht mehr als einen Hinweis auf sie geben kann. Die amerikanische Kunstschriftstellerin Dore Ashton hat den Illustrationen einen ausführlichen, analysierenden Kommentar gewidmet, der u. a. in der Zeitschrift ‹Metro›, Nr. 2, 1961, veröffentlicht wurde.

zum Teil durchsichtig aufgetragen, so daß die linearen Repetitionen des Satzdruckes sichtbar bleiben. Leo Steinberg, der dem Werk Johns' eine intensive Studie gewidmet hat, resümiert das Bild folgendermaßen: «Die Tatsache, daß diese anatomischen Teile nicht ganz sind, daß gerade so viel von ihnen eingesetzt ist, als in jedes Kästchen paßt, daß sie genau wie Collage-Teile auf eine Größe hin beschnitten wurden, zeigt an, daß nicht der menschliche Körper das erklärte Thema ist. Thema bleibt die Scheibe als Ganzes, zu der die anatomischen Fragmente den nachdrücklichen Kontrast schaffen.

Offenbar interessierte es den Künstler, ob er Abgüsse des Körpers verwenden könnte, ohne sie mehr auf ihre Bedeutung hin zu lesen wie die Zeilen der eingeklebten Zeitungsfragmente weiter unten. Er erforschte eine Möglichkeit bis zu ihren Grenzen; und ich glaube, er verrechnete sich. Nicht daß er scheiterte, ein gelungenes Bild zu machen; vielmehr darin, daß die zum Gelingen erforderliche Hingabe zu spezialisiert ist, zu selten, zu gnadenlos unsentimental, als daß man das Werk der Morbidität freisprechen könnte. Wenn menschliche Gefühlselemente deutlich benutzt werden, aber doch nicht Inhalt sind, dann wird ihre Beeinträchtigung ein Thema, das der Kontrolle entgeht. Jedenfalls ist kein ähnliches Zerbrechen eines bekannten Ganzen seitdem in Johns' Werk mehr aufgetreten.»

In der Tat trifft Steinberg mit diesen Sätzen einen wichtigen Aspekt der Arbeiten von Jasper Johns. In dem erwähnten Bild wie in der im gleichen Jahr entstandenen ‹Scheibe mit vier Gesichtern› (Museum of Modern Art, New York) gewinnen die anatomischen Relikte über ihren formalen Stellenwert im Bild hinaus eine Bedeutung (Anklang an den menschlichen Körper, seine Zerstörung), die mit der Anonymität der Scheibe kollidiert. Johns verzichtet allerdings in seiner weiteren Entwicklung keineswegs auf den Einsatz von Gegenständen. So sind beispielsweise auf das 1964 in Venedig ausgestellte ‹Feld-Bild› (1963/64) leere Büchsen, Pinsel, Messer, ein Lichtschalter, eine Spule, eine Kette, dazu hölzerne Buchstaben gebaut. Die Bedeutung dieser Gegenstände im Unterschied zu dem erstgenannten Bild ist jedoch nur die naturalistische, greifbare Steigerung eines im übrigen flächig wiedergegebenen Vokabulars – zumindest, was die Buchstaben betrifft. Die Realität dieser Gegenstände weist nicht über das oder aus dem Bild hinaus, wie die anatomischen Abgüsse auf den menschlichen Körper. Ich habe in dem Kapitel über Rauschenberg den Arbeitsbericht Swensons zitiert. «Gegenstände sind für Rauschenberg», so stellte er fest, «mehr als reine Form und Farbe, wobei er unser Gefühl für ihren Ursprung zerstörte... Eher sucht er eine Eigenschaft des Gegenstandes, die er ursprünglich besaß, zu erhalten oder wiederherzustellen.» Das gilt gewiß nicht für alle *Combines* Rauschenbergs, trifft aber etwa für die beiden Fassungen von ‹*Empire*› und für ‹*First Landing Jump*›, alle 1961, zu. Kann man auch bei Johns von einem solchen Gebrauch der Gegenstände sprechen? Wie, in welcher Absicht verwendet er überdies sein Sujet?

Eines der Charakteristiken seiner Bildwelt – von denen Leo Steinberg acht aufgestellt und untersucht hat[2] – ist die Egalität der bildnerischen Materialien, d. h. alle Bildelemente beanspruchen und behaupten gleichen bildnerischen Rang. Das gilt selbst für die Scheibenbilder, obgleich die Scheibe doch dazu entworfen ist, ein Zentrum anzugeben: er hebt es auf durch das starke Rot in den Spandrillen. Entgegen Rauschenbergs Bildern, in denen sich sehr wohl formale wie thematische Zentren angeben lassen, entgegen dessen vielfältigem Spiel mit Raumwerten, gibt Jasper Johns das dichte, plane Bild, in dem einfache Gebrauchsgegenstände unserer Zeit auf eine konventionelle Malweise stoßen, als deren Kennzeichen sich die Beharrlichkeit des Pinselsatzes erweist, der nach Art eines Patience-Spieles geführt wird (wie F. Porter bemerkte). Neben Rauschenbergs *thematischem* Bild hier das *Genre*bild der Zeit. Gefragt, warum er gerade diesen Gegenstand in sein Bild brachte, hat Johns eine Stereotype zur Hand: weil er herumlag (ergänze: in meinem Studio). Es sind die jedermann greifbaren Dinge, Gemeinplätze, die zur formalen Richtschnur und zum ‹Gegenstand› seiner Malerei werden. Die Savarin-Kaffee-Büchse, die er *realiter* auf das Bild montiert oder in Bronze gießen läßt, ist bildnerisch wie thematisch so vielwertig wie die ‹Landkarte› der Vereinigten Staaten, die er 1961 und 1963 malt. «Johns will das Kunstwerk in eine Art reine Bedingung stellen», schrieb Allan R. Solomon in der Einleitung zum USA-Beitrag auf der Biennale Venedig 1964, «isoliert in seinen eigenen Grenzen und entfernt vom Künstler, seinen Bedürfnissen, seinen Wünschen oder, wie Johns sagen würde, von seinen eigenen Schwächen. Für ihn wird der Künstler bloß zum Agenten, der die Bedingung des Bildes herstellt, in der die Dinge handeln können, auf einer von der Persönlichkeit im menschlichen Begriff entfernten Grundlage, fern von anekdotischen oder gefühlsmäßigen Umständen ... Er scheint uns ständig zu sagen: ‹Entgegen dem, was Sie von einem Bild erwarteten, sehen Sie, daß es dies oder jenes sein kann oder noch etwas anderes.› Seine Ironie basiert auf der Tatsache, daß seine Bilder reich und interessant und unbegrenzt evokativ bleiben, trotzdem sie unsere ganzen Vorurteile verletzten. Überdies bewahrt uns sein fehlender Wille, alternative Meinungen zu befestigen, einfach Ja oder Nein zu ant-

---

2 «1. Ob Gegenstände oder Zeichen, es sind vom Menschen geschaffene Dinge. 2. Alle sind Gemeinplätze unserer Umgebung. 3. Alle besitzen eine vorgeschriebene oder konventionelle Form. Sie wird nicht geändert. 4. Es sind entweder Ganzheiten oder vollständige Systeme. 5. Sie schreiben gewöhnlich Umriß und Dimensionen des Bildes vor. 6. Sie sind flach. 7. Sie sind gewöhnlich nicht hierarchisch, ermöglichen es JOHNS, ein bildnerisches Feld von ausgewogener Gleichheit zu behaupten, ohne Schwergewicht oder Vorrecht. 8. Sie sind eher vereinbar mit Einwilligung als mit Aktion» (‹Metro›, 4/5, 1961).

worten, davor, zur Ruhe zu kommen; er zwingt uns, unsere alte Position aufzugeben, aber anstatt sie durch eine neue Sicherheit zu ersetzen, mokiert er sich über unsere Unfähigkeit, die Bedingung der Mehrdeutigkeit und ungesonderter Bedeutungen anzunehmen.»

GESPRÄCH MIT JASPER JOHNS

G. R. Swenson. *Was ist Pop Art?*

Jasper Johns. *Man hat versucht zu sagen, daß diejenigen, die man mit diesem Ausdruck klassifiziert, Bilder aus der allgemein verbreiteten* (popular) *Darstellung der Dinge benutzen. Ist es nicht so?*

G. R. S. *Möglich. Aber Leute wie Dine und Indiana [vgl. S. 200] – ja, Sie selbst nahm man in die Ausstellungen auf ...*

J. J. *Ich bin kein Pop Künstler! In dem Augenblick, in dem ein Ausdruck etabliert ist, versucht jeder jeden beliebigen darauf festzulegen, da es in der Kunstwelt so wenige Begriffe gibt. Etikettierung ist ein gebräuchlicher Weg, mit den Tatsachen umzugehen.*

G. R. S. *Erheben Sie gegen einen Begriff Einspruch?*

J. J. *Ich protestiere gegen keinen mehr. Das tat ich, als sie aufkamen.*

G. R. S. *Man hat gesagt, die neue Haltung gegenüber dem Bild sei ‹kühl›. Ist das Ihre Haltung?*

J. J. *Kühl oder heiß, der eine Weg scheint so gut wie der andere. Was immer man denkt oder fühlt, man besteht mit dem, was man gemacht hat; es ist das Bild, das zählt. Einige Maler bauen vielleicht auf besondere Emotionen. Sie bemühen sich, gewisse gefühlsbestimmte Situationen für sich zu begründen, und das ist die Art, wie sie arbeiten möchten. Ich selbst habe zu verschiedenen Zeiten verschiedene Haltungen eingenommen. Das ermöglicht verschiedene Arten von Handlung. Indem Sie Ihre Augen oder Ihren Geist auf etwas konzentrieren, auf einen Weg, wird das, was Sie tun, von gleicher Art sein; lenken Sie sie in andere Richtung, so werden sie davon verschieden sein. Ich ziehe das vor, was sich aus einer Vielfalt von Interessen ergibt; statt einer Beziehung oder einer Reihe von ihnen ständig sich verändernde und sich verschiebende Beziehungen zu den Dingen. Oft allerdings ist man sehr einseitig und verfolgt einen bestimmten Punkt; oft ist man blind der Tatsache gegenüber, daß es auch einen anderen Weg gibt, um das zu sehen, was da ist.*

G. R. S. *Streben Sie Objektivität an?*

J. J. *Meine Bilder sind nicht bloß expressive Gesten. Einige von ihnen stelle ich mir als* ‹facts› *vor oder jedenfalls als den Versuch zu sagen, daß ein Ding eine bestimmte Natur hat. Das heißt den Ausdruck zu vermeiden: ich fühle so und so über diese Sache; man sagt, diese Sache ist diese Sache, und man antwortet dem, was man dafür hält. Ich beschäftige mich damit, wie eine Sache anders ist, als sie war, wie sie anders wird, als sie ist, mit jedem Augenblick, in dem man eine Sache genau identifiziert, und wie dieser Augenblick entschlüpft, ich beschäftige mich damit, dies in jedem Moment zu sehen oder auszusagen oder dahingehen zu lassen.*

G. R. S. *Was würden Sie für den Unterschied halten zwischen Gegenstand und Inhalt, zwischen dem, was dargestellt ist, und dem, was es bedeutet?*

J. J. *Bedeutung schließt ein, daß etwas geschieht; man könnte sagen, Bedeutung ist bestimmt durch den Gebrauch der Sache, die Art, wie das Publikum ein Bild gebraucht, sobald es der Öffentlichkeit übergeben ist. Wenn Sie davon sprechen, was dargestellt ist, so neige ich dazu, mir dies als Intention zu denken. Doch ist die Absicht gewöhnlich Sache des Künstlers. ‹Gegenstand›? Worauf soll ich das beziehen?*

G. R. S. *Darauf, was ein Ding ist. In Ihren* ‹Device›*-Bildern würde es das Lineal sein.*

J. J. *Warum greifen Sie das Lineal heraus und nicht das Holz oder den Firnis oder irgendein anderes Element? Dieser Gegenstand wird einfach von Ihrer Bezeichnung bestimmt. Was er bedeutet, ist eine Frage Ihrer Bewilligung. Es gibt in der Malerei viele Intentionen, das ist kaum zu vermeiden. Doch wird eine Arbeit vom Künstler aus dem Studio entlassen und als fertig bezeichnet, so verliert sich die ursprüngliche Absicht. Sie unterliegt dann jedem möglichen Gebrauch, Mißbrauch und Wortspiel. Gelegentlich sieht jemand das Werk so, daß es selbst für den Künstler seine Bedeutung ändert; das Werk ist nicht mehr ‹Intention›, sondern der Gegenstand, den man sieht und auf den man antwortet. Er wird neu gesehen, so daß der Künstler denkt, ja, das ist eine Möglichkeit, ihn zu betrachten. Darüber können Sie sich, als Künstler, freuen (das ist möglich) oder es beklagen. Sie können auch versuchen, die Intention in einem anderen Werk klarer auszudrücken. Es kommt darauf an, daß jemand seine Erfahrung damit macht. –*

G. R. S. *Wenn Sie eine Bierbüchse formen, dann müssen Sie keine ‹gesellschaftliche› Beziehung zu Bierbüchsen oder Kunst haben?*

J. J. *Nein. Es scheint, Sie spielen auf meine Bierbüchsen an, die ihre Geschichte haben. Ich arbeitete zu dieser Zeit an Plastiken kleiner Gegenstände – Blitzlichter und Glühbirnen. Damals hörte ich eine Geschichte von Willem de Kooning. Aus irgendeinem Grund hatte er sich über meinen Galeristen, Leo Castelli, geärgert und ungefähr gesagt: «Dieser verdammte Kerl; man könnte ihm zwei Bierbüchsen geben, und er würde sie verkaufen.» Ich hörte das und dachte ‹Was für eine Plastik – zwei Bierbüchsen›. Es schien mir ausgezeichnet in meine damalige Arbeit zu passen, so machte ich sie, und Leo verkaufte sie.*

G. R. S. *Sollte ein Künstler Anregungen – oder seine Umgebung – so leicht akzeptieren?*

J. J. *Ich glaube entschieden, das ist ein falscher Weg zu denken. Ak-*

zeptieren oder verwerfen: wo ist hier Bequemlichkeit, wo Schwierigkeit? Ich lege keinen Wert auf ein Denken, daß die Dinge beschränkt. Ich ziehe es vor, daß der Künstler tut, was er tut, und nicht, daß jemand später sagt, er hätte es nicht tun sollen. Ich würde jeden ermutigen, lieber mehr als weniger zu machen. Ich denke, man muß dem Künstler Freiheit zugestehen zu tun, was ihm gefällt, so daß es seine eigene Sache ist, zu wählen oder auch etwas anderes zu tun.

G. R. S. *Sollte aber der Künstler nicht Stellung nehmen zu seinem Gegenstand, sollte er ihn nicht verändern?*

J. J. *Veränderung geschieht im Kopf. Wenn Sie aus einem Gegenstand einen anderen machen, dann gibt es keine Veränderung, sondern zwei Gegenstände. Ich glaube nicht, daß Sie den einen für den anderen halten würden.*

G. R. S. *Ändert sich die Kunst mit der Zeit?*

J. J. *Man kann damit zufrieden sein, in einer Art Blindheit etwas wieder und wieder zu tun. Doch verwandelt sich jeder Aspekt eines Kunstwerkes mit der Zeit, in fünf Minuten oder mehr.*

G. R. S. *Einige Maler haben versucht, zeitlose Kunst zu schaffen.*

J. J. *Die ganze Angelegenheit hier in Amerika, während meiner Ausbildung und noch mehr bei den Leuten vor mir, wurzelte in dem Mythos, daß der Künstler abgesondert und isoliert von der Gesellschaft ist, allein arbeitet, unbekannt, dann stirbt und sein Werk dann sehr wertvoll wird, und dies sei äußerst traurig. Das gehörte zu meiner Ausbildung. Ich glaube, daran ist noch weniger wahr, als wenn man seine eigenen Werte im Malakt zu finden meint. Man macht es, malt, und wünscht das. Wenn nicht, macht man daraus eine Art Martyrium, was mich nicht sehr interessiert.*

G.R.S. *Die Situation scheint sich mit dem, was man das ‹Neue Publikum› genannt hat, gewandelt zu haben.*

J. J. *Dinge werden so schnell aufgegriffen und bekannt, wie es die Kommunikationsmedien erlauben. Findet man das schlecht, dann wird man einige Vorstellungen über die gesellschaftliche Rolle, die Kunst spielen sollte, besitzen, meinen, daß die Kommunikation über Kunst beschränkt werden sollte, da Künstler eine Geheimwaffe besitzen oder etwas, was aus irgendeinem Grund zwanzig Jahre lang nicht verkündet werden sollte –, oder da sie aus der Mode kommen oder jemand etwas Besseres finden könnte. Es ist närrisch zu sagen, Kunst sollte nicht so schnell bekannt werden. Sie sollte so schnell bekannt werden, wie sie jemand bekannt machen möchte.*

G. R. S. *Aber sagten Sie nicht eben, daß Kunst nicht als eine gesellschaftliche Macht benutzt werden sollte?*

J. J. *Ich entscheide mich persönlich dafür, mich soweit wie möglich aus diesem Gebiet herauszuhalten. Das ist schwierig, da wir ständig mit sozialen Situationen konfrontiert werden und unsere Arbeit auf eine Art benutzt wird, die wir nicht erbaten. Das sehen wir. Wir sind keine Idioten.*

G. R. S. *So wird sie in einer sozialen Situation mißbraucht?*

J. J. *Ich neige zur Ansicht, daß das Werk in den meisten Situationen mißbraucht wird. Trotzdem halte ich es für eine sehr interessante Möglichkeit, daß man die Haltung, den Weg nicht kontrollieren kann, in dem man das Werk sieht, daß jeder es sehen kann nach seiner Art. (1)*

4. Die Alchimie der sechziger Jahre

«Vorbei das Weiche, Vage, der Traum, die langen Haare, das Kleinzeug, Mandolinen, Gitarren und Gondeln, alles verschwunden – das neue, objektivierte und realistische Leben entsteht.» Aus dem Arsenal der Städte, ihrer Fabriken, den Gittern, Stegen, Trägern der Brücken aus Stahl, aus den Rädern, Kolben, Mustern der Maschinen erfand sich Léger ein bildnerisches Vokabular, mit dem er den «Gegenwert dieses klaren, reinen, unerbittlichen Lebens» auf der Leinwand realisieren konnte, seine harten, ungebrochenen, wie metallisch glänzenden Farben, ein Leben, in das der Mensch, der anpassungsfähige Körper, sich bruchlos einfügte: ohne expressive Geste, ohne Sentimentalität, ohne Literatur. Die Themen blieben dabei, was sie einer realistischen Malerei immer gewesen waren: ‹Frau und Kind›, ‹Das Frühstück›, ‹Badende Frau›. Doch diese Realität war voll mit Irrealem, irrealisierte, was sie darstellte. Die Irrealität ergab sich nicht aus dem verblüffenden Thema, nicht aus dem Sujet, das dem Maler vorlag, sondern aus dem Modus und nach dem Maß seiner Kunst: aus seiner *bildnerischen* Verwirklichung, aus der Wirklichkeit, die er auf der Bildfläche schuf, aus den Wirklichkeiten, die er dort einander gegenüberstellte, in einer «Dialektik des Gegenständlichen», die jene bereits zitierte «Abwanderung der Dinge ins *Unterwirkliche*» (R. L. Delevoy) verursacht. Die Gemeinplätze, deren er sich als Maler bediente, die Zitate technischer, mechanischer, urbanistischer Herkunft standen, in den besten Bildern Légers – so im ‹Großen Frühstück›, 1921, Museum of Modern Art New York –, in der prallen, vollen *Ding*haftigkeit, in der *Gestalt*kraft, in der *Objekt*haftigkeit ihrer Herkunft im Bild, waren dabei aber vollkommen präsent als bildnerische Daten. Die Malerei war das, was sie zusammenführte, zusammenfügte, umschloß. Das macht Léger zum großen und bedeutsamen Antipoden Duchamps, dessen Kunst «Verdinglichung» ohne Übersetzung ins bildnerische Medium war (s. hierzu S. 128 f); zwischen der Wahl, der Entscheidung für einen Gegenstand und diesem Gegenstand selbst lag das Spannungsfeld seiner Kunst. Zwischen der «neuen Welt, die fest, klar und genau ist» und der bildnerischen «Gegenwelt» lag das Spannungsfeld der Kunst Légers.

Beide Wege waren zur Hand, als Pop Art, Neuer Realismus, Neo-Dada, als die New Vulgarists und Common Object Painters ihren Weg begannen. Und die Problematik war klar gesehen, wenn Pierre Restany schrieb: «Rekurs auf den Gegenstand geht Hand in Hand mit einem Bedürfnis nach Klärung und Präzision des Ausdrucks. Ist die Ausarbeitung auf ein Minimum beschränkt, so ist die quantitative Verantwortlichkeit der Wahl das bedeutende Element» (Ausst.kat. ‹*New Realists*›, Sidney Janis Gallery, New York 1962). Claes Oldenburg, Martial Raysse, Arman, Christo, Daniel Spoerri, Gianfranco Baruchello, Per Olof Ultvedt, Bruce Lacey, Gérard Deschamps, Hans van Eck, Jan Henderikse unter zahlreichen anderen Künstlern entschieden sich, zumindest mit einem Teil ihres Werkes, für den Gegenstand selbst und seine ‹Verpackung› (*Empaquetage*), ‹Anhäufung› (Akkumulation), ‹Topographie› etc.[3]

Was hier geschah, hatte der Maler Allan Kaprow in einem Aufsatz über ‹Das Erbe von Jackson Pollock› (1958), den Allan R. Solomon als Manifest der neuen Kunst bezeichnete, ausgeführt. «Pollock verließ uns an dem Punkt, an dem wir Besitz nehmen mußten, ja, an dem wir geblendet wurden von dem Raum und den Gegenständen unseres täglichen Lebens ... Nicht befriedigt von der *Anregung* unserer anderen Sinne durch das Malmaterial, müssen wir den besonderen Gehalt von Sehen, Ton, Bewegung, Menschen, Geruch, Berührung benutzen. Gegenstände jeder Art sind Material für die neue Kunst: Farbe, Stühle, Nahrung, elektrisches Licht, Neonlicht, Rauch, Wasser, alte Socken, ein Hund, Filme, tausend andere Dinge, die von der gegenwärtigen Generation von Künstlern entdeckt werden. Diese kühnen Schöpfer werden uns

---

3 Ich muß hier darauf verzichten, die Vorgeschichte des Objekts in der Kunst zu schreiben. Harriet Janis und Rudi Blesh sind ihr in dem Buch ‹*Collage. Personalities, Concepts, Techniques*›. New York 1961, an Hand eines ausführlichen Bildmaterials nachgegangen. Aus dem gleichen Jahr stammt die wegbereitende Ausstellung von William Seitz: ‹*The Art of Assemblage*›, im New Yorker Museum of Modern Art, auf deren Katalog ich verweise. Thomas B. Hess, *Collage as a Historical Method,* ‹Art News›, Nov. 1961; Herta Wescher, Die Neuen Realisten und ihre Vorläufer, ‹Werk›, 8, August 1962 (und ‹Cimaise›, Jg. 10, Nr. 64, März-Juni 1963); Barbara Rose, *Dada Then and Now,* ‹Art International›, VII/1, Jan. 1963; Dore Ashton, Vom Schild des Achill bis zur ‹Junk-Art›, ‹Cimaise›, Jg. 10, Nr. 64, 1963; Lawrence Alloway, *Six Painters and the Object,* Ausst.kat. Solomon R. Guggenheim Museum, New York 1963 (auch in ‹Collage, Dialoghi di Cultura›, Jg. 2, Nr. 1, Dez. 1963); Werner Hofmann im Ausst.kat. ‹Pop›, Museum des XX. Jahrhunderts, Wien 1964 (auch Ausst.kat. ‹Neue Realisten & Pop Art›, Akademie der Künste, Berlin 1964) haben in den erwähnten Aufsätzen Aspekte dieser Vorgeschichte gegeben.

«Die Verrätselung der ‹unbeschreiblichen Gewöhnlichkeit› des Gebrauchsgegenstandes ... hat eine lange Geschichte», schreibt W. Hofmann in dem ernicht nur, wie zum ersten Mal, die Welt zeigen, die uns stets umgeben hat, die wir aber ignorierten, sondern sie werden völlig Ungehörtes an Geschehnissen (*happenings*) und Ereignissen enthüllen, das sie in Abfalleimern, Polizeiakten, Hotelkorridoren fanden, in den Fenstern der Kaufhäuser und auf den Straßen sahen und in Träumen und schrecklichen Ereignissen fühlten.

Der junge Künstler von heute braucht nicht mehr zu sagen ‹Ich bin Maler . . .› Er ist einfach ein ‹Künstler›. Das ganze Leben wird ihm offen sein . . . Aus dem Nichts wird er das Ungewöhnliche erfinden . . . Die Leute werden entzückt oder erschreckt sein, Kritiker werden verwirrt oder amüsiert sein, aber ich bin sicher, daß dies die Alchimie der sechziger Jahre sein wird.»

5. Das Trivialbild

Fragen nach der Bewertung, der Kritik des Gemeingutes, des Industrieproduktes, des Abfalls der Städte scheinen zunächst zweitrangig im Verhältnis zu einem *Hunger nach Realien*, der viele der bildnerischen Realisationen aus der ersten Hälfte der sechziger Jahre kennzeichnet. Das ist, denke ich, die erste und grundsätzliche Feststellung dieser Kunst gegenüber. Die ermüdend oft vorgebrachte Feststellung, diese Kunst greife zurück, ja, plagiiere Elemente des Dadaismus, ist von hier aus gesehen ein unzureichendes Kriterium zur Beurteilung. Man wird behutsam vorgehen müssen, wenn man überdies einen sozialkritischen Impe-

---

wähnten Aufsatz. «Sie beginnt in dem Augenblick, als dem Künstler schlechthin jeder gegenständliche Anlaß, mag er auch noch so belanglos sein, ‹bedeutend› wird . . . Wir sehen also, daß der antiidealistische Tatsachenhunger des 19. Jahrhunderts sowohl die Nobilitierung des Alltäglichen betrieb, mit der die Abfall-Kunst unserer Tage schockiert, als auch den Glauben an die ästhetische Unerläßlichkeit der Formhandlung in Frage stellte. Gautier hat bereits den Verzicht hervorgehoben, den der unbeschönigte Augenzeugenbericht zu entrichten hat, indem er von den ‹Reportagen› Gavarnis sagte, sie unterließen es, die großstädtische Wirklichkeit in ein Kunstwerk umzuformen: ‹*Vous ne trouverez chez notre artiste ni pose de modèle, ni attitude de statue, ni réminiscence de tableau . . .*› So bereitet der positivistische Wirklichkeitshunger des 19. Jahrhunderts jenes ungeheure ‹*dictionnaire de la vie moderne*› vor, welches, durchaus doppelbödig, schon die Keime des Absurden und Grotesken in sich trägt, jene Enzyklopädie des Disparaten, deren faszinierender Chaotik das surrealistische ‹*objet trouvé*› und die zerfetzten Plakatwände entspringen sollten. In der registrierenden Sphäre des Bildjournalismus (und nicht der ‹hohen Kunst›) kommen auch die Themen auf, die von den Exponaten dieser Ausstellung reflektiert werden: die Stereotypie der Konsumwelt, die Zivilisationsrituale, die Öde des großstädtischen Alltags.»

tus in den Werken nachweisen will. Das ist von Werk zu Werk, von Künstler zu Künstler zu überprüfen.

Das, was auf der Straße zu finden ist, der Gemeinplatz: die *Trivialität*, wird zum legitimen Thema dieser Kunst. Das wirft (was ich hier nur andeuten will) die Problematik der bildnerischen Gattungen auf. Ist es einerseits offenbar, daß die Bezeichnung: *bildnerisch* adäquater bestimmte Vorgänge und Ergebnisse heutigen Schaffens trifft als das ‹Künstlerische› mit seinem unüberhörbaren Kanon von Forderungen, geschichtlichen Assoziationen usw., so ist andererseits innerhalb des Bildnerischen die überkommene Trennung von Tafelbild, Plastik, Grafik unzureichend. Zwar können solche Bestimmungen oft noch eine Positionsbestimmung ermöglichen, sie treffen dann zwar die materielle Strukturierung, verzichten aber auf die bedeutungsmäßige. Ich habe in meinem Band ‹Theorien zeitgenössischer Malerei› ausgeführt, wie sich aus den grundsätzlich bestimmbaren Tatsachen der Malerei geistige Positionen, Verhaltensvorschläge extrapolieren lassen; die Überlegungen, ganz gleich, wie technisch sie ansetzen, führen in fast allen Fällen zu einem Grundthema: der Auseinandersetzung mit der Wirklichkeit.

Geht man hiervon aus, so gelangt man vielleicht zu einer subtileren Aufteilung der bildnerischen Disziplinen innerhalb der Gegenwartskunst, die Aufgabe einer auf sie bezogenen Ästhetik wäre. Einer kritischen Auseinandersetzung mit der Wirklichkeit steht heute – wenn auch vielfach durchbrochen und ineinander verflochten – ein bildnerischer «Vorgang der versachlichten, vororganisierten Vermittlung von Gefühlen und Urteilen, auch von Wahrnehmungsgehalten» (W. Höllerer, der dies für den Trivialroman bemerkte) gegenüber. Das könnte zur Feststellung eines *Trivialbildes* führen. Das Trivialbild scheint ‹die Realität› in seinem eingezäunten Feld ohne weiteres ‹zu haben› (Höllerer), seine Realität allerdings baut auf vorfabrizierten Mustern. Eine unkritische Reproduktion gehört offensichtlich zu seiner Kennzeichnung. Das Trivialbild zielt eine ‹sachliche›, aus der Sache resultierende Sensation, statt einer bildnerischen, aus den bildnerischen Mitteln entwickelten an. Eine solche Formulierung ist mit Vorsicht aufzunehmen, ich bin mir sehr wohl bewußt, daß das reine Trivialbild selten zu finden ist, da der Künstler versuchen wird, das *trivium*, den Gemeinplatz, aufzuheben und ihm sein «Wirklichkeitsmodell» zu überblenden.[4] Dazu zwei Beispiele, das eine der Literatur, das andere der bildenden Kunst entnommen.

Helmut Heissenbüttel untersuchte den Roman ‹Die Glocken von Bicêtre› von Georges Simenon. Trotz eines Themas, «wie man es sich bedeutender kaum in der heutigen Welt vorstellen kann» (Behandlung eines Zeitungskönigs nach einem Schlaganfall, Krise und Genesung),

---

4 Zum Begriff ‹trivial› vgl. MARTIN GREINER, Die Entstehung der modernen Unterhaltungsliteratur. rde Bd. 207, S. 141 ff.

fehlt «jeder sozusagen literarische Aufwand. Fast verbissen auf Stillosigkeit bedacht, wird die Sprache gleichsam auf ein Mindestmaß an Mitteilenswertem, auf ein Mindestmaß an besonderer charakterisierender Redeweise zurückgedrängt. Diese Sprache ist fast vollständig *anonym.* In ihrer Anonymität könnte ihr Vokabular jedem beliebigen *Massenkommunikationsmittel* entstammen. Erst beim Nachdenken erkennt man, daß es die Rigorosität im Durchhalten der Anonymität ist, die an die Stelle dessen tritt, was man an Stil erwartet. Man erkennt, daß diese Anonymität dem Thema näher kommt als alle denkbare literarisch-stilistische Bemühung. Daß die Kunst dieser Erzählung in der äußersten Vermeidung von Kunst liegt. Die Sache selbst, das Thema dieser Vergessenheit, Rückerinnerung und Wiedervergessenheit bemächtigt sich pur, ohne Kunstvermittlung der Ausdrucksmittel so, wie es manchmal in anonymen Zeitungsnotizen oder beiläufigen Wochenschaustreifen geschieht» (Süddeutsche Zeitung, 7./8. 3. 1964, Hervorh. von mir). Anonymität als gezieltes Sprachmittel, um die Sache pur, ohne Umweg über eine künstlerische Vermittlung darzustellen: dafür findet sich eine bildnerische Parallele in Bildern, deren Vokabular in seiner Anonymität ebenfalls «jedem beliebigen Massenkommunikationsmittel» entstammen könnte und tatsächlich entstammt.

1961 malt der Amerikaner Robert Indiana das erste aus einer Folge von Bildern, *‹The American Dream›* genannt. Die konstituierenden Elemente des Bildes sind schablonisierte Buchstaben und Ziffern, fünfzackige Sterne in verschiedener Größe, Kreise, Quadrate und segmentierte Flächenstücke. Diese Elemente sind eingeordnet in vier Kreisformen, die fast gleich groß sind, zwei im oberen Bildteil, in einer das Bild horizontal durchziehenden Längsform, zwei im unteren, in einer verwandten Längsform. Ablesbar sind die Worte: *‹tilt›*, *‹take all›*, *‹the american dream›*, daneben Zifferngruppen: 40, 29, 66, 37 und in einem anderen Kreis die Ziffern 1–5. Anonymität läßt sich auf diesem Bild aus dem Besitz des Museum of Modern Art in New York in zweifacher Hinsicht feststellen: in der Benutzung schablonisierter, präformierter Bildelemente und in einem flächigen, plakathaften Farbauftrag. Versachlichte, vororganisierte Wahrnehmungsgehalte werden vermittelt. Der Gemeinplatz (Ziffer, Buchstabe etc.) wird hier nicht als Zitat in einen bildnerischen Zusammenhang gebracht, sondern das Zitat zum Bild deklariert. Losgelöst aus einem Funktionszusammenhang verweisen die einzelnen Elemente nicht aus dem Bild heraus, sind einwertig und eindeutig, erfüllen ihre Aufgabe in der Präsenz, mit der sie sich selbst verkörpern: Gegenstände ihrer selbst, die der Maler in Szene setzt.

6. Kunst als Inszenierung von Realität: Claes Oldenburg

Oldenburgs naturgroße oder überdimensionierte Viktualien aus Gips vom Anfang der sechziger Jahre trugen die starke, expressive Farbigkeit mancher Bilder aus dem Umkreis der *Action Painting* und der *commercial arts.* (Vgl. Abb. 29. Seine Entwicklung ging von hier zu vergrößerten Maschinen aus Plastik, die wie Objekte aus Dalis Bildern der dreißiger Jahre wirken, wie dessen zusammengeschmolzene, gefaltete Uhren, und zu Möbeln, wie etwa dem ‹Schlafzimmer› von 1964, das er in der New Yorker Sidney Janis Gallery zeigte.) Die Ausstellung wird zur Bühne, zur Szenerie, in der der Betrachter zum Akteur wird, umgeben von den Requisiten des Künstlers: einer fast brusthohen Kuchenschnitte oder einem riesigen Speiseeis, wie in Oldenburgs Ausstellung in der Green Gallery, New York, 1962. Das Spiel mit der Illusion des Betrachters beruht auf zwei Partnern, die majorenn sind: unverhohlen zeigt sich der Illusionscharakter der Dinge, sie sind überzeichnet, prätendieren nicht – wie das von Duchamp ausgestellte Pissoir –, Readymades der Umgebung zu sein, erwarten vom Zuschauer, daß er in die Spielregeln eintritt, die ausfindig zu machen er aufgefordert wird. Ganz deutlich wird der Spielcharakter, wie später ausgeführt, bei Fahlström (vgl. S. 219 ff). Vom Gegenstand führt der Weg zum Geschehnis, zum Geschehnis mit den Gegenständen, die der Künstler vorstellt: Kunst wird zur *Inszenierung der Realität.* Das kann die tatsächliche Realität sein, wie in den ‹Topographien› Spoerris, in denen er etwa die Überreste einer Mahlzeit auf eine Platte montiert und, um 90 Grad gedreht, an der Wand exponiert; das kann aber auch eine vom Künstler imitierte Realität sein wie bei Oldenburg. Nicht das Kunstprodukt im Bild (Léger), nicht der Objektzeuge (Duchamp), sondern ein die Realität künstlich duplizierendes oder aus der Leinwand herausgetretenes Objekt, das noch die Spuren des Malvorgangs aufweist (Farbe rinnt herab), auf seiner ‹illusionären Autonomie› beharrt: die Märchen oder Sagen der Vorzeit haben sich verwirklicht. «Wo das Unansehnliche, zufällig Zusammengewürfelte nicht vorgefunden wird», schreibt Werner Hofmann, «versucht man, in der Imagination Bilder der Zweckentfremdung zu entwerfen und die klischeehafte Rubrizierung der Dingwelt aufzuheben, das scheinbar Eindeutige in das Zwielicht der Vieldeutigkeit zu rücken ... aus dem wahllosen Durcheinander – eines Abfallhaufens oder einer imaginären ‹Begegnung› – ist es nicht weit zum Märchenhaften, zum Wunderbaren wie zum Absurden. Auch das Banale kann transparent und geistig bedeutsam werden. Flaubert hat, im Namen vieler, die ihn immer wieder überwältigende Faszination des Gewöhnlichen so ausgedrückt: ‹Das Gemeine zieht mich an, es ist das Erhabene von unten, wenn es wahr ist, ist es ebenso selten wie das von oben.› Diese Sicht, der unser Jahrhundert keine prinzipielle Erweiterung zu geben vermochte, ist imstande, in der zeitgebundenen ‹oberflächlichen› Erscheinungsform, obzwar trivialisiert und maskiert, das Fortwirken archetypischer Vorstellungen wahrzunehmen. Das betrifft z. B. die Dingmagie (etwa der *‹ready-mades›*) ebenso wie den von der Vergnügungsindustrie ritualisierten Kult des ‹Übermenschen›. Flaubert schreibt in einem Brief an Zola über dessen ‹Nana›: ‹Sie wird mythisch, ohne aufzuhören, wirklich zu sein. Eine babylonische Schöpfung!›» (l. c.)

Kunst als Inszenierung von Realität! Da aber die statische Ausstellung in Galerien, Sälen usw. solcher Inszenierung kaum gerecht wird, so bleiben drei weitere Formen, die Ausstellung zu ergänzen oder zu ersetzen: Bewegung selbst, bewegte Körper, Kunstfiguren werden in die Ausstellung integriert, ein Beispiel ist die Ausstellung *‹Dylaby›*, 1962 im Stedelijk Museum Amsterdam, mit den Künstlern Rauschenberg, Raysse, Niki de St. Phalle, Spoerri, Ultvedt, Tinguely; oder die (statischen) Realitäten, seien es aufgefundene oder fabrizierte, werden in ein Schauspiel, ein Spektakel, eine bühnenartige Inszenierung eingebaut – das war der Weg zu den *Happenings* oder *Environments*, von dem gleich zu sprechen sein wird; schließlich kann der Film zu einem Medium der Inszenierung von Realität werden (s. hierzu ‹Der bildnerische Film›, S. 164 ff). Claes Oldenburg verwendete die beiden letzten Formen, er veranstaltete zahlreiche *Happenings* und arbeitete an Filmen mit. Hiervon ist ‹Pats Geburtstag›, ein 1962/63 zusammen mit Robert Breer hergestellter 15 Minuten-Film, ein Beispiel. Besser als eine Wiedergabe des im Film Ablaufenden informiert der abgedruckte Bericht, den Breer über die Herstellung gab. Will man schließlich eine Äußerung Oldenburgs selbst, ein Bekenntnis zu seiner Kunst und ein Bekenntnis seiner Kunst zum Leben in jedem Sinn des Wortes? «Ich bin für eine Kunst», schreibt er 1961 im Katalog der Ausstellung ‹Environments, Situationen, Räume› in der New Yorker Martha Jackson Gallery, «die ihre Form den Linien des Lebens entnimmt, die sich dreht und ins Unmögliche ausdehnt, zusammenhäuft, spritzt, tropft und süß und stupid ist wie das Leben selbst. – Ich bin für Kunst, die wie schwarzes Haar aus einem Kamin steigt und in der Luft zerstäubt. Ich bin für Kunst, die aus der Börse eines alten Mannes strömt, wenn er auf einen vorbeifahrenden Kotflügel stürzt. – Ich bin für die blinkenden Künste, die die Nacht erhellen. – Ich bin für kalte Kunst, Kool Art, Sunkist Art, 39 Cents Art und 9. 99 Art.»

Was geschah? Dieser Bursche Smolderingburg [der Name Claes Oldenburg wie der der anderen wird hier ständig abgewandelt] sagt, wenn er von einem Kotflügel getroffen wird, fliegt Kunst aus seinen Taschen. Das ist eine Kostprobe, wie er denkt. Wir machten einen Film, genannt ‹Pat's birthday› *(Pats Geburtstag). Versuchen Sie ihn zu sehen. Er sagt auch, Kunst solle beiderseitig deutlich sein wie Kot. Ein Jahr lang denke ich daran und warte in der Zwischenzeit darauf, daß er mit einem Kotflügel zusammenprallt, was nicht geschieht. Irgendwie fliegt Kunst doch aus seinen Taschen. So beginnt Clothesberg diese Happenings als die Ray Gun Mfg. Co. [O. nannte sein Studio die Ray Gun Manufacturing Company, Ray Gun war ein Name, den er ab 1960 benutzte, als er mit Jim Dine in der Judson Gallery ausstellte: «Es ist ein Name, den ich erfand. Rückwärts gelesen klingt er irgendwie wie New York; er bezeichnet alle möglichen Dinge.»] in der East 2nd Street mit seiner Frau und Pat Muchinsky und Lucas Sumartist und anderen. Ich ging hin. Dort sind gewöhnlich einige heiße Drähte für Glühbirnen und eine Reihe heißer Körper, einige zahlten und einige nicht.*

Eines Tages sagt er zu mir, warum machen wir keinen Film und benutzen deine Kamera? Er hatte bereits fünfzehn Fotografen dort und Filmkameras, ich stimmte ein, in Ordnung, aber laß es uns auf dem Lande machen, wo ich lebe. Er war einverstanden und meinte, er wolle die Situationen aufbauen, die ich dann schießen könne. Eines Tages erscheint er mit seiner Frau und Pat Mujinsky und Lucky Sumarse und seiner riesigen Leinwandtasche, die, wie er sagt, einige seiner bevorzugten Sachen enthält. Er hat alte Schuhe und Kissen und andere seltsame Dinge darin. Wir begannen, indem Lucky Zeitungen über das Gras streute und sich darauf legt. Er nahm auch seine Krawatte ab, öffnete sein Hemd, zog seine Schuhe aus und rauchte eine Zigarette. Später schnitt ich Zufallsaufnahmen von Piermont, N. Y. hinein und kläffende Hunde und Gras, das sich bewegt. Wir hatten uns grundsätzlich darüber verständigt, daß kein literarischer Sinn oder Unsinn sich einschleichen und unsere plastische Sicht überlagern sollte. Laß uns etwas Entsprechendes drehen, sagte Claws. Damit meinte er, daß ein Doppeldecker Hot Dogs entsprach oder Schlachtschiff Torte entsprach Hut entsprach Eiskrem entsprach Segelboot ... Das ist seine Art, die Dinge zu betrachten. So folge ich ihm und weiß, später kann ich alles ändern, wenn ich es will.

Seine ursprüngliche Idee war, ein Picknick zu inszenieren, das als Zeitachse für eine Reihe von Nebenhandlungen dienen würde. So geschah es auch schließlich, ausgenommen, daß Pats Geburtstag hinzugefügt wurde, der in die Zeit der Aufnahmen fiel und die nette Entschuldigung abgab für einen Kuchen und den Titel. Als eine Nebenhandlung trugen wir einen Korb mit Obst und Gemüse (Birne entspricht Golfball) zu einem Rennplatz in einem fahrenden Zug und schlugen sie ab. Andere enthielten solche klassischen Posten wie das Spukhaus, eine ländliche Tankstelle, ein Eisstand, Flugzeuglärm, zwei Polizisten, einen Ballon, einige Bäume und Busse und natürlich die Flagge der Vereinigten Staaten. Am dritten Tag gingen wir, dank Joe Hyde, einem Koch, zu einem besonderen Platz, genannt der Wasserfall. Neben Joide war da Lettieloo Eisenhauer und Nancy Ellison (keine Beziehung) und Bud Rubber und seine Tochter und die Ray Gan Theatre Spieler. Alle gingen schwimmen, ausgenommen Lucas, der es vorzog, Selbstmord zu verüben. Er sagt, es ist eine große erotische Erfahrung, obgleich ich nicht weiß, wie er das herausgefunden hat. Es war seine große Szene, von dieser Klippe springend mit angezogenen Schuhen und Lilien, die in seinem Kragen steckten. Tatsächlich fällt er ins Wasser und zeigt sich wieder in der nächsten Szene, einer Fleischbank.

Dann kommt die große Geburtstagszene und Klauss macht Pat einen Kuchen aus einigen Autoreifen, mit Kerzen und einem echten Hahn auf der Spitze. Es ist sehr schön! ... Die Dinge geschehen nacheinander, weil nicht genug Platz ist im Film für alle gleichzeitig. Aber es ist tatsächlich das Bild eines Stillebens, man erwartet von der Zeit nicht, daß sie sich in einer Richtung mehr als in der anderen abspult. (1)

7. Arman und Spoerri: Die Kalligraphie der Dinge

Der Hunger nach der Realität, den Gegenständen des täglichen Lebens, der die von Kaprow so bezeichnete Alchimie der sechziger Jahre bestimmte, fand seinen Ausdruck unter anderem in dem Titel eines ‹Neuen Realismus›. Der Kritiker Restany gruppierte um ihn 1960 eine Anzahl von Künstlern wie Arman, César, Christo, Deschamps, Dufrêne, Hains, Klein, Niki de St. Phalle, Raysse, Rotella, Spoerri, Tinguely, Villeglé. Die Argumente, die er in einem ersten Manifest ‹Les Nouveaux Réalistes› am 16. 4. 1960 in Mailand anläßlich einer folgenden Ausstellung, wie in späteren Ausführungen gab, sind die gleichen, die Kaprow in seinem Aufsatz gegeben hatte: ein neues Bewußtsein der großstädtischen Kulisse, in der und vor der sich heute das (künstlerische) Leben konzentrierte, eine neue Sicht auf die Gebrauchsgegenstände etc. Nun erinnerte man sich manchenorts vielleicht an die von Kandinsky 1912 vorhergesagten zwei Wege: einer großen Abstraktion und einer großen Realistik. Schien es nicht, als sei in dem Wechselspiel der beiden Pole jetzt wieder die Zeit gekommen für eine Realistik, die man sehr wohl mit Kandinsky als ein Streben kennzeichnen kann, «aus dem Bild das äußerliche Künstlerische zu vertreiben und den Inhalt des Werkes durch *ein-*

fache (‹unkünstlerische›) Wiedergabe des einfachen harten Gegenstandes zu verkörpern»?

Allerdings ist unübersehbar, daß der ‹neue Realist› zu einem primären Interesse an den Dingen selbst das Erbe einer ‹Ironie der Gleichgültigkeit›, die Duchamp geprägt hatte, übernahm. Von einem gewissen Punkt der Entwicklung an mußte sich der Künstler nunmehr entscheiden, den Weg dieser Meta-Ironie seinen Objekten gegenüber weiterzugehen oder sich mehr und mehr auf das *bildnerische* Abenteuer einzulassen: dies aber verlangt, der Begierde des Auges, das wild lebt (Breton), Strukturierung, Formung des Materials entgegenzustellen. Während Spoerri sich weiterhin für den ersten Weg entscheidet, geht Arman mit seinem neuen Werk mehr zu einer bildnerischen Formung der Objekte.

Das Abenteuer der Form: Arman

Arman beginnt um 1954, nach seinen akademischen Studien, Schatten, genauer: Stempel von Zahlen, Buchstaben, Worten ins Bild zu bringen. Auf einer vielfältig strukturierten Fläche ordnet er damit die Erscheinungen, überzieht sie schließlich völlig mit einem Gespinst von Konfigurationen. Hatte Pollock ab 1946/47 mit seiner freigesetzten, unkontrollierten Farbbewegung ein dichtes Gewebe geschaffen, so arbeitet Arman hier mit mechanischen Mitteln (Stempeln), die zu repetierten Mustern werden. Arman benutzt später auch den Abdruck von Gegenständen, taucht diese in Farbe – etwa eine Perlenkette –, rollt sie über und wirft sie auf die Bildfläche, wo sie ihre Spuren hinterlassen, Ergebnisse, die er *‹allures d'objet›* nannte. 1959 wandelt sich diese Form einer Action Painting in eine *‹action sculpture›*: er beginnt seine ersten *‹colères›* (*colère* ist mit Zornausbruch hier kaum zu übersetzen), beginnt die *Akkumulationen* (Abb. 27), Anhäufungen, Zusammenlegungen von Gegenständen und seine ‹Müllkästen› *(poubelles). Colère,* so definierte Peter Jones, ist «der Wunsch, auf einer Fläche *einen Augenblick* festzuhalten, den explosiven Moment, in dem Gegenstände gewaltsam in eine Masse von Stücken aufgelöst werden – *action sculpture* in dem äußerst widerspenstigen (und daher herausfordernden) Medium von Gegenständen, die so brechen, wie es der Künstler nur mit viel Spürsinn und Übung seinerseits wünscht.» Das gezielte Chaos seiner *Colères* (*Chopin's Waterloo, Colère de Piano,* 1962, ist eines der bekanntesten; wie die Gespinste Pollocks entgehen auch diese Zertrümmerungen von Musikinstrumenten etwa, die er auf die Bildfläche leimt, einer formalen Beschreibung) ordnet Arman wieder nach einem Schema, das auf die früheren Stempelbilder verweist: Repetition, Reihe, Serie gleichförmiger Elemente. Der (Gebrauchs-)Gegenstand der täglichen Umwelt: die Kaffeemühle, das Spielzeug, wird häufig durch mechanische Gegenstände ersetzt: Meßgeräte, metallische Scheiben. Wenn Gebrauchsobjekte, dann ohne jede emotional gebundene Erinnerung, in strenger, symmetrischer Reihung.

Die Anhäufung anonymer, metallener Scheiben bringt seine Arbeiten aus den Jahren 1964/65 in die Nähe der Reliefs Zoltan Kemenys. «Einfache (‹unkünstlerische›) Wiedergabe des einfachen harten Gegenstandes», wie Kandinsky sagte, erzeugt eine Realistik, die aber nicht schlagwortartig betont zu werden braucht, denn sie benötigt und verträgt keine Ideologisierung, es ist die konkrete Realität jeder Kunst, die diesen Namen verdient. Durch Präzisierung der *Bild*werte ist hier die unfruchtbare Spannung zwischen Ironie und künstlerischer Ambition (oder Prätention), an der, nebenbei gesagt, zahlreiche Dadaisten scheiterten, aufgehoben. Arman hat mit diesen neuen Bildern die Möglichkeiten realisiert, die in Dubuffets Texturologien mit ihrem endlos schweifenden Material lagen. Aus der bloßen Angabe der Objekte hat er zu ihrer Kalligraphie gefunden. Das Abenteuer der Objekte reduzierte und klärte sich zum Abenteuer ihrer Form.

Die Topographie des Zufalls: Daniel Spoerri

Das könnte eine Szene aus einem der Theaterstücke sein, die Spoerri sich von Zeit zu Zeit erfindet: ein Stück Realität – ein Marktplatz, Kirche, Häuser, ein Brunnen und die Dorflinde – stehen nacheinander einem Geistlichen, einem Militär, einem Künstler zu Verfügung. Der Geistliche, überzeugt von der Endlichkeit der Dinge, verweist über sie hinweg auf eine Transzendenz, zu deren Erfahrung die Dinge nur Absprungpunkt sind. Der Oberst seinerseits erkundet die Strategie des Ortes, prüft die Enge und Stärke der Passagen, erwägt, wie der Brunnen zu schützen und die Linde zu fällen sei. Der Künstler, angenommen sein Name sei Spoerri, wird diese Objekte kaum vermerken. Er wird seine Aufmerksamkeit auf eine Kleinigkeit heften: eine abgerissene Puppe, einen Aschenbecher, ein Messer auf einem Teller, an dem noch die Reste der Mahlzeit haften. Und, da er eher einen neuen Planeten sich erfinden als zurück zu Ölfarbe, Leinwand, Palette greifen wird, um die Dinge zu malen, entwickelt er eine Methodik, die Dinge selbst in ihrer Topographie zu erhalten (der ‹anekdoten Topographie des Zufalls›), ohne sie zurück auf die Illusionsbühne des Bildes zu bringen. Er wird in seinem Zimmer die Flaschen, Spiegel, Glühbirnen, Menus zusammenstellen, wie er es liebt oder lieben würde, wie er es sah oder gern sähe, wie es ihm zufällt und wie es seiner Strategie entspricht. Er lädt Besucher ein, diesen Raum zu betrachten: «nicht als Memento oder Schrein, sondern so, wie er in ihm lebt», wie Allan Kaprow schrieb, als Spoerri sein Zimmer Nr. 631 im New Yorker Chelsea Hotel, 222 West 23 Street (zw. 7. und 8. Avenue) jeden Nachmittag – keine Vernissage – zwischen 4 und 8 vom 3. März bis 15. März (auch Sonntag und Montag) ausstellte (1965).

Wobei ich unversehens in den Stil Spoerris gefallen bin, Dinge durch sich selbst zu dokumentieren, wie er es bravourös in der erwähnten ‹*Topographie anécdotée du hasard*›, Paris 1962, getan hat, als er in einem Buch mit 53 Seiten dem Ursprung der Gegenstände auf einem einzigen seiner Fallenbilder nachgegangen ist: «wie Sherlock Holmes, der, von einem Gegenstand ausgehend, ein Verbrechen lösen kann, oder wie die Historiker, die seit Jahrhunderten eine ganze Epoche ausgehend von der berühmtesten Fixierung der Geschichte rekonstruieren: Pompeji» (Spoerri). Das Fallenbild meint dabei eine Arbeit, bei der ein Stück Realität (Reste einer Mahlzeit etwa) auf eine Tafel montiert und danach, um 90 Grad gedreht, an der Wand gezeigt wird, wie er sie erstmalig 1960 beim Festival der Avantgarde in Paris ausgestellt hat. 1964 ergänzte er die Fallenbilder durch ‹Wortfallen›: verdinglichte Sprichworte und Redewendungen wie ‹Es regnete Stein und Bein›, ‹Das Kind mit dem Bade ausschütten›. Er nimmt, wie Saul Steinberg, Worte beim Wort, indem er das dem Wort zugrunde liegende Bild beim Bild nimmt. Spoerri beweist mit seinen Fallenbildern, Wortfallen und Fallenstücken (etwa dem im Ulmer Theater aufgeführten Küchenstück, das zu einer Reihe von nicht festgelegten Stücken gehörte), daß Realismus eine sublime Art von Ironie sein kann, vorausgesetzt, man verständigt sich über diese Ironie.

Macht Daniel Spoerri Genrebilder? Vielleicht. Ist das nicht eine anspruchslose Kunst? Anspruchslos vielleicht, aber nicht voraussetzungslos, denn die Voraussetzung für den Betrachter ist, die Revolution Duchamps begriffen zu haben, dessen Einfluß seit einiger Zeit den Picassos abgelöst hat. Manche von Spoerris Realisationen und Ideen sind Duchamp verpflichtet. Hierzu rechne ich die 1959 von ihm veröffentlichte ‹*Edition Mat*› (*Multiplication d'art transformable*), die er mit Karl Gerstner 1964 neu herausgab. Bei den einzelnen, in der Edition zusammengefaßten Werken (1959: Agam, Bury, Duchamp, Soto, Rot, Tinguely, Vasarely; 1964: Arman, Hains, Man Ray, Talman u. a.) handelt es sich um vom Betrachter veränderbare Scheiben, Bilder, Texte, Reliefs, wobei der Sinn des Originals nicht im einzelnen Stück, sondern in dessen Entwurf liegt.

Spoerris Lageangaben der Dinge versichern uns, daß jeder Teil der Realität würdig ist, von uns gesehen zu werden. Die Umgebung der Galerie mag ein ungeeigneter Ort sein, seine Objekte zu sehen, da die Prätention auf das ‹Kunstwerk› hier zu sehr hervortritt. Kunst im Sinn dieser Objekte ist Inszenierung von Realität, der Übergang von Bühne, Schauspiel und Atelier ist fließend.

Realität in eine schauspielartige Inszenierung einzubauen: das war die Möglichkeit der Happenings. Walter Gaudnek, Red Grooms hatten in New York Formen, wenn man will: Vorläufer der Environments beziehungsweise der Happenings entwickelt. Ein bedeutsamer literarischer Impuls kam von Robert Motherwells 1951 edierter Anthologie *‹The Dada Painters and Poets›*, der nun auf einen anders vorbereiteten Boden fiel als die Ausstellung dadaistischer und surrealistischer Kunst im New Yorker Museum of Modern Art von 1936. (Dazwischen lagen fast zwei Jahrzehnte, angefüllt mit künstlerischer Aktivität, dazwischen lag die Tätigkeit zahlreicher wichtiger europäischer Künstler in New York, die durch den Krieg hierher verschlagen waren, Ausstellungen von Duchamp ab 1952 in der Sidney Janis Gallery u. a.) Auf den Einfluß des Musikers John Cage komme ich gleich zu sprechen. Allan Kaprow, der 1958, ebenfalls in New York (Hansa Gallery), seine ersten *Environments* (wörtlich: Umgebungen) verwirklichte, definiert diesen Begriff als eine «Kunstform, die einen ganzen Raum (oder Außenraum) füllt, die den Betrachter umgibt und aus allem möglichen Material besteht, Ton, Licht und Geruch eingeschlossen». «Das Environment kam aus der Collage», schrieb er ein andermal, «die als erste ein bestimmtes Denken anregte, das ‹unrein› (*impure*), d. h. antiklassisch und antitraditionell ist und das sich darum dreht, nicht nur das Zufällige, *sondern alles, was da ist*, zu akzeptieren.» Harriet Janis und Rudi Blesh, die dies zitieren, berichten weiter über eine Ausstellung Kaprows, die bereits fertig gehängt war. «Er sah sich um und sah ‹nichts als Bilder an der Wand›, etwas wie Verzweiflung ergriff ihn. Er begann, Träger in die Wand zu hämmern, um die Bilder herum, und von diesen zog er irreguläre, bemalte Leinwandstücke, zerschnitten und mit Löchern durchbohrt. Um die Bilder überhaupt zu sehen, mußte man durch diese zerschnittenen Vorhänge sehen. Dann, da er fürchtete, dies sei zu einfach, setzte er Glühbirnen zwischen die Vorhänge und Bilder, baute einen automatischen Stromkreis ein, so daß sie in verschiedener Geschwindigkeit und Stärke aufleuchteten.» Mit dieser Ausstellung als Environment war auch das *Happening* geboren.

«Der Ausdruck Happening bezeichnet eine Kunstform, die sich insofern auf das Theater bezieht, als es in einer bestimmten Zeit und in einem bestimmten Raum aufgeführt wird. Struktur und Inhalt sind eine logische Erweiterung der Environments» (Kaprow). Sein erstes, unbenanntes Happening entwarf Kaprow 1958 mit seinen Studenten im Douglas College, New Brunswick, N. J. ‹18 Happenings in 6 Teilen› führte er im folgenden Jahr in der New Yorker Reuben Gallery auf, die er übrigens im gleichen Jahr mitbegründet hatte. Bis Mitte 1964 folgten weitere achtzehn Happenings, in verschiedenen nordamerikanischen Städten, in Paris und Edinburgh (vgl. Biographie). Über ein Happening im Maidman Playhouse in New York, 1962, genannt *‹A Service for the Dead›*, gab Kaprow einen längeren Bericht (abgedruckt in der Zeitschrift ‹Art International›, Januar 1963); auch an anderer Stelle finden sich Szenarien seiner Happenings. (Vgl. J. Becker und W. Vostell, Happening, Reinbek 1965, ein Buch, das die ganze Entwicklung hervorragend dokumentiert.) Die Happenings, die neben Kaprow und anderen in New York auch Jim Dine, Claes Oldenburg, George Brecht, Robert Watts veranstalteten, versammeln in unterschiedlichen Lokalitäten oder im Freien eine kleinere Anzahl von Zuschauern, die sich zum Teil als Akteure betätigen, und dauern gewöhnlich nur kurz, etwa fünf bis zwanzig Minuten. ‹Thema› und Requisiten sind in den meisten Fällen vorgegeben.

‹Die Schatten›, ein Happening von Claes Oldenburg, skizziert der französische Maler Jean-Jacques Lebel folgendermaßen: «Oldenburg, hinter einem Tisch verborgen, der im Zimmer 3 hängt, leitet Licht auf eine Papierwand und gibt Lärm von sich. Lucas und Pat im Zimmer 2 sind ganz in Schwarz gekleidet und – Hauptaktion – Lucas schließt mit Stecknadeln das Unterteil einer Männerhose, die Pat (die Frau Oldenburgs) trägt und zieht ihr eine Jacke über den Kopf (sie hat bereits einen Hut auf), die sie völlig verdeckt wie eine Mumie. Er bringt sie dann, ganz in Schwarz, in eine Badewanne, die eine schwarze Flüssigkeit enthält; Lucas fegt den Raum sauber, betrachtet sich in einem Spiegel, legt Rot auf seine Lippen und geht hinaus.» In der Woche nach der Eröffnung der Ausstellung *‹The Popular Image›* in der Washington Gallery of Modern Art, April 1963, veranstaltete Oldenburg zwei Happenings, freie Interpretationen über Washington. Akteure und Requisiten waren ein Washington-Denkmal, das nicht stehen wollte; eine Statue von Iwo Jima, die immer wieder in ihre Lage gebracht wurde; ein Mädchen, das emsig andere Denkmäler Washingtons beseitigte; der Potomac River, der in bestimmten Augenblicken unter einem Tisch hervorfloß; E. A. Poe, der zeitweise auf einem Tisch lag und las; ein Kellner schließlich, der von einem großen Servierbrett, das er über dem Kopf trug, Schaumgumminahrung an die Zuschauer verteilte.

Der deutsche Maler Wolf Vostell beschreibt sein Happening *‹You›*, das 1964 in «einem weißen, leeren Swimmingpool, gefüllt mit 100 gelben, blauen und roten Plastiksäcken, mit Farbe, Knochen und Rippen von Ochsen und auf einem gelb gefärbten Tennisplatz» in Long Island stattfand. «Meine Grundidee: Die Beteiligten, das Publikum, in einer Satire den Zumutbarkeiten des Lebens in der Form einer Probe des Chaos zu konfrontieren und die Absurdität im Absurden und Widerlichen der Greuelszenen bewußt zu machen. Geschehnisse: Im weißen Swimmingpool ein Berg aus Menschen – diese vermischen sich mit den Farbsäcken – die blauen, roten, gelben Farbsäcke platzen – ein Chaos von Menschen, Farben und Knochen, die sich einige an den Körper binden. – Im farbigen Wasser schreibt jemand auf einer Schreibmaschine: You... You... You. 3 Farbfernsehgeräte stehen in 3 weißen Hospitalbetten – drei verschiedene Baseballprogramme sind von mir deformiert – L. E. liegt, hopst und springt nackt auf einem Trampolin – neben sich 2 blutige frische Ochsenlungen. C. S. liegt auf einem Tisch mit einem Staubsauger auf dem Bauch, den sie ab und zu betätigt – auf dem Tennisplatz liegen 15 Menschen auf der chromgelben Erde... Ein TV-Gerät läuft, Ton und Bild – das Gerät brennt – auch Baseball mit Reklame – nach 5 Minuten. Der gelbe Tennisplatz wird mit Signalbomben in dichten, gelben Rauch gehüllt. Das Publikum trägt Gasmasken. Durch einen Wald schlängelnd, findet das Publikum wieder zu den Bussen, die es nach Manhattan bringen» (Zit. in: ‹Kunst›, Mainz, Nr. 1, 1964).[5]

Das Happening zwischen bildender Kunst, Musik und Theater

Das Happening konstituiert sich am Schnittpunkt dreier Medien: des *bildnerischen*, des *musikalischen*, des *theatralischen*. Das *bildnerische* Medium liegt klar vor, wenn Kaprow aus der Ausstellung das Environment und daraus das Happening entwickelt oder Vostell die Zuschauer im Salon de Mayo in Barcelona (1962) einlädt, Stierkampfplakate nach Belieben zu zerreißen, zu radieren, zu verwischen u. a. m. «Wenn die Kunst nicht mehr möglich war», hatte Huelsenbeck über den Dadaismus geschrieben, «konnte man vielleicht Abenteurer des Körpers oder des Geistes werden, den Glauben wechseln, ein Mönch, ein Mörder oder ein Casanova sein, oder auf den Knien rutschen. Es war das Sein, das uns

---

5 Viel Publizität fand ein anderes Happening von VOSTELL: ‹In Ulm, um Ulm und um Ulm herum› am 7. 11. 1964 in Ulm, das 250 Teilnehmer zu verschiedenen Schauplätzen führte wie einem Militärflughafen, einer Autowaschanlage, Großgarage, einem Schwimmbecken usw.: «Kunst als Raum, Raum als Umgebung, Umgebung als Ereignis, Ereignis als Kunst, Kunst als Leben, Leben als Kunstwerk ... Kunst als Geschehnis, als Happening, am eigenen Leib erfahren lassen.» Zum ersten Mal hatte sich hier ein deutsches Theater in den Dienst des Happenings gestellt; dieses selbst unterschied sich vor allem durch die große Zahl der Beteiligten und die stundenlange Dauer von den erstgenannten Veranstaltungen in den USA. Die Kritik sprach dementsprechend auch von einer «Überplanung»: «In der Unentschiedenheit zwischen dem Willen des Autors zum Ausdruck und der Absicht, das Publikum zum schöpferischen Agieren zu provozieren, lag», so J. MORSCHEL, «das Dilemma dieses Happenings» (‹Das Kunstwerk›, 7/XVIII, Jan. 1965).

am Herzen lag, nicht die Kunst» (Mit Witz, Licht und Grütze. Wiesbaden 1957, S. 29). In der Tat war es auch für die Maler, die rund 40 Jahre später Happenings veranstalteten, das ‹Sein›, das Leben mit seinen ganzen Aspekten, das ihnen ‹am Herzen lag›. Die Überzeugung aber, daß ‹Kunst nicht mehr möglich› ist, teilten sie nicht, sie hatten nur nicht vor, sich in eine Polemik über den Kunst-Begriff einzulassen. «Über das Wort Kunst zu diskutieren, halte ich für unwichtig», sagte Wolf Vostell klar heraus. In bezug auf die Happenings hieß das: wichtig war das Geschehnis als Ereignis, als Aktion, und nicht seine Begründung. Das galt vornehmlich für die Maler in den Staaten, ihre Position war – wie ich es an anderer Stelle für die Maler der Action Painting aufgewiesen habe – a-theoretisch, wenn man von einer Persönlichkeit wie Allan Kaprow absieht, der allerdings ein luzider und theoretisch hochbegabter Interpret seiner Aktionen und der Kunst anderer war. (Seine Position ist insofern der von Motherwell in New York oder von Mathieu in Paris vergleichbar.) Ließ man sich auf das Abenteuer des Körpers oder des Geistes ein, so einmal, um zwischen Bild und Plastik den ‹Gegenwert› der Dinge, eine neue plastische, objekthafte Realität anzusiedeln, die Realität der Außenwelt buchstäblich in den Ausstellungsraum oder in das Atelier einzuholen oder, was das gleiche ist, mit der ‹künstlerischen› Realität in die andere, ‹außerkünstlerische› hinauszugehen, wobei oft eine solche Distinktion zwischen künstlerischer und außerkünstlerischer Realität nicht mehr zu treffen war; zum anderen, um die gefundenen oder vom Maler hergestellten Objekte in ein Verhältnis zueinander zu bringen, das ihre Bedeutung steigerte, verwandelte, erhellte, was zu ihrer tatsächlichen Inszenierung im Happening führte; endlich, den Betrachter und nicht nur sein Auge zu aktivieren, ihn mitspielen zu lassen, ihn ‹instrumentell› einzusetzen. «Man ist hier», bemerkte wiederum Kaprow, «nicht mit der Ablehnung der Kunst konfrontiert, sondern mit einer Erweiterung ihrer Domäne und einer Verwischung ihrer Grenzen, denn, weit entfernt davon, hier haltzumachen, fahren diese Künstler fort, *eigene Werke zu machen*» (in einem Aufsatz über ‹Segals lebende Mumien›).

Für Pollock wie für Mathieu war in einem bestimmten Moment ihrer Entwicklung die Leinwand zur Arena geworden. Der Maler als Akteur einer bewegten, spontanen, unreflektierten bildnerischen Aktion hatte zum Partner die Bildfläche, in die er eintrat – was bei Pollock in seinen *Overall*-Bildern wörtlich zu verstehen war. Das Farbmaterial diente schließlich nur der Sichtbarmachung der Bewegung von Hand und Körper, entscheidend war der Ablauf Malerei, der allerdings immer noch zum Bild führte. Das Kunstwerk war nicht mehr nur Objekt (erste Phase der Entwicklung: «Die Malerei ist ein Objekt und bleibt ein Objekt»), sondern eine Art «Zeugenschaft eines ‹Gelebten›» (zweite Phase: «Die Malerei entwickelt sich zum Akt, wird Ereignis»). Malerei als Ablauf situierte sich zwischen diesen beiden Polen. (Die dritte Stufe, wiederum in den Worten Mathieus, ist dadurch gekennzeichnet, daß die Malerei zu einem Verhalten, *comportement*, wird, d. h. zum «Ergebnis einer Entscheidung oder auch einer Nicht-Entscheidung».) Wenn der bildnerischen Handlung eine solche Bedeutung zukam, war es offenbar konsequent, den Betrachter, den potentiellen Betrachter des späteren Bildes, auch an ihr teilnehmen zu lassen. Beim Internationalen Festival des Theaters 1956 in Paris, bei einer ‹Nacht der Poesie› malte Mathieu auf der Bühne des Théâtre Sarah Bernhardt sein Bild *‹Hommage aux Poètes du Monde Entier›* (12×4 m) vor einem vollen Zuschauerraum. Wie bekannt, hat Mathieu in Tokio, Düsseldorf, Stockholm u. ö. diese Aktionen später wiederholt, 1959 in Wien von der ‹konkreten› Musik Pierre Henrys, im gleichen Jahr in Rio de Janeiro von Musik und Tanz der Folklore begleitet. Aktionen, denen der Zuschauer allerdings ohne ‹Mitspiel›, ohne eigene Aktion folgt, die, um es zu wiederholen, das Bild als «Zeugenschaft eines ‹Gelebten›» nun seinerseits Zeugen aussetzt. Ohne solche Vorführung zum Happening zu rechnen, läßt sich doch in seiner theatermäßigen Inszenierung, in seinem bestimmten, einmaligen Ablauf, in der Vereinigung verschiedener Medien eine Vorform, bzw. eine Form aus dem Umkreis des Happenings sehen.

Die Übergänge dieser Kunst zu einem anderen Medium, dem der *Musik*, sind fließend. Das gilt vor allem für die Arbeit von John Cage in Amerika, dessen Programme für Musik und Tanz, die er mit dem Tänzer und Choreographen Merce Cunningham und teilweise auch mit Rauschenberg verwirklichte, Ton, Bild und Bewegung vereinen. (Mit den beiden genannten Künstlern organisierte Cage bereits 1952 im Black Mountain College ein ‹Ereignis›, wo außerdem auch Film und Lichtbilder einbezogen waren. Intensive Wirkung auf zahlreiche Maler hatten Cages Vorlesungen an diesem College und an der New Yorker New School sowie seine Aufsätze über eine ästhetische Problematik, die den visuellen Künsten nahesteht. Parallel zu ihnen zeigt sich in der Musik ein ‹Bemühen um Objektivität, fast Anonymität›. Nicht Persönlichkeits- oder Selbstausdruck, Drama oder Psychologie initiieren das Werk, sondern die Freisetzung von Schallereignissen.) In einem Vortrag über sein Programm von Musik und Tanz sagte Cage: «Wir machen mit diesen Tänzen und dieser Musik keinerlei Aussage: wir sind arglos genug zu denken, daß wir, um etwas zu sagen, uns des Wortes bedienen würden. Vielmehr *tun* wir etwas, und die Bedeutung dessen, was wir tun, wird von jedem einzelnen derer bestimmt, die zusehen oder -hören. Es gibt keine Symbole, die dazu angetan wären, Verwirrung zu schaffen; es gibt keine Handlung, kein psychologisches Problem; es gibt lediglich von Bewegung, Klang und Licht erzeugte Vorgänge ... Die Neuartigkeit unserer Arbeit entsteht also dadurch, daß wir uns von einfach privaten menschlichen Motiven abgewandt und der Welt der Natur und der Gesellschaft, welche sich aus uns allen zusammensetzt, zugewandt haben.

Unser Thema ist die Bejahung des Lebens, ohne das Chaos ordnen oder der Schöpfung gute Ratschläge geben zu wollen. Es gilt, des Lebens gewahr zu werden, das wir wirklich leben und das so großartig ist, wenn Verstand und Wünsche ihm den unmittelbaren Weg zu uns freihalten» (1956). Ich brauche wohl kaum darauf hinzuweisen, wie nahe diese Formulierungen einer offenen Kunst – offen, aufnahmebereit den Ereignissen des ganzen Lebens gegenüber – den von Allan Kaprow beschriebenen bildnerischen Intentionen sind.[6] (Übrigens studierte Kaprow 1956 bis 1958 bei John Cage in New York.)

«Poesie, die sich losreißt vom Friedhof der beschriebenen Seite, Malerei, befreit von der Leinwand, die bemalt und behandelt wird, Psychodrama, unabhängig von den Maschinen der Gehirnwäsche, Theater, das die Wände zwischen den Kategorien überschreitet»: so definierte Jean-Jacques Lebel das Happening. Neben dem bildnerischen und dem musikalischen Medium sind es Theaterformen, die seinen Ablauf prägen. Artauds Forderung, «Poesie im Raum» zu schaffen, «materielle Bilder, die denen der Worte gleichwertig» sind, ist hier zu nennen. «Es gilt», hat der Dramatiker Paul Pörtner über Artaud geschrieben, «eine aktive physische Sprache zu finden, die sich unmittelbar an die Sinne wendet und allein durch die Sinne den Geist anrührt. Eine Zeichensprache vermittels Gesten und Posen und Körperbewegung – Licht, Laut, Raum – in konkreten artikulierten Gebilden zu schaffen... Was eine szenische Vision sein kann, zeigen die Bilder von Lukas van Leyden, Hieronymus Bosch, Grünewald, Brueghel, Greco, Goya. Nicht die bildliche Übertragung dieser phantastischen Szenerien schafft ein Bühnenwerk, sondern das Schöpfen aus den Quellen der Imaginationskraft, die diese Bilder hervorbrachte... Gigantische Mannequins, hieroglyphische Figurinen, viele Meter hohe Puppen, Musikinstrumente in Menschengröße, Objekte undefinierter Form und Bestimmung ersetzen Kulissen- und Hintergrundmalereien» (Experiment Theater. Zürich 1960, S. 74). Da ich hier keine Genealogie des Happenings schreibe, soll dieser Hinweis auf Artaud genügen; sein Einfluß auf zeitgenössische Künstler war und ist bedeutsam. Die zentrale Stellung der Aktion bei Artaud spiegelt sich im Happening als einer Kunstform, der die bewegte bildnerische Aktion auf der Leinwand nicht genügt, die diese vielmehr auf gefundene und geschaffene Realität überträgt, um mit diesen Objekten und ihrer Inszenierung – wieder einmal – die Kluft zwischen Leben und Kunst zu verringern. Sie ist Ausdruck einer Begierde nach den Gegenständen der täglichen Umgebung, Ausdruck eines Ungenügens an dem isolierten malerischen Vorgehen im Atelier.

---

6 Zwei Beispiele aus dem europäischen Bereich sind Stockhausen mit bestimmten musikalischen Aktionen und Nam June Paik.

9. Geleitbrief ins Labyrinth: Saul Steinberg

Wenn, wie Baudelaire meinte, «das ganze sichtbare Universum nichts ist als ein Vorratslager von Bildern und Zeichen, denen die Phantasie Platz und relativen Wert anzuweisen hat, eine Art Futter, das die Phantasie erst verdauen und umformen muß» – an wem ließe sich das Universum besser ablesen als an dem Zeichner (für den uns der Name fehlt), der auf dieses Vorratslager angewiesen ist, es begierig aufnimmt, verzeichnet, bezeichnet und entziffert: der Zeichner als Realist, der die Realität braucht, um aus ihr die Wirklichkeit für sich und für uns abzuleiten. Die Anatomie der Wirklichkeit ist sein täglicher Stoff. Er kennt den Körper, die Landschaft, den Wagen, das Haus wie der Arzt den Platz der Organe, sein Instrument, die Feder, ist nicht weniger scharf als das des Chirurgen, und seine Linien sind nicht weniger präzis als dessen Schnitte. Er nimmt seine Objekte beim Wort, weil ihm das Wort nicht zukommt. Er nimmt das Wort beim Wort, die Buchstaben buchstäblich und stellt sie durch ihre Bedeutung dar. *Swindle* (*S-wind-le* = Schwindel): ein prachtvolles, stukkatiertes, ornamentiertes Anfangs-*S*, mit Zierat überhäuft und Bluff, dann *wind,* in dessen letztem Buchstaben, dem *d,* sich das Wortende, das *le* versteckt. Was imposant begann, endet kaschiert: der Schwindel. Der Schwindel beim Wort genommen. «Ich bin ein Schriftsteller, der nicht schreiben kann», sagt Steinberg. Er verheimlicht dabei, daß ihm, dem «Logiker der Stereotypen und der wiederholten sozialen Situationen» (Harold Rosenberg), in seiner Bilderschrift, die er wie kaum ein anderer beherrscht, die Bilder und Zeichen offenliegen, darüber hinaus die Typen, die Situationen, die Stilleben. Und er gebraucht sie, da er sich frei fühlt und frei ist. Frei wovon? Von dem stilistischen Impressum, das der Künstler nur zu oft hütet und propagiert, da es seinen Platz in der Stilgeschichte des Jahrhunderts und seinen Marktwert begründet.

Für Steinberg ist die Realität ein Vorratslager, in dem sich Industrie, Mondrian, die Katze, das Pariser Art Nouveau treffen. Er bleibt ihr nichts schuldig: er honoriert diese Realität, indem er ihre Einzelheiten auf das Blatt holt, in schier unendlicher Geduld die Beschriftung eines Metro-Wagens oder das Interieur eines viktorianischen Hauses kopiert. Er weiß aber, daß die Realität auch Abbreviaturen verträgt, ja benötigt, um einen Kern an Wirklichkeit zu zeigen. Er weiß, daß die Realität phantomatisch sein kann, also versetzt er mit den Mitteln der Collage eine ausgezogene Bürolade mitten in die New Yorker City, zeichnet Punkte als Fenster ein, wobei sie nicht ungeheurer ist als der Federputz einer Frau, die ihr Gesicht im Schmuck verliert. Saul Steinberg rechtet mit der Realität, indem er ihr Maß nimmt und ihre Verzerrungen aufzeichnet. Er zeigt auf und zeigt an wie der Zeiger der Uhr die Stunde: verweist auf eine Welt, zu der er sich mit seinem ‹*Passeport*› Zugang verschafft. Er verfolgt sich und folgt uns: die Umarmung im Park, das häßliche Mädchen am Wasser, die Bewegung der Hand des Guitarristen. Von seiner Aufzeichnung sagte Gombrich in ‹*Art and Illusion*›: «Es gibt vielleicht keinen lebenden Künstler, der mehr weiß über die Philosophie der Darstellung.»

«Steinberg lebt in einer Welt von Steinberg (Beispiel: die Zeichnung des Trojanischen Steinberg, in den all die kleinen Menschen steigen), von Quasi-Steinberg (Beispiel: der Verfasser dieser Bemerkung, durch die Formel: ein Stein ist eine Rose ist ein Berg), von Anti-Steinberg (Szenen in Florida, Rußland, der Ferne Westen). Anti-Steinberg ist die Maske des Ungewohnten, einschließlich der Menge und des öffentlichen Applaus›» (Rosenberg). Ein Stein ist eine Rose ist ein Berg: ein mit Mohn bestreutes Weißbrot wird zum Rennwagen, eine Akkumulation von Vasen, Leuchtern, Fläschchen aus dem Biedermeier wird zum Monument eines verkehrsreichen Platzes, Millimeterpapier zum riesigen, anonymen Hochhaus. Steinbergs Linie lebt das Leben unserer Zeit, das macht ihn zum Zeitgenossen unserer Erfahrung. Ist sie eklektisch, alexandrinisch, ein Tohuwabohu aller Stile (Mondrian und die Stukkatur), so ist es das Tohuwabohu unserer Zeit. Steinberg zerlegt nicht den Picasso für das große Publikum, wie Grosz glaubte, sondern kennt die Lineaturen unserer Gegenwart und gibt sie wieder. Steinberg überzeichnet und beschränkt unsere Erfahrung: das macht ihn zum Vermittler des Komischen. Diese Kunst hat zum Gegenüber, zum Widersacher die «Beweglichkeit des Lebens» selbst. Indem er die Beweglichkeit, von der Baudelaire angesichts Daumiers sprach, im Ornament seiner Striche fängt, gibt er die Momentaufnahme einer Situation, deren Komik uns gemeinhin entgeht, da wir sie in der Bewegung des Lebens verlieren. So wird der Betrachter der Zeichnungen zum überlegenen Betrachter, der das Komische erkennt, denn es ist «das Wesen des Komischen, zu scheinen, als kennte es sich selbst nicht, und im Betrachter, oder vielmehr im Leser, die Freude über seine eigene Überlegenheit sowie die Freude des Menschen über seine Überlegenheit über die Natur zu erwecken» (Baudelaire).

Das Zeitbild

«In den späten fünfziger Jahren herrschte sowohl in London als auch in New York eine gewisse Stimmung, die manchen Maler dazu bewog, den Versuch zu machen, die einmaligen Attribute unserer Epoche, d. h. den besonderen Charakter unserer Gemeinschaft, wie sie ist, festzuhalten. Diese Maler versuchten, ein neues Kunstbild zu schaffen, um Verständnis für den ständig wechselnden Zustand des Menschen und die immerfort modifizierten Leitwege, die ihm sein Weltbild vermitteln, zu dokumentieren.» *Zeitbezug, Dokumentation, neues Kunstbild:* auf solche Schlagzeile ließen sich die zitierten Sätze des englischen Malers Richard Hamilton zurückführen. Tatsächlich weisen die drei Begriffe in Zeitrafferform Positionen, bildnerische Verhaltensweisen auf, die für Hamilton wie für einen großen Bereich heutiger Kunst gelten. Zeitbezug vor allem, das heißt für Hamilton wie für andere Künstler, seine Thematik und sein Formenarsenal aus der Gegenwart zu beziehen, häufig in einem dokumentarischen Sinn: Dokument eines bestimmten Ereignisses, einer bestimmten bekannten Figur und ‹dokumentarisches› Einbeziehen des Materials einer ‹Technikultur›, auf die wir tagtäglich verwiesen werden. Nicht das dubiose Modell de Koonings oder Sauras ist hier Vorlage und Resultat des Bildes, die Thematik seiner Arbeiten ist klar bestimmbar, ihre Personen tragen die Mode der Zeit, die Apparate sind die der Zeit; spielt Ironie hinein, so wird sie nicht aus den Sujets, sondern aus den bildnerischen Mitteln entwickelt.

‹Towards a definite statement on the coming trends in men's wear and accessories'› nennt er eine Bilderfolge aus den Jahren 1962/63 (Technik: Öl und Collage). Die erste Version (a) bezieht einen bestimmten Ausspruch John F. Kennedys, «Laßt uns zusammen die Sterne erforschen», als Untertitel und als formales Indiz ein. Bekanntlich gibt der Maler Sonderborg in den Titeln zu seinen Bildern das Datum und die Uhrzeit der Entstehung an, als Hinweis auf die Zeitspanne, in der sich der Vorgang, die Aktion Malerei abspulte. Ist es hier der Niederschlag einer bildnerisch geführten Bewegung in der Zeit, der zum Bedeutungsträger seiner Kunst wird, so ist es das *Thema,* das für Hamilton zu einem solchen wird. Und dieses Thema konkretisiert sich für ihn zum *Zeitbild.* So schreibt er zu seinem Bild *‹Hommage à Chrysler Corps›*: «Das Hauptmotiv, nämlich das Fahrzeug, besteht aus einer Anthologie der Rekla-

---

7 Eine für den Kongreß der ‹International Union of Architects› in London (1961) veranstaltete Ausstellung enthielt ein Bild Hamiltons *‹Glorious Techniculture›.* Die umgearbeitete untere Hälfte stellt das heutige Bild gleichen Titels dar.

metechniken. Ein Teil z. B. führt von der steifen Nachahmung eines scharf eingestellten *‹glossy›*-Fotos über ein unscharf eingestelltes zur Chromvorstellung des Künstlers und schließlich zum Zeichen des Reklamefachmanns, das ‹Chrome› bedeutet. Einige Teile sind dem Reklamematerial für die Plymouth- und Imperialwagen von Chrysler entnommen, etwas General Motors ist dabei, sowie Stücke von Pontiac» (wie das Zitat oben aus dem Ausst.kat. Hanover Gallery, London 1964). Befürchtet der Maler Hamilton nicht, mag man einwenden, daß der Zeitbezug in seinen Bildern ihr rapides Altern, mit dem Verschleiß der Dinge selbst auch den optischen Verschleiß ihrer Reflexe im Bild bewirken könnte, daß, um es mit Carl Einstein zu sagen «ein Flugzeug von vor fünf Jahren nur ein alter Omnibus ist, den man für eine Nähmaschine aus der Zeit Ludwigs XV. halten könnte»? Nun, Hamilton beschränkt sich nicht auf Auswahl und Präsentation des Materials, für ihn ist es Materie, Beitrag zu einem neuen Bild, das sie mit Bedeutung versieht, sie in den Kontext zu anderen Beiträgen, anderen bildnerisch-realisierten Begriffen stellt. Lockt er den Betrachter durch ein ihm vertrautes Detail ins Bild, so überläßt er es ihm, andere Bedeutungen aufzuschlüsseln. «Ich weiß», sagte er von seinen Bildern, «sie sind lesbar – Verständnis beim Betrachter vorausgesetzt, ist jeder Teil bedeutungsvoll.» Hamiltons Werk wie seine theoretischen Äußerungen durchzieht diese Reflexion auf den Betrachter. Die Bedeutung seiner Bilder rekrutiert sich aus der Thematik der Zeit, die er beim Betrachter voraussetzen kann, übersetzt ins bildnerische Medium. «Ein besessenes Interesse an den verschiedenen Arten zu sehen auf rein technischer Ebene verband sich dabei mit einem starken Kunstbewußtsein... alles, was den Geist über die visuellen Sinne bewegt, ist Wasser auf die Mühle.»

Pop

Wie Paolozzi gehörte Hamilton zum Kreis der ‹Independent Group› in London. (Darüber mehr auf S. 112) Seine Arbeiten belegen die Beschäftigung der Gruppe mit den Massenmedien, mit Anzeigen, mit dem Material der Science Fictions u. a. Das war, in der Bestimmung Hamiltons, Pop: Rohstoff und Beleg der Technikultur, auf denen der Künstler weiterbaute, die er verbrauchte («Die Stellung Hamiltons ist die eines aufgeklärten Verbrauchers, eine Rolle, die auch für andere englische Maler – abstrakte und figurative – typisch ist», meinte Lawrence Alloway), indem er daraus seine eigene Bildwelt machte. Pop Art ist:

«populär (für eine große Masse entworfen)
vergänglich (kurzfristige Lösung)
verbraucht sich (schnell vergessen)
niedriger Preis
Massenprodukt

jung (auf die Jugend gerichtet)
witzig
sexy
gimmicky
glamorous
big business.» (16. 1. 1957) [8]

Für die Ausstellung ‹Dies ist Morgen›, 1956, in der Londoner Whitechapel Gallery, entwarf Hamilton eine Collage, die mehr als Beitrag für den Katalog denn als Ausstellungsstück gedacht war. Titel: ‹Was macht denn das heutige Zuhause so anders, so anziehend?› (Abb. 35). Die kleine Collage (26×25 cm) enthält Abbilder aller Massenmedien: den Fernsehapparat mit einer telefonierenden Frau, das Tonband usw; durch ein Fenster geht der Blick auf eine reklameüberflutete City, der Raum selbst ist von zahlreichem Mobiliar im Zeitstil vollgestellt, auf dem Sofa in der professionellen Pose das Pin-up-Girl, dazu der Muskelmann mit einer Art verpacktem Tennisschläger, der die Buchstaben POP trägt. Der Raum ist erdrückend eng, eine an der linken Blattseite aus ihm herausführende Treppe mit einer Frau, die den Staubsauger bedient, irrealisiert ihn. Er ist Bewußtseinsraum, in dem sich die Eindrücke von Ton (Tonband) und bewegtem Bild (Fernsehen) optisch niedergeschlagen haben. Alles wirkt auf den ersten Blick echt, *life*, wie ein Magazinfoto, wie eine Momentaufnahme, zerstört sich aber gegenseitig. Nicht optische Wiedergabe eines Raumes, sondern dessen Irritierung mit realistischen Mitteln. Trotz perspektivischer Anlage ist der ‹Raum› frontal, flächig. Verwandte Elemente weist das ‹*Interior*› von 1964 (Öl und Collage) auf, das beim Pittsburgh International jenes Jahres zu sehen war:

---

8 Ein anderes Mitglied der Londoner ‹Independent Group›, der Architekt Reyner Banham, schrieb später in einem Artikel ‹Wer ist dies Pop?› (Motiv 10, Winter 1962/63): «Pop Kultur betrifft Dinge, die man gebraucht und wegwirft. Nur ein Wirtschaftler könnte sich einen so flachen Widerspruch ausdenken wie ‹dauerhafter Verbraucher› – es gibt keine Pop Architektur ... Die Ästhetik von Pop basiert auf einem massiven Einschlag und geringer Dauer und zeigt sich daher am deutlichsten in solchen Erzeugnissen, die sogleich verbraucht werden, die verbraucht werden *müssen*, entweder äußerlich wie Speiseeis oder symbolisch, wie die tägliche Zeitung, die *per definitionem* nur 24 Stunden dauert. Tatsächlich sind äußerliche und symbolische Verbrauchbarkeit in der Pop Kultur gleich. –

Dies ärgert die Leute der Schönen Kunst an der Pop Art; das Gedruckte bildet die heiligen Täfelchen ihrer Kultur; sie bauen Büchereien, Universitäten und Literaturbeilagen, um ihre Dauer zu gewährleisten, während der Pop Konsument sie wie Koks und Kaugummi behandelt ... Wir kehrten zu Pop zurück in den frühen fünfziger Jahren wie [der irische Dramatiker] Behan nach Dublin zurückging, zurück zu unserer heimatlichen Literatur, unseren heimatlichen Künsten.»

auch hier plötzlich irritierte, umschlagende Perspektive, Frontalität, Flächigkeit, eine Linie setzt irgendwo an, endet irgendwo, die malerischen ‹Flecken› bezeichnen etwas, laufen dann frei aus, die ganze Szene (das Wort ist nicht zufällig, Ausgangspunkt war ein Filmbild, die Frau ist Lana Turner) wird *en miniature* auf der rechten oberen Bildseite wiederholt, ohne dort ein ‹Bild›, einen Wandschmuck oder ähnliches zu bilden. Trotz scheinbarer Vordergründigkeit entweichen diese Bilder einer vordergründigen Bestimmung.

11. Das Zeitbild: Öyvind Fahlström

Die Bilder des 1976 früh verstorbenen schwedischen Malers Öyvind Fahlström belegen, daß Bewegung als Bildelement, die Veränderlichkeit der Bildobjekte und daher eine gewisse Instabilität der bildnerischen Daten nicht auf eine mit geometrischen Mitteln arbeitende Kunst beschränkt sind. Wenn Fahlström diese variablen Bilder auch erst in den sechziger Jahren vollkommen realisiert hat, so kennzeichnet der Wille, Bewegung, Abfolge der Bilder etc. dem Bild einzugliedern, bereits seine früheren Arbeiten, etwa den 12 Meter langen und nur 27 cm hohen Fries ‹Oper› (1952/53), der, nach surrealistischen Anfängen, zum ersten Male die Welt seiner Formen voll entwickelt. Später bediente sich Fahlström eines an folkloristischen Elementen und vor allem an *Comic Strips* orientierten Formenkanons, den er jedoch – im Unterschied zum portugiesischen Künstler Bertholo (Abb. 33) – nicht in eine malerische Bildsprache rückübersetzt, dem er vielmehr eine Kühle, eine Anonymität unterlegt, die diesen Vorlagen sowohl entsprechen wie sie auch zugleich in Distanz versetzen.

Ich erinnere hier an die S. 199 f zitierte Untersuchung eines Romans von Simenon durch Helmut Heißenbüttel. «In ihrer Anonymität», stellte er zu der verwendeten Sprache fest, «könnte ihr Vokabular jedem beliebigen Massenkommunikationsmittel entstammen … Man erkennt, daß diese Anonymität dem Thema näher kommt als alle denkbare literarisch-stilistische Bemühung.» Überträgt man diese Analyse – *mutatis mutandis* – auf die Bildwelt Fahlströms, was, wie ich denke, gerechtfertigt ist, so wird man allerdings für sie einen *thematischen* Bezugspunkt finden müssen. Das Thema, dem die anonymen, austauschbaren Elemente der Bildsprache Fahlströms adäquat sind, ist der weitgespannte Komplex heutiger Erfahrung des Menschen, vom politischen Ereignis (‹Der kalte Krieg›, ein Bild von 1963/64) bis zum banalen Tagesgeschehen, zur Spiegelung sexueller Erfahrung, zur literarischen Reminiszenz (Abb. 36, ‹Der junge Doktor Benway› nach der gleichnamigen Figur von Burroughs).

Neben der kläglichen Fortführung einer gegenständlichen Malerei, die mittlerweile zum Fossil ihrer eigenen Überlieferung geworden ist, haben Maler wie Rauschenberg, wie Fahlström versucht, der Wirklichkeit dieser Zeit mit neuen Strukturen, mit neuen bildnerischen Elementen und einer neuen Vorstellung zu begegnen. Die Anatomie der Wirklichkeit, die sie unternommen haben, bedient sich geschärfter Instrumente, einer neuen Sprachlehre und gibt damit Bausteine einer zukünftigen Kunst. Kunst heute weist in ihren fortgeschrittenen Positionen eine fruchtbare Polarität auf zwischen dem konkreten Bild und Objekt und dem realitätsbezogenen Ausdruck. ‹Eine zukünftige Kunst›, die sich aus dieser Polarität entwickelt, wird zwar im Bild das ganze, autonome, umfassende Ereignis einer künstlerischen Erfahrung geben, dies aber nie als die absolute, verbindliche und ausschließende Kunst setzen können. Wenn sie die Gefährdung, die von außen wie von innen heraus ihr auflauert und über die in der Einleitung gesprochen wurde, meistert, wird Kunst ihre Breite der Vorstellung, der Realisation und der Möglichkeit erhalten. Einer kritischen und analytischen Kunstbetrachtung ist es aufgegeben, das Werk selbst vor dem Druck des gruppierenden Schlagwortes und des erdrückenden Stilmusters zu verteidigen.

ÖYVIND FAHLSTRÖM: EIN CHARAKTERSPIEL

Das grundlegende Element in meinen Bildern ist die ‹Charakter-Form›, worunter ich eine ‹abstrakte› Form mit einer besonderen individuellen Prägung verstehe, als Charakter deutlich, als formaler Typ, ohne Rücksicht auf die verschiedenen Proportionen, Farbschatten, andere Stilqualitäten etc. Sie ist aus zwei oder mehreren Grundformen (Linie, Punkt, Bogen u. a.) zusammengesetzt, die meisten von unterschiedlichem Umriß, und hat meistens eine vorherrschende Farbe. Die so erreichte Form kann man erkennen, *wenn sie wiederholt, variiert, verkleidet wird. Sie enthält ein Gleichgewicht von Teilbedeutungen, die in eine neue und namenlose, doch anreizende Bedeutung übergeführt werden. Indem man die Teilbedeutung eines Charakters überbetont, wird die Form auffallender, weniger subtil.*

Was geschieht nun, wenn ich eindeutig gegenständliche Formen einführe? Ich kann diese Überbetonung in einer Richtung auffangen, wenn ich will, indem ich eine Charakter-Form oder eine andere gegenständliche Form z. B. in einem Gesicht vereine; so deute ich es mit Hilfe des verwendeten Elementes neu: lasse es gleichzeitig in seiner eigenen Richtung und der auf es übertragenen agieren. In derselben willkürlichen Art fällt eine Kugel in einem Spiel in ein Loch mit 1000 Punkten, während es 0 gibt, wenn sie darüber hinaus rollt. Nichts setzt die Kugel und das Loch notwendigerweise in Beziehung oder begründet eine gewisse

Beziehung. So begründet die Assoziation verschiedener Elemente die Spielregeln, und das Kunstwerk hat die Struktur eines Spieles.

Dies führt unter anderem dazu, einen aktiven, teilnehmenden Betrachter vorauszusetzen, der – ob er es nun mit einem statischen oder mit einem variablen Kunstwerk zu tun hat – Beziehungen findet, um das Werk zu ‹spielen›, während die Elemente, die er nicht in Beziehung setzen kann und die ihn im allgemeinen für den Zufall disponieren, die Ungewißheit, wenn er mit den ‹Regeln› zusammenstößt, die Überraschung eines Spieles ausmacht. Eine Spielstruktur, die weder die Einseitigkeit des Realismus noch des Formalismus der abstrakten Kunst, noch die symbolische Beziehung in den surrealistischen Bildern, noch die Unbezogenheit in ‹neo-dadaistischen› Arbeiten meint. Ein unterbrochenes Bild, mehr oder weniger deutlich in Raum-und-Zeit-Phasen aufgeteilt (wie Comic Strips), ein Bild, meistens weit entfernt von einer geschlossenen, körperhaften und zentrierten Komposition. Bilder, die auf keine stilistische Einheit beschränkt sind; alle Stile und Techniken, Charakter-Formen wie fotografisch und malerisch dargestellte figurative Formen, wirkliche Gegenstände, Worte, Töne, Licht etc. können einbezogen werden, um ein Spiel der Gestalten zu formen. Wichtig wird somit die Leere; was mit, d. h. zwischen den sichtbaren Elementen des Bildes geschieht; sehr nahe ans Bild, um zu sehen, wie jedes Element aussieht – um zu erfahren, was man nicht sieht.

Die Welt gestalten

In meinen variablen Bildern wird die Betonung des ‹Charakters› oder des ‹Typs› eines Elementes dadurch erreicht, daß eine Silhouette aus Plastik oder Eisenblech geschnitten wird. Sie werden bestimmbar und berührbar, fast ‹lebendig› wie ein Gegenstand, und doch flach wie ein Bild. Mit Magneten ausgestattet, können diese ausgeschnittenen Formen aneinandergereiht, übereinandergestellt, eingefügt, weggelassen werden. Sie können in Rinnen gleiten, durch Scharniere seitwärts und durch Gelenkbänder nach vorn gefaltet werden. Sie können auch zusammengeheftet werden zu dreidimensionalen Formen.

Diese Elemente, obgleich äußerlich fixiert, erhalten ihre Charakter-Identität erst, wenn sie zusammengestellt werden; mit jedem neuen Arrangement ändert sich ihr Charakter. Dieses Arrangement wächst aus einer Verbindung von Regeln (der veränderliche Faktor) und meinen Absichten, vorgeführt in einer ‹Partitur› oder einem ‹Szenario› (in Form von Zeichnung, Fotografien oder kleinen Bildern). Die isolierten Elemente sind insofern nicht Bilder, sondern eine Maschinerie, um Bilder zu machen. Bild-Organ. Das beendete Bild steht irgendwo in der Mitte zwischen Bildern, Spielen und Puppentheater. So wie das Ausgeschnit-

tene den Typ verkörpert, so wird der Zeitfaktor im Bild greifbar durch die vielen, im Prinzip unendlichen Phasen, in denen die Elemente auftreten können. Wie früher, in meinen ‹Welt›-Bildern wie ‹Ade-Ledic-Nander› und ‹Sitting . . .› eine Form an zehn verschiedenen Orten auf der Leinwand gemalt wurde, so kann sie nun in zehn verschiedenen Arten während einer bestimmten Zeit geordnet werden. Die Rolle des Betrachters als Regisseur des Bild-Spieles wird bedeutsam sein, sobald diese Werke in einer großen Anzahl von Repliken hergestellt werden können, so daß jeder Interessierte eine Bild-Maschine in seiner Wohnung haben und ‹die Welt gestalten› kann, entsprechend seiner oder meiner Wahl. (1)

ROBERT RAUSCHENBERG: FAHLSTRÖM

Die logische oder unlogische Beziehung zwischen einem Ding und einem anderen befriedigt den Künstler nicht mehr, denn das Bewußtsein wächst, daß er selbst in seinem großartigsten und heroischen Augenblick teilhat an einem dichten, unangreifbaren Kontinuum, das ohne irgendeine Entscheidung, ohne Zutun seinerseits beginnt und aufhört.

Ich sehe, daß Fahlström diese Tatsache in seinem Werk anerkennt; seine Charaktere können im Plan des Bildes jede Form annehmen, als Antwort auf eine offene Dramatik des Bildentwurfes. Sie sind frei, zu handeln, zusammenzugehen, zu verkörpern, zusammenzustoßen oder zusammenzubrechen, eine Antwort an einem Platz, ohne geschmackvollen Sinn für die kompositionellen vier Seiten der Leinwand; diese scheint nur als der Papierbogen zu dienen, der die Information aufzeichnet. Die Technik liegt darin, was geschieht, sowie im Geschehen, das seine eigene Identität und persönliche Eigenschaft begründet, das aber so offen bleibt wie das Zeichen, das es bestimmt. In einem Maler wie Fahlström kann man verfolgen, welche Enttäuschung er vermutlich erfährt, indem er die Skala seiner Zeichen nicht ins Unsichtbare fortführen kann und doch fortfährt. Er gebraucht das Bekannte verschlüsselt, das Exotische vertraut. Keines verleugnet seinen Ursprung völlig, doch die Erinnerung wandert, um ihm nachzuspüren, so wie das Auge sich wandelt, um sich darauf einzustellen. Am Ende war ein Bild, das man betrachtet hat, eine Einladung, kein Befehl, doch so gemalt, daß man es nur wahrnimmt, wenn man die Regeln des Entwurfes angenommen hat. Keine Trennung zwischen dem Buchstäblichen und dem Literarischen. Kein Wettstreit besteht zwischen dem äußeren Charakter des Materials und der Funktion der Zeichen. Beide bleiben eindrucksvoll gemischt. (2)

BIOGRAPHIEN MIT LITERATURANGABEN[1]

ARMAN (FERNANDEZ)

Geboren am 17. 11. 1928 in Nizza, besuchte Arman die Ecole des Arts Décoratifs, Ecole des Beaux-Arts und Ecole du Louvre in Paris. Die verschiedenen Etappen seines Werkes sind in dem Kapitel über ihn (S. 205 f) bezeichnet. Arman stellt seit 1956 aus, erste Einzelausstellung in diesem Jahr in der Galerie du Haut Pavé, P. Es folgten: Galerie La Roue, P 1957; Galerie Iris Clert, P 1958; Galleria Apollinaire, M 1959; Galerie Schmela, Düsseldorf 1959; Galerie Saint-Germain; Galerie Iris Clert; Galerie Le Plein; alle P 1960. Galleria Schwarz, M 1961; Cordier & Warren Gallery, NY 1961; Dwan Gallery, Los Angeles 1962; Galerie Saqqarah, Gstaad 1962; Galerie Lawrence, P 1963; 65; Sidney Janis Gallery, NY 1963, 65; Galerie Schmela, Düsseldorf 1963; Stedelijk Museum, Amsterdam 1964; Museum Haus Lange, Krefeld 1965; Palais des Beaux Arts, Brüssel, 1966; Musée des Arts Décoratifs, P 1969; Stedelijk Museum, A 1969; Kunsthalle Berlin 1969; Städtische Kunsthalle, Düsseldorf 1969; Moderna Museet, Stockholm 1970; Galerie Beaubourg, P 1981; Musée Picasso, Antibes. Arman war an zahlreichen Gruppenausstellungen beteiligt: 3. ‹Festival de l'Art d'Avant-Garde›, ‹A 40° au – dessus de Dada›, Galerie J, beide P; ‹Zero›, Galerie Schmela, Düsseldorf; ‹The Art of Assemblage›, MoMA, NY; ‹Von Pollock zu Arman›, Galerie Saqqarah, Gstaad, alle 1961. ‹New Realists›, Sidney Janis Gallery, NY 1962; ‹Les Nouveaux Realistes›, Galerie im Künstlerhaus, München 1963; ‹Neue Realisten & Pop Art›, Akademie der Künste, B 1964; Documenta III, Kassel 1964; ‹Painting & Sculpture of a Decade 54–64›, Tate Gallery, L 1964; ‹Westkunst›, Messehallen Köln 1981; ‹Art contre / against Apartheid›, Fondation National des Arts Graphiques et Plastiques, P 1983. Erhielt 1966 den 1. Marzotto Preis. Lebt in New York, Nizza und Paris. Seit 1972 amerikanischer Staatsbürger.

Veröffentlichungen:

Gegenstände (über Film), blätter + bilder, Heft 7, März/April 1960 (1) / Réalisme des Accumulations, Zero, 3, 1961 / Interview mit A., art press 8, 1974

Literatur:

P. Restany, in: Lyrisme et Abstraction. M 1960 / W. Seitz, Ausst.kat. Assemblages, Museum of Modern Art, NY 1961 / M. Ragon, in: Naissance d'un art nouveau. P 1963 / P. Jones, A. and the magic power of objects, Art

---

1 Künstler, die in ‹Theorien zeitgenössischer Malerei› (rde Bd. 182, 1963) zu Wort gekommen und denen dort Biographien gewidmet sind, werden hier nicht nochmals aufgenommen. Wie das vorliegende Buch, so bedarf auch dieser Anhang der Ergänzung durch den eben genannten Band (Neuausgabe bei Ullstein Materialien, 1986.) – Die unter ‹Veröffentlichungen› und ‹Literatur› genannten Titel sind eine Auswahl, die sich hauptsächlich bis zum Jahr 1964 erstreckt. Zusammenfassende Darstellungen zeitgenössischer Kunst, die sich *auch* mit den hier behandelten Künstlern befassen, wurden im allgemeinen nicht berücksichtigt. Auf ein umfassendes Literaturverzeichnis zur gegenwärtigen Kunst mußte aus Raumgründen verzichtet werden. – Abkürzungen: A = Amsterdam, B = Berlin, ICA = Institute of Contemporary Arts, L = London, M = Mailand, MoMA = Museum of Modern Art, NY = New York, P = Paris, R = Rom.

Alle Übersetzungen des Buches, wenn nicht anders vermerkt, vom Verfasser.

International, VII/3, März 1963 / P. Restany, The New Realism, Art in America, 1963 (vgl. auch zahlreiche andere Artikel von Restany über dieses Thema); ders.,A., Quadrum, 17, 1964 / G. R. Swenson, A. and esthetic change, Quadrum, 17, 1964 / A. Jouffroy, A., L'Œil (P), Nr. 126, Juni 1965.

Francis Bacon

Geboren am 28. 10. 1909 als Sohn englischer Eltern in Dublin, als Maler Autodidakt. Ließ sich nach Reisen in Deutschland und Frankreich Ende der zwanziger Jahre in London nieder, entwarf Möbel und Innendekoration. Nur wenige Bilder bis 1944 sind erhalten. Nahm in den dreißiger Jahren an einigen wenigen Ausstellungen teil und hatte seine erste Einzelausstellung 1949 in der Hanover Gallery, L. Es folgten zahlreiche Ausstellungen, so: Retrospektivausstellung im ICA, L 1955; Marlborough Gallery, L 1960; Retrospektivausstellung in der Tate Gallery, L; Kunsthalle Mannheim; Galleria Civica d'Arte Moderna, Turin, alle 1962; The Solomon Guggenheim Museum, NY 1963; Kunstverein Hamburg 1965 (diese Ausstellung war auch in Stockholm und Dublin 1965 zu sehen); Galerie Maeght, P 1966; Grand Palais P 1971/72; Staatsgalerie Stuttgart 1985/86; Nationalgalerie Berlin 1986. Bacon war außerdem beteiligt bei: ‹Neue Tendenzen in der realistischen Malerei›, ICA, L 1952; Biennale Venedig 1954; Biennale Sao Paulo 1959; Documenta II, III, Kassel 1959, 64; ‹Painting & Sculpture of a Decade 54–64›, Tate Gallery, L 1964; ‹Westkunst›; Messehallen Köln 1981. Lebt in London.

Veröffentlichungen:

Matthew Smith – A Painter's Tribute, Ausst.kat. M. S., Tate Gallery, L 1953 / Text im Ausst.kat. ‹The New Decade. 22 European Painters and Sculptors›, Whitney Museum, NY 1955 / Der Tradition eine neue Wendung geben (Gespräch mit F. B. von S. Spender), Die Weltwoche, 19. 10. 1962 / The Art of the Impossible (Gespräch mit F. B. von D. Sylvester), The Sunday Times Colour Magazine (L), 14. 7. 1963 (1); z. T. nachgedruckt im Ausst.kat. F. B., Marlborough New London Gallery, L 1963; zuerst als Interview in BBC, 3. Programm, 21. 10. 1962 / Zwei Statements in: E. Protter, Painters on Painting. NY 1963 / Ce qu'a dit F. B. à David Sylvester, Ausst.kat. Galerie Maeght, P 1966 / D. Sylvester, Interviews with F. B. 1962–1979, L 1980.

Literatur:

R. Melville, F. B., Horizon, XX, Dez. 1949–Jan. 1950; ders., The Iconoclasm of F. B., World Review, New Series (L), Nr. 23, Jan. 1951 / S. Hunter, F. B.: The Anatomy of Horror, Magazine of Art (Washington), XCV, Jan. 1952 / D. Sylvester, The Paintings of F. B., The Listener, 3. 1. 1952; ders., F. B., Britain Today (L), Nr. 214, Febr. 1954; ders., Ausst.kat. Biennale Venedig 1954 / Points of View: B. and Balthuss, Art News and Review (L), III, 26. 1. 1952 (Berichte einer Diskussion im ICA) / M. Clarac-Sérou, Ausst.kat. F. B. ICA, L 1955 / F. Rubin, F. B., Kunst (Kopenhagen), II, Febr. 1955 / A. C. Ritchie, Ausst.kat. ‹Masters of British Painting 1800–1950›, MoMA, NY 1956/57 / R. Penrose, Ausst.kat. Galerie Rive Droite, P 1957 (auch Text von D. Sylvester) / Portrait Gallery: F. B., The Sunday Times (L), 5. 5. 1957 / L. Hoctin, F. B. et la hantise de l'homme, XXe Siècle, Nr. 11, 1958 / P. Selz, Ausst.kat. ‹New Images of Man›, MoMA, NY 1959/60 / R. Melville, Ausst.kat. V. Biennale Sao Paulo 1959 (auch Ausst.kat. Marlbourough Fine Art, L 1960); ders., Der Maler F. B., Werk,

XLVIII, Jan. 1961 / L. Alloway, Dr. No's Bacon, Art News and Review, 9. 4. 1960 / Helen Lessore, A Note on the Development of F. B.'s Painting, X (L), II, Nr. 1, März 1961 / S. Spender, F. B., Quadrum, 11, Dez. 1961; ders., F. B., Ausst.kat. Kunsthalle Mannheim, 1962 / J. Rothenstein, Ausst.kat. F. B., The Tate Gallery, L 1962, und Ausst.kat. Kunsthaus Zürich, 1962 / Jasia Reichardt, F. B., London Magazine, New Series, II, Juni 1962; dies., Art in America, 1963; Some Aspects of the Human Image, Metro, 8, 1963 / L. Carluccio, Ausst.kat. Galleria d'Arte Galatea, M 1962 / R. Alley, F. B., Cimaise, X, Jan./Febr. 1963 / P. Gorsen, Die Revision des Porträts durch F. B., Das Kunstwerk, XVII, 2–3, Aug./Sept. 1963 / M. Roskill, F. B. as a Mannerist, Art International, VII/7, Sept. 1963 / J. Russell, Peer of the Macabre – F. B., Art in America, Bd. 51, Nr. 5, Okt. 1963; ders., F. B., L 1964 / A. Forge, B.: The paint of screams, Art News, Bd. 62, Nr. 6, Okt. 1963 / Jane Harrison, Dissent on F. B., Arts Magazine, Bd. 38, Nr. 3, Dez. 1963 / J. Rothenstein, R. Alley, F. B., L 1964 (erste umfassende Monographie) / M. Leiris, ce que m'ont dit les peintures de F. B., Ausst.kat. Galerie Maeght, P 1966 / F. B., Ausst.kat. Grand Palais P 1971/72 / M. Leiris, B., Picasso, Masson, Frankfurt/M. 1982 / D. Ades und A. Forge, F. B., L 1985 / F. B., Ausst.kat. Staatsgalerie Stuttgart 1985/86 (ausführliche Bio- und Bibliographie).

Max Bill

Geboren am 22. 12. 1908 in Winterthur, studierte 1924–27 an der Kunstgewerbeschule Zürich und 1927–29 am Bauhaus in Dessau. Seit 1930 als Architekt, Maler, Plastiker, Publizist, Produktgestalter in Zürich tätig. 1932–36 Mitglied der Pariser Gruppe ‹Abstraction – Création›, 1937 Mitglied der Vereinigung moderner Schweizer Künstler ‹Allianz›, deren Allianz-Verlag er 1941 gründet. Organisiert 1944 die internationale Ausstellung ‹Konkrete Kunst› in Basel und 1960 eine gleichnamige Schau im Züricher Helmhaus. 1944–45 Lehrauftrag für Formlehre an der Kunstgewerbeschule in Zürich, 1947 Gründung des Instituts für progressive Cultur. 1951–56 Rektor und Dozent der von ihm entworfenen Hochschule für Gestaltung in Ulm. Bill gestaltete 1936 und 1951 den Schweizer Pavillon der Mailänder Triennale, wobei er 1951 den Grand Prix erhielt, und war an der ‹Expo› in Lausanne 1964 beteiligt. Sein Werk war in vielen Einzelausstellungen zu sehen, so: Kunsthalle Bremen 1930; Kunsthalle Basel 1944; Kunsthaus Zürich 1949; Museu de Arte, Sao Paulo 1950; auf der dortigen ersten Biennale, 1956, erhielt er den internationalen Preis für Plastik; Museum der Stadt Ulm 1956 u. ö.; Galerie Suzanne Bollag, Zürich 1958, 60, 63; Städt. Museum Leverkusen 1959, 63; Studio f, Ulm 1959, 63; Staatsgalerie Stuttgart 1960; Kunstmuseum Winterthur 1960; Galerie Iris Clert, P 1962; Staempfli Gallery, NY 1963/66; Galerie Gimpel & Hanover, Zürich 1963; Hanover Gallery, L 1966; Helmhaus Zürich 1983. Bill war außerdem an dem Pittsburgh International 1961/62 und an Documenta I, II, III in Kassel beteiligt.

Veröffentlichungen:

Über konkrete Kunst, Werk, Nr. 8, 1938 / Von der abstrakten zur konkreten Kunst, Amphioxas (Zürich), 1946 / Die mathematische Denkweise in der Kunst unserer Zeit, Werk, Nr. 3, März 1949, und Ausst.kat. ‹Pevsner, Vantongerloo, Bill›, Kunsthaus Zürich 1949; etwas überarbeitet erschien dieser Text auf englisch in Structure (Amsterdam), Serie 3, Nr. 2, 1961. Der abgedruckte Text (1) stellt die gekürzte Fassung dieses überarbeiteten Aufsatzes dar. / Schönheit aus Funktion und als Funktion, Werk, Nr. 8. Aug. 1949 / De la Surface à l'Espace, XXe Siècle, Jan. 1950, und in Architecture 53, Brüssel 1953 / Form (eine Bilanz der Formentwicklung um die Mitte des XX. Jahrhunderts). Basel 1952 / Vom Flächigen zum Räumlichen, Spirale (Bern) Nr. 3, 1954 / The beginning of a new epoch in architecture, Architectural Design, Bd. XXV, Nr. 11, Nov. 1955 / Die gute Form. Winterthur 1957 / Text im Ausst.kat. ‹Konkrete Kunst›, Helmhaus Zürich 1960 / Struktur als Kunst? Kunst als Struktur?, in: G. Kepes, Structure in art and science. NY 1965 / M. B., Ausst.kat. Marlborough Fine Art, L 1974 (Zitate aus Büchern) / M. B., System mit fünf vierfarbigen Zentren, St. Gallen 1972.

Literatur:

G. Schmidt, La variation d'un même thème dans les beaux arts, XXe Siècle, Nr. 4, 1938; ders., M. B.s Kontinuität, Werk, Nr. 3, 1948; ders., M. B. Neuchâtel 1957 / H. Kayser, Continuità di M. B., Domus, Nr. 223/224/225, 1947 / W. Grohmann, M. B., Azimuth (M), Nr. 7, April–Mai 1950; ders., Ausst.kat. Museum Ulm 1956 / E. N. Rogers, M. B., Magazine of Art, Mai 1953; ders. in: Ausst.kat. Museum Ulm 1956 / A. Hill, M. B., the search of the unity of the plastic arts, Typographica (L), Nr. 7, 1953 / T. Maldonado, M. B. Buenos Aires 1955 / E. Gomringer, Hg., M. B. (Beiträge von Bense, Grohmann, Lohse, Marti, Rogers, Scheidegger u. a.). Teufen 1958; ders., Vielfalt und Einheit der gestalteten Welt, Werk, Nr. 8, Aug. 1960 (engl. in: Architects Year Book, L, Nr. 10, 1962) / Margit Staber, Das Experiment Ulm, Quadrum, 3, 1957; dies., M. B. und die Umweltgestaltung, Zodiac, Nr. 9, 1962; Una documentazione sulla Hochschule für Gestaltung Ulm, Casabella (M), Nr. 259, 1962; M. B. L 1964; M. B., Art International, X/5, Mai 1966 / V. Gregotti, Complessità di M. B., Casabella, Nr. 228, 1959 / M. Katzumie, M. B. and the integrity of styles, Design (Tokio), Nr. 1 / M. Bense, M. B. 1963, Art International, VII/3, März 1963 / M. B., Ausst.kat. Centre national d'art contemporain, P 1969 / J. N. Wood, M. B. in Buffalo, Ausst.kat. Buffalo Art Gallery 1974/75 / E. Hüttinger, M. B., Zürich 1977 / V. Anker, M. B. ou la recherche d'un art logique, Lausanne 1979 / A. Patocchi, M. B., Ausst.kat. Commune di Lugano 1980 / M. B., Ausst.kat. Helmhaus Zürich 1983.

Piero Dorazio

Dorazio, geboren am 29. 6. 1927 in Rom, lebt zur Zeit abwechselnd in Todi (Italien) und Nordamerika. Er redigierte 1947 mit Consagra, Turcato, Perilli, Accardi, Guerrini, Sanfilippo das Manifest ‹Forma I›, gegen den Realismus. War Mitorganisator der ersten und zweiten ‹Mostra nazionale di arte astratta› in Rom (1948, 51). Gründete mit Perilli und Guerrini die Galerie und Gruppe ‹Age d'or› (1945–51). Nahm teil am ‹Movimento d'arte concreta›, Mailand (1948 von Soldati, Dorfles, Munari, Monnet gegründet, bis 1958). Redigierte die Zeitschrift ‹Arti visive›, Rom 1952–53. 1960, 61, 63, 64 Vorlesungen an der School of Fine Arts, University of Pennsylvania, Philadelphia. Dorazio gewann verschiedene Preise, so den Internationalen Preis der II. Biennale in Paris, 1961. – Einzelausstellungen u. a.: Galleria La Tartaruga, R 1957; Galerie Springer, B 1959; Galerie Seide, Hannover 1960; Howard Wise Gallery, Cleveland 1961; Galleria Quadrante, Florenz 1962; Galleria dell'Ariete, M 1962; Galleria La Salita, R 1962; Galerie

Müller, Stuttgart 1962; Marlborough Galleria d'Arte, R 1964; Cleveland Museum of Art, Cleveland 1965; Galerie im Erker, St. Gallen 1966. – War beteiligt an Documenta II, III (1959, 64) in Kassel; Carnegie International, Pittsburgh 1959; Biennale Venedig 1960/66; ‹Nove tendencije›, Zagreb 1961; ‹NUL›, Stedelijk Museum Amsterdam 1962; ‹Konkrete Kunst›, Helmhaus Zürich 1960; ‹Monochrome Malerei›, Städtisches Museum Leverkusen 1960; ‹Komplexe Farbe›, Galerie Roepcke, Wiesbaden 1962 u. ö.; ‹Europäische Avantgarde›, Römer, Frankfurt a. M. 1963; ‹The Responsive Eye›, MoMA, NY 1965 u. ö., 33. Biennale, Venedig 1966.

Veröffentlichungen:

La fantasia dell'arte nella vita moderna. R 1954 (Buch) / Neo-Neo-Nuovo-New-Nouveau-No, Metro, 3, 1961 / Text im Faltblatt der Ausst. ‹Komplexe Farbe›, Galerie Roepcke, Wiesbaden 1962 (1, gekürzt) / P. D.: Notes on the art of painting, Tracks, 1, 1975.

Literatur:

U. Apollonio, in: Bilan de l'Art Actuel. P 1953; ders. in: Quadrum, 16, 1964 / G. C. Argan, Ausst.kat. Galerie Springer, B 1959 (auch in Nota, München, Nr. 3, 1959) / W. Grohmann, Ausst.kat. Kunsthalle Düsseldorf 1961; ders. in: Connaissance des Arts (P), 1961; ders., P. D., or a return to quality in painting, Metro, 4/5, 1962 / E. Migliorini, Obiettività di D., und G. Dorfles, Ausst.kat. Quadrante, Florenz 1962 / E. Gomringer, Vom Tachismus zur ‹Komplexen Farbe›, Werk, Jg. 50, Nr. 7, Juli 1963 / M. Mendes, Ausst.kat. Marlborough Galleria d'Arte, R 1964 / E. B. Henning, On P. D., Art International, IX/9–10, Dez. 1965 / K. Leonhard, Ausst.kat. Galerie im Erker, St. Gallen 1966 / G. Ungaretti, P. D., St. Gallen 1976 / P. D., Ausst.kat. Albright-Knox Art Gallery, Buffalo 1979 / P. D., Ausst.kat. Bayerische Staatsgemäldesammlungen, München 1981/82.

Öyvind Fahlström

Geboren am 28. 12. 1928 in Sao Paulo, schwedischer Nationalität, lebte abwechselnd in New York und Stockholm, 1976 gestorben. Einzelausstellungen: Galeria Numero, Florenz 1952; Galerie Aesthetica, Stockholm 1955; Galerie Cordier, P 1959/1962; Galerie Blanche, Stockholm 1959; Cordier & Ekström Gallery, NY 1964; Modernat Museet, Stockholm 1979; Centre Georges Pompidou, P 1980. – Beteiligt an den Ausstellungen: ‹Phases›, P. 1956; Pittsburgh International 1960; ‹New Realists›, Sidney Janis Gallery, NY 1963; Biennale Venedig 1964/66; nahm teil an den ‹9 Evenings: Theatre & Engineering›, NY 1966; ‹Westkunst›, Messehallen Köln 1981.

Veröffentlichungen:

En Gata Full Av Presenter, Konstrevy, Jg. XXXVII, Nr. 5–6, 1961 / Någon säger: det ser verkligen så ut, Konstrevy, Jg. XXXIX, Nr. 2, 1963 / A Game of Character, Art and Literature, Nr. 3, 1964 (1) / Interpretationen zu eigenen Bildern, Ausst.kat. Biennale Venedig, 1966 / Ö. F., The Black Room, a Theatre Play, Tracks, 2, 1976.

Literatur:

I. Laaban, Ö. F., Phases 2, 1955 / J. Pierre, Les Galleries, Cahiers du musée de poche, Nr. 2, Juni 1959; ders., Refléter le souffle vital, o. c., Nr. 4, Mai 1960 / R.

Rauschenberg, Ö. F., Art and Literature, 3, 1964 (geschrieben Okt. 1961) (2) / J.-A. França, Présentation mythologique de la ‹nouvelle imagerie›, Les Temps Modernes, Jg. 20, Nr. 221, Okt. 1964 / Suzi Gablik, F.: A Place for Everything, Art News, Bd. 65, Nr. 4, 1966 / T. Ekböm, Ö. F.: Models of Shattered Reality, Art International, X/6, 1966 / Ö. F., Ausst.kat. Galerie Buchholz, München 1974 / Ö. F., Ausst.kat. Moderna Museet, Stockholm 1979 / Ö. F., Ausst.kat. Centre Georges Pompidou, P 1980.

Lucio Fontana

Am 19. 12. 1899 in Rosario Santa Fé (Argentinien) als Sohn italienischer Eltern geboren. Gestorben 1968 in Varese (Italien). Studierte an der Mailänder Accademia di Brera. Stellte zwischen 1936 und 1937 mit der Pariser Gruppe ‹Abstraction-Création› aus, ging 1939 nach Argentinien, von wo er 1946 nach Italien zurückkehrte. Noch in Buenos Aires veröffentlichte er 1946 das ‹Manifiesto Blanco›, das ‹Weiße Manifest›, dem 1954 ein ‹Manifesto Tecnico› folgte. 1947 gründete Fontana das ‹Movimento Spaziale›, eine Gruppe von Künstlern, Kritikern und Galeristen umfassend. Seit 1948 wieder mit Keramiken beschäftigt. Arbeitete mit Architekten an verschiedenen angewandten Objekten; so konstruierte er 1950 für die Firma Breda auf der Mailänder Messe eine ca. 25 Meter lange Decke. Entwarf eine Plastik aus Röhrenlicht für die Eingangshalle der 9. Mailänder Triennale 1952. – Fontana zeigte sein Werk auf zahlreichen Ausstellungen, so u. a.: Galleria del Milione, M 1932, 34, 36, 39, 48; Galerie Müller, Buenos Aires 1942; Galleria del Naviglio, M 1949, 52, 53, 57, 59; Galerie Schmela, Düsseldorf 1958; Galerie Stadler, P 1959; Galleria L'Attico, R 1959; Martha Jackson Gallery, NY 1960; Museum Leverkusen 1961, 62; McRoberts and Tunnard Gallery, L 1960, 62, Galerie Iris Clert, P 1961; Galerie Rive Droite, P. 1961; Tokyo Gallery, Tokio 1962; Galerie Gimpel & Hanover, Zürich 1963; Marlborough Galleria d'Arte, R 1964; Galerie Alexandre Iolas, P. 1965; Kunsthaus Zürich 1976; The Solomon Guggenheim Museum, NY 1977; Palazzo Pitti, Florenz 1980; Musei Civici di Varese 1985. – Fontana hat weiterhin an den Biennalen in Venedig 1930, 48, 50, 54, 58, 66; an der Biennale in Sao Paulo 1959; Documenta II, Kassel 1959; ‹Painting & Sculpture of a Decade 54–64›, Tate Gallery, L 1964, teilgenommen; ‹Westkunst›, Messehallen Köln 1981; ‹Exhibition-Dialog›, Modern Art Center Gulbenkian, Lissabon 1985.

Veröffentlichungen:

Manifiesto Blanco. Buenos Aires 1946; deutsch: Ausst.kat. Städt. Museum Leverkusen 1962; Übersetzung: Dr. F. Rau (1, gekürzt); Neuauflage Galleria Apollinaire, M 1966 / Manifesto Tecnico dello Spazialismo, M 1954 / Text im Begleitblatt der Ausst. ‹Miriorama› 10, Galleria Salita, M 1961 / L. F.: The last interview, in: Studio International 1972.

Literatur:

E. Persico, L. F. M 1934 / H. Baumbach, L. F. M 1938 / G. C. A(rgan)., Le Arti (Florenz), Febr. 1939 / D. Morosini, 20 Disegni di L. F. M 1940 / J. Zocchi, L. F. Buenos Aires 1946 / G. Dorfles, Le Ceramiche di F., La Fiera Letteraria, 13. Juni 1948 / B. Joppolo, Concetti Spaziali di L. F. M 1951 / A. Pica, F. Venedig 1953 / G. P. Giani, in: Spazialismo. M 1956; ders., F. Venedig 1958 / E. Crispolti, Ausst.kat. Galleria L'Attico, R 1959 / G. Ballo, L. F. und der Spazialismo,

Cimaise, Jg. 7, Nr. 48, April–Juni 1960 / M. Tapié, Devenir de F. Turin und NY 1961 / K. Leonhard, L. F., Das Kunstwerk, Juli/Aug. 1961 / Texte von U. Kultermann, L. Alloway, J.-E. Cirlot, E. Crispolti, Ch. Damiano, O. Piene, H. Mack u. a. in: Ausst.kat. Städt. Museum Leverkusen, 1962 / O. Piene, Rede zur Eröffnung der F.-Ausstellung, Leverkusen 1962, Feuilleton 3, (Stuttgart) April 1962 / J. Kermoal, Psychoanalyse de F., Metro, 7, 1962 / P. Rouve, L. F., Quadrum, 14, 1962 / T. Lundgren, L. F., Konstrevy, 5–6, 1963 / G. Dorfles, L'ultimo F., Art International, VII/9, Dez. 1963 / E. Crispolti, Carriera ‹Barocca› di F. M 1963 / G. Ballo, Ausst.kat. Marlborough Galleria d'Arte, 1964 / S. Simon, The F. Problem, Art International, X, 6, 1966 / P. Fossati, L. F.-Concetti spaziali, Turin 1970 / E. Crispolti und J. van der Marck, L. F., Brüssel 1974 (2 Bde.) / F. Tempesti, L. F., Ausst.kat. Palazzo Pitti, Florenz 1980 / L. F., Ausst.kat. Palacio de Velázquez, Madrid 1982 / G. Ballo, Omaggio a F., Ausst.kat. Genf 1983 / L. F., Ausst.kat. Haus der Kunst, München 1984.

Rupprecht Geiger

Geboren am 26. 1. 1908 in München. Lehrte 1965–72 an der Staatlichen Kunstakademie Düsseldorf. Geiger studierte Architektur, ist als Maler Autodidakt. Er war Gründungsmitglied der Künstlergruppe ‹Zen 49›. Geiger erhielt 1951 den Domnick-Preis und 1958 den Preis der Internationalen Triennale für Farbgrafik in Grenchen, Schweiz. Einzelausstellungen: Galerie Der Spiegel, Köln 1953; Galerie Schüler, B 1956, 62; Galerie Samlaren, Stockholm 1956; Galerie Iris Clert, P 1957; Galerie Schmela, Düsseldorf 1958; Galleria Medusa, R 1960; Galerie Otto Stangl, München 1953, 58, 61, 62, 64; Galerie Zwirner, Essen 1961; Kunstverein Freiburg i. Br. 1963; Kunstverein Wolfsburg 1964; Museum von der Heydt, Dortmund 1966; Kestner-Gesellschaft, Hannover 1967; Städtische Kunsthalle, Düsseldorf 1976, 85; Städtische Galerie im Lenbachhaus, München 1978; Städtische Kunsthalle, Mannheim 1982; Akademie der Künste, Berlin 1985; Wilhelm-Hack-Museum, Ludwigshafen 1985. Geiger war u. a. an den Gruppenausstellungen beteiligt: International Pittsburgh 1958/61; Documenta II, III, Kassel 1959; 64; Biennale Sao Paulo 1959; ‹International Art Exhibition›, Tokio 1959; Solomon-Guggenheim-Preis, The Solomon Guggenheim Museum, NY 1959; Wanderausstellung deutscher Malerei, Nordamerika 1962; ‹Premio Marzotto›, Valdagno 1962 u. ö.; Wanderausstellung deutscher Kunst, Dänemark, Finnland, 1964; ‹German Artists of Today›, Auckland, Neuseeland, 1965.
Veröffentlichungen:
Farbe ist Element, Düsseldorf 1975 / Gedanken zur Farbe, in: Ausst.kat. R. G., Städtische Galerie im Lenbachhaus, München 1978 / Architekturbezogene Kunst, Junior Galerie München 1983.
Literatur:
W. Grohmann, Ausst.kat. Galerie Iris Clert, P. 1957; ders., Vorwort zum Mappenwerk des Abstracta-Verlages, Freiburg i. Br. 1961 / F. Roh, Ausst.kat. Galerie Otto Stangl, München 1958 / J. A. Thwaites, Vorworte zu den Mappenwerken ‹AER› und ‹PYR›, Galerie Otto Stangl, München 1962; ders. in: Ausst.kat. Galerie für moderne Kunst, Hannover / J. Claus, Ausst.kat. ‹La Giovane Pittura d'Avanguardia›, Galleria San Fedele, M 1962 / Texte von W. Grohmann, R. Koehler, F. Roh, J. A. Thwaites in: Ausst.kat. Kunstverein

Wolfsburg 1964 / H. Read, On R. G., Ausst.kat. Galerie und Edition Toni Gerber, Bern 1964 / C. Bänfer, Ausst.kat. ‹Geiger. Pfahler. Uhlmann›, Westfälischer Kunstverein, Münster 1965 / R. G. und Schüler, Düsseldorf 1970 / R. G.-Werkverzeichnis Druckgrafik 1948–72, Düsseldorf 1972 / H. Heißenbüttel, R. G., Stuttgart 1972 / J. Heusinger von Waldegg, R. G., in: Ausst.kat. Städtische Kunsthalle, Mannheim 1982 / B. G., Ausst.kat. Akademie der Künste, Berlin 1985.

Karl Otto Götz

Geboren am 22. 2. 1914 in Aachen. Er besucht 1931 und 1932 die dortige Kunstgewerbeschule. Ab 1936 Experimente mit abstrakten Filmen, Fotogrammen, Fotomalerei. Gibt von 1948–53 die Zeitschrift ‹Meta‹ heraus, von der 10 Nummern erscheinen. 1949 Kontakt mit der Cobra-Gruppe, Mitarbeit an der Zeitschrift Cobra. 1950–59 in Frankfurt a. M. 1959–79 lehrte er an der Staatlichen Kunstakademie Düsseldorf. Lebt in Niederbreitbach-Wolfenacker. Einzelausstellungen u. a.: Studio Rasch, Wuppertal 1946; Galerie Gerd Rosen, B 1948/50; Zimmergalerie Franck, Frankfurt a. M. 1950, 53; Galerie Creuze, P 1954, 56; Kestner-Gesellschaft, Hannover 1956; Galerie Cordier, P 1957; Galerie 22, Düsseldorf 1958; Galerie Cordier, Frankfurt a. M. 1959, 60; Galleria Attico, R 1961, 63; Galerie Schmela, Düsseldorf 1961; Galerie Müller, Stuttgart 1961; Galleria del Naviglio, M 1961; Palais des Beaux-Arts, Brüssel 1964; Galerie Gunar, Düsseldorf 1966; Suermondt-Museum, Aachen 1967; Städtische Kunsthalle, Mannheim 1969; Galerie Hennemann, Bonn 1975 u. ö.; Städtische Kunsthalle, Düsseldorf 1984 / Moderne Galerie des Saarlandmuseums, Saarbrükken 1984 / Galerie der Stadt Esslingen, 1984–85. Götz war beteiligt an den Ausstellungen der Cobra-Gruppe in Amsterdam (1949), Brüssel (1950), Lüttich (1951) und bei den Ausstellungen der ‹Phases› in Paris (1954, 56, 61, 62, 63, 64), Amsterdam (1957), Kyoto (1958), Santa Fé (1959), Krakau, Warschau (1960) und an anderen wichtigen Gruppenausstellungen wie: Biennale Venedig 1958; ‹Vitalità nell'Arte›, Palazzo Grassi, Venedig 1959 u. ö.; Documenta II, Kassel 1959; ‹Antagonismes›, Musée des Arts Décoratifs, P 1960; ‹Bild und Bühne›, Kunsthalle Baden-Baden 1965 / ‹Westkunst›, Messehallen Köln, 1981.
Veröffentlichungen:
La référence manquée, Rixes, Nr. 1, (P) 1950 / Späte Lehre, Cobra, Nr. 5, 1950 / L'art populaire allemand, Cobra, Nr. 6, 1950 (alle unter dem Pseudonym: André Tamm) / Lettre à Shiryu Morita, Bokubi, Nr. 55, (Kyoto) 1956 / Gemaltes Bild – Kinetisches Bild, blätter + bilder, Nr. 5, Nov./Dez. 1959 (2) / Vom abstrakten Film zur Elektronenmalerei, in: Movens. Wiesbaden 1960 / Elektrische Malerei und ihre Programmierung, Das Kunstwerk, XIV/12, Juni 1961 / Texte théorétique sur le mouvement-de-bras dans la peinture, Alternative Attuali, R 1962 / S. Morita, Interview mit K. O. G., Bokubi, Nr. 121 (Kyoto), 1962 / Texte über den Maler Reimer Jochims. Ausst.kat. Galerie Roepcke, Wiesbaden 1963 / Meta (Bericht über die von ihm herausgegebene Zeitschrift), Akzente 1/63, Febr. 1963 / Das manipulierte Bild, Magnum, H. 47, 1963 / Wie ich male, Was da ist. Kunst und Literatur in Frankfurt. Frankfurt a. M. 1963 (1) / Bildende Kunst und Kommunikation, Düsseldorf (Akademie), 1963 / Probleme der Bildästhetik (mit Karin Götz), Düsseldorf 1972 / Erinnerungen und Werk, Düsseldorf 1983–84

(mit Bibliographie), 2 Bde.
Literatur:
W. Grohmann, K. O. G., Malerei 1940–43. Witten 1948; ders. und I. Gustafson in: Bulletin III, Galerie Creuze, P 1956; ders. in: Quadrum, 3, 1957; ders. und M. de la Motte, Ausst.kat. Galerie 22, Düsseldorf 1958 / E. Jaguer, Gepeitschter Raum, Ausst.kat. Galerie Werthmüller, Basel 1954 (und Ausst.kat. Galerie Creuze, P 1954); ders. in: Bokuzin (Kyoto), Nr. 33, 1955; ders., K. O. G. ou l'abolition du complexe d'Icare, Combat-Art, 17. 12. 1962 / W. Schmalenbach, Ausst.kat. Kestner-Gesellschaft, Hannover 1956 / P. Restany, K. O. G., Cimaise, Nr. 1, 1957 / J. Gorzio, K. O. G. oder die ‹Cool Painting›, blätter + bilder, Nr. 5, Nov./Dez. 1959 / H. T. Flemming, Ausst.kat. Die Insel, Hamburg 1959 / K. H. Goerres, K. O. G., Aujourd'hui, Nr. 27, 1960 / R. Wedewer, Tendenzen des Nach-Tachismus, Das Kunstwerk, Nr. 10, 1960 / F. Mon, Das Problem des kinetischen Bildes, Das Kunstwerk, XIV/12, Juni 1961 / M. de la Motte, Zu neuen Arbeiten von K. O. G., Feuilleton, 1, (Stuttgart) 1961 / E. Jaguer, W. Grohmann, E. Crispolti, K. B. Sawyer: K. O. G., Quaderni dell'Attico, R 1962 / G. C. Argan, Ausst.kat. Galleria Attico, R 1963; ders. in: Ausst.kat. Palais des Beaux-Arts, Brüssel 1964 / M. de la Motte (Hg.), K. O. G., eine Dokumentation, Bonn 1978 / Ausst.kat. K. O. G. und O. Greis, Museum Wiesbaden 1984.

Groupe de Recherche d'Art Visuel

Die Gruppe bestand zwischen 1960 und 68 in Paris. Ihr gehörten an: Garcia Rossi (geb. 1929 in Argentinien, lebt in Paris), Julio Le Parc (geb. 1928 in Argentinien, lebt in Paris), François Morellet (geb. 1926 in Cholet, Frankreich, lebt dort), Francisco Sobrino (geb. 1932 in Spanien, lebt in Paris), Joël Stein (geb. 1926 in Boulogne-sur-Mer, lebt in Paris), Yvaral (geb. 1934 in Paris, lebt dort). Erste Gruppenausstellung 1960 im Atelier der Gruppe in Paris, 9, Rue Beautreillis; weitere Ausstellungen folgten: Galerie Denise René, P 1961; ‹Anti-Peinture›, Antwerpen 1962; ‹L'Instabilité›, Maison des Beaux-Arts, P 1962, Galerie der ‹Gruppo N›, Padua 1962, Galerie Danese, M 1962, Gallery The Contemporaries, NY 1962; ‹Arte Programmata›, Venedig und R 1962; Documenta III, Kassel 1964; ‹The Responsive Eye›, MoMA, NY 1965; ‹Neue Tendenzen›, Zagreb, Venedig, P u. ö.; Biennale, P 1963; Le Parc erhielt 1966 den Großen Preis der Biennale Venedig. Nach Auflösung der Gruppe stellten die Mitglieder zumeist einzeln aus.
Veröffentlichungen:
Propositions sur le Mouvement, Text anläßlich der Ausstellung ‹Bewegung› im Moderna Museet, Stockholm 1961 (1) / Flugblatt ‹Assez de Mystifications›, P 1961 / Propositions générales, P 1961 / Groupe de Recherche d'Art Visuel, P 1962 (mit Texten der einzelnen Künstler) / L'Instabilité, P 1963 / 2. Flugblatt ‹Assez de Mystifications›, P 1963 / Über Multiples, Ausst.kat. Le Parc, Galerie Denise René, P 1966 / GRAV, Mostra retrospettiva, Ausst.kat. Como 1975 (mit Originaldokumenten in Bild und Text).
Literatur:
G. Habasque, in: Groupe . . ., P 1962; ders., Le Groupe . . . à la Biennale de Paris, L'Œil, Nr. 107, Nov. 1963 / Ch. Minvielle, P. Faucheux, in: L'Instabilité, P 1963 / P. Descargues, Groupe . . ., Graphis, 1963 / U. Apollonio, Die Mobilität unserer

Welt, in: Jahresring, 64/65, Stuttgart 1964 / F. Popper, Le Parc et le Problème de Groupe, Ausst.kat. Le Parc, Galerie Denise René, P 1966 / D. Davis, Vom Experiment zur Idee. Köln 1975 / F. Popper, Die Kinetische Kunst. Köln 1975 / ders. (Hg.), Ausst.kat. Electra. Musée d'Art Moderne de la Ville de Paris, 1983–84.

Richard Hamilton

Der Künstler, der heute in London lebt, wurde dort 1922 geboren, studierte an den Royal Academy Schools und der Slade School (1938–40, 46–47 bzw. 1948–51). Arbeitete während des Krieges als technischer Zeichner. Er zeigte 1950 Radierungen bei Gimpel Fils, London, beteiligte sich 1951 am Aufbau der Ausstellung ‹Growth and Form› im ICA, L.; auch an den Ausstellungen ‹Man, Machine and Motion› in der Hatton Gallery, Newcastle upon Tyne, und ICA, L (1955), ‹This is Tomorrow›, Whitechapel Gallery, L (1956), ‹The Art of Assemblage›, die 1961/62 in den USA gezeigt wurde, schließlich an der Ausstellung ‹Neuer Realismus› in Den Haag (1964) war er maßgeblich beteiligt. Leitete 1957–61 den Grundkurs an der Durham University School of Painting, wo er mit Victor Pasmore das System des ‹Basic Design› einführte. Hamilton erhielt 1960 den William and Noma Copley Foundation Award für Malerei, arbeitete im gleichen Jahr an der Typographie der englischen Version von Duchamps ‹Green Box›, zeigte seine Arbeiten 1955 und 1964 in der Londoner Hanover Gallery, 1966 in der Fraser Gallery, L; Retrospektive 1970 in der Tate Gallery, L; Nationalgalerie Berlin 1974; Teilnahme an ‹Westkunst›, Messehallen Köln 1981.

Veröffentlichungen:

Ausst.kat. ‹This is Tomorrow›, Whitechapel Gallery, L 1956 / Persuading Image, Design, H. 134, Febr. 1960 / Urbane Image, Living Arts Magazine, 1963 / Ausführliche Berichte zu seinen Arbeiten im Ausst.kat. Hanover Gallery, L 1964; deutsch: Notizen zu meiner Arbeit, Das Kunstwerk, 7/XVIII, Jan. 1965 / Interview mit R. H., Art and Artists, I/4, Juli 1966.

Literatur:

L. Alloway, Image, Nr. 3, 1962 / Jasia Reichardt, Pop Art and After, Art International, VII/2, Febr. 1963 / Ch. S. Spencer, R. H., Painter of ‹Being Today›, studio international, Bd. 168, Nr. 858, Okt. 1964 / R. Melville, English Pop Art, Quadrum, 17, 1964 / N. Lynton, London Letter, Art International, VIII/10, Dez. 1964 / Ch. Finch, R. H., Art International, X/8, Okt. 1966 / G. Garo, H.'s Guggenheim, Art and Artists, I/8, Nov. 1966 / R. H., Ausst.kat., Stedelijk Museum, Amsterdam 1971; The Solomon Guggenheim Museum, NY 1973; Städtische Galerie im Lenbachhaus, München 1974; Kunsthalle Bielefeld 1978.

Robert Indiana

Er ist am 13. 9. 1928 in New Castle, Indiana (USA) geboren. Studierte am John Herron Art Institute in Indianapolis 1945–46; Munson-Williams-Proctor Institute, Utica, New York, 1947–48; Art Institute of Chicago, 1949–53; Skowhegan School of Painting and Sculpture, Maine, 1953; an der Universität und am College of Art in Edinburgh 1953–54 und an der Londoner Universität, 1954. Lebt seit 1954 in New York, wo er seine Arbeiten u. a. in der David Anderson Gallery, 1961; Stable Gallery, 1962/64/66; Galerie Schmela, Düsseldorf; Stedelijk van Abbemuseum, Eindhoven; Museum Haus Lange, Krefeld; Württembergischer Kunstverein, Stuttgart, alle 1966, und bei der Gruppenausstellung ‹Americans 1963› im MoMA zeigte. Beteiligt an: ‹The Popular Image›, ICA, L 1963; ‹Neue Realisten & Pop Art›, Akademie der Künste, B 1964; ‹Painting & Sculpture of a Decade 54–65›, Tate Gallery, L 1964; ‹KunstLichtKunst›, Stedelijk van Abbemuseum, Eindhoven 1966.

Veröffentlichungen:

G. R. Swenson, Gespräch mit R. I., Art News, Bd. 62, Nr. 7, 1963, Ausst.kat. ‹KunstLichtKunst›, Eindhoven 1966.

Literatur:

M. Fried, New York Letter, Art International, VI/9, Nov. 1962 / T. Henry Smith, R. I., Ausst.kat. ‹Americans 1963›, MoMA, NY 1963 (geschrieben 1961) / R.-G. Dienst, R. I., in: Pop Art, Wiesbaden 1965 / R. I., Ausst.kat. Badischer Kunstverein, Karlsruhe 1971.

Jasper Johns

Am 15. 5. 1930 in Allendale (South Carolina) geboren; studierte zwei Jahre an der University of South Carolina in Columbia, S. C., lebte eine Zeitlang in Japan und wohnt seit 1952 in New York. Johns hatte u. a. 1958, 1960, 1961, 1963 Einzelausstellungen in der New Yorker Leo Castelli Gallery. Seine Bilder zeigten außerdem die Pariser Galerie Rive Droite, 1959, 1961; Galleria del Naviglio, 1959; Tweed Gallery, Minneapolis, 1960; Columbia Museum of Art, Columbia, S. C., 1962; Galerie Ileana Sonnabend, P 1962, 1963; Everett Ellin Gallery, Los Angeles, California, 1962; The Jewish Museum, NY 1964. Wanderausstellung 1977–78 in NY, Köln, P, L, Tokio, San Francisco; Statens Museum for Kunst, Kopenhagen 1980. J. J. nahm an zahlreichen Gruppenausstellungen teil, so: ‹Second Generation›, The Jewish Museum, NY 1957; ‹Pittsburgh International›, Carnegie Institute, Pittsburgh, Pennsylvania, 1958, 1961; Biennale Venedig 1958, 1964; ‹American Abstract Expressionists and Imagists›, The Solomon Guggenheim Museum, NY 1961; ‹4 Amerikanare›, Moderna Museet, Stockholm (auch Stedelijk Museum, Amsterdam; Kunsthalle, Bern, alle 1962); ‹Six Painters and the Object›, The Solomon Guggenheim Museum, NY 1963; ‹The Popular Image Exhibition›, The Washington Gallery of Modern Art, Washington, D. C., 1963; ‹Arte de America y Espana›, El Retiro Parque, Madrid 1963; Documenta III, Kassel 1964; ‹Neue Realisten & Pop Art›, Akademie der Künste, B 1964; ‹Painting & Sculpture of a Decade 54–64›, Tate Gallery, L 1964; ‹Amerikanische Malerei 1930–1980›, Haus der Kunst, München 1982; ‹Exhibition-Dialogue›, Modern Art Center Gulbenkian, Lissabon 1985.

Veröffentlichungen:

Statement im Ausst.kat. ‹16 Americans›, MoMA, NY 1959 / Text in Scrap (NY), 23. 12. 1960 / Gespräch auf der Schallplatte, die anläßlich der Ausstellung ‹The Popular Image›, in der Washington Gallery of Modern Art, 1963, herausgegeben wurde / Interview mit G. R. Swenson, Art News, Bd. 62, Nr. 10, Febr. 1964 / Sketchbook Notes, Art and Literature, 4, 1965 / An Interview with J. J., in: Print Collector's Newsletter, 5/6, 1972 / Interview, in: Ausst.kat. J. J., Museum of

Modern Art, Oxford 1974.
Literatur:
Ausst.kat. ‹Artists of the New York School: Second Generation›, The Jewish Museum, NY 1957 / Ausst.kat. ‹Contemporary American Painting›, Whitney Museum of American Art, NY 1959 / B. Heller, in: B. H. Friedman, School of New York: Some Younger Artists. NY 1959 / P. Schneider, Art News from Paris, Art News, Bd. 58, März 1959 / Ausst.kat. J. J., Columbia Museum of Art, Columbia, S. C., 1960 / W. Rubin, Younger American Painters, Art International, IV/1, 1960 / Y. Tono, From a Gulliver's Point of View, Art in America, Bd. 48, Nr. 2, Sommer 1960 / R. Rosenblum, J. J., Art International, IV/7, Sept. 1960; ders., Les œuvres récents de J. J., XXe Siècle, Nr. 24, Febr. 1962 / Ausst.kat. VI. Biennale Tokio 1961 / K. G. Hulten, Ausst.kat. ‹4 Amerikanare›, Moderna Museet, Stockholm 1961 / Ausst.kat. ‹Bewogen Beweging›, Stedelijk Museum, Amsterdam 1961 / P. Restany, J. J. and the Metaphysic of the Commonplace, Cimaise, Nr. 55, Sept.–Okt. 1961 / Ausst.kat. J. J. Retrospective, Everett Ellin Gallery, Los Angeles 1962 / L. Steinberg, Contemporary Art and the Plight of its Public, Harpers Magazine, März 1962; ders., J. J., Metro, Nr. 4–5, 1962 / G. Dorfles, J. J. and the hand-made ready-made object, l. c. / Y. Tono, J. J. or the Metaphysics of of Vulgarity, Mizue (Tokio), Nr. 685, April 1962 / C. Greenberg, After Abstract Expressionism, Art International, VI/8, Okt. 1962 / M. Fried, New York Letter, Art International, VII/2, 1963 / A. R. Solomon, Ausst.kat. ‹The Popular Image›, Washington Gallery of Modern Art, Washington 1963; ders. in: Ausst.kat. des USA-Pavillons Biennale Venedig 1964; ders. und J. Cage, Ausst.kat. J. J., The Jewish Museum, NY 1964 / T. M. Messer und L. Alloway, Ausst.kat. ‹Six Painters and the Object›, The Solomon Guggenheim Museum, NY 1963 (Text von Alloway wiederabgedruckt in ‹Collage›, Palermo, Jg. 2, Nr. 1, Dez. 1963) / Lil Picard, J. J., Das Kunstwerk, 5/XVII, Nov. 1963 / F. Porter, The Education of J. J., Art News, Bd. 62, Nr. 10, Febr. 1964 / H. Rosenberg, Things the Mind already knows, Vogue, Bd. 143, Nr. 3, Febr. 1964 / M. Kozloff, J. and Duchamp, Art International, VIII/2, März 1964; ders., J. J., NY 1969 / Ausst.kat. Städtisches Museum, Mönchengladbach 1971 / J. J. Working Proofs, Ausst.kat. Basel, München, Frankfurt/M., Hannover, Kopenhagen 1979/80 / ‹Amerikanische Malerei›, Haus der Kunst, München 1982.

Asger Jorn

Geboren 1914 in Vejrum, Jütland, kommt 1936 nach Paris, wo er mit Léger und Le Corbusier arbeitet. War nach seiner Rückkehr nach Dänemark Mitbegründer der Zeitschrift Helhesten. 1948–51 aktiv in der Cobra-Bewegung. 1953–57 beteiligt am ‹Mouvement International pour un Bauhaus Imaginiste›. Teilte bis zu seinem Tod 1973 das Leben zwischen Paris und Albisola, wo er 1959 eine große Keramikwand für eine Schule in Aarhus ausführte. 1957–61 Teilnahme an der situationistischen Internationale. Hat seit dem Ende der fünfziger Jahre im Museum in Silkeborg (Dänemark) zahlreiche Ausstellungen (Michaux, Dubuffet etc.) organisiert. Erste Einzelausstellung 1938 in Kopenhagen (mit Wemaëre), der dort viel andere folgten (Galerie Birch u. a.); Galerie Breteau, P 1948; Galleria del Naviglio, M 1955; Galerie Taptoe, Brüssel 1959; ICA, L 1957, 58; Galerie Rive Gauche, P, fast jährlich seit 1957; Galleria La Tartaruga, R 1958; Galerie van de Loo, München, fast jährlich seit 1958; Tooth & Sons, L 1961; Kunsthalle Basel 1964 (mit Dodeigne). War an vielen internationalen Ausstellungen beteiligt: ‹50 Jahre moderne Kunst›, Weltausstellung Brüssel 1959; ‹Vitalità dell'Arte›, Palazzo Grassi, Venedig 1959 u. ö.; Documenta II, III, Kassel 1959, 64; ‹Painting & Sculpture of a Decade 54–64›, Tate Gallery, L 1964.

Veröffentlichungen:

a) Bücher: Held og Hasard. Silkeborg 1952 (Privatdruck). Neudruck als Bd. 3 des Skandinavisk Institut for Sammenlignende Vandalisme, Aarhus 1963 / Guldhorn og Lykkehjul. (Mit einer französischen Übersetzung: La Roue de la Fortune – Méthodologie des Cultes.) Kopenhagen 1957 / Fin de Copenhague. Kopenhagen 1957 / Pour la Forme. Ébauche d'une Méthodologie des Arts. (Aufsätze 1954–57). Internationale Situationniste, P 1958 / Mémoires. (Mit Guy-Ernest Debord) Kopenhagen 1959 / Critique de la politique économique. Suivi de la lutte finale. Internationale Situationniste, P 1960 / La chevelure des choses. (Texte und Zeichnungen von 1948–53, mit Christian Dotremont) P 1961 / Naturens Orden. De Divisione Naturae. Skandinavisk Institut for Sammenlignende Vandalisme, Aarhus 1962 / Vaerdi og Økonomi. Kopenhagen 1962 / Signes gravés sur les églises de L'Eure et du Calvados. (Mit Aufsätzen von P.-V. Glob und G. Gjessing.) Kopenhagen 1964 / Gedanken eines Künstlers, München 1966 / A. J., T. Andersen, Gedanken und Betrachtungen über Kunst. Bern 1981.

b) Aufsätze, Vorworte: Zeichen – Signal – Symbol, blätter + bilder, 2, Mai/Juni 1959 / La création ouverte et ses ennemis, Internationale Situationniste, Nr. 5, Dez. 1960 / La pataphysique, une religion en formation, ebd., Nr. 6, August 1961 / Ausst.kat. Jean Dubuffet, Museum Silkeborg 1962 / Occupations, Ausst.kat. Galerie Rive Gauche, P 1962 / Ausst.kat. Henri Michaux, Museum Silkeborg 1962. (Eine genaue Liste würde Hunderte von Titeln zu nennen haben.)

Literatur:

E. Jacobsen, A. Jørgensen, Helhesten, Bd. I, Nr. 4, 1941 / J. Nash, Portraet af en fantasikunstner, Konstrevy, Bd. XXI, Nr. 2–3, 1945 / P. Dal, A. J. – Le Corbusier, A 5 (Kopenhagen), Bd. IV, Nr. 1, Jan. 1948 / C. Dotremont, A. J., Cobra Bibliotheket, Nr. 14, 1950 / E. Jaguer, Dangelo, E. Baj, Ausst.kat. Galerie L'Asterisco, R 1954 / C. Dotremont, Ausst.kat. Galerie Taptoe, Brüssel 1956 / R. Guasco, Ausst.kat. Galerie Il Prisma, Turin 1957 / J. Prévert, Ausst.kat. Galerie Rive Gauche, P 1957 / C. Vivaldi, Ausst.kat. La Tartaruga, R 1958 / R. Bertelé, Ausst.kat. ICA, L 1958 / C. Caspari, Ausst.kat. Galerie van de Loo, München 1958 / K. Weinert, A. J. i Silkeborg, Kunst (Kopenhagen), Bd. IV, Nr. 1, Sept. 1958 / G. E. Debord, 10 jaar experimentele kunst: J. en zijn rol in de theoretische inventie, Museumjournaal (Otterloo), Bd. IV, Nr. 4, Okt. 1958 / C. Dotremont, Helhesten och Cobra – ett danskt äventyr, Paletten (Gothenburg), Nr. 3, 1960 / Y. Taillandier, Ausst.kat. Galerie Rive Gauche, P 1960 / R. Dahlmann Olsen, Relièffet – Nogle betragtninger over A. J.'s store keramiske relief, Arkitektur (Kopenhagen), Bd. IV, August 1960 / G. Bachelard, Michèle Bernstein, Ausst.-kat., ‹Le Long Voyage›. Tapisseries. 1941–1960, Quatre Saisons, P 1960 / L. Alloway, Ausst.kat. Arthur Tooth & Sons, L 1961 / M. Ragon, A. J., Cimaise, Bd. VIII, Nr. 51, Jan.–Febr. 1961 / J. Prévert, Ausst.kat. Galerie Rive Gauche, P 1962 / Museumjournal, Bd. VII, Nr. 7–8, Jan.–Febr. 1962 (Cobranummer) / W. Haftmann, A. J., Quadrum, 12, 1962 / C. Dotremont, Cobra, L'Œil, Nr. 96, Dez. 1962 / L. Alloway, Danish art and primitivism, Living Arts Magazine, Nr. 1, 1963 / J. Claus, A. J. als Theoretiker, Das Kunstwerk 4/XVIII, Okt. 1964 und Tvář

(Prag), 1965 / G. Atkins, A. J. L 1964 (Monographie mit wichtigen dokumentarischen Angaben); ders., J. in Scandinavia. 1930–1953. L 1968; ders. A. J. The Crucial Yeras 1954–65, L 1977; ders. A. J. The Final Years. 1965–73, Kopenhagen 1980.

Allan Karpow

Geboren am 23. 8. 1927 in Atlantic City, N. J., besuchte u. a. die New York University (1945–49, B. A.), Hans Hofmann School of Fine Arts, NY (1947–48), Columbia University (1950–52, M. A. in Kunstgeschichte) und studierte bei John Cage (1956–58). Lehrte als Instructor an der Rutgers University, New Brunswick, N. J. (1953–56), dort als Assistant Professor (1956–61), als Lecturer in Aesthetics, Pratt University, Brooklyn, NY (1960–61), als Associate Professor an der State University of NY at Stony Brook und ist seit 1974 Leiter und Professor an der Kunstschule der Universität von Kalifornien, San Diego. Einzelausstellungen 1953, 54, 57 Hansa Gallery, NY; 1953, 55 Rutgers University, New Brunswick; 1954 Jewish Community Center ebendort; 1955, 56 Uran Gallery, NY; 1957 Sun Gallery, Provincetown, Mass. u. a. War an Gruppenausstellungen wie Pittsburgh International, 1958; ‹Collage in America› und ‹New Talent›, beide 1958; ‹Bewogen Beweging›, Stedelijk Museum Amsterdam, Stockholm und Kopenhagen, 1961, beteiligt. Zahlreiche Environments ab 1958, so ‹Apple Shrine›, Judson Gallery, NY 1960; ‹Yard›, Martha Jackson Gallery, NY 1961; ‹Stockkroom›, Rijksmuseum, Amsterdam 1961; ‹Push and Pull – a furniture comedy for Hans Hofmann›, MoMA, NY 1963; ‹Eat›, Smolin Gallery, NY 1964. – Happenings ab 1958, so u. a. 1959 in der New Yorkrer Reuben Gallery ‹18 Happenings in 6 Parts›, ‹The Big Laugh›, ‹Lola Bola›, ‹A Happening for Ann Arbor›, University of Michigan, Ann Arbor 1961; ‹A Service fort the Dead I›, Maidman Playhouse, NY 1961; ‹Bon Marché›, Théâtre des Nations, P 1963; ‹Out›, International Writers Conference, Edinburgh 1963; ‹Paper›, University of California at Berkeley 1964; ‹Silver Foil›, Cornell University Ithaca, NY 1964. Schrieb außerdem Kompositionen, u. a. für Ionescos ‹The Killer›, 1960.

Veröffentlichungen:

The Legacy of Jackson Pollock, Art News, Okt. 1958 / The Principles of Modern Art, It Is, Winter 1959 / Some Observations on Contemporay Art, Ausst.kat. ‹New Media – New Form›, Martha Jackson Gallery, NY 1960 / Ausst.kat. ‹Situations, Environments, Spaces›, l. c., 1961 / Impurity, Art News, Jan. 1963 / A Service for the Dead, Art International, VII, 1, Jan. 1963 / An Artist's Story of a Happening, New York Times, 6. Okt. 1963 / Segal's vital mummies, Art News, Jg. 62, Nr. 10, Febr. 1964 – Sechs Szenarien von Happenings, Décollage (Köln), Nr. 4, Jan. 1964 / Painting, Environments and Happenings. NY 1965.

Literatur:

B. Klüver, Happenings, Konstrevy, 1962 / Dorothy G. Seckler, The Audience is his Medium!, Art in America, Bd. 51, Nr. 2, 1963 / P. Restany, Une Tentative Americaine de Synthese de l'Information Artistique: Les Happenings, Domus, August 1963 / O. Hahn, Pop Art and Happenings, Les Temps Modernes, Jg. 19, Nr. 212, Jan. 1964 / Betty Rollin, Eat, Vogue, 1. April 1964 / Ausst.kat. Kunsthalle Bremen 1976 / ‹Vom Klang der Bilder›, Ausst.kat. Staatsgalerie Stuttgart 1985.

Harry Kramer

Geboren am 25. 1. 1925 in Lingen, unterrichtet seit 1971 an der Gesamthochschule Kassel, verwirklichte Filme und Beispiele eines ‹mechanischen Theaters› (s. S. 126f). Seit 1967 zusammen mit Architekten industrielle Plastiken. Einzelausstellungen: Staatliche Kunsthalle, Baden-Baden 1960; Galerie Brusberg, Hannover 1961, 63; ‹Automobile Skulpturen, Mechanisches Theater, Experimentelle Filme›, Köln 1961; Städtische Galerie, Biel 1962; Galerie Kerchache, P 1963; Galerie Niepel, Düsseldorf 1963, 64; Galerie d, Frankfurt 1963; ‹Automobile Skulpturen›, Atelierhaus Halfmannshof, Gelsenkirchen 1964; ‹Spektakuläre Kunst›, Haus am Lützowplatz, B 1964; Galerie Thomas, München 1965. Beteiligt an den Ausstellungen: ‹Bewogen Beweging›, Stedelijk Museum, Amsterdam, Stockholm und Kopenhagen 1961; ‹Puppen-Marionetten-Schattenspiel›, Kunsthalle, Bern 1962; Biennale Venedig 1962; ‹Europäische Avantgarde›, Römer, Frankfurt 1963; IV. Biennale San Marino, 1963; Documenta III, Kassel 1964; ‹Bild und Bühne›, Kunsthalle Baden-Baden 1965.

Veröffentlichungen:

Maschinen, Mobile, Spektakel, in: Movens. Wiesbaden 1960; dieser Text wurde z. T. in der umfangreichen Dokumentation zur Ausstellung ‹Automobile Skulpturen. Mechanisches Theater. Experimentelle Filme›, Köln 1961, wiederabgedruckt, die H. Kramer und W. Ramsbott zusammenstellten. Vgl. auch die Ausst.kat. H. K., Städt. Galerie Biel (Schweiz) 1962; ‹Spektakuläre Kunst, Kramer/Ramsbott›, Haus am Lützowplatz, B 1964 (1); H. K., Atelierhaus Halfmannshof, Gelsenkirchen 1964, u. a.

Literatur:

H. Szeemann, Ausst.kat. Städt. Galerie, Biel 1962 / J. Pierre, Faltblatt Galerie Kerchache, P 1963 / W. Ramsbott, D. Mahlow, U. Apollonio, Ausst.kat. Galerie Brusberg, Hannover 1963 / W. Ramsbott, G. Metken, Ausst.kat. ‹Spektakuläre Kunst›, Haus am Lützowplatz, B 1964 / A. Schultze-Vellinghausen, G. Metken, Ausst.kat. Gelsenkirchen 1964 / F. Popper, Die Kinetische Kunst, Köln 1975 / D. Mahlow, 100 Jahre Metallplastik, Frankfurt 1981.

Morris Louis

Morris Louis Bernstein ist am 28. 11. 1912 in Baltimore geboren, studierte am dortigen Maryland Institute of Art und arbeitete später im Federal Arts Project in New York. 1947 zog er nach Silver Spring, einer Vorstadt von Washington, D. C. In Washington ist Louis am 7. 8. 1962, im Alter von 49 Jahren gestorben. – 1949 hatte er an der jährlichen Ausstellung im Baltimore Museum teilgenommen und einen Preis erhalten; dem Artists' Committee dieses Museums trat er 1952 bei. Louis unterrichtete am Workshop Center und später an der Howard University in Washington. Im Workshop Center traf er den zehn Jahre jüngeren Kenneth Noland («Plötzlich war ich nicht mehr allein»). Dort fand 1952 auch seine erste Einzelausstellung statt. Über Clement Greenberg lernte er zu dieser Zeit die Bilder Pollocks und Helen Frankenthalers kennen. Im Januar 1954 erschien zum erstenmal in einer New Yorker Ausstellung ein Bild von ihm, in Greenbergs ‹New Talent› in der Kootz Gallery. Einzelausstellungen folgten: Martha Jackson Gallery, NY 1957; French and Company, NY 1959, 60; ICA, L 1960; Bennington

College, Bennington, Vermont 1960; Galleria dell'Ariete, M 1960; Galerie Neufville, P 1961; André Emmerich Gallery, NY 1961, 62, 64, 66; Galerie Schmela, Düsseldorf 1962; Galerie Müller, Stuttgart 1962; Galerie Lawrence, P 1962; The Solomon Guggenheim Museum, NY 1963 (Gedächtnis-Ausstellung); Stedelijk Museum, Amsterdam 1965; Städtische Kunsthalle, Düsseldorf 1974; ‹The Drawings of M. L.›, Smithsonian Institution, Washington 1979. Sein Werk war u. a. auf folgenden Gruppenausstellungen zu sehen: ‹New York›, Leo Castelli Gallery, NY 1957; ‹Rome-New York Foundation›, R 1960; ‹New York Scene›, Marlborough Fine Art Ltd., L 1961; ‹Abstract Expressionists and Imagists›, The Solomon Guggenheim Museum, NY 1961; Weltausstellung, Seattle, 1962; ‹Three New Abstract Painters: L., Noland, Olitski›, Mackenzie Art Gallery, Regina, Kanada, 1963; ‹Toward a New Abstraction›, The Jewish Museum, NY 1963; Biennale Venedig 1964; Documenta III, Kassel 1964; ‹Painting & Sculpture of a Decade 54–64›, Tate Gallery, L 1964; Formen der Farbe, Stedelijkmuseum, Amsterdam 1966, ‹Amerikanische Malerei›, Haus der Kunst, München 1982.

Literatur:

M. Tapié, Ausst.kat. Martha Jackson Gallery, NY 1957 / M. Sawin, New York Letter, Art International, III/5–6, 1959 / W. Rubin, Younger American Painters, Art International, IV/1, 1960 / C. Greenberg, L. and Noland, Art International, V/4, Mai 1960; ders., After Abstract Expressionism, l. c., VI/8, Okt. 1962 / J. McLaughlin Truitt, Arid D. C. Harbors Touted ‹New› Painters, Washington Post, 20. 12. 1961 / Leslie J. Ahlander, The Emerging Art of Washington, Art International, VI/9, Nov. 1962 / M. Fried, New York Letter, l. c. / J. Ashbery, Paris Note, Art International, VI/10, Dez. 1962 / D. Robbins, M. L., Triumph of color, Art News, Bd. 62, Nr. 6, Okt. 1963 / M. Fried, Arts, Nov. 1963 / R. Rosenblum, Ausst.kat. ‹Towards a New Abstraction›, The Jewish Museum, NY 1963; ders., M. L. at the Guggenheim Museum, Art International, VII/9, Dez. 1963 / L. Alloway, Ausst.kat. M. L., The Solomon Guggenheim Museum, NY 1963 / A. R. Solomon, Ausst.kat. Pavillon USA, Biennale Venedig 1964 / M. Fried, M. L., NY 1968, 71 / R. E. Krauss, M. L., Auckland 1971 / J. Elderfield, in: Ausst.kat. Städtische Kunsthalle, Düsseldorf 1974.

Heinz Mack

Geboren 8. 3. 1931 in Lollar, lebt seit 1967 in Mönchengladbach. Mack studierte 1950–53 an der Düsseldorfer Kunstakademie und beendete 1956 das Studium der Philosophie an der Universität Köln. 1957–59 Mitglied der ‹Gruppe 53›. Ab 1956 Beschäftigung mit Problemen der Vibration und des Lichts; entwickelt 1958 das sog. Sahara-Projekt und die vibrierende Lichtsäule und 1959 die sog. Lichtdynamos, reliefierte Metallfolien, die durch Elektromotor hinter gewellten Glasplatten unregelmäßig bewegt werden. Führte verschiedene Architekturaufträge aus, so ein Betonrelief an der Mathildenschule in Leverkusen. Gab mit Otto Piene die drei Publikationen ‹Zero› heraus und organisierte mit ihm verschiedene Zero-Demonstrationen. Wirkte 1962 in dem Fernsehfilm ‹0 × 0 = Kunst› (Regie Gerd Winkler) mit. 1968 ‹Sahara-Projekt›. – Einzelausstellungen: Galerie Schmela, Düsseldorf 1957, 58, 59, 65, 66; Galerie Iris Clert, P 1959; Galerie Azimuth, M 1960; New Vision Centre Gallery, L 1960; Galerie Diogenes, B 1960; Galerie Rive Droite, P 1961; Museum Haus Lange, Krefeld 1962 (wie auch die 2 folgenden mit Piene, Uecker); Palais des Beaux-Arts, Brüssel 1962; McRoberts and Tunard, L 1964/65; Kestner-Gesellschaft, Hannover 1965. 1966: Howard Wise Gallery, NY; Akademie der Künste, Berlin 1972 und 1977; Städtische Kunsthalle, Düsseldorf 1972; Musée d'Art Moderne de la Ville de Paris, P 1972; Kunsthalle Hamburg 1977; Städtisches Museum, Mönchengladbach 1978. Gruppenausstellungen: Salon des Réalités Nouvelles, P 1959; ‹Monochrome Malerei›, Städtisches Museum Leverkusen 1960; ‹Konkrete Kunst›, Helmhaus Zürich 1960; ‹Bewogen Beweging›, Stedelijk Museum, Amsterdam, Stockholm und Kopenhagen 1961; Carnegie Institute, Pittsburgh 1961, 64; IV. Biennale San Marino 1963; ‹Mouvement›, Galerie Denise René, P 1965; ‹The Responsive Eye›, MoMA, NY 1965 u. ö. ‹KunstLichtKunst›, Stedelijk van Abbemuseum, Eindhoven 1966; ‹Westkunst›, Messehallen Köln 1981.

Veröffentlichungen:

Texte in Zero 1, 2, 3 (1958 und 1961), der in Zero 1 erschienene Text ‹Die neue dynamische Struktur› wurde verändert in ‹Movens›, Wiesbaden 1960, übernommen (1, gekürzt) / Text über Fontana, Ausst.kat. Fontana, Städtisches Museum Leverkusen 1962 / Texte im Ausst.kat. ‹Zero›, Kestner-Gesellschaft, Hannover 1965 / Mackazin. Die Jahre 1957–67. NY u. a. 1967 / Kunst in der Wüste, Starnberg 1969 / Kunst als Ausdruck von Energie, in: kunstreport (Berlin), 1'80.

Literatur:

Ida Rodriguez, Arquitectura (Mexico), 1959 / U. Kultermann, La Nouvelle Conception Artistique, Azimuth (M), 1960 / A. Leisberg, Neue Tendenzen, Das Kunstwerk, 10–11/XIV, April–Mai 1961 / K. Gerstner, Pendenzen, Werk, Jg. 49, Nr. 1, Jan. 1962 / F. Roh, Strömungen heutiger Malerei, Werk, 1962 / C. Belloli, Nuove direzioni della cinevisualità plastica totale. Metro, 7, 1962 / U. Apollonio, Ausst.kat. Galleria Cadario, M 1963 / U. Conrads, Schule Sahara, Bauwelt Nr. 43, 1964 / J. Claus, Die Bewegung des Lichtes: H. M., Arte Contemporanea, 1, 1966 / Margit Staber, H. M. (Monographie), Nürnberg 1969 / K. Weidemann, M.-Imaginationen, Berlin, Wien 1974 / F. B. Heckmanns, M.-Handzeichnungen, Köln 1974 / M.-Expeditionen in künstliche Gärten, Hamburg 1976 / J. Claus, Treffpunkt Kunst, Bonn 1982.

Robert Motherwell

Geboren am 24. 1. 1915 in Aberdeen, Washington. Besucht 1935 erstmalig Westeuropa und hält sich 1937/38 in Paris auf. Studiert an der Harvard University, Mass. (1937/38) und Columbia University, New York (1940/41). Sommer und Herbst 1941 mit dem Maler Matta in Mexiko; nach Rückkehr in New York erste Collagen. Teilnahme an der Ausstellung ‹First Papers of Surrealism›, Whitelaw Reid Mansion, NY 1942. Zwei Jahre darauf erste Einzelausstellung in Peggy Guggenheims Galerie ‹Art of This Century›. Zwischen 1946 und 1952 verschiedene Ausstellungen in der New Yorker Kootz Gallery. Gründet 1947/48 mit Baziotes, David Hare, Barnett Newman und Rothko die Schule ‹The Subjects of the Artists›, deren ‹Freitag-Abende mit einem Künstler› später in den berühmten ‹Club› aufgehen, und ediert mit H. Rosenberg, J. Cage, P. Chareau die einzige Nummer der Zeitschrift ‹Possibilities›. 1950 gibt Motherwell die umfangreiche und bedeutende Anthologie ‹The Dada Painters and Poets› heraus und im folgenden Jahr mit Ad Reinhardt und Bernard Karpel den Dokumentenband

‹Modern Artists in America›. 1957 ist die erste seiner Einzelausstellungen in der Sidney Janis Gallery, NY. 1958 Heirat mit der Malerin Helen Frankenthaler. 1961 große Retrospektive im Amerikanischen Pavillon der 6. Biennale in Sao Paulo; Ausstellung seiner Collagen bei Berggruen in Paris. Es folgen Retrospektiv-Ausstellungen im Pasadena Art Museum, California (1962) und im Smith College, Northampton, Mass. (1963). Städtische Kunsthalle, Düsseldorf 1976; Kulturhuset Stockholm 1976; Museum des 20. Jahrhunderts, Wien 1976. In Europa sah man sein Werk u. a. 1962 in der römischen Galleria Odyssia, der Kölner Galerie Der Spiegel und auf Documenta II, III, im Folkwang Museum, Essen 1966; ‹Amerikanische Malerei›, Haus der Kunst, München 1982. Lebt in Greenwich, Connecticut.

Veröffentlichungen:

The Modern Painter's World, Dyn, Nr. 6, Nov. 1944 / Painter's Object, Partisan Review, XLVII, Winter 1944 / Beyond the Aesthetic, Design, XLVII, April 1946 / Statement im Ausst.kat. ‹Fourteen Americans›, Museum of Modern Art, NY 1946 / Symposium: A Tour of the Sublime, The Tiger's Eye, 15. Dez. 1948 / Vorlesungstext in Forum '49, Provincetown (Mass.), 11. August 1949 / Ausst.-kat. ‹R. M. Collages 1943–1949›, Sidney Janis Gallery, NY 1949 / ‹Black or White›, Ausst.kat. Kootz Gallery, NY 1950 (wiederabgedruckt im Ausst.kat. ‹Black and White›, The Jewish Museum, NY 1964) / Symposium: Artists' Sessions at Studio 35 (1950), Modern Artists in America, Nr. 1, 1951 / Symposium: What Abstract Art Means to Me, Art Digest, XXV, Febr. 1951 (Auszüge im Band: Museum of Modern Art, XVIII, Nr. 3, 1951) / The Public and the Modern Artist, The Catholic Art Quarterly, XIV, Ostern 1951 / Rise and Continuity of Abstract Art, Arts and Architecture, LXVIII, Sept. 1951 / Vorlesungstext: The Poetry of Abstract Art, Philadelphia 1951 / M. Seminar, Oberlin College, Ohio, Frühjahr 1952 / Symposium: Is the French Avant-Garde Overrated?, Art Digest, XXVII, Sept. 1953 / Painter and the Audience, Perspectives USA, Nr. 9, 1954 / Significance of Miró, Art News, LVIII, Mai 1959 / Statement in: It Is, X, Winter 1959 / What Should a Museum Be?, Art in America, XLIX, Nr. 2, 1961 (wiederabgedruckt im Ausst.kat. R. M., Pasadena Art Museum, 1962) / Painting as Existence, An Interview with R. M., Metro, 7, 1962 (erstmals: British Broadcasting Corporation, 22. Okt. 1960) (2, gekürzt) / R. M.: A Conversation at Lunch, Ausst.kat. R. M., Smith College Museum of Art, Northampton (Mass.) 1963 (Interview mit Margaret Paul) (1, gekürzt) / Margaret Paul und D. Sylvester, Gespräche mit R. M., Das Kunstwerk, 8/XVIII, Febr. 1965 / Aus den Schriften des Künstlers, in: Ausst.kat. R. M., Städtische Kunsthalle, Düsseldorf 1976.

Literatur:

C. Greenberg, Art, The Nation, CLIX, 11. Nov. 1944; ders. dort CLXII, 26. Jan. 1949 / W. Kees, R. M., Magazine of Art, XLI, März 1948 / Profile, Art Digest, XXVI, 1. Okt. 1951 / J. Fitzsimmons, R. M., Design Quarterly, Nr. 29, 1954 / C. Greenberg, American Type Painting, Partisan Review, XXII, Nr. 2, Frühjahr 1955 (wiederabgedruckt in dessen Buch Art and Culture. Boston 1961) / E. C. Goossen, R. M. and the Seriousness of the Subject, Art International, III, Nr. 1–2, 1959 / Gabrielle Dredi, M., Appia Antica 1, 1959 / I. H. Sandler, R. M., Art International, V, Juni–August 1961 / F. O'Hara, R. M., Ausst.kat. Amerikanische Sektion der VI. Biennale in Sao Paulo, 1961 / S. Hunter, R. M.'s Collages, Ausst.kat. Galerie Berggruen, P 1961 (die beiden letzteren Aufsätze wiederabgedruckt im Ausst.kat. R. M., Pasadena Art Museum) / Ausführliche Bibliographie im Ausst.kat. R. M., Smith College Museum of Art, Northampton (Mass.) 1963 / J. Claus, R. M. – Grundtypen seines Werkes, Das Kunstwerk, 8/XVIII, Febr. 1965 / H. H. Arnason, R. M.: 1948–1965, Art International, X/4, April 1966 / R. Hobbs, Ausst.kat. R. M., Städtische Kunsthalle, Düsseldorf 1976 / H. H. Arnason, R. M., NY 1977 / R. T. Buck, R. M., NY 1983.

Louise Nevelson

1900 in Kiew geboren, kam Louise Nevelson mit viereinhalb Jahren in die Vereinigten Staaten, wo sich ihre Eltern in Maine niederließen. Heiratet siebzehnjährig, studiert 1929–30 an der New Yorker Art Students League bei Kenneth Hayes Miller, kommt nach Europa und arbeitet 1931 unter der Leitung von Hans Hofmann in München; begreift, nach einer Reise durch Mexiko und Zentralamerika, ‹was für mich die Welt der Formen wäre›. Begegnet 1940 dem aus Deutschland geflohenen Kunsthändler Nierendorf, der in der 57. Straße eine Galerie hat und sie hier in New York 1940, 43, 46 ausstellt. Vier Ausstellungen folgen nach dem Tod Nierendorfs im Grand Central Modern, NY: 1955 ‹Alte Spiele und alte Plätze›; 1956 ‹Die königliche Reise›; 1957 ‹Der Wald›; 1958 ‹Mondgarten + Eins› und schließlich 1959 bei Martha Jackson eine Ausstellung ‹Himmels-Säulen Gegenwart›. Findet 1957 zu dem Stil ihrer aus Holzteilen gebauten Plastiken. Ihr Werk war u. a. auf der Biennale in Venedig (1962) und der Documenta III (1964) zu sehen. Einzelausstellungen in den letzten Jahren: Galerie Cordier, P; David Herbert Gallery, NY; Devorah Sherman Gallery, Chicago, alle 1960; Martha Jackson Gallery, NY 1961; Pace Gallery, Boston 1961, 64, NY 1966; Sidney Janis Gallery, NY 1963; Hanover Gallery, L 1963; Gimpel & Hanover Galerie, Zürich 1964; Galerie Schmela, Düsseldorf 1965; The Museum of Fine Arts, Houston 1969; Moderna Museet, Stockholm 1973; Nationalgalerie, Berlin 1974.

Veröffentlichungen:

Statement im Ausst.kat. ‹Sixteen Americans›, MoMA, NY 1959 / C. Nemser, Art talk, NY 1975.

Literatur:

H. Kramer, Sculpture of L. N., Arts (NY), 1958 / R. Rosenblum L. N., Arts Yearbook, 3, 1959 / Dorothee Miller, Ausst.kat. ‹Sixteen Americans›, MoMA, NY 1959 / Colette Roberts, L'Ailleurs de L. N., Cahiers du Musée de Poche, 4, Mai 1960 / Dore Ashton, L. N., Cimaise, 7. Jg., Nr. 48, April–Juni 1960 / G. Mathieu, Ausst.kat. Galerie Daniel Cordier, P 1960 (1, gekürzt) (wiederabgedruckt in Mathieus Buch ‹Au-delà du Tachisme›. P 1963) / In: Private Myth, a Symposium, Art News, 1961 / Lil Picard, Tausend und einige Hölzer, Das Kunstwerk, XV/3, Sept. 1961 / A. Lerner, Ausst.kat. ‹Modern Sculpture›, The Solomon Guggenheim Museum, NY 1962 / M. Fried, in: New York Letter, Art International, 1963 / L. Wilson, L. N.: iconography and sources, NY 1981 / J. Lipman, H. Kramer, N.'s world, NY 1983.

Barnett Newman

Am 29. 1. 1905 in New York geboren, studierte an der dortigen Art Students League und hat an zahlreichen nordamerikanischen Schulen unterrichtet. Er edierte einige Zeitschriften, stellte Ausstellungen präkolumbianischer und indianischer Kunst zusammen und gründete mit Rothko, Baziotes, Motherwell die Schule ‹Subjects of the Artists› (1948). Gestorben 1970. Er zeigte sein Werk in Einzelausstellungen in der Betty Parsons Gallery, NY 1950, 51; im Bennington College, Bennington 1958; French and Company Gallery, NY 1959, MoMA, NY 1971; Grand Palais, P 1971/72; Museum Ludwig, Köln 1981. Newman war an vielen größeren Ausstellungen beteiligt, so an Documenta II, Kassel 1959; ‹Black and White›, The Jewish Museum, NY 1963; ‹Painting & Sculpture of a Decade 54–64›, Tate Gallery, L 1964; ‹Westkunst›, Messehallen Köln 1981; ‹Amerikanische Malerei›, Haus der Kunst, München 1982.

Veröffentlichungen:

The First Man was an Artist, Tiger's Eye, Nr. 1, Okt. 1947 / The Object and the Image, o. c., Nr. 3, März 1948 / The Sublime is Now, o. c., Nr. 6, Dez. 1948 / Statement im Ausst.kat. ‹New American Painting›, MoMA, NY 1958 / Frontiers of Space, Interview mit B. N. von Dorothy G. Seckler, Art in America, Jan. 1963 / Vorwort zu 18 Cantos (Lithographien von B. N.), Universal Limited Art Editions 1964 / Chartres and Jericho, in: Studio International, 179, 1970 / J. Heynen, B. N.s Texte zur Kunst, Hildesheim, NY 1979.

Literatur:

E. C. Goossen, The Philosophic Line of B. N., Art News, Sommer 1958 / C. Greenberg, Ausst.kat. French and Company, NY 1959; ders. in: Art and Culture. Boston 1961; ders., After Abstract Expressionism, Art International, VI/8, Okt. 1962 / R. Rosenblum, The Abstract Sublime, Art News, Febr. 1961 / Th. B. Hess, Newman and de Kooning, Art News, Dez. 1962 / M. Fried, New York Letter, Art International, VI/10, Dez. 1962 / L. Alloway, Paintings of B. N., Art International, 1963 / A. Kaprow, Impurity, Art News, Jan. 1963 (1, gekürzt) / H. Rosenberg, B. N., NY 1978 / B. N., Das zeichnerische Werk, Museum Ludwig, Köln 1981.

Kenneth Noland

Geboren 10. 4. 1924 in Asheville (North Carolina). Studierte am Black Mountain College (N. C.) und 1948–49 unter Ossip Zadkine in Paris. Lehrte am Institute of Contemporary Art in Washington und an der dortigen Katholischen Universität. Kam 1961 nach New York; lebt augenblicklich in South Shaftsbury, Vermont. – Einzelausstellungen u. a.: Jefferson Place Gallery, Washington 1958, 60; French and Company, NY 1959; Galleria dell'Ariete, M 1960; Galerie Lawrence, P 1961, 63; Bennington College, Bennington, Vermont 1961; André Emmerich Gallery, NY 1961, 62, 63; Galerie Schmela, Düsseldorf 1962; Galerie Charles Lienhard, Zürich 1962; Kasmin Gallery, L 1963; The Solomon R. Guggenheim Museum, NY 1977 (Retrospektive); Kunsthalle Bielefeld 1977. Gruppenausstellungen: ‹New Talent Exhibition›, Kootz Gallery, NY 1954; ‹Young American Painters›, MoMA, NY 1957 u. ö.; ‹Abstract Expressionists and Imagists 1961›, The Solomon R. Guggenheim Museum, NY 1961; ‹Art Since 1950, USA›, Weltausstellung, Seattle 1962; ‹Toward a New Abstraction›, The Jewish Museum, NY 1963 u. ö.; Biennale Venedig 1964; ‹Amerikanische Malerei›, Haus der Kunst, München 1982.

Literatur:

W. Rubin, Younger American Painters, Art International, IV/1, 1960 / C. Greenberg, Louis and Noland, Art International, IV/5, 1960; ders., After Abstract Expressionism, o. c., VI/8, Okt. 1962 / B. Alfieri, Other ‹Symbols› from the U. S., Metro, 2, 1961 / M. Fried, New York Letter, Art International, VII/5, Mai 1963 / G. Finley, Louis, N., Olitski, Art Forum, I/9, März 1963 / A. R. Solomon, in: Ausst.kat. ‹Toward a New Abstraction›, The Jewish Museum, NY 1963; ders. in: Ausst.kat. Pavillon USA, Biennale Venedig 1964; Barbara Rose, K. N., Art International, V/III/5–6, Sommer 1964 / Lucy R. Lippard, New York Letter, Art International, IX/1, Febr. 1965 / Jane Harrison, On Color in K. N.'s Painting / K. Moffett, K. N., NY 1977 / D. Waldman, in: K. N., Ausst.kat. NY 1977.

Claes Oldenburg

Am 28. 1. 1929 in Stockholm geboren, wuchs in Chicago auf, wo sein Vater schwedischer Generalkonsul war (1936–58). 1950 B. A. an der Yale University; arbeitete 1950–51 als Zeitungsreporter beim Chicago News Bureau; studierte am dortigen Art Institute 1953–54; lebt ab 1956 in New York. Einzelausstellungen u. a. in der Judson Gallery, NY 1959; Reuben Gallery, NY 1960; The Store (sein Atelier), 1961; Green Gallery, NY 1961, 62; Dwan Gallery, Los Angeles, 1963; Sidney Janis Gallery, NY 1964; Ileana Sonnabend, P 1964; Stedelijk Museum, Amsterdam 1970/77; Museum Ludwig, Köln 1979. War beteiligt an den Ausstellungen: ‹New Realists›, Janis Gallery, NY 1962; ‹The Popular Image Exhibition›, Washington Gallery of Modern Art, Washington 1963; ‹Americans 1963›, MoMA, NY 1963; ‹Four Environments by Four New Realists›, Janis Gallery, NY 1964; ‹Amerikansk Pop Konst›, Moderna Museet, Stockholm 1964 (auch in Kopenhagen und Amsterdam); Biennale Venedig 1964; Neue Realisten & Pop Art, Akademie der Künste, B 1964/65. – Oldenburg veranstaltete zwischen 1960 und 1964 folgende Happenings: ‹Snapshots from the City›, Judson Gallery, NY 1960; ‹Blackouts›, Reuben Gallery, NY 1960; ‹Ironworks› und ‹Fotodeath›, Reuben Gallery, NY 1961; ‹Ray Gun Theatre› (‹Store Days›, ‹Nekropolis›, ‹Injun›, ‹Voyages›, ‹World's Fair›), The Store, 1962; ‹Injun›, Dallas Museum for Contemporary Arts, Texas 1962; ‹Gaiety›, University of Chicago, Illinois 1962; ‹Stars›, Washington Gallery of Modern Art, Washington 1963; ‹Autobodys›, Los Angeles 1964; documenta, Kassel 1972/82; ‹Exhibition-Dialogue›, Modern Art Center Gulbenkian, Lissabon 1985.

Veröffentlichungen:

Statement im Ausst.kat. ‹Environments, Situations, Spaces›, Martha Jackson Gallery, NY 1961 (auch im Ausst.kat. ‹Americans 1963›, MoMA, NY 1963 / Statement auf Schallplatte (Gespräche mit Teilnehmern der Ausstellung ‹The Popular Image›, Washington Gallery of Modern Art, von B. Klüver), Record, März 1963 / C. O., Raw notes, Halifax 1973. – Der Text von Robert Breer: Ein Film mit Claes Oldenburg (1) ist entnommen dem Begleitbuch des dritten Experimentalfilmwettbewerbs in Knokke, 1963/64.

Literatur:
W. Seitz, Ausst.kat. ‹The Art of Assemblage›, MoMA, NY 1961 / M. Fried, New York Letter, Art International, 1962 / S. Tillim, Month in Review, Arts Magazine, Nov. 1962 / M. Kozloff, Pop Culture, Metaphysical Disgust – The New Vulgarians, Art International, März 1962 / Barbara Rose, Dada Then and Now, und Sonya Rudikoff, New Realists in New York, Art International, VII/1, Jan. 1963 / A. R. Solomon, Ausst.kat. ‹The Popular Image›, Washington Gallery of Modern Art 1963 (auch im Katalog ‹Amerikansk Pop Konst›, Moderna Museet, Stockholm) / Ellen H. Johnson, Is Beauty Dead?, Allen Memorial Art Museum Bulletin, Oberlin College, Winter 1963 / P. Restany, C. O., Metro, 9, 1963 / A. R. Solomon, Ausst.kat. Biennale Venedig (USA), 1964 / O. Hahn, Ausst.kat. Ileana Sonnabend, P 1964 / H. Rosenstein, Climbing Mt. O., Art News, Bd. 64, Nr. 10, Febr. 1966 / G. Baro, C. O., Art International, X/9, Nov. 1966 / E. H. Johnson, C. O., Harmondsworth 1971 / Ausst.kat. C. O., Kunsthalle Tübingen 1975 / B. Rose, C. O., Stuttgart 1976 / C. van Bruggen und R. H. Fuchs, C. O., Large-scale Projects 1977–1980, NY 1980.

Eduardo Paolozzi

Der Künstler wurde am 7. 3. 1924 in Leith, Schottland, geboren, studierte von 1943–47 am College of Art in Edinburgh und an der Londoner Slade School. Nahm bei einem anschließenden Studienaufenthalt in Paris Kontakt mit Tristan Tzara, Giacometti u. a. auf und studierte die Eisenplastiken von Picasso. Leitete von 1949–55 die Textilklasse an der Central School of Arts and Crafts und lehrte Bildhauerei an der Saint Martin's School of Art in London, wo in der Mayor Gallery 1947 auch seine erste Einzelausstellung stattfand. Gehörte der 1952 dort gegründeten Independent Group an, wo er an einem berühmt gewordenen Abend seine ‹Gefundenen Bilder› zeigte und (im Institute of Contemporay Arts) mit Peter Smithson die Ausstellung ‹Parallelen von Leben und Kunst› organisierte. Unterrichtet an der Hochschule der Bildenden Künste, München. Ausstellungen im deutschen Raum: Kestner-Gesellschaft, Hannover 1974; Nationalgalerie Berlin 1975; Kasseler Kunstverein 1978; Kölnischer Kunstverein 1979; Städtische Galerie im Lenbachhaus, München 1984. – Paolozzi war an den wichtigen internationalen Ausstellungen der letzten Jahre beteiligt, so an Documenta II (1959) und III (1964), an den Biennalen von Sao Paulo (1957) und Venedig (1960). Einzelausstellungen u. a. in der Londoner Hanover Gallery (1950, 58), Betty Parsons Gallery, NY (1960), Robert Fraser Gallery, L (1964, 66), Pace Gallery, NY 1966; ‹Westkunst›, Messehallen Köln 1981.
Veröffentlichungen:
Notes from a lecture at the Institute of Contemporary Arts, Uppercase (London), 1958 / E. Roditi, Interview with P., Arts, 1959 / Mein Diktionär, blätter + bilder, Heft 7, März/April 1960 / Metafisikal Translations. L 1962 (nach seinem Film ‹History of Nothing›, 12 min., aus dem gleichen Jahr / The ad images that inspire today's artists, in: Design and Art, 8, 1982 / Where Reality lies, in: Oxford Art Journal, 6, 1, 1983.
Literatur:
J. A. Thwaites, Notes on Some Young English Sculptors, Art Quarterly (Detroit), 1952 / L. Alloway, London Chronicle, Art International, 1959; ders., E. P.

Sculptor, L 1962 / R. Melville, E. P., Motif, 1959 / R.-G. Dienst, E. P., Das Kunstwerk, 4/XVI, Okt. 1962 / Jasia Reichardt, E. P., The London Magazine, Bd. 2, Nr. 12, März 1963; dies., P. and what led up to a certain event in 2000 A. D., Metro, 8, 1963; dies., E. P., studio international, Bd. 168, Nr. 858, Okt. 1964 / Ch. Finch, P. in the Sixties, Art International, X/9, Nov. 1966 / W. Konnertz, E. P., Köln 1984 (ausführliche Bio- und Bibliographie).

Otto Piene

1928 in Laasphe, Westfalen, geboren; studierte an den Akademien in München (1948–50), Düsseldorf (1950–53) und an der Universität Köln (1953–57). Mitherausgeber der Zero-Kataloge. Seit 1974 Direktor des Center for Advanced Visual Studies am MIT, Cambridge, MA. Lebt und arbeitet zur Zeit in Düsseldorf und den USA. Einzelausstellungen: Galerie Schmela, Düsseldorf 1959, 60, 62, 63; Galerie Müller, Stuttgart 1961 (mit Kage), 1963; McRoberts and Tunnard, L 1962, 1964 (mit Mack, Uecker); Städtisches Museum Leverkusen 1962; Howard Wise Gallery, NY 1964 (mit Mack, Uecker); Kestner-Gesellchaft, Hannover 1965 (mit Mack, Uecker); Kölnischer Kunstverein 1973; Galerie Heimeshoff, Essen 1974, 77, 83. Neben zahlreichen Zero-Ausstellungen beteiligt an: ‹Monochrome Malerei›, Städtisches Museum Leverkusen 1960; ‹Konkrete Kunst›, Helmhaus Zürich 1960; ‹Bewogen Beweging›, Stedelijk Museum, Amsterdam 1961, Stockholm und Kopenhagen; Biennale P 1961; ‹Europäische Avantgarde›, Römer, Frankfurt 1962; Premio Lissone 1962; Documenta III, Kassel 1964; ‹Painting & Sculpture of a Decade 54–64›, Tate Gallery, L 1964; ‹The Responsive Eye›, MoMA, NY 1965 u. ö. Wirkte mit in dem Fernsehfilm ‹0 × 0 = Kunst› von Gerd Winkler. Piene organisierte die Sky Art Konferenzen 1981 (Cambridge, MA), 1982 (Linz), 1983 (München).

Veröffentlichungen:

Piene Texte, München (Galerie Nota) 1961; darin u. a. ‹Die Farbe in unterschiedlichen Wertbereichen›, erstmalig in: Zero 1, 1958 (1, gekürzt); ‹Über die Reinheit des Lichts›, erstmalig in: Zero 2, 1958 (2, gekürzt); ‹Lichtballett›, erstmalig Ausst.kat. Galerie Diogenes, B 1960 (3) / Eröffnungsrede der Fontana-Ausstellung, Städtisches Museum Leverkusen, Feuilleton 3, Stuttgart 1962 / Interview mit O. P., Kunst, 3, Sept. 1964 / The Development of Group Zero, The Times Literary Supplement, 3. 9. 1964 / Lichtballett, Theater heute, Mai 1965 / Texte in: Ausst.kat. ‹Zero›, Kestner-Gesellschaft, Hannover 1965 / Mother, Turn off the Picture, Arts Canada, 6, 1968 / More Sky, Cambridge MA 1970/73 / Sky Art Konferenz, in: kunstreport 2'80 / Das Center for Advanced Visual Studies, in: Ausst.kat. ‹Kunst und Technologie›, BMFT Bonn 1984.

Literatur:

J. A. Thwaites, Reaching the Zero Zone, Arts (NY), 1962 / G. Dorfles, Piene: Licht und Rauch, Metro, 7, 1962; ders., Ausst.kat. Galleria Cadario, M 1963 / M. Goeritz, Arquitectura (Mexiko), 17, 1963 / U. Apollonio, Die Mobilität unserer Welt, in: Jahresring 64/65. Stuttg. 1964 / N. Lynton, Art International, VIII/8, Okt. 1964 / H. Grosse, The Necessary and the Possible, Art and Lit., 6, 1965 / J. Wißmann, O. P., Recklinghausen 1976 / D. Mahlow, L. Alloway, Werkverzeichnis der Druckgrafik O. P., Karlsruhe 1977 / J. Claus, Umweltkunst, Zürich 1982; ders. Chippppkunst, Berlin 1985.

Robert Rauschenberg

Geboren 1925 in Port Arthur (Texas), studierte am Kansas City Art Institute (1946–47), an der Pariser Académie Julian (1947), unter Josef Albers am Black Mountain College, North Carolina (1948–49), unter Vaclav Vytlacil und Morris Kantor an der Art Students League, NY (1949–50). 1952–53 in Europa und Nordafrika, dazu später mehrere Europareisen (1961, 1964). Entwirft seit 1955 Bühnendekor und Kostüme für die Merce Cunningham Dance Company und gründete 1965 eine eigene Tanzgruppe. Erhielt 1964 den großen Preis für Malerei auf der Biennale in Venedig; lebt in New York und Captiva Island, Florida. Einzelausstellungen u. a. 1976/78 in Washington, NY, San Francisco, Buffalo, Chicago; 1980/81 in Berlin, Düsseldorf, Kopenhagen, Frankfurt, München. 1983 Wanderausstellung in China. Rauschenberg war u. v. a. Gruppenausstellungen an den folgenden beteiligt: Carnegie International, Pittsburgh, 1958, 1961; Biennale Sao Paulo, 1959; ‹Internationale Ausstellung des Surrealismus›, P 1959/60; ‹16 Americans›, MoMA, NY 1959; ‹The Art of Assemblage›, MoMA, NY 1961; ‹American Abstract Expressionists and Imagists›, The Solomon Guggenheim Museum, NY 1961; ‹Bewogen Beweging›, Stedelijk Museum, Amsterdam, Stockholm und Kopenhagen 1961; ‹4 Amerikanare›, Moderna Museet, Stockholm, Amsterdam, Bern 1962; 3. Internationale der Druckgraphik, Tokio 1962; ‹Art Since 1950›, Seattle World's Fair, 1962; ‹Six Painters and the Object›, The Solomon Guggenheim Museum, NY 1963; ‹The Popular Image Exhibition›, The Washington Gallery of Modern Art, Washington, D. C., 1963; ‹Painting & Sculpture of a Decade 54–64›, Tate Gallery L 1964; The New York State Pavilion of the World's Fair, NY 1964; Biennale Venedig 1964; Documenta II, III; ‹Westkunst›, Messehallen Köln 1981; ‹Art contre/against Apartheid›, Fondation National des Arts Graphiques et Plastiques, P 1983. Einzelausstellungen u. a.: Betty Parsons Gallery, NY 1951; Stable Gallery, NY 1953; Galleria d'Arte Contemporanea, Florenz 1953; Galleria del Obelisco, R 1953; Egan Gallery, NY 1955; Leo Castelli Gallery, NY 1958, 1959, 1961 (Combine Paintings) und 1960 ‹34 Illustrationen zu Dantes Inferno›; Galleria La Tartaruga, R 1959; Galerie Cordier, P 1961; Galleria dell'Ariete, M 1961; Dwan Gallery, Los Angeles 1962; 65; Galerie Ileana Sonnabend, P 1963, 1964; Jewish Museum, NY 1963; Whitechapel Gallery, L 1964; Museum Haus Lange, Krefeld 1964, und in anderen deutschen Städten; ‹Sans Titre 1953–1954› und die 34 Illustrationen, Galerie Ileana Sonnabend, P 1964/65; Bacon und R., Nationalmuseum, Stockholm 1965; neuere Einzelausstellungen siehe oben.

Veröffentlichungen:

Is today's artist with or against the past?, Art News, Juni 1958 / Statement im Ausst.kat. ‹16 Americans›, MoMA, NY 1959 / How important is the surface to design?, Print, XIII, Nr. 1, Jan./Febr. 1959 / Un ‹misfit› de la peinture newyorkaise se confesse (Interview), Arts (P), Mai 1961; auszugsweise auch im Ausst.kat. Galerie Ileana Sonnabend, P 1964 / Statement in: R. Blesh and Harriet Janis, Collage. Philadelphia 1962 / Öyvind Fahlström, Art and Literature, Lausanne 1964 (geschrieben Okt. 1961) / P. Iden, Gespräch mit R. R., in: Das Kunstwerk, 29, 1976.

Literatur:

R. R., Print II, Febr. 1957 / D. Myers, in: B. H. Friedman, School of New York. NY 1959 / H. Kramer, Art and the Found Object, Arts, Febr. 1959 / L. Alloway und A. Kaprow, Ausst.kat. ‹New Forms – New Media I›, Martha Jackson Gallery,

NY 1960 / B. Heller, Random Thoughts about Precise Painting, The Whitney Review, 1960–61 / O. Fahlström, En Gata Full Av Presenter, Konstrevy, Jg. XXXVII, Nr. 5–6, 1961 / G. Dorfles, R., o la sconfitta dell'obsolescence, Metro, 2, 1961; ders. in: Ausst.kat. Galleria dell'Ariete, M 1961 / Dore Ashton, Plus ça Change, Cimaise, Jg. 8, Nr. 52, März–April 1961; dies., R.'s Illustration for Dante's Inferno, Arts and Architecture, Herbst 1961 und Metro, 2, 1961 / J. Cage, Om R. R., Konstrevy, XXXVII, Nr. 5/6, 1961, und: On R. R., Artist, and His Work, Metro, 2, 1961 (teilweise auch im Ausst.kat. Ileana Sonnabend, P. 1964) / Y. Tono, R. R., or ‹Inferno› in New York, Mizue (Tokio), Febr. 1962 / U. Linde, Rauschenbergsomingres, Meddelande Till Moderna Museets Vänner (Stockholm), 1962 / A. Jouffroy, R. ou le déclic mental, Aujourd'hui, Nr. 38, Sept. 1962 / H. Rosenberg, The Art Galleries: The Game of Illusion, The New Yorker, 24. Nov. 1962 / K. G. Hulten, Ausst.kat. ‹4 Amerikanare›, Moderna Museet Stockholm, 1962 / H. Szeemann, Ausst.kat. ‹4 Amerikaner›, Kunsthalle Bern / L. Alloway, Ausst.kat. ‹Six Painters and the Object›, The Solomon Guggenheim Museum, NY 1963 (abgedruckt in der Zeitschrift Collage (Palermo), Jg. 2, Nr. 1, Dez. 1963 / G. R. Swenson, R. paints a picture, Art News, Bd. 62, Nr. 2, April 1963 / M. Pleynet, La Peinture de R. R. et l'actualité, Tel Quel, Sommer 1963 / G. Gassiot-Talabot, R.: la marée de l'objet, La Galerie des Arts, Febr. 1963 / A. R. Solomon, R. R., Ausst.kat. The Jewish Museum, NY 1963 (mit ausführlicher Bibliographie) / Barbara Rose, Dada Then and Now, Art International, VII/1, Jan. 1963 / H. Geldzahler, R. R., Art International, VII/7, Sept. 1963 / C. Tomkins, Moving Out, The New Yorker, 29. Febr. 1964 / A. R. Solomon, Ausst.kat. Pavillon USA, Biennale Venedig 1964 / J. Wißmann, R. R., Stuttgart 1970 / R. R., Druckgrafik, Ausst.kat. Kunstmuseum Basel 1970 / C. Tomkins, Off the wall: R. R. and the Art World of our time, NY 1980 / R. R.: Werke 1950–1980, Ausst.kat. Staatliche Kunsthalle, Berlin 1980/81.

Ad Reinhardt

Geboren am 24. 12. 1913 in Buffalo. Gestorben 1967 in New York. Studierte an der Columbia University bei Meyer Schapiro Kunstgeschichte (B. A., 1935); 1946–50 am Institute of Fine Arts, New York University. Arbeitete 1936–39 im WPA Federal Art Project. 1937–47 Mitglied der ‹American Abstract Artists›. Reinhardt hat an zahlreichen Schulen und Universitäten unterrichtet, so seit 1947 am Brooklyn College, 1950 an der California School of Fine Arts, San Francisco. 1952–53 an der School of Fine Arts, Yale University, und seit 1959 am Hunter College, NY. – Einzelausstellungen: Artist's Gallery, NY 1944; Brooklyn Museum Art School Gallery, 1946; Betty Parsons Gallery, NY 1946–56 (jährlich), 1960, 1965; Städtisches Museum, Leverkusen 1961 (mit Lo Savio und Verheyen); Galerie Iris Clert, P 1961, 63; eine nahezu identische Ausstellung mit seinen ‹Schwarzen Quadraten› war 1963/64 außer in Paris auch in London, New York, Los Angeles zu sehen. Im März 1965 zeigte Reinhardt sein Werk gleichzeitig in drei von ihm organisierten New Yorker Ausstellungen: Betty Parsons Gallery (Bilder 1960); Graham Gallery (Rote Bilder, 1950–53); Stable Gallery (Blaue Bilder, 1950–53); 1966: Jewish Museum, NY; Städtische Kunsthalle, Düsseldorf 1972; Kunsthaus Zürich 1972; Grand Palais, P 1973; Whitney Museum of American Art, NY 1981. – Beteiligt an den Ausstellungen: ‹Americans 1963›, MoMA, NY 1963; ‹Painting & Sculpture of a Decade 54–64›, Tate Gallery, L 1964; ‹The Responsive Eye›, MoMA, NY 1965 u. ö.; ‹Amerikanische Malerei›, Haus der Kunst, München 1982.

Veröffentlichungen:

The Artist in Search of an Academy, College Art Journal, Bd. 12, Nr. 3, 1953 / Cycles Through the Chinese Landscape, Art News, Dez. 1954 / Text im Ausst.kat. ‹The New Decade›, Whitney Museum of American Art, NY 1955 u. ö. / Gespräch mit A. R., in: S. Rodman, Conversations with Artists. NY 1957 / Timeless in Asia, Art News, Bd. 58, Jan. 1960 / Twelve Rules for a New Academy, Art News, Mai 1957, und Ausst.kat. ‹Americans 1963› / Art-as-Art, Art International, VI/10, Dez. 1962, und Ausst.kat. ‹Americans 1963› (1) / The Next Revolution in Art, Art News, Bd. 62, Nr. 10, Febr. 1964 / B. Rose (Hg.), A. R., Art-as-Art, NY 1975.

Literatur:

A. C. Ritchie, in: Ausst.kat. ‹Abstract Painting and Sculpture in America›, MoMA, NY 1951 / Th. B. Hess, in: Abstract Painting, Background and American Phase. NY 1951; ders., R.: The Positions and Perils of Purity, Art News, Bd. 52, Dez. 1953 / M. James, Today's Artists – R., Portfolio and Art News Annual, Nr. 3, 1960 / Dore Ashton, Retrospective of 25 years at the Betty Parsons Gallery, Arts and Architecture, Bd. 77, Dez. 1960 / L. Alloway, London Letter, Art International, 1961 / Barbara Rose, Americans 1963, Art International, VII/7, Sept. 1963 / Priscilla Colt, Notes on A. R., Art International VIII/8, Okt. 1964 / The Black Monk, Newsweek, 15. 3. 1965 / R. Paints a Picture, Art News, März 1965 / M. Rowell, Ausst.kat. A. R., The Solomon R. Guggenheim Museum, NY 1980 / L. R. Lippard, A. R., Stuttgart 1984.

Mark Rothko

Am 25. 9. 1903 in Dvinsk, Rußland, geboren. 1970 gestorben. 1913 verließ seine Familie Rußland und siedelte sich in Portland, Oregon (USA) an. Rothko studiert zwischen 1921 und 1923 an der Yale University und beginnt 1924/25 zu zeichnen und zu malen; eine Zeitlang lernt er unter Max Weber an der New Yorker Art Students League. 1929 stellt Bernard Karfiol einige Bilder von Rothko in der Opportunity Gallery aus. Erste Übersicht über seine Arbeiten 1933 im Art Museum in Portland und in der Contemporary Arts Gallery, NY. Rothko unterrichtet bis 1952 Kinder in der Center Academy, Brooklyn. 1935 gründet er mit Gottlieb die Künstlergruppe ‹The Ten› (Die Zehn), die in den folgenden Jahren regelmäßig Ausstellungen veranstaltet. 1936–37 Arbeit beim WPA Federal Arts Project, NY. Lehrt 1947, dem Jahr, als sich sein heute bekannter Stil ausprägte, und 1949 an der California School of Fine Arts in San Francisco. 1948 gründet er mit Motherwell, Baziotes, Newman die Gruppe ‹Subjects of the Artists›, einen Club in der New Yorker East 8th Street, wo sich zahlreiche Künstler wöchentlich trafen. 1950 ist Rothko in England, Frankreich, Italien. 1951–54 lehrt er am Brooklyn College, NY. 1955 ‹visiting artist› an der University von Colorado. 1956 an der Tulane University in New Orleans Lehrer. – Einzelausstellungen u. a.: Art of This Century Gallery, NY 1945; Museum of Art, Santa Barbara und San Francisco, 1946; Betty Parsons Gallery, NY, jährlich 1947–51; Sidney Janis Gallery, NY 1955, 58; Contemporary Arts Museum,

Houston 1957; MoMA, NY, Whitechapel Art Gallery, L, Stedelijk Museum, Amsterdam, alle 1961; Palais des Beaux-Arts, Brüssel, Kunsthalle Basel, Musée de l'art moderne de la ville de Paris, P, alle 1962; 1971 Retrospektiven in Zürich, Berlin, Düsseldorf, Rotterdam, 1972 in Paris, 1978 in New York. Rothko hat an vielen wichtigen Gruppenausstellungen teilgenommen und war 1948 und 1958 auf der Biennale in Venedig, 1959 auf der Documenta II vertreten; ‹Westkunst›, Messehallen Köln 1981; ‹Amerikanische Malerei›, Haus der Kunst, München 1982.

Veröffentlichungen:

Brief an die New York Times (mit Gottlieb und Newman), 1943 / The Romantics Were Promted, Possibilities, 1, Winter 1947/48 (1); teilweise auch in: E. Protter, Painters on Painting. NY 1963 / Text im Ausst.kat. ‹15 Americans›, MoMA, NY 1952 / Gespräche mit M. R. in: S. Rodman, Conversations with Artists. NY 1957 / Texte im Ausst.kat. M. R., Kunsthaus Zürich 1971.

Literatur:

Art Digest, Bd. 19, 15. 1. 1945 / O. Collier, M. R., Musée de Poche, P. 1947 / C. Greenberg, American Type Painting, Partisan Review, Bd. XXII, Frühjahr 1955 (auch in seinem Buch: Art and Culture. Boston 1961); ders., After Abstract Expressionism, Art International, VI/8, Okt. 1962 / Dore Ashton, M. R., Arts and Architecture, Bd. 74, Aug. 1957 / Elaine de Kooning, Ausst.kat. Contemporary Arts Museum, Houston 1957; dies., Two Americans in action: Kline and R., Art News Annual, Nr. 28, 1958 / S. Hunter, Ausst.kat. Biennale Venedig 1958 / Georgine Oeri, M. R., Quadrum, 10 / R. Goldwater, M. R., Arts (NY), März 1961 (auch Ausst.kat. Kunsthalle Basel 1962) / P. Selz, Ausst.kat. Whitechapel Art Gallery, L 1961 (auch Ausst.kat. Kunsthalle Basel 1962 / Lil Picard, M. R., Das Kunstwerk, 10–11/XVI, April/Mai 1961 / L. Seldes, The legacy of M. R., Harmondsworth 1979 / B. Clearwater, M. R., NY 1984.

Nicolas Schöffer

Geboren am 6. 9. 1912 in Kalocsa, Ungarn, studierte in Budapest und Paris. Etappen seines Werkes: 1948 Spatiodynamik, 1957 Luminodynamik, 1960 Chronodynamik. (Vgl. S. 141 ff.) Realisierte u. a.: 1950 eine spatiodynamische elektrische Uhr; ab 1954 spatiodynamische Türme zwischen 50 und 150 Meter hoch, im Park von Saint-Cloud, 1954; in Lüttich, 1961. Zeigte im Mai 1956 anläßlich der ‹Nacht der Poesie› in Paris erstmalig seine Konstruktion ‹Cysp 1›; erstes spatiodynamisches Schauspiel im Théâtre d'Evreux 1957; im gleichen Jahr luminodynamische Vorführungen (Projektionen und Musik) im Grand Central Station, NY. 1960 luminodynamische Projektionen (Musiscope), die er u. a. 1961 im Théâtre de France in Paris vorführte. 1962 zeigte Schöffer in der Ausstellung ‹L'Objet› im Musée des Arts Décoratifs in Paris eine Lichtwand. Einzelausstellungen: 1948 Galerie Breteau; 1950 Galerie des Deux-Iles; 1958/66 Galerie Denise René, alle P; 1960 ICA, L; 1961 Palais des Beaux-Arts, Brüssel; 1965 Jewish Museum, NY; Städtische Kunsthalle, Düsseldorf 1968; Musée d'Art Moderne de la Ville de Paris, P 1974. War auf den Ausstellungen Documenta II, III; Biennale Sao Paulo 1961; ‹Bewogen Beweging›, Stedelijk Museum, Amsterdam, Stockholm und Kopenhagen 1961; ‹Painting & Sculpture of a Decade 54–64›, Tate Gallery, L 1964, vertreten.

Veröffentlichungen:
Text im Ausst.kat. Galerie Denise René, P 1958 / Structure et Indétermination, Art International, V/5–6, Juni–August 1961 / Gespräch mit N. Sch. von G. Habasque, L'Œil, Nr. 81, Sept. 1961 / Die drei Entwicklungsstufen der dynamischen Skulptur, in: N. Sch. Neuchâtel 1963 (1, gekürzt) / La Ville Cybernétique, P 1972 / La Tour Lumière Cybernétique, P 1973 / La Nouvelle Charte de la Ville, P 1974 / Perturbation et Chronocratie, P 1978.
Literatur:
R. Bayer, Ausst.kat. Galerie des Deux-Iles, P 1950 / M. Seuphor, Ausst.kat. Galerie Mai, P 1952 / M. Brion, Ausst.kat. Galerie Denise René, P 1958 / J. Cassou und G. Habasque. Ausst.kat. ICA, L 1960 / J. Seaux, Ausst.kat. Palais des Beaux-Arts, Brüssel 1961 / C. Belloli, in: ‹31 Gestalter einer totalen visuellen Synthese›, Basel 1962; ders., Nuove direzioni della cinevisualità plastica totale, Metro, 7, 1962 / U. Kultermann, Ausst.kat. ‹Konstruktivisten›, Städtisches Museum Leverkusen, 1962 / J. Cassou, G. Habasque, J. Ménétrier, N. Sch. Neuchâtel 1963 / U. Apollonio, Die Mobilität unserer Welt, in: Jahresring 64/65, Stuttgart 1964 / R. Gadney, N. Sch. Image (L), 1964 / J. Claus, Expansion der Kunst, Reinbek 1970, Berlin 1982 / P. Hoornart, N. Sch., Lüttich 1978, 1985.

Werner Schreib

Geboren am 16. 3. 1925 in Berlin. Studierte Malerei und Grafik an den Werkkunstschulen in Kiel und Wiesbaden; 1959 an der berühmten Académie Ranson, Paris, (Atelier 17, S. W. Hayter). Schreib erhielt auf der I. Biennale des Jeunes Artistes in Paris 1959 den Internationalen Grand Prix für Grafik, eine Auszeichnung bei der I. Internationale der Zeichnung in Darmstadt 1964 und einen Preis auf der Biennale in Krakau 1966. 1969 tödlich verunglückt. Seine Arbeiten waren zu sehen auf Ausstellungen wie Documenta II (1959); Arte Actual Aleman, Südamerika (1960); XXX. Biennale, Venedig (1960); 2. und 3. International Biennial of Prints, Tokio (1960, 1962); ‹Schrift und Bild›, Amsterdam und Baden-Baden (1963). Einzelausstellungen im Nassauischen Kunstverein, Wiesbaden (1956); Galerie Junge Kunst, Braunschweig (1959); Galleria Montenapoleone, M (1961, mit Lattanzi); Galerie Brusberg, Hannover (1962); Galerie Le Soleil Dans La Tête, P (1962); Galerie Lutz & Meyer, Stuttgart (1962, alle mit Lattanzi); Galerie Sydow, Frankfurt (1963); Deutsche Bibliothek, R (1964) und M (1965); Galerie Horn, Luxemb. (1966); Galerie Hilt, Basel (1967).
Veröffentlichungen:
Die makabren Zeichnungen des merkwürdigen Herrn Schreib (mit Einleitung). Stierstadt/Taunus 1958 / Quo Vadis Germany, Vernissage, Nr. 7/I, 1960 / Über das semantische Bild. Information 61, Frankfurt 1961 / Aspekte, Ausst.kat. Galerie Sydow, Frankfurt, 1963 / Bericht aus der Werkstatt, Ausst.kat. Galerie Elitzer, Saarbrücken, 1964.
Literatur:
E. Roh, Das Kunstwerk, Nr. 5/6, XII, Nov./Dez. 1958 / K. Leonhard, Heureuse Recontre: Lattanzi-S., Ausst.kat. Galleria Montenapoleone, M 1961; Handschrift und Zeichen, W. S. als Grafiker, Die Kunst. Nr. 60, 2/1961 / J.-J. Lévêque, Lattanzi et S., Ausst.kat. Galerie Le Soleil Dans La Tête, P 1962 / U. Apollonio, Semantische Malerei: Lattanzi-S., Ausst.kat. Galerie Brusberg, Hannover 1962 /

F. Roh, Strömungen heutiger Malerei, Werk, Nr. 10, 1962 / P. Gorsen, Lattanzi und S., Ausst.kat. Galerie Lutz & Meyer, Stuttgart 1962 / W. Grohmann, W. S., Quadrum, 13, 1963 / G. C. Argan, Pittura Semantica di W. S., Ausst.kat. Galleria Numero, R 1964 und M 1965 / Semantische Malerei: S. Lattanzi, Flensburg 1964 (Beiträge von R. Döhl, L. Harig, L. Lattanzi, W. S., P. Gorsen, K. Hoffmann, mit ausführlicher Bibliographie) / Lattanzi e S. R. 1964 (Beiträge von: G. Gatt, G. Dorfles, E. Garroni, F. Menna, I. Tomassoni u. a.) / R. Wedewer, W. S., Das Kunstwerk, 8/XVIII, Febr. 1965 / Ausst.kat. Kunsthalle Mannheim 1974 / Ausst.kat. Städtische Galerie, Wolfsburg 1975.

Saul Steinberg

Er ist am 15. Juni 1914 in Ramnicul-Sarat, Rumänien, geboren, studierte an der Universität in Bukarest Psychologie und Soziologie und lebte zwischen 1932 und 1941 in Mailand. Am dortigen Polytechnikum studierte er bis 1940 Architektur. Er kam 1941 zur Redaktion der Zeitschrift ‹The New Yorker›, zog 1942 nach New York und wurde amerikanischer Staatsbürger. Steinberg führte zahlreiche Wandbilder aus, so für den Pavillon der USA bei der Weltausstellung in Brüssel, dazu Freskoarbeiten, u. a. für einige Schiffe der American Export Lines. Bekannt wurde Steinberg durch seine Zeichnungen in den amerikanischen Zeitungen und Zeitschriften ‹The New Yorker›, ‹Harper's Magazine›, ‹Vogue›, ‹Harper's Bazaar›, ‹Life›, ‹Art News›, ‹Encounter›, ‹Scientific American› u. a. Seine Zeichnungen erschienen in vielen Büchern wie ‹All in Line›, NY 1945; ‹The Art of Living›, NY 1949; ‹The Passport›, NY und L 1954; ‹Dessins›, P 1955; ‹The Labyrinth›, NY 1960. In Deutschland (Rowohlt Verlag) erschienen: ‹Umgang mit Menschen›, 1955; ‹Passeport›, 1957; ‹Labyrinth›, 1964. – Einzelausstellungen seiner Arbeiten: Betty Parsons Gallery, NY 1943; MoMA, NY 1946; ICA, L 1951; Museo de Arte, Sao Paulo, 1952; Galerie Maeght, P 1953, 66; Stedelijk Museum, Amsterdam 1953; Kunstmuseum, Basel 1954; Sidney Janis Gallery, NY 1966.

Veröffentlichungen:

Gespräch mit S. S., in: S. Rodman, Conversations with Artists. NY 1959 / G. Glueck, The artist speaks, in: Art in America, 58, 1970.

Literatur:

H. Rosenberg, The Labyrinth, Book Find News (NY), Nr. 270 (veröffentlicht auch in ‹Express›, P und ‹Tempo Presento›, Italien) / A. Jouffroy, De la rapidité de S. à la lenteur de Baj, Metro, 3, 1961, und in: Une révolution du regard. P 1964 / St.: Le Masque, Texte von M. Butor und H. Rosenberg. P 1966 / Ausst.kat. Museum Boymans-van Beuningen, Rotterdam 1967 / F. Wittkamp, S. S. oder die Philosophie der Zeichnung, Mainz 1971 / Ausst.kat. Kölnischer Kunstverein 1974/75 / Ausst.kat. Whitney Museum of American Art, NY 1978/79.

Jean Tinguely

Geboren 1925 im schweizerischen Freiburg, besuchte, unregelmäßig, zwischen 1941 und 1945 die Kunstgewerbeschule in Basel. Seit seiner Übersiedlung nach Paris (1952) zahlreiche Einzelausstellungen, so u. a.: Galery Arnaud, P 1954; Galerie Denise René, P 1956; Galerie Iris Clert, P 1959; Staempfli Gallery, NY

1960, 61; Museum Haus Lange, Krefeld, 1960; Galerie Rive Droite, P 1961; Galerie Felix Handschin, Basel 1962; Everett Ellen Gallery, Los Angeles 1962; Alexander Iolas Gallery, NY 1962, 65; Minami Gallery, Tokio 1963; Dwan Gallery, Los Angeles, 1963; Galerie Iolas, Genf und P 1964; Gimpel & Hanover Galerie, Zürich 1966; Stedelijk Museum, Amsterdam 1968, 73; Kunsthalle, Basel; Moderna Museet, Stockholm; Louisiana Museum, Humlebaek; Kestner-Gesellschaft, Hannover; alle 1972; Kunstmuseum Basel 1977; Wilhelm-Lehmbruck-Museum, Duisburg 1978; Kunsthaus Zürich 1982; Kunsthalle der Hypo-Kulturstiftung, München 1985. Tinguely war an Gruppenausstellungen beteiligt wie: ‹Bewogen Beweging›, Stedelijk Museum, Amsterdam, Stockholm und Kopenhagen 1961 (Mitorganisator); ‹Dylaby›, Stedelijk Museum, Amsterdam 1962; ‹New Realists›, Sidney Janis Gallery, NY 1962; Documenta III, Kassel 1964; ‹Painting & Sculpture of a Decade 54–64›, Tate Gallery, L 1964. Eine großformatige Skulptur ‹Eureka› war 1964 bei der Schweizerischen Landesausstellung in Lausanne zu sehen. 1983 wird der ‹Strawinsky›-Brunnen, zusammen mit Niki de St. Phalle, in Paris eröffnet.

Veröffentlichungen:

Für Statik, Flugblatt, Düsseldorf 1959 / Interview mit J. T., in: Ausst.kat. J. T., Wilhelm-Lehmbruck-Museum, Duisburg 1982 / St. Poley und J. T.: Fragen und Antworten, in: Ausst.kat. Kunsthalle der Hypo-Kulturstiftung, München 1985.

Literatur:

J.-J. Lévêque, Procès de l'Automatisme, Sens Plastique, Nr. 8, Okt. 1959 / Dore Asthon, Arts and Architecture, Mai 1960 / O. Reutersvard, Ö. Fahlström, J. T., Konstrevy, Nr. 5–6, 1960 / P. Wember, Ausst.kat. Museum Haus Lange, Krefeld 1960 / G. Peillex, J. T. et la Méta-mécanique, Style, Nr. 1, 1961 / U. Linde, T.s Strenghed, Louisiana Revy, Nr. 1, Sept. 1961 / Zero, 3, 1961 / G. Boudaille, J. T., Cimaise, Aug. 1962 / K. G. Hulten, T. et le mouvement, Metro, 6, 1962; ders. in: Ausst.kat. Galerie A. Iolas, P 1964 / G. Metken, Glückliche Maschinen, Magnum, 47, April 1963 / M. Grasser, J. T., Du, Jg. 24, Nr. 278, April 1964 / J. T., studio international, Febr. 1965 / J. T., The Paris Review, Nr. 34, 1965 / J.-Ch. Ammann, J. T., Werk, 53. Jg., H. 3, März 1966 / F. Popper, T.: Inspired Anarchist, Art and Artists, X/5, August 1966 / P. Hulten, J. T., L, Boston 1975 / Ausst.kat. Kunsthaus Zürich 1982 (mit ausführlicher Bibliographie).

Günther Uecker

Geboren am 13. 3. 1930 in Mecklenburg, studierte an den Kunstakademien in Berlin-Weißensee und Düsseldorf. 1964–65 längerer Aufenthalt in New York. Einzelausstellungen: Galerie Azimuth, M 1959; ‹Weiße Objekte›, Galerie Schmela, Düsseldorf 1961; Galleria La Salita, R 1961 (mit Mack, Piene, Klein); ‹Organische Strukturen›, Galerie Ad Libitum, Antwerpen 1962; Palais des Beaux-Arts, Brüssel 1962 (mit Piene, Mack); Galerie Schmela, Düsseldorf, Museum Haus Lange, Krefeld (mit Mack, Piene), Galerie d, Frankfurt, alle 1963; McRoberts and Tunnard, L 1964 (mit Mack, Piene); Howard Wise Gallery, NY (mit Mack, Piene); Galerie Orez, Den Haag 1965 (mit Dzamonja); Kestner-Gesellschaft, Hannover 1965 (mit Mack, Piene); Howard Wise Gallery, NY 1966; Kunsthalle Bremen 1970; Moderna Museet, Stockholm 1971; Kestner-Gesellschaft, Hannover 1972; Kunstmuseum Düsseldorf 1975; Staatsgalerie Stuttgart

1976; Nationalgalerie Berlin 1982; Städtische Kunsthalle, Düsseldorf 1983/84. Beteiligt an zahlreichen Gruppenausstellungen wie: ‹Monochrome Malerei›, Städtisches Museum Leverkusen 1960; ‹Konkrete Kunst›, Helmhaus Zürich 1960; ‹Bewogen Beweging›, Stedelijk Museum Amsterdam, Stockholm und Kopenhagen 1961; ‹Neue Tendenzen›, Zagreb 1961, und ‹Neue Tendenzen 2›, Zagreb, Venedig 1963 u. ö.; ‹Avantgarde 61›, Städitsches Museum Trier 1961; ‹Nul›, Stedelijk Museum, Amsterdam 1962; IV. Biennale San Marino 1963; ‹Europäische Avantgarde›, Römer, Frankfurt 1963; Documenta III, Kassel, 1964; ‹The Responsive Eye›, MoMA, NY 1965 u. ö.; ‹Movement›, Albright-Knox-Gallery, Buffalo; Biennale Sao Paulo 1971; ‹Zero 1958–1964›, Kunsthaus Zürich 1979.

Veröffentlichungen:

Texte '56 bis '62, in: Uecker, Weißstrukturen. Düsseldorf 1962 / Reise-Theater, Theater heute, Mai 1965 / Texte in: Ausst.kat. ‹Zero›, Kestner-Gesellschaft, Hannover 1965 / Uecker-Zeitung 1/1969–9/1982, Düsseldorf / St. v. Wiese (Hg.), G. U., Schriften, Gedichte – etc., St. Gallen 1979.

Literatur:

J. A. Thwaites, Vorwort in: Weißstrukturen, Düsseldorf 1962 / Quadrum, 14, 1963 / U. Kultermann, Junge deutsche Bildhauer. 1963 / P. Wember, Bewegte Bereiche der Kunst. Krefeld 1963 / N. Lynton, London Letter, Art International, VIII/I, Okt. 1964 / H. Strelow, Pop-Op-Zero, Düsseldorfer Hefte, Febr. 1965 / D. Helms, G. U., Recklinghausen 1976 / D. Honisch, U., Stuttgart 1983 (ausführliche Bio- und Bibliographie).

Victor Vasarely

Geboren am 9. 4. 1908 in Pecs (Ungarn), studiert 1927–1929 in Budapest, u. a. am dortigen ‹Bauhaus›. Ab 1930 in Paris, lebt er heute in Annet-sur-Marne und Gordes, wo er 1970 ein didaktisches Museum eröffnete. Vasarely zeigte sein Werk auf zahlreichen Einzelausstellungen, so u. a.: seit 1944 in nahezu jährlichen Ausstellungen in der Pariser Galerie Denise René; Galerie Samlaren, Stockholm 1952; A.P.I.A.W., Lüttich 1954; Galerie Blanche, Stockholm 1956; Galerie Der Spiegel, Köln 1956, 59, 61; Museum Montevideo 1958; Museum Caracas 1959; Palais des Beaux-Arts, Brüssel 1960; Galleria Lorenzelli, M 1961; Galerie Point Cardinal, P 1961–62; Hanover Galery, L 1961; Musée des Arts Décoratifs, P 1963; Kestner-Gesellschaft, Hannover 1963; Brook Street Gallery, L 1964; Pace Gallery, NY 1965; Kunsthalle Köln 1971. Vasarely war an vielen Gruppenausstellungen beteiligt: Gruppe ‹Linien›, Kopenhagen 1949; ‹Younger European Painters›, The Solomon Guggenheim Museum, NY 1953; Pittsburgh International 1955, 58, 59, 61; Documenta I, II, III, Kassel 1955, 59, 64; ‹Multiplizierte Kunstwerke›, Kaiser-Wilhelm-Museum, Krefeld 1960; ‹Konkrete Kunst›, Helmhaus Zürich 1960; ‹Le Mouvement›, Stedelijk Museum, Amsterdam 1961; ‹Paris Carrefour de la peinture›, Stedelijk van Abbe-Museum, Eindhoven 1961; ‹Westkunst›, Messehallen Köln 1981.

Veröffentlichungen:

Optique, Graphisme et Publicité, Art Présent, Nr. 4–5, 1947 / Sur le Collage, Art d'aujourd'hui, 5, Nr. 2–3, 1954 / L'Artiste et l'Ethique, o. c., Nr. 7, 1954 / Notes pour un Manifeste, Galerie Denise René, P 1955 (und Kunst, Kopenhagen, Nr. 9,

1956) / Sur le divorce entre l'architecture et la peinture, Aspect (Brüssel), Nr. 11, 1955 / La Plastique cinétique, Arte Vivo (Spanien), Nr. 1, 1959 / La Forme-couleur intégrée dans la cité par la technique des revêtements muraux. P 1959 / Ce que devrait être la critique d'art, Les Beaux Arts (Brüssel), Nr. 907–908, 1960 / Text im Ausst.kat. Musée des Arts Décoratifs, P 1963 (1, gekürzt); auch in Panderma, Nr. 6, 1964 / Fragments d'un Journal, Art International, VIII/3, April 1964 / V. V., Neuchâtel 1969/70 (2 Bde.) / V. V., Neuchâtel 1979 (Bd. 4).

Literatur:

J. Dewasne, V. P. 1952 / R. V. Gindertael, Le Passage de la ligne, Art d'aujourd'hui, 3, Nr. 5, 1953; ders., V., Les Beaux Arts (Brüssel), Jan. 1954; ders., Une Interview imaginaire sur la plastique cinétique de V., o. c., Jan. 1960 / Dore Asthon, The Other Extrem, Arts and Architecture, August 1955 / P. Guéguen, V., le blanc et le noir, Art d'aujourd'hui, Jan. 1956 / V. et la plastique cinétique, Quadrum, 3, 1957 (deutsch: Nota, 4, 1960) / A. Henze, V. V., Das Kunstwerk, 10–11, XIV, 1961 / E. Johannson, Louisiana Revy (Kopenhagen), Nr. 1, 1961 / C. Belloli, Ausst.kat. Galleria Lorenzelli, M 1961; ders., V. and the Integration of the Arts, Metro, 4–5, 1962 / F. C. Legrand, V., XXe Siècle, Nr. 20, 1962 / I. Pan, Ausst.kat. Galerie Point Cardinal, P 1962 / M. Faré, Ausst.-kat. Musée des Arts Décoratifs, P 1963 / H. van Lier, V., Quadrum, 17, 1964 / W. Spiess, V., Stuttgart 1969; ders. V. V., Köln 1971 / E. Szirmai, V. V., Stuttgart 1980.

Thomas Wilfred

Die Daten über den 1889 in Dänemark geborenen Wilfred sind in dem Abschnitt über ihn (S. 134ff) aufgeführt.

Veröffentlichungen:

Artikel über Lumina und Clavilux in: Encyclopedia Britannica, 14. Auflage 1929, Bd. 5, S. 784; Bd. 21, S. 290 / Light and the Artist, Journal of Aesthetics and Art Critism, Bd. 5, Nr. 4, Juni 1947 / Composing in the Art of Lumina, l. c., Bd. 7, Nr. 2, Dez. 1948 / Text über Lumina in: Ausst.kat. ‹15 Americans›, MoMA, NY 1952 (1) / 2 Texte im Ausst.kat. ‹KunstLichtKunst›, Stedelijk van Abbe museum, Eindhoven 1966.

Literatur:

Ausst.kat. ‹15 Americans›, MoMA, NY 1952 / Ausst.kat. ‹Bewogen Beweging›, Stedelijk Museum, Amsterdam 1961 / P. Steadman, Colour Music and the Art of Lumina, Image (L), 1964 / Ausst.kat. Electra, Musée d'Art Moderne de la Ville de Paris 1983 / Ausst.kat. ‹Vom Klang der Bilder›, Staatsgalerie Stuttgart 1985.

PERSONEN-, SACH- UND WERKREGISTER

Personenregister

Sachregister

Werkregister

Jürgen Klaus

ChippppKunst

Computer
Holographie
Kybernetik
Laser

Ullstein Buch 35232

Ullstein Materialien

Inhalt: Vorwort · Digitale Kunst (Der Computer im Atelier · Der elektronische Schirm · Vom Computerfilm zum digitalen Video · Die Bildplatte als Medium für Künstler) · Licht-Laser-Holographie (Die junge Geschichte der alten Lichtkunst · Vom Binnenraum zum kosmischen Raum · Laserkunst · Holographie) · Kybernetische Skulpturen (Kybernetische Systeme · Architektur ist Kunst · Die elektronische Skulptur · Skulptur und Vibration · Musikalische Interaktion · Ton-Räume · Kunst im Solarzeitalter) · Die elektronische Veränderung (Künstler und sozialer Wandel · Kunst im eletronischen Dorf · Künstler-Technologie-Ausbildung · Das Mediummuseum) · Literatur · Biographien und Bibliographien · Personenregister · Sachregister

Marshall McLuhan/ Quentin Fiore

Das Medium ist Massage

Ullstein Buch 36075

Ullstein KunstBuch

Was ist McLuhanismus? Dafür gab Arthur M. Schlesinger jr. folgende Definition: »Eine chaotische Kombination von blanker Behauptung, raffiniertem Raten, falschen Vergleichen, verblüffender Einsicht, hoffnungslosem Unsinn, gekonntem Schokkieren und Schauabziehen, Witz und orakelhafter Mystifizierung; das alles frech und willkürlich zu einem endlosen und anmaßenden Monolog zusammengemixt. Doch meiner Ansicht nach ist darin auch eine tiefernste These enthalten.«